인간관계를 위한 고전예학의 모색

국역 사의 士儀 3

허전許傳 원저
한국고전의례연구회 역주

보고사

성재 허전 선생의 영정

산청 이택당 전경

김해 취정재 전경

『사의』 책판(경상대 문천각 소장)

목판본 『사의』

허전 선생의 친필 간찰

허전 선생의 친필(애사)

간 행 사

인간의 삶은 사물과의 관계 속에 영위된다. 인간이 삶을 영위하는 가운데 관습으로 전형화된 예의 규범은, 동서고금 어디에서든 사회 문화의 정체를 형성하는 가장 중요로운 핵심이다. 예학은 인간의 일상생활과 인간관계에서 파생하는 다양한 의례 관습과 절차의 합당성을 논구하는 학문이다.

우리나라에서도 고대사회로부터 시대마다 일정한 예법 제도가 강구되어 왔다. 통일신라시대의 국학에서『예기』를 교과목의 하나로 채택하고, 고려 초기에『상정예문』50권을 간행한 것만 보아도 예학이 일찍부터 중시되었음을 알 수 있다. 고려 말 이후『가례』가 널리 권장되자, 사대부 사족은 물론 민간에까지『가례』의 규범을 준수하여, 학자마다 예서를 강론하고 집안마다 법도를 세워 이른바 가가례의 풍속을 이루기에 이르렀다.

조선조에는 예학의 시대라고 할 만큼 예에 대한 학문 논변과 예서의 저술이 흥성하였다. 조선 초기에는 국가의 전례로『국조오례의』를 편찬하고, 사대부 사족에게『가례』의 실천을 권장함으로써 미신을 타파하고 풍속을 개량하는데 치중하였다. 조선 중기 이후로는 학자들을 중심으로『가례』는 물론 고례와 속례를 다각도로 검토하여 인정과 사리에 합당한 절차를 절충하는 깊이 있고 다양한 연구가 진행되었으

며, 또한 시대와 장소와 처지에 따라 중요한 행사가 있을 때마다 각기
적합한 의식 절차를 강구하여 준행하였으므로, 그 문헌이 헤아릴 수
없이 많다.

　『사의(士儀)』는 조선 말기에 근기실학파의 학문을 널리 전파하였
던 성재(性齋) 허전(許傳)이 편찬하고, 그 문도들이 간행하여 유포한
예서(禮書)이다. 이 책은 조선후기 근기실학파 학자들의 참신한 학풍
을 바탕으로 역대의 예론을 면밀히 검토하여 편찬한 매우 정채 있는
저술이다. 이 책은 주자의 『가례』를 보완하고 주석하는데 몰두하였던
종래의 예학 풍조에서 벗어나, 표제부터 사서인을 위한 의례라 표방
하고, 친친(親親), 성인(成人), 정시(正始), 여재(如在), 이척(易戚),
방상(方喪), 법복(法服), 논례(論禮) 등 8편으로 편목을 새롭게 구성
하였다. 또한 편목마다 그 의례의 본지를 밝히고, 절차마다 관련된 주
요 학설을 요약하고, 예학상의 쟁점이 되는 논설을 별도로 묶어 놓았
을 뿐만 아니라, 실학의 학문 기풍에 따라 예제의 강구에 있어서 합당
성과 실용성을 강조하였다. 이처럼 『사의』는 예서 편찬의 새로운 체
제를 제시하고, 예학의 주요 학설을 잘 집약하였다는 점에서, 조선조
예학의 학문 내용과 성과를 살피는데 매우 긴요한 저술이다.

　2002년 4월 한국학술진흥재단에서 기초학문연구지원사업을 확정
하고 인문학분야에 국학고전연구의 지원 방침이 제안되면서, 평소 예
학에 관심을 기울이고 있던 몇몇 동학들이 결집하여 『사의』를 국역하
기로 하였다. 한문고전을 번역하는 데 여러 어려움이 따르지만, 예서
의 번역에는 어려움이 더욱 많았다. 무엇보다 난처한 것은 과거 예서
에 의거한 관혼상제의 의례가 널리 준행되던 시대에는 일반 사람들도
상식으로 알았던 관습과 제도와 절차와 기물과 용어들 중 오늘날 대

폭 간소화된 의례에 거의 사용되지 않는 것이 많다는 점이었다. 그리고 오늘날 예학을 전문으로 연구하는 학자의 수가 매우 적고, 기존의 예서 번역이나 예학 연구의 성과가 참고할 수 있을 만큼 정밀하고 깊이 있게 축적되어 있지 않아서, 예학의 개념과 이론 체계, 용어 등에 이르기까지 혼란스러운 점이 많았다. 또한 번역에 참가한 젊은 역자들 역시 지나간 시대의 관습과 절차, 제도에 대한 견문과 이해의 정도가 달라서 역문에 일관성을 기하기가 힘들었다.

이에 일단 21권 전책을 10인의 초역자들이 분담하여 각기 초역본을 만들어 순차적으로 강독을 진행하면서 번역의 문체와 용어의 개념을 정리해 나갔다. 초역을 마친 다음 이들 초역본을 토대로 4차의 역문 교열을 거쳐 윤문과 교정을 진행하였고, 이들 원고의 체제를 다시 정비하고 문맥을 가다듬는데 2년여의 세월이 걸렸다. 그럼에도 번역에 사용된 예학 용어의 개념 정의와 용례의 일관성, 역문의 정밀도, 주석의 균형성 등의 문제는 여전히 남아 있고, 고증과 윤문이 미흡하여 문맥이 난삽한 곳이 많다. 이런 문제의 일차적인 책임은 초역을 담당한 각 권의 번역자에게 있지만, 한편으로 역문의 토론과 교열과 윤문에 동참하였던 사의국역단 여러 사람들 전체의 책임이기도 하다. 이에 대하여는 예학에 대한 보다 깊이 있는 연구를 진전시켜 수정 보완함으로써 책임을 다할 생각이다.

우리가 지나간 시대의 예서를 번역하는 것은 결코 거기에 제시된 세세한 절차와 기물과 도수를 만세불변의 도리로 여겨 복원하기 위해서가 아니다. 우리가 예서를 번역하는 것은 예의의 나라라는 문화적 정체성을 형성하였던 조선조 예학의 실체를 정확하게 이해하기 위해서이고, 인간관계의 질서를 강구해 온 예학의 학문 본령을 되찾기 위해서이다. 한국고전의례연구회에서는 이 책의 간행과 함께 조선조 최대의 가례서라 일컬어지는 『상변통고』의 번역을 진행 중이다. 이런 일련의 작업을 통하여 조선조 예학의 방대한 성과가 정당하게 평가되고, 인류가 평화롭게 공존하는 관계의 질서를 탐구하는 새로운 예학의 참신한 기풍을 일으키는 데 기여할 수 있기를 기대하는 바이다.

서기 2006년 경칩
한국고전의례연구회 사의국역단을 대표하여,
정경주 삼가 씀

『사의(士儀)』 해제

1. 성재(性齋) 허전(許傳)

『사의』는 근기실학(近畿實學)의 적전(嫡傳)인 성재(性齋)선생 허전(許傳, 1897-1886)이 저술한 예서이다. 허전은 성호(星湖) 이익(李瀷, 1681-1763) 이래 순암(順庵) 안정복(安鼎福, 1712-1791), 하려(下廬) 황덕길(黃德吉, 1750-1827) 등으로 이어진 조선후기 실학(實學)의 학통을 계승하여 조선말엽에 학풍을 크게 떨친 학자이다. 그는 양천 허씨(陽川許氏) 악록(岳麓) 허성(許筬)의 후예로 자가 이로(而老), 성재(性齋)는 그의 호이다. 성재는 경기도 포천 목동(木洞)에서 탄생하여 젊은 시절 두호(斗湖)에 은거하고 있던 하려에게 가르침을 청하였는데, 하려는 곧 순암의 문도로서 성호학(星湖學)의 학통을 계승한 사람이었다.

성재는 헌종 원년(1835) 문과에 급제하여 44세에 기린도찰방, 48세에 성균관전적, 사헌부지평을 거쳐 51세에 함평현감으로 나갔다가, 54세에 철종이 즉위한 뒤로부터 홍문관교리, 경연시독관, 춘추관기사관 등의 내직을 받아 항상 경연에 참여하였고, 59세 때 당상관으로 우부승지와 병조참의의 직책을 받았으나 실직에 나가지는 않았다. 철종 말년에 지방행정의 문란으로 진주와 단성에서 일어난 민란이 삼남지방으로 확산되어 위기에 봉착하자 조정에서는 관원은 물론 전국 사림에 그 대책을 논하게 하였는데, 성재는 이때 「삼정책」을 지어 권신과 결탁된 행정의 부패를 통렬하게 비판하고 그 대책을 조리있게 제안하여 지방 사림의 큰 호응을 받았다.

그러다가 고종이 즉위한 뒤 68세에 김해부사로 부임하여 공무를 보는 여가에 학도들을 계도하여 크게 학풍을 떨쳤다. 임기를 마치고 서울로 돌아가서는 가선대부, 정헌대부, 보국숭록대부 등의 직급을 차례로 받았으나 별다른 실직이 없이 간혹 경연에 진강하다가, 1886년 아들이 부임하여 있던 안산(安山)에서 별세하였다.

성재는 1864년 김해부사로 부임하여 3년 동안 재직하면서 김해와 창원, 밀양, 함안, 의령, 단성 등 영남 각지에 몰려든 수백 인의 후학들을 받아들여 근기학(近畿學)의 학문성과를 전파하여 이른바 기령회통(畿嶺會通)의 참신한 학풍을 일으켰다. 그는 유생들을 모아 향음주례를 시행하고, 매달 초하루와 보름이면 명륜당에 모여 강학하였고, 자신의 사처인 공여당(公餘堂)을 개방하니 수 백인의 학자들이 문하에 모여들었다. 이로 인하여 김해의 취정재(就正齋)와 단성의 이택당(麗澤堂)을 중심으로 결집된 문도들이 앞장서서 성재의 영당을 건립하여 추모하는 한편, 성재의 저술은 물론 『이자수어(李子粹語)』, 『경례유찬(經禮類纂)』, 『동현학칙(東賢學則)』, 『성호선생문집(星湖先生文集)』, 『하려선생문집(下廬先生文集)』 등 근기학파의 각종 문헌을 차례로 간행하여, 20세기 초 이 지역 사림의 성세를 한층 고무시켰다.

성재 허전의 학문 규모는 그 저술에 나타나 있다. 성재는 『사의(士儀)』 21권, 『사의절요(士儀節要)』 2권, 『종요록(宗堯錄)』 9권, 『철명편(哲命篇)』 2권, 『삼정책(三政策)』 등을 생시에 이미 간행하였고, 그

외에도 『수전록(受塵錄)』5권 외에 『자훈(字訓)』, 『초학문(初學文)』, 『하관지(夏官志)』, 『가의(家儀)』2편 등의 전저를 저술하였다. 이들 저술은 대략 예서와 국가경영방략, 문자학 교재 등 세 가지로 분류할 수 있다. 이러한 학문 성향은 그 문집에도 나타난다. 『성재문집』의 잡저에는 「삼정책」과 「서시연청(書示椽廳)」 등 일부 폐정개혁과 관련된 문자 외에 대부분이 「방례고(邦禮考)」, 「잡고(雜考)」, 「역복포특변(易服包特辨)」, 「의대하척변(衣帶下尺辨)」, 「관제(官制)」 등 예학 관련 저술이다. 이는 성재의 학문이 당대의 폐정개혁과 풍속의 개량에 깊은 관심을 가지고 있었다는 것을 보여준다.

2. 선비의 의례, 『사의(士儀)』

성재는 일찍이 당대 정치의 우선 과제로 국가의 기강을 강조하였고, 기강을 세우기 위해서는 국가의 예전(禮典)을 준행하는 것이 필요하다고 주장하였다.[1] 또한 외부로부터 밀려드는 새로운 사조에 흔들리는 세태를 보면서, 학문이 그 본령을 회복하는 것이 급선무라 여겼다.[2] 그의 저술들이 모두 이러한 지향을 보여주고 있는데, 특히 그의 예학연구는 당대의 풍속을 바로잡고 사회 기강을 유지하는 절실한 과제의 하나였다. 27세 때 부친상을 당했던 그는 상복(喪服)의 복식에 관해 연구하면서 상복과 심의(深衣)가 동일한 제도라는 결론에 이르고, 이를 토대로 「법복편(法服篇)」을 저술한 바 있다. 이 글은 심의와 상복의 제도에 대한 참신한 견해로서, 당대 예학가의 비상한 관심

---

[1] 「經筵講義 · 書傳」 『性齋集』 권2
[2] 「與巴山諸生」 『性齋集』 권5: 而且今異端橫流之世, 聖學一事, 尤爲切急.

을 모았고 또한 많은 논란을 일으켰다. 이후 성재는 이것을 토대로 약 40여 년간에 걸쳐 고금의 예설을 정리 논평하여 이『사의』를 완성하였다.

친친(親親) /성인(成人) /정시(正始) /이척(易戚) /여재(如在) /방상(方喪) /법복(法服) /논례(論禮) 등 8편으로 이루어진 이『사의』는 주자『가례』의 편차와 조목을 준수하고 그 주석과 보완에 골몰하였던 조선후기의 일반적인 예학 기풍과 달리, 책의 제목과 편차를 새롭게 구성하였다는 데 무엇보다 큰 특징이 있다. 친친편에서 방상편에 이르는 6편이 본론인데, 그 중 친친편과 방상편은 기존의『가례』에 없었던 편목이다. 법복편과 논례편은 보론(補論)에 해당하는 것인데, 성재 자신의 예설이 가장 잘 드러나 있다. 그는 한 번 정해진 제도라도 오랜 세월동안 변화를 겪으면 시대와 인정에 합당하지 않기 때문에, 처음 제도가 마련되었을 때의 취지에 부합하면서 동시에 오늘날에도 합당한 설들을 나름대로 취하여 정리해야 한다고 하였다.3) 그리하여『의례』와『가례』및 각종 경전과 사서 및 제자서와 제가들의 학설을 두루 검토하여 새롭게 편차와 조목을 나누었다.

「고증서적」으로 223종의 중국 문헌과 67종의 우리 문헌을 참고하였는데, 거기에는 한(漢)·당(唐) 시대로부터 청대(淸代) 고증학의 성과까지 폭넓게 수용하고 있다. 우리나라의 예설로서는 이익(李瀷)의『예설류편(禮說類編)』을 중심으로 이황(李滉)·정구(鄭逑)·정경세(鄭經世)·김장생(金長生)·송시열(宋時烈)·권상하(權尙夏) 등의

---

3)「士儀凡例」『士儀·目錄』: 一. 此書有綱有條, 盖以儀禮家禮爲本, 而蒐輯經傳子史及古今諸家要語, 以備二書之未備者. 一. 時王之制, 雖或與古禮不同者. 其不敢不遵者, 採而述之. 一. 我東自分黨以來, 各尊其所尊, 至於議禮, 尤爲未決之訟. 此禮所以失也. 愚是之懼, 凡先儒論說之合古宜今者, 並取之, 務歸節文之得中.

학설을 두루 수용하였으며, 안정복(安鼎福)·윤동규(尹東奎)·황덕
길(黃德吉)과 정약용의『상례사전(喪禮四箋)』에 이르기까지 근기실
학의 예학을 착실히 계승하고 있다. 또한 윤휴(尹鑴)·박세채(朴世
采) 같은 탈주자학자들의 견해와 이현일(李玄逸)·이자(李栽)·이상
정(李象靖)·유장원(柳長遠) 등 영남 남인 예학의 주요 학설도 깊이
검토하였다.

성재는 58세 되던 철종 4년(1854)에 무고로 일시 파직된 이후 일체
의 관직을 사양하고 한가히 머물며 자신의 저술들을 정리하였는데,
64세에서 66세 사이에『하관지』『수전록』『종요록』등과 함께 이『사
의』도 일차 완성하였다. 그러나 공간(公刊)할 처지도 아니었고, 또한
시의(時議)에 저촉될 내용상의 문제로 더욱 신중을 요하였기 때문에
미처 공개하지 않은 채 간직하고 있었다.

조성렴(趙性濂)의「사의절요발(士儀節要跋)」에 의하면, 선생이 김
해부사로 부임하던 해에 문생이 되기를 청하러 찾아뵈었을 때, 선생
께서『사의』20여 편을 보여주었다고 한다.4) 그러나 많은 사람이 이
책을 보았던 것이 아니었다. 아직 내용이 완전히 교정된 것이 아니었
기 때문에 성재 자신이 완전한 공개에는 신중을 기했다. 그러다 결국
문도들의 간곡한 요청에 의해 함안에서 활자로 간행됨으로써 이 책
이 널리 알려지게 되었고, 문도들 사이에서 예가의 전범으로 존중되
어졌다.

---

4)「士儀節要跋」『사의절요』下: 性濂, 甲子歲, 始謁性齋先生, 先生書有曰士儀二十餘篇.

3. 『사의』 간행의 경위

1) 활자본 『사의』의 간행

『사의』는 1870년(고종7년, 74세)에 처음으로 함안(咸安) 입곡(立谷)에 거주하는 성재 문도들에 의해 목활자로 간행되었다. 이는 성재가 김해부사의 임기를 마치고 서울로 올라온 지 4년 정도 지난 뒤의 일이다. 누구의 발의에 의해 어떤 경로를 거쳐 간행되었는지 상세한 기록이 전하지는 않지만, 조성렴의 『사의절요발』에 의하면, 조성렴이 선생을 뵈었을 때 『사의』를 처음 보았고, 그 때 그것을 한 부 베껴 강학의 자료로 썼다고 한다. 조성렴이 베껴온 이 책을 그의 고향인 함안의 문도들이 함께 읽었던 것이고, 결국 그 문도들의 발의로 이 책이 간행되었던 것이다.5) 이 책의 간행소가 '려음정사(廬陰精舍)'로 기록되어 있어, 려음정사의 주인인 조성각(趙性覺)의 집안이 주도가 되어 간행한 것으로 본다. 특히 조성각의 아들 일산(一山) 조병규(趙昺奎, 1846- 1931)는 성재의 주요 문인으로 훗날 성재문집 간행 때 발기인의 한사람으로 참여하였는데, 그가 이 『사의』의 활간사업을 주도했던 것으로 보인다.6)

성재는 함안의 문생들의 간청에 못이겨 『사의』의 사본을 보내면서, 세상의 비난을 받지 않도록 내용을 꼼꼼히 교정해줄 것을 요청하였다. 이 원고는 당시 성재가 1862년에 완성하여 보관하고 있던 그대로

---

5) 「士儀節要跋」『사의절요』하: 濂學而悅之, 謄寫一統, 而資講習矣. 庚午同志好禮之人, 無不悅服, 相議印布.

6) 김진호는 1871년 『사의』의 간행사업을 마쳤다는 소식을 듣고 조병규에게 보내는 편지에서 폄묘의 도를 지키는 정성된 힘이 일세에 빛났다고 칭찬하고 있다. (「與趙應章昺奎」『물천집』 권4)

의 것으로, 이 원고를 그대로 간행할 것이라곤 예측 못했던 것 같다. 그 무렵 박문일(朴文一)에게 보낸 편지에서 성재는 다음과 같이 이야기하고 있다.

> 『사의』를 영남의 제유(諸儒)들이 뜻밖에 인쇄하여 간행했다고 하니, 큰 비난을 부를까 염려스럽습니다만, 이미 이루어진 일이라 뭐라 말하겠습니까? 「법복편」을 일찍이 보기를 요구하셨기에 관편(官便)에 받들어 보내오니, 살펴보신 후 만일 경의(經義)에 맞지 않는 부분이 있으면 상세히 논평하여 깨우쳐 주십시오.7)

그는 이 책이 주공(周公)의 예서에서부터 역대 제가들의 예론(禮論)과 중국 명·청과 우리나라 유현들의 예설(禮說)을 망라하고 있기 때문에 이른바 문집같은 일상의 문자와는 다른 저술이라는 이유로 처음 이들 사이에 간행의 의논이 있었을 때 저지할 생각은 없었다고 한다.8) 시비가 발생할 수도 있지만, 이 저술에 대한 성재 자신의 자부심이 있었던 것이다. 그래도 이 시비를 최소화하기 위해 이미 공간(公刊)이 된 이후에도 내용의 검증과 교정을 계속 진행했던 것이다.

어쨌건 이처럼 과감하게 시행된 함안 유생들의 사업추진이 교정의 오류라는 문제점을 안고는 있었지만, 그래도 『사의』가 세상에 공개되어 영남지방의 학인들의 지적 욕구를 자극하고 예학에 관한 활발한

---

7) 「與朴都事文一」『성재집』 권5: 士儀, 嶺南諸儒, 意外印刊, 恐招汰哉之譏, 而遂事何說也? 法服篇, 曾所求見者, 故因官便奉呈, 覽後如有未安於經義者, 詳評示警.

8) 「答朴廷煥」『성재집』 권5: 此書一部, 上自周公制禮, 以及歷代諸禮家所論, 迄于明清, 又及我東儒賢之禮說, 靡有遺漏, 與尋常汗漫文字有異, 而亦非俗所謂文集者也. 意外僉君子有此刊印之議, 而不欲沮之者, 實與文集不同故也.

토론을 연 발단이 되었다. 그래서 김진호(金鎭祜)는 이듬해 성재선생께 올리는 편지에서 "이 책이 세상에 퍼지게 되면 거리의 어린 아이까지도 모두 예를 알게 될 것이니, 우리 사문(斯文)의 경사 가운데 무엇이 이보다 크겠느냐"9)며 축하하기도 했던 것이다.

2) 『사의절요』의 간행

활자본 『사의』는 본집이 21권 10책, 별집이 4권 2책으로 실로 방대한 량이다. 많은 고증서적을 통해 일일이 자료를 열거하고, 게다가 편자 자신의 견해까지 첨부하고 있어 예법을 실행할 때 그 예전(禮典)으로 참고하기에는 매우 번거롭다. 한마디로 실용성이 떨어진다. 그래서 성재 자신이 실용하기 편하도록 그 강령만을 모아 4권 1책(또는 4권 2책)으로 엮은 것이 『사의절요』이다. 별집은 빼고 본집의 6편을 간략히 그 핵심만을 모은 것이다. 고증자료와 성재 자신의 해설도 모두 생략하여 휴대하기 편하도록 엮었다.

함안의 수동(壽洞)에 거주하였던 조성렴이 베껴온 『사의』를 이곳의 유생들이 활간할 때 정작 그는 모친상을 당하여 참여하지 못하였다. 늘 이것을 아쉬워하던 차, 1872년 봄 그가 서울로 성재선생을 찾아뵈었을 때 절요를 만들었다는 말씀을 듣고는 곧장 고향의 문도들과 상의하여, 1873년 『사의절요』의 목판간행이 이루어졌다.10)

『사의절요』는 '친친편(親親篇)' '성인편(成人篇)' '정시편(正始篇)'을 제1권으로 묶고, '이척편(易戚篇)'을 제2, 3권으로 묶고, '여재편(如

---

9) 「上性齋許先生辛未」『물천집』 권3: (士儀已爲印梓, 屬玆廣布, 將使優優大哉之道.) 是書之行, 洋洋於宇內, 而委巷童孺, 皆可以知禮, 斯文慶幸, 孰大於是.
10) 「사의절요발」 참조.

在篇)'과 '방상편(方喪篇)'을 제4권으로 묶었으며, 별집의 '법복편(法服篇)'과 '논례편(論禮篇)'은 빼버렸다. 각 편의 조목도 번거로운 것은 산삭하였는데, 내용을 최대한 줄이기 위해 조항의 제목도 음각으로 구분했을 뿐, 행간으로 구분하지 않았다. 이 책은 성재 예학의 실용 규범서로서 의미가 있다.

3) 목판본 『사의』의 간행

활자본 『사의』가 간행됨으로서 자연히 이 책에 대한 사계(斯界)의 관심이 높아지게 되었다. 그러나 활자본으로 간행되었기 때문에 재판이 불가능하여 그 수요에 충분히 호응할 수 없기 마련이었다. 그래서 중간에 대한 논의가 일찍부터 제기되고 있었다. 1877년 무렵 『사의절요』를 간행했던 조성렴을 중심으로 중간논의가 있었던 모양이다. 앞선 경험에 의하면 함안의 유생들은 충분한 능력이 있었을 것이다. 그러나 김진호는 신중론을 내세워 이 중간계획을 제지하였다.

> 『사의』는 우리 선생께서 50년 정력을 기울이신 것이오, 우리 무리들에게는 일대 귀감입니다. 듣자니 귀향의 여러 현자들께서 앞으로 간행하여 배포할 계획을 세우신 것은 우리가 스승을 존모하는 일인 것이니, 어찌 힘을 다해 분주히 이 성사를 이루고 싶지 않겠습니까? 그러나 보잘것없는 제 생각에는 잘못된 계획인 듯 합니다. (중략) 오늘날 선생님의 예학은 비록 중천의 태양과 같지만 근일에 추잡하게 헐뜯는 무리가 전날보다 백 배 늘어났습니다. 조정에는 믿어줄 만한 사람이 고인들만 못하고, 우리들이 스승을 숭상하는 깊이도 턱없이 못미치니, 어떻게 은미한

말씀의 만분에 일이라도 발명하되 다른 근심이 없도록 보전할 수 있겠습니까? 또한 예가(禮家)의 취송(聚訟)이 예부터 그러했거늘, 오늘 간행하여 배포하면 내일 당장 쟁송이 일어나 올가미에 걸려 화를 불러일으킬 것이니, 어떻게 신중하지 않을 수 있겠습니까? 우리들의 책무는 은미한 말씀을 준수하고 깊은 뜻을 익숙하게 익혀, 일세의 사람들로 하여금 점차 스미듯 서로 믿도록 하는 것입니다. 다만 소장(消長)의 기미를 잘 살펴 서서히 간행하여 전파하더라도 그리 늦지 않을 것입니다. 우리가 사문(師門)에 보답하는 책무는 단지 이것뿐입니다.11)

김진호의 주장이 설득력이 있었던지 결국 이 사업은 이루어지지 않았다. 그런데 성재의 『사의』는 이미 사대부 가문에서 준행되어 오던 『주자가례』의 기존 틀을 상당 부분 채택하였지만, 「가례도(家禮圖)」를 대부분 바꾸어 「사의도(士儀圖)」로 대체하고, 상복(喪服)과 심의(深衣)의 제도를 새로 고증하여 제시하는 한편, 『주자가례』에서 문제가 되었던 제반 의절(儀節)들에 대하여 기왕의 예설들을 근거로 전면 수정하였으며, 한편으로 친친편과 방상편을 정식으로 예서의 편차에 편입함으로써, 매우 혁신적인 예서로 인식되었다. 그렇기 때문에 『사의』가 간행되자 이에 대하여 이설을 제기하는 학자들이 더러

---

11) 「與趙洛彦性濂(丁丑)」『물천집』권4 : 士儀一書, 吾先生五十年精力, 而吾黨之一大龜鑑也. 竊聞貴鄕僉賢, 將爲刊布之擧, 在吾尊慕之地, 豈不欲竭力周章圖成盛事也? 然區區愚見, 竊獨有過計. (중략) 況今先生禮學, 雖復如日中天, 而近日醜詆之徒, 百陪於往時. 朝著相信, 不及古人, 而吾輩崇師之篤尤, 萬萬不逮, 則何能發明微言之萬一而保無他憂耶? 且禮家聚訟, 從古已然, 今日刊布, 明日爭訟, 觸機召禍, 豈非可愼之甚耶? 吾輩之責, 但當遵守微言, 講貫奧旨, 令一世人, 漸染相信. 第觀消長之機, 而徐徐刊傳, 未爲晩也. 報答師門之責, 只此而已.

나타났다.

『사의』를 읽고 이에 대한 의견을 가장 꼼꼼하게 피력한 사람은 한주(寒洲) 이진상(李震相, 1818-1886)이었다. 한주는 일찍이 예학에 관심이 깊어서 자신도 을축년(1865)에 『사례집요(四禮輯要)』를 편찬한 바 있었다. 한주의 예설은 『의례(儀禮)』를 근본으로 하여 『주자가례』를 참조하고, 그 절목(節目)과 우리나라의 예설로는 동암(東巖) 유장원(柳長源)의 『상변통고(常變通攷)』와 경호(鏡湖) 이의조(李宜朝)의 『가례증해(家禮增解)』를 많이 채택하였다. 그러나 『사의』에는 새로운 학설이 많았으므로 이에 대한 의문이 없을 수 없었다. 이에 한주는 경오년(1870)에 성재에게 서찰을 보내어 「법복편」의 의의(疑義)를 논하였고, 다시 서울로 가서 성재를 만나보고는 예의(禮疑)를 강정(講定)한 바 있었다.

『사의』에 대한 한주의 견해는 『한주집(寒洲集)』에 「독허성재사의(讀許性齋士儀)」라는 제목으로 실려 있다. 이 글에는 『사의』의 예설에 대한 한주의 견해가 무려 73조나 나열되어 있다. 그 중 한주가 『사의』의 설을 지지한 것은 '증조재복조참(曾祖在服祖斬)', '위처장기연상담(爲妻杖朞練祥禫)', '수양부모복(收養父母服)' 등 몇 조목에 불과하고, 나머지에 대해서는 대부분 의문을 제기하였다. 이렇게 한주의 「독허성재사의」라는 글이 알려지면서 한주 문도와 성재 문도들 사이에 『사의』의 예설을 둘러싼 논변이 계속되었다. 한주와 성재가 차례로 별세한 뒤에 이 논변을 주도한 이는 한주의 학통을 계승한 곽종석(郭鐘錫)과 허유(許愈), 그리고 성재 학통을 계승한 허훈(許薰)과 김진호(金鎭祜), 조병규(趙昺奎) 등이었다.

이와 같이 『사의』 예설에 대한 일단의 논변이 계속되는 가운데, 성재 문도들 사이에는 『사의』를 다시 간행하자는 논의가 일어났다. 경자년(1900) 가을에 김진호는 곽종석·윤주하(尹冑夏) 등과 논의하여 본격적인 교정작업을 거쳐 중간할 것을 논의하였다. 그는 이 교정작업에 가능한 많은 학인들을 참여시키고자 하였고[12], 이 일을 조병규가 적극 도왔다. 그리하여 곽종석·윤주하·김재수(金在洙)·정재선(鄭載善) 등이 함께 10여일 동안 교정을 마치고, 1906년 이택당(麗澤堂)에서 중간을 결의하였다. 그리하여 늦어도 1907년부터 판각이 시작되었던 것 같으나, 도중에 몇 차례의 우여곡절을 겪었다.

먼저 밀양의 노상직(盧相稷)이 교정본에 대해 이의를 제기하였다. 일찍이 한주 이진상이 『사의』를 읽고 성재선생과 토론한 것이 『한주집』에 수록되어 있는데, 그 때 논란이 되었던 부분을 한주의 문도인 곽종석이 의도적으로 삭제하려고 한다는 것이었다. 그 대목은 당시 성재선생께서 허여하지 않은 부분인데, 어떻게 선생의 뜻을 저버리고 한주의 의도를 따르려 하느냐고 질타하였다.[13] 또 하나는 성재선생께서 손수 교정을 보아 산증(刪增)해 놓은 것이 있는데, 왜 그것을 가져다 참고하지 않느냐는 것이었다.[14] 일찍이 성재 자신이 활자본 『사의』의 잘못된 부분을 손수 수정하였고, 그것을 문욱순(文郁純)·조병규 등과 함께 의논하여 그들을 통해 문도인 노필연(盧佖淵)에게 보낸 적도 있었다.[15] 이에 노필연은 자신의 생각을 스승께 질의하여 추가수

---

12) 「與李器汝鍾己(辛丑)」 『물천집』 권4 참조.

13) 「答趙應章·別紙」 『소눌집』 권7: 乞於淸齋閒暇, 取考寒洲集讀士儀數十條參看, 俛公所欲祛之條, 則庶或察得, 相稷所憂之深意也. 寒洲公在世時, 屢有問辨, 而先師皆不許, 今忽棄師言而重洲說, 則先師有靈謂吾等, 何如哉?

14) 「答趙應章」 『소눌집』 권7: 儀役既至二冊, 僉賢敦事之勇, 可賀. 但念先生平日, 有手自增刪之本, 而不得參看於重刊之日, 其非悔恨處耶?

15) 「答盧漢若佖淵」 『성재집』 권5: 士儀誤刊處, 則非因他人之言而改之也. 本來校正時未

정을 한 바 있었다.16) 그러던 중 마침 성재가 보관하고 있던 교정본 원본이 다른 사람의 손에 있어 다행히 화재에 소실되지 않고 보전되어 발견되었다. 결국 그것을 종자(從子)인 허운(許運)이 찾아 이택당으로 들고 오게 되었고, 이미 3책까지 판각이 되었지만 앞서 교정했던 것은 무시하고 성재의 교정본을 저본으로 중간하게 되었다.17)

이런 곡절을 겪으며 판각이 진행되던 도중 1908년 김진호가 갑자기 죽게 되고, 이 일을 조병규가 맡아 끝까지 마쳤으니, 『사의』와 조병규의 인연은 참으로 깊었다고 하겠다. 중간 목판본『사의』는 그 이듬해인 1909년쯤에 완성된 것으로 추정된다.

이처럼『사의』를 다시 간행하자는 논의가 확정되면서 자연스레『사의』예설 중에 논란이 되고 있는 조목에 대하여 개정하자는 논의도 함께 일어나기도 하였으나, 종국에는 제기된 문제가 본디 허성재의 생시에 제기되었던 것이고 거기에 대하여 성재 자신이 분명히 개정할 뜻을 밝힌 적이 없기 때문에 고치는 것이 온당하지 않다는 쪽으로 결말이 나서, 일부 편차의 조정과 오자의 교정 외에는 예설상의 내용은 변동되지 않고 그대로 간행되었다.

4. 『사의』의 편제

활자본『사의』는 본집 21권 10책과 별집 4권 2책, 총 25권 12책으

詳者, 故不可不釐正也. 文聖憲·趙應章來留數朔, 相議更正, 其當改處, 二生皆錄去, 必當相通矣.

16)「士儀考誤增註」『克齋集』권3.

17)「士儀跋」『一山集』권8: 先生晚年刪正本, 借人已久, 獲全於灰燼之中, 天實有相於斯文也. 先生之從子運, 晚始覓來, 以與新校本參考, 則大意略同. 遂以先生正本爲刊.

로 간행되었다. 그 구성은 다음과 같다.

1. 친친편(親親篇) : 4편 (권1～권4).　　　친족관계 및 종법
2. 성인편(成人篇) : 1편 (권5).　　　관·계례
3. 정시편(正始篇) : 2편 (권6～권7).　　　혼례
4. 이척편(易戚篇) : 10편 (권8～권17).　　　상례
5. 여재편(如在篇) : 3편 (권18～권20).　　　제례
6. 방상편(方喪篇) : 1편 (권21).　　　국상례
7. 법복편(法服篇) : 2편 (별집 권1～권2).　　　심의 및 상복제
8. 논례편(禮論篇) : 2편 (별집 권3～권4).　　　예설

본집이 21편에 별집이 4편, 모두 25편으로 구성되어 있다. 이것은 물론 허성재가 정리하였던 처음의 원고대로이다. 친친편에서 방상편까지는 사대부로서 준행해야할 예절을 다룬 것으로 본집에 해당한다. 법복편과 논례편은 상복과 심의(深衣)의 복제에 대한 고증과 예전(禮典)에 관한 자신의 해설을 다룬 것이므로 따로 별집으로 구성하였다.

『사의』 활자본은 간행 직후부터 오류가 발견되기 시작하였고, 더러 논란이 되는 대목은 학인들의 토론대상이 되기도 하였다. 그래서 중간(重刊)에 앞서 교정을 보는 과정에서 논란이 될만한 부분은 삭제해 버릴 것을 검토하고 있었다. 곽종석·윤주하·김진호·조병규 등이 중심이 되어 이미 교정본을 확정하였으나, 그 뒤 노상직의 주장대로 성재선생이 손수 교정한 저본이 나타나자 당연히 선생의 교정본을 존중하여 그 저본대로 중간하게 되었다. 일찍이 성재 자신이 몇 곳의 오류를 발견하고 수정해 두었던 것인데, 그것은 구성상의 문제가 주를 이루고 있다. 목판본 『사의』는 그의 교정을 모두 수용하면서 동시에

본집과 별집을 하나로 합해 두었다.

    1. 친친편 : 3편 (권1~권3)
    2. 성인편 : 1편 (권4)
    3. 정시편 : 1편 (권5)
    4. 이척편 : 8편 (권6~권13)
    5. 여재편 : 2편 (권14~권15)
    6. 방상편 : 1편 (권16)
    7. 법복편 : 2편 (권17~권18)
    8. 논례편 : 3편 (권19~권21)

본집과 별집 구분없이 하나의 편제로 묶어 버렸고, 그 편수도 축소하여 모두 21편으로 구성하였다. 법복편과 논례편을 같이 본집으로 편입시킨 것은 그 내용의 비중이나 성격상 굳이 별집으로 떼놓을 필요가 없다고 판단했던 것 같다.

편수가 줄어든 것은 둘을 하나로 합편하였기 때문일 뿐 내용을 크게 삭제시킨 것은 아니다. 그래도 부분적으로 내용의 위치 이동이 이루어진 곳도 있다. 가령 친친편 제3은 모두 예설이어서, 논례편 제1로 옮겨두었다. 또한 각 편에 들어있는 항목 가운데 일부를 삭제하거나 또는 추가해 넣기도 하였다. 활간시 교정의 오류로 항목의 등급설정이 잘못되었거나, 쌍행의 주석으로 처리될 것이 본문으로 잘못 인쇄된 것도 모두 바로잡았다. 『사의』에서 성재는 내용 사이사이에 '안설(按說)'을 두어 자신의 견해를 피력하고 있는데, 목판본에서는 더러 삭제된 곳도 있다. (『편제 비교표』 참조)

활자본과 목판본『사의』의 편제가 판이하게 다른 것은 아니지만, 그렇다고 둘의 체계가 동일하다고 할 수는 없다. 그러면 허성재가 구상한『사의』의 편제는 목판본의 것이 완정된 것이라고 하겠다. 그렇다고 활자본『사의』가 폐기되어야 할 것은 아니다. 초간본과 중간본의 차이는 우리 학술서적의 교정이 갖는 의미의 출판문화사적 가치를 잘 보여주고 있을 뿐아니라, 책임감있는 성실한 한 학자의 학술적 여정을 엿볼 수 있는 좋은 비교대상이 되기 때문이다.

5.『사의』예설의 특징

『사의』는 한국 예학사에 있어 여러 측면에서 특별한 의미를 가지지만, 무엇보다 중요한 것은『가례』를 최선의 예서로 절대시하지 않았던 근기실학파의 학문 태도를 견지하여, 그 편찬의 의도와 편찬 체제에 있어서 새로운 전범을 마련하였다는 점이다. 조선조에 편찬된 대부분의 예서는 주자의『가례』에 제시된 편차와 조목을 준수하여 통례·관례·혼례·상례·제례 등의 편차로 구성하였다. 그러나『사의』에서는『가례』의 통례에 들어있는 사당제도와 심의제도에 대한 설명을 여재편과 법복편으로 옮기고, 친친편과 방상편과 법복편을 새로 설정했을 뿐 아니라 세부 조목의 설정에서 있어서도『가례』의 설을 그대로 취하지 않고 새롭게 구성했다.

편차의 구성에서 제일 첫머리에 친친편을 배치해 두고 있는 것도 독특하다. 친친편의 내용들은 격식을 갖춘 의식절차가 포함되어 있지 않기 때문에 딱히 의례라고 하긴 어렵지만, 그럼에도 이것을 가장 앞머리에 둔 것은 예의 실천에서 친친(親親)의 의리가 가장 중요하며,

모든 예의 근원을 친친에 귀결시키려는 성재의 의도가 담겨있다고 본다. 그리고 법복편과 논례편을 뒤에 붙여둔 것도 색다른데, 법복편은 심의(深衣)제도와 상복(喪服)제도를 고증한 것으로, 『가례』에 제시된 심의와 상복제도의 모순을 변박하고, 『의례(儀禮)』에 근거하여 심의와 상복의 본 제도를 설명하고 있다. 한편 논례편은 우리 조선에서 『가례』를 중심으로 예를 시행하고 정비하는 과정에서 야기되었던 학설이나 다양한 문제점들을 두루 포섭하여 하나의 완정한 이론으로 정리한 것이다. 여기에는 각 의절과 관련된 학계의 주요 논점들이 요약되어 있고, 이 가운데서 성재 자신의 예론(禮論)의 관점도 잘 나타나 있다.

「사의도(士儀圖)」 또한 성재의 창안이다. 『가례』에는 본래 31개의 도(圖)가 실려 전해오고 있었으나, 성재는 그 도해가 『가례』의 본문과 어긋나는 것이 많다 하여 대부분 폐기하고, 필요한 것을 보충하여 106개의 도를 만들어 붙였다. 기왕 예학자들 사이에 「가례도」에 문제가 많다는 지적은 있었지만, 대부분의 예서에서는 「가례도」의 그림을 그대로 따르는 것이 일반적이었는데, 성재는 이것을 전면 부정하고 새롭게 그림을 만듦으로서 교조적인 주자학의 굴레에서 벗어나려는 예학 관점을 반영하였다.

『사의』는 그 편찬의도에 있어서 대부례(大夫禮)나 왕조례(王朝禮)와 구별되는 사서인(士庶人)의 예를 수립한다는 의도를 가지고 있었다. 성재는 「사의서」에서 "그 지위가 있더라도 그 덕성이 없으면 감히 예악을 만들지 못하고, 그 덕성이 있어도 그 지위가 없으면 감히 예악을 만들지 못한다"고 하면서, 공자학도로서 예를 서술하는 것은 죄가 아니지만 그래도 감히 예라고 할 수 없고, 또 왕조례(王朝禮)를 언급

할 수 없으므로 책이름을 『사의』라 한다고 했으며, "천하에 나면서 귀한 자가 없고 예는 또 서인에게 내려가지 않기" 때문에 『사의』라고 이름붙일 수 있다고 하였다. 그리고 「범례」에서 왕조례에 대한 그의 저술을 『사의』와 혼동하여 함께 편성하지 못하고, 자신이 국가 경륜의 방략을 구상한 저술인 『수전록(受廛錄)』에 별도로 편입해 놓는다[18]고 하였다. 이처럼 성재가 『사의』라고 명명한 의도는 왕후의 예와 대부의 예와 사서인의 예가 동일하지 않다는 예학 관점에 근거한다.

성재는 "예에는 고금의 차이가 있고 시속의 다름이 있고, 왕후(王侯)에게는 사용해도 대부(大夫)나 사(士)에게 사용할 수 없는 것이 있고, 대부나 사에게는 사용해도 왕후에게 사용할 수 없는 것이 있다"[19]고 하였다. 이런 관점은 『사의』의 여러 곳에 반영되어 있다. 관례(冠禮)의 주에 이르기를 "천자나 제후가 일찍 관례를 올리는 사례를 사서인의 예에 인용하는 것은 불가하다"[20]고 하였고, 또한 혼례복(婚禮服)의 규정에는 『오례의(五禮儀)』에 명시된 "양반의 자손은 사모(紗帽) 각대(角帶)를 쓰고, 서인은 갓[笠子]에 술띠[絛兒]를 쓴다"[21]는 조목을 인용하여 놓았다. 『사의도』에는 또 『국조오례의』의 「설찬도(設饌圖)」를 올려놓았는데, 거기에는 2품 이상, 6품 이상, 9품 이상 세 등급의 관원과 서인을 위한 네 개의 「설찬도」가 각기 달리 설정되어 있고, 또한 "『오례의』의 찬품(饌品)은 귀천에 따라 등급이 있고 다과

---

18) 「士儀凡例」: 王朝禮 有非賤者所敢輕議 亦非士儀之所可溷者 略採帝王昭穆宗廟序次
    別爲一卷 編於受廛錄.
19) 許傳, 「經禮類纂序」 『성재집』 권12: 禮有古今之異宜 有時俗之不同 有可用於王侯而
    不可用於大夫士者 有可用於大夫士而不可用於王侯者.
20) 『士儀』 卷4 成人篇: 以喪冠者註. 天子諸侯早冠 不可爲引於士庶.
21) 『士儀』 卷5 正始篇: 五禮儀公服. 兩班子孫 紗帽角帶 庶人笠子絛兒.

가 같지 않으니, 이것은 참작하여 절문(節文)하라는 뜻"[22]이라고 하였다.

그리고 또한 여러 부분에서 국통(國統)과 친통(親統)을 엄정하게 변별하고 있다. 성재는 국통의 계승에 형제나 조손 간에 승계되는 사례를 인용하여 형제나 조손 등의 간대입후(間代立後)를 입증하는 설에 반대하며, "천하에는 하루라도 군주가 없어서는 안되니, 비록 형이 아우를 계승하고, 숙(叔)이 질(姪)을 계승하고, 심지어는 혹 조(祖)가 손자를 계승하더라도 또한 그만 둘 수 없다. 그렇지만 이는 아우에게 아들이 되거나, 조카에서 손자가 되는 것이 아니고, 단지 그 국통을 계승하는 것이니, 어찌 사대부들이 집안의 가계를 계승하는 일과 한 가지 이치라 하겠는가?"[23]라고 하였다. 또한 「위인후자설(爲人後者說)」에서 "무릇 국통은 그대로 국통이고, 친통은 그대르 친통인 것이지, 어찌 그 소목(昭穆)을 어지럽혀서 아우를 녜(禰)로 하거나, 형을 녜로 하거나, 조카[姪]를 녜로 하거나, 조(祖)를 녜로 하여 제멋대로 해서야 되겠는가?"[24] 하였다. 국통과 친통에 있어서 소목의 분별 문제는 17세기 예송(禮訟)에서 치열하게 논의되었던 불이참(不二斬)의 명분론과 밀접한 관련을 가진다.

이처럼 사례(士禮)를 왕조례(王朝禮)나 향례(鄕禮)와 엄밀하게 구분하는 시각은 주자 『가례』를 상하귀천 할 것 없이 천하만세에 통용될 수 있는 예의 전범(典範)으로 인식했던 예학자들의 경직된 태도와

---

22) 『士儀』卷1 士儀圖 「五禮儀時享考妣一卓圖」: 按五禮儀饌品貴賤有等 多寡不同 此爲 參酌節文之義 而但匙箸之在左 籩豆之不合耦數 與古禮家禮不同 未知如何.
23) 『士儀』卷2 親親篇 「間代立後」: 天下不可一日無君 則雖兄繼弟叔繼姪 甚或至祖繼孫 亦不可已也. 此非爲子於弟於姪於孫也. 只繼其國統也. 何可曰與士大夫承家一理也哉.
24) 『士儀』卷20. 論禮篇. 「爲人後者說」. 夫國統自國統 親統自親統 豈有亂其昭穆 禰弟 禰兄禰姪禰祖 無所不爲乎.

는 구별되는 점이다.

『사의』에서는 속례(俗禮)와 국제(國制)를 예의 합당성에 비추어 다양하게 정식으로 채택하였다. 「사의범례(士儀凡例)」에 이미 "시왕(時王)의 제도가 비록 고례(古禮)와는 같지 않더라도 감히 준행하지 않을 수 없는 것은 채택하여 서술한다"25)고 했으며, 특히 방상편은 전적으로 『국조오례의』를 근간으로 엮은 것으로 "시왕(時王)의 제도를 중시한다"26)고 했다. 이러한 관점은 친친편(親親篇)의 종자(宗子) 계승과 관련한 종법(宗法) 부분과 정시편(政始篇)의 금혼(禁婚)과 재취(再娶) 부분, 그리고 방상편(方喪篇)에 집중적으로 반영되고 있다. 예제가 국가의 법령과 무관할 수 없기에 예서에 국제를 반영하는 것은 당연한 일이다. 그렇지만 조선조에 널리 통용되었던 『가례』와 국제가 상충될 경우 어떤 것을 취할 것인가 하는 점은 문제가 아닐 수 없었다. 그러나 『사의』는 고례의 원칙에 부합하는 것이라면 국제를 옹호하는 입장에 섰다.

이와 같이 『사의』는 유가경전과 공맹학의 이념을 토대로 시대와 풍속과 인정에 크게 어긋나지 않으면서 사리에 가장 합당한 예를 강구하려는 진지한 학문정신에서 나왔다. 성재는 『사의』의 범례(凡例)에서, 조선조의 붕당으로 인하여 각기 제 존중하는 것만 존중하는데 예를 논의함에 있어서는 더욱이 결판이 나지 않은 송사가 되어 그로 인하여 예가 잘못되고 있기 때문에, "선유(先儒)의 설 가운데 고례(古禮)에 합당하고 시의(時宜)에 부합하는 것은 함께 취하여 절문(節文)이 적중하는 데로 귀결되도록 힘썼다"27)고 하였다. 성재의 논례가 다

---

25) 「士儀凡例」: "時王之制 雖或如古禮不同者 其不敢不遵者 採而述之."
26) 『士儀』, 卷16, 「方喪篇」: "此篇專以五禮儀 及喪禮補編爲主 重時王之制也."

른 예가들에게 얼마나 공정한 것으로 받아들여졌는가는 차치하고, 사
설(師說)의 고수에 매달리지 않고 합당한 예제를 진지하게 강구했다
는 점은 조선후기 예학의 건실한 면모라 할 것이다.

6. 맺음말

성재(性齋) 허전(許傳)은 조선후기 근기실학파의 학통을 계승하여
영남 남부지방에서 크게 학풍을 떨친 학자이다. 성재가 저술한『사의
(士儀)』21권은 근기 남인 예학의 성과를 결집한 예서로서, 조선말엽
의 예학 성취의 수준을 보여주는 의미 있는 책이다.『사의』는 고금의
예서를 참작하여 예학의 근본 취지에 부합하는 사서인(士庶人)의 예
절규범을 강구한다는 의도를 표방하며, 재래에 통용되었던 주자『가
례』의 규모나 내용과는 다르게 그 편차와 항목과 표제를 새롭게 조정
하였고, 역대 예학자들이 제기한 다양한 예학쟁점들을 두루 절충하여
수용하였다. 이 점은『가례』의 조문을 만세통행의 정규(定規)로 받들
어 이를 부연 보완하는 학습에 골몰하였던 조선후기 예학연구의 한
조류와 대조된다는 점에서 특별한 의미를 지닌다.

[김철범・정경주]

---

27)「士儀凡例」: 我東自分黨以來 各尊其所尊 至於議禮 尤爲未決之訟. 此禮之所以失也.
愚是之懼 凡先儒論說之合古宜今者 竝取之 務歸節文之得中.

『편제 비교표』

편명	활자본 『士儀』	목판본 『士儀』	비고
親親篇　第1	(권1) 姓氏/宗族/爲人後者本親/母黨/夫黨/妻黨/姑姊妹女子子親屬	(권1) 姓氏/宗族/爲人後者本親/母黨/夫黨/妻黨/姑姊妹女子子親屬	
親親篇　第2	(권2) 宗法/適長子/適孫/次適/次孫/攝主/庶子/次子之子/繼後子/次繼子/繼後孫/立嗣後生子而繼子奉祀/出繼後本宗無嗣還承/出後而無故還本/弟繼兄/間代繼後/獨子後大宗以其庶子還承其父/異姓奉祀	(권2) 宗法/適長子/適孫/次適/次孫/攝主/庶子/次子之子/繼後子/次繼子/繼後孫/立嗣後生子而繼子奉祀/出繼後本宗無嗣還承/出後而無故還本/弟繼兄/間代繼後/獨子後大宗以其庶子還承其父/異姓奉祀	
親親篇　第3	(권3) 伊川立廟非奪嫡說/本生親稱號辨/爲人後者說/爲人後者前母繼母黨/前母繼母之黨爲親/內外兄弟說/外親不可婚說/父黨母黨夫黨互爲尊卑相稱義/姑姪嫁爲娣姒相稱義/一人兼內外親總論		전체 「論禮篇 1」로 이동
親親篇　第4	(권4) 父子之親/夫婦之別/長幼之序(拜禮)/婢僕	(親親篇　第3) (권3) 父子之親/夫婦之別/長幼之序(拜禮)/婢僕	
成人篇	(권5) 冠/笄	(권4) 冠/笄	

편명	활자본 『士儀』	목판본 『士儀』	비고
正始篇　第1	(권6) 男氏婚具/女氏婚具/新婦嫁時盛服/議婚/納采/請期/納幣/親迎/婦見舅姑/見廟/壻見婦黨/歸寧	(권5) 男氏婚具/女氏婚具/嫁時盛服/議婚/納采/請期/納幣/親迎/婦見舅姑/見廟/壻見婦黨/再娶(再嫁)/昏姻辨疑	'歸寧' '昏姻古事' 삭제/ 합권
正始篇　第2	(권7) 再娶(再嫁)/昏姻辨疑/昏姻古事		
易戚篇　第1	(권8) 愼疾/初終/立喪主(主婦·相禮·祝)/易服(不食·告廟·訃告·爲位哭)/治棺/沐浴/襲/靈座/魂帛/銘旌/襲斂辨疑/小斂/大斂/成殯	(권6) 愼疾/初終/立喪主(主婦·相禮·祝·易服·不食·告廟·訃告·爲位哭)/治棺/沐浴/襲/靈座/魂帛/銘旌/小斂/大斂/襲斂辨疑/成殯	항목구성 변경
易戚篇　第2	(권9) 成服/五服之制上	(권7) 成服/五服之制上	
易戚篇　第3	(권10) 五服之制下	(권8) 五服之制下/並有喪/師友服/雜服	합권
易戚篇　第4	(권11) 並有喪/師友服/雜服		
易戚篇　第5	(권12) 朝夕哭奠/上食/奔喪/喪中立後/稅服/出外死/弔/慰人父母亡疏/父母亡答人慰疏/慰人祖父母亡狀/祖父母亡答人慰狀/本生親喪書狀/長子喪書狀/祝文書疏孤哀之分	(易戚篇　第4) (권9) 朝夕哭奠/上食/奔喪/喪中立後/稅服/出外死/弔/慰人父母亡疏/父母亡答人慰疏/慰人祖父母亡狀/祖父母亡答人慰狀/本生親喪書狀/長子喪書狀/祝文書疏孤哀之分	

편명	활자본 『士儀』	목판본 『士儀』	비고
易戚篇 第6	(권13) 治葬/朝祖/祖奠/遣奠/發引/下棺/題主/成墳/返哭/偕喪葬奠辨疑/久不葬(假葬)/招魂葬	(易戚篇 第5)(권10) 治葬/朝祖/祖奠/遣奠/柩行/下棺/題主/成墳/返哭/偕喪葬奠辨疑/合葬/久不葬(假葬)/招魂葬(火葬・水葬・塔葬)	'發引'을 '柩行'으로 제목 변경 易戚篇 第10의 '合葬'이 옮겨옴. '招魂葬' 아래
易戚篇 第7	(권14) 虞祭/虞辨疑/卒哭/卒哭辨疑/祔/虞祔辨疑/祔中一以上義	(易戚篇 第6)(권11) 虞祭/虞辨疑/卒哭/卒哭辨疑/祔/虞祔辨疑/祔中一以上義	
易戚篇 第8	(권15) 小祥/練辨疑/大祥/祥辨疑/禫/禫辨疑	(易戚篇 第7)(권12) 小祥/練辨疑/大祥/祥辨疑/禫/禫辨疑/居喪雜儀	합권
易戚篇 第9	(권16) 居喪雜儀/居喪失禮/廬墓/短喪(起復)	/居喪失禮/廬墓/短喪/起復	
易戚篇 第10	(권17) 吉祭/吉祭辨疑/合葬/改葬/喪中改葬服/改葬辨疑/火葬(水葬・塔葬)/修墓	(易戚篇 第8)(권13) 吉祭/吉祭辨疑/改葬/喪中改葬服/喪內改葬朝夕奠上食/改葬辨疑/修墓	'喪內改葬朝夕奠上食'條 추가. '火葬(水葬・塔葬)'는 권10 '招魂葬' 아래로 붙임
如在篇 第1	(권18) 祠堂/廟主/尸義/祠版/神軸/神座/塑像/神帛/昭穆/祭器/祭服/焚香再拜有無義/參神降神先後義/納主辭神先後義/勳臣不祧	(권14) 祠堂/廟主/尸義/祠版/神/神座/塑像/神帛/昭穆/祭器/祭服/焚香再拜有無義/參神降神先後義/納主辭神先後義/祥後朔望/喪中行祀之節/勳臣不祧	'祥後朔望' '喪中行祀之節' 추가

편명	활자본 『士儀』	목판본 『士儀』	비고
如在篇　第2	(권19) 四時祭/祭饌/祭辨疑		
如在篇　第3	(권20) 初祖/先祖/禰/忌日/忌日辨疑/墓祭	(如在篇　第2) (권15) 四時祭/祭饌/祭辨疑/初祖/先祖/禰/忌日/忌日辨疑/墓祭	제2,3을 합권
方喪篇	(권21) 臣民服/在外臣民儀/君親偕喪/國恤內私喪私祭辨疑/國恤中私服/國恤內冠昏/郡縣吏爲守令服	(권16) 臣民服/在外臣民儀/君親偕喪/國恤內私喪私祭辨疑/國恤中私服/國恤內冠昏/郡縣吏爲守令服	
法服篇　上	(별집 권1) 玉藻解/深衣解/檀弓解/三袪辨/縫齊倍要辨/袥當旁辨/續袵鉤邊辨/曲袷辨/袼辨/袂辨/長中辨/繼揜尺辨/裳十二幅辨/緣純辨/負繩辨/帶辨/衣正論/深衣制度/深衣圖說/大帶圖	(法服篇　第1) (권17) 玉藻解/深衣解/檀弓辨/三袪辨/縫齊倍要辨/袥當旁辨/續袵鉤邊辨/曲袷辨/袼辨/袂辨/長中辨/繼揜尺辨/裳十二幅辨/緣純辨/負繩辨/帶辨/衣正論/深衣制度	'深衣圖說' '大帶圖' 삭제
法服篇　下	(별집 권2) 衰裳總論/喪服記條辨/婦人衰辨/童子衰辨/明衣裳辨/衰裳圖說/緇布冠說/程子冠圖說/幅巾說/幅巾證解/喪冠經帶辨/總麻布縷辨/杖義/不借說	(法服篇　第2) (권18) 衰裳總論/喪服記條辨/婦人衰辨/童子衰辨/明衣裳辨/緇布冠說/幅巾說/幅巾證解/喪冠經帶辨/總麻布縷辨/杖義/不借說	'衰裳圖說' '程子冠圖說' 삭제

편명	활자본 『士儀』	목판본 『士儀』	비고
論禮篇 上	(별집 권3) 屬纊以俟說/瞿然曰呼辨/易簀辨/襲不左袵辨/勒帛辨/朱子立後義/朱子答胡伯量書釋疑/七十老而傳義/父有廢疾祖亡主喪說/曾祖在而服祖斬說/繼後子正服斬衰義/繼禰子爲長子三年說/宗子殤爲後不爲後義	(論禮篇 第1) (권19) 伊川立廟非奪嫡說/本生親稱號辨/爲人後者說/爲人後者前母繼母黨/前母繼母之黨爲親/內外兄弟說/外親不可婚說/父黨母黨夫黨互爲尊卑相稱義/姑姪嫁爲娣姒相稱義/一人兼內外親總論 (論禮篇 第2) (권20) 屬纊以俟說/瞿然曰呼辨/易簀辨/襲不左袵辨/勒帛辨/朱子立後義/朱子答胡伯量書釋疑/七十老而傳義/父有廢疾祖亡主喪說/曾祖在而服祖斬說/繼後子正服斬衰義/繼禰子爲長子三年說/宗子殤爲後不爲後義	「親親篇 제3」이 「論禮篇 1」로 이동
法服篇 下	(별집 권2) 衰裳總論/喪服記條辨/婦人衰辨/童子衰辨/明衣裳辨/衰裳圖說/緇布冠說/程子冠圖說/幅巾說/幅巾證解/喪冠絰帶辨/總麻布縷辨/杖義/不借說	(法服篇 第2) (권18) 衰裳總論/喪服記條辨/婦人衰辨/童子衰辨/明衣裳辨/緇布冠說/幅巾說/幅巾證解/喪冠絰帶辨/總麻布縷辨/杖義/不借說	'衰裳圖說' '程子冠圖說' 삭제

편명	활자본 『士儀』	목판본 『士儀』	비고
論禮篇 上	(별집 권3) 屬纊以俟說/瞿然曰呼辨/易簣辨/襲不左衽辨/勒帛辨/朱子立後義/朱子答胡伯量書釋疑/七十老而傳義/父有廢疾祖亡主喪說/曾祖在而服祖斬說/繼後子正服斬衰義/繼禰子爲長子三年說/宗子殤爲後不爲後義	(論禮篇 第1) (권19) 伊川立廟非奪嫡說/本生親稱號辨/爲人後者說/爲人後者前母繼母黨/前母繼母之黨爲親/內外兄弟說/外親不可婚說/父黨母黨夫黨互爲尊卑相稱義/姑姪嫁爲娣姒相稱義/一人兼內外親總論 (論禮篇 第2) (권20) 屬纊以俟說/瞿然曰呼辨/易簣辨/襲不左衽辨/勒帛辨/朱子立後義/朱子答胡伯量書釋疑/七十老而傳義/父有廢疾祖亡主喪說/曾祖在而服祖斬說/繼後子正服斬衰義/繼禰子爲長子三年說/宗子殤爲後不爲後義	「親親篇 제3」이 「論禮篇 1」로 이동
論禮篇 下	(별집 권4) 父在爲母杖期說/爲妻杖期練祥禫說/出母服期義/庶子父在爲其母杖期義/二嫡母服義/君母黨已母黨兼服/廢疾子服義/爲人後者本親服有降有不降說/姑姊妹女夫之前室子庶子主祭義/爲人後者外祖喪在爲後之前當服其服義/童子服制說/ 童子不減長者服說/收養母服義/三父八母服圖辨/晦庵答曾無疑書辨/三不弔辨/出後者四祖服義/爲人後者前繼母黨義/同爨總辨	(論禮篇 第3) (권21) 父在爲母杖期說/爲妻杖期練祥禫說/出母服期義/庶子父在爲其母杖期義/二嫡母服義/君母黨已母黨兼服/廢疾子服義/爲人後者本親服有降有不降說/姑姊妹女夫之前室子庶子主祭義/爲人後者外祖喪在爲後之前當服其服義/童子服制說/ 童子不減長者服說/收養母服義/三父八母服圖辨/晦庵答曾無疑書辨/三不弔辨/出後者四祖服義/爲人後者前繼母黨義/同爨總辨/家禮圖與本文相左辨	'家禮圖與本文相左辨'

【권13】 이척편(易戚篇) 8 ⋯ 233

【권14】 여재편(如在篇) 1 ⋯ 297

【권15】 여재편(如在篇) 2 ··· 387

국역 사의 제1책 목차

국역 사의 제2책 목차

국역 사의 제3책 목차

일러두기

▌총 칙

1. 이 책은 『사의』 목판본을 저본으로 채택하여 번역하였다.

2. 「국역 사의 목차」는 「사의목록(士儀目錄)」에 의거하되, 「사의목록」이 목판본 『사의』 본문과 차이가 날 경우 적절히 한쪽을 따랐고, 그 이동 (異同)을 주석에 밝혀두었다.

3. 해석의 편의상 임의대로 Ⅰ, 1, 1-1, 1-1-1 순으로 번호를 붙였다.

4. 예학 용어는 제현(諸賢)에 따라 개념이 다르기 때문에 되도록 풀이하지 않고 그대로 사용하였다.

5. 본문의 정확한 해석에 주력하고, 인명이나 서명에 대한 주석은 간략히 하였다. 단, 「고증서적(考證書籍)」·「동국서적(東國書籍)」·「동유성씨 (東儒姓氏)」에 기재되어 있는 서명과 인명은 별도로 해설을 덧붙였다.

6. 역문을 먼저 쓰고 원문을 뒤에 썼으며, 원문이 너무 길 때는 임의로 단 락을 분절하였다.

▌국역의 원칙

1. 한글 전용을 원칙으로 하되, 어려운 어구나 특수 용어는 괄호 안에 한 자를 병기하였다.

2. 존칭과 높임말을 원칙적으로 쓰지 않는다. 성현(聖賢)의 말씀이라도 마 찬가지이다.

3. 두음법칙을 따르지만, '녜(禰)'와 같은 몇몇 특수 용어는 원음을 그대 로 살렸다.

4. 원문의 본문 · 후주(後註) · 할주(割註)에 따라 역문도 각각 글자 크기를 달리하고 줄을 바꾸었다.

5. 역문의 본문과 본문 사이에 들어 있는 할주는 임의로 ◉를 붙이고 글자 크기와 모양을 본문과 달리하여 할주임을 표시하였다.

6. 역문의 마치는 곳이 원문의 마치는 곳과 반드시 일치하지는 않는다. 원문이 문장이면 문장으로, 구절이면 구절로 국역함을 원칙으로 하였다.

7. 역문의 본문과 본문 사이에 들어 있는 할주가 구절일 경우에는 마침표를 찍지 않았다.

8. 할주가 매우 간단할 경우, 간혹 직역하지 않고 바로 역문본문에 포함시켜 해석하였다.

9. 원문에 ○가 있는 곳은 역문에서도 ○를 하였다. 원문에 【 】가 있는 곳은 역문에서도 【 】를 하였다. 다만 문맥을 매끄럽게 하기 위해 간혹 원문에 있는 【 】나 ○ 표시를 역문에서는 생략하고 무시하기도 하였다.

10. 저자(著者)는 자신의 견해를 '안(按)' '우(愚)' '우안(愚按)'으로 표시하였는데, 이러한 성재의 견해에는 원문에 【 】가 있든 없든 역문에서는 모두 '【성재안설】'로 표시하였다. 여기에 '우(又)'자가 덧붙었을 때는 '【성재안설】 또'로 표시하였다.

11. 서명 · 편명, 기 · 전 · 주 · 소(記傳註疏)에는 별도의 부호를 첨가하였다.

12. 인용하는 말(A) 속에 또 인용하는 말(B)이 들어 있고, 그 속에 다시 인용하는 말(C)이 들어 있을 경우, A는 ▸ ◂, B는 " ", C는 ' '로 표시하였다.

13. 저자가 축약한 서명(書名)은 역문에서도 대개 축약하고, 저자가 축약한 편명(篇名)은 역문에서는 대개 본래의 편명으로 국역하였다.

14. 수치는 아라비아 숫자로 쓰되, 편의상 한글을 섞어 쓰기도 하였다.

▌ 원문 입력의 원칙

1. 목판본 『사의』 원문에 충실하고자 본문 · 할주 · 후주를 구별하여 각각 글자 크기를 달리하고 줄을 바꾸었다.

2. 원문의 본문과 본문 사이에 들어 있는 할주는 글자 크기와 모양을 본문과 달리하여 할주임을 표시하였다.

3. 목판본의 ○ ◇ ◑ 등은 모두 ○로 통일하였고, 목판본의 [ ]는 【 】로 통일하였다.

4. 원문은 띄어쓰기를 하고, 마침표·쉼표 및 ○와 【 】 외에는 어떤 부호도 임의로 첨가하지 않았다.

5. 원문의 본문과 본문 사이에 들어 있는 할주가 구절일 경우에는 마침표를 찍지 않았다.

6. 항목명·서명·편명 등 원문이 매우 간단할 경우는 자주 역문에 병기하거나 국역으로만 드러내었다.

▌주석의 원칙

1. 이해를 돕기 위해 역자의 설명을 주석에 실었다.

2. 반복되는 인명·서명·예학 용어 등은 『국역 사의』 1책·2책·3책·4책의 앞부분에 한 번만 주석하고 나머지는 대개 생략하였다.

▌부호 사용의 원칙

『　』	서명(書名)·문헌·저작(著作)
「　」	편명(篇名)·작품명·특정항목명
< >	기·전·주·소(記傳註疏)·특정항목명
' '	재인용·강조·특정항목명
( )	발음이 같은 한자 제시
[ ]	뜻이 같고 발음이 다른 한자 제시
(:)	용어 해석의 병렬
·	동일 사항의 나열

사의(士儀) 권11
- 이척편(易戚篇) 6-

1. 우제(虞祭)

【「단궁」】 이 날에 우제로 전(奠)을 바꾼다. <소> 장사지내는 날 빈궁(殯宮)으로 돌아와 신을 안정시키는 제사이다. ○【「사우례」】 '삼우' <주> 우(虞)는 상제(喪祭)의 이름이며 '우(虞)'자는 안정시킨다는 뜻이다. 세 번 제사를 지내 안정시킨다. ○【「잡기」】 사(士)는 우제를 세 번 지내고 대부는 우제를 다섯 번 지낸다.

【檀弓】 是日也 以虞易奠. 疏 葬日還殯宮 安神之祭. ○【士虞禮】 三虞 註 虞喪祭名 虞安也. 三祭以安也. ○【雜記】 士三虞 大夫五虞.

1-1. 장사지내는 날, 그날 중에 우제를 지낸다. 혹 묘소가 멀더라도 이 날을 넘기지만 않으면 된다. 만약 집과 거리가 멀어서 하룻밤 이상을 묵어야 하면, 머무는 곳에서 초우(初虞)를 지낸다. 『가례』 <주>

【「단궁」 소】 가령 정일(丁日)에 장사를 지내면, 장사지내는 날 우제를 지내고, 기일(己日)에 이우제(二虞祭)를 지내며, 강일(剛日)[1]을 써서 경일(庚日)에 삼우제를 지낸다. ○【「사우례」 기】 시우(始虞)에는 유일

(柔日)²⁾을 쓴다. 【소】 장사는 정일(丁日)과 해일(亥日)를 쓰는데, 이것이 유일(柔日)이다. ○동래여씨는 "장사의 의식에는 강일이나 유일에 구애되지 않는다. 다만 장사지내는 날 곧 우제를 지낸다"고 하였다.

葬之日 日中而虞. 或墓遠 則但不出是日 可也. 若去家經宿以上 則於所舘行之. 家禮 註

【檀弓】 疏 假令丁日葬 葬日而虞 則己日二虞 用剛 則庚日三虞. ○ 【士虞 記】 始虞用柔日. 【疏】 曰 葬用丁亥 是柔日. ○東萊呂氏曰 葬儀 不拘剛柔. 但於葬日卽虞.

1-2. 우제에 궤연(几筵)³⁾을 둔다. 「단궁」

【소】 아직 장사지내지 않을 때는 빈궁(殯宮)에 궤연을 세우지 않는다. 대렴(大斂)의 전(奠)에는 자리[席]만 있고 궤(几)는 없다. 장사를 마치고 우제를 지낼 때, 연(筵)과 궤(几)를 세운다. ○「사우례」 장식 없는 궤[素几]와 갈대로 만든 자리[葦席]. 【주】 궤(几)가 있음은 비로소 귀신으로 여김이다. ○『주례』 '궤와 연을 맡는 사람[司几筵]'⁴⁾ <주>에 "산 사람의 궤는 왼편에 놓고, 귀신의 궤는 오른편에 놓는다"고 하였다. 또 "비록 합장을 하거나, 동시에 빈(殯)에 있더라도 모두 궤를 달리 쓰는 것은, 체(體)가 실제로 같지 않기 때문이다. 또 왕골[莞]로 만든 백석(柏席)을 사용한다." 하였다. 【주】 백석은 서직(黍稷)으로 만든 자리이다. 갈대로 만든 자리[葦席]를 그 위에 놓는다. ○【성재안설】 오늘날의 의자(椅子)가 곧 옛날의 궤이다.

---

1) 강일(剛日): 일진(日辰)의 천간(天干)으로 보아 기수(奇數)에 해당하는 날. 즉 갑(甲), 병(丙), 무(戊), 경(庚), 임(壬)에 해당하는 날. 유일(柔日)과 상대가 된다.
2) 유일(柔日): 일진의 천간으로 보아 을(乙), 정(丁), 기(己), 신(辛), 계(癸) 등 우수(偶數)에 해당하는 날.
3) 궤연(几筵): 죽은 이의 혼백이나 신주를 모셔두기 위해 마련한 자리. 허성재(許性齋)의 설에 의하면 궤(几)는 의자이고, 연(筵)은 까는 자리이다.
4) 『주례』 춘관(春官) 「종백(宗伯)」 3, "春 司几筵."

虞而有几筵. 檀弓

【疏】未葬 殯宮不立几筵. 大斂之奠 但有席無几. 葬訖 虞祭立筵與几.
○【士虞禮】素几葦席. 【註】有几始鬼神也.　○【周禮】司几筵. 【註】
生人几在左　鬼神几在右. 又云　雖合葬及同時在殯　皆異几　體實不同.
又柏席用萑. 【註】柏席黍稷之席. 葦席居其上. ○【按】今之椅子　卽古
之几也.

1-3. 주인 이하의 사람들은 모두 목욕을 한다. 『가례』

【「사우례」 기】목욕하되 빗질은 하지 않는다. 【주】장차 제사를 지내
려고 스스로 청결하게 함이다. 기년복 이하의 사람들은 빗질을 한다.

主人以下　皆沐浴. 家禮

【士虞 記】沐浴不櫛. 【註】將祭自潔淸　朞以下櫛.

1-4. 기물을 진설하고 찬을 준비한다. 『가례』

시제(時祭)에 보인다.

영좌(靈座)의 동남쪽에 한 개의 작은 탁자◉소반(小盤) 종류를 놓고
그 위에 잔받침[盞盤]과 잔,◉잔대(盞臺)를 구비한 술잔 술병,◉병에 술을 채운
다. 술주전자[酒注]◉속칭 주전자(酒煎子)이다. 술을 데우는 것기니, 곧 냄비[銚]이다.
를 차린다. 또 서편에 작은 탁자를 두고 그 위에 축판(祝版)을 놓
는다. 향로에 불을 피우고 향합(香盒)에 향을 채운다. 향안(香案)
앞에 모사 주발[茅沙椀]을 놓고, 서쪽 층계의 서편에 관분(盥盆)
과 수건을 놓는다. 음식은 삭전(朔奠)과 같이 준비하여, 각각 찬
을 올리는 순서대로 큰 소반에 놓고 당(堂)의 문 밖 동편에 진열
한다.

【성재안설】 '삭(朔)'자는 『가례』와 다른 책에는 '조(朝)'로 되어 있다.
『비요』와 『유편』에는 모두 '삭(朔)'자의 잘못이라 하였다.

陳器具饌. 家禮

見時祭.

置一小卓^{小盤之類}於靈座東南　設盤盞^{即酒盞具臺}　酒瓶^{實酒于瓶.}　酒注^{俗云酒煎子 所以煖酒 即銚也.}　於其上. 又置小卓於西　設祝版於其上. 炷火於香爐　實香於香盒. 置茅沙椀於香案前　設盥盆帨巾於西階西. 具饌如朔奠　各以進饌之序　置之大盤　陳于堂門外之東.

【按】 朔字　家禮他本作朝. 備要類編　皆以爲朔字之誤.

1-5. 집사는 영좌 앞의 탁자 위에 채소와 과일과 잔과 잔반침을 놓는다. 『가례』 ⟨주⟩

숟가락, 젓가락, 잔, 잔반침은 안쪽의 가운데●^{탁자의 북쪽 제일 앞줄에다 숟가락은 서쪽, 잔은 동쪽에 놓는다.}에 놓고, 소금과 초(醋)는 그 남쪽●^{소금은 서쪽, 초(醋)는 동쪽에 놓는다.} 과일 접시[果楪]는 바깥 줄●^{탁자 남쪽의 첫째 줄}에 놓고 포와 숙(鱐)은 그 양 끝●^{포(脯)는 서쪽, 숙(鱐)은 동쪽에} 놓는다. 소채와 저해(菹醢)는 과일 안쪽 줄●^{탁자 남쪽의 둘째 줄}에 놓고, 그 외 여러 음식은 모두 따뜻하게 데워 진찬(進饌)할 때를 기다린다.

執事者　設蔬果盞盤於靈座前卓上. 家禮　註

匙筯盞盤居內當中^{卓北第一行 匙西盞東.}　鹽醋在其南.^{塩西醋東}　果楪居外^{卓南一行}　脯鱐在其兩端.^{脯西鱐東}　蔬菜菹醢居於果內^{卓南二行}　其餘諸饌皆炊煖以待進饌時.

1-6. 축(祝)이 신주 덮개[主櫝]를 열면, 주인 이하의 사람들은 모두 들어가 곡한다.

> 『가례』에는 축이 영좌(靈座)에서 신주(神主)를 꺼내는 것으로 되어 있으나, 우리나라 풍속에는 신주 덮개를 열 따름이다.

주인 형제는 방 밖의 서서(西序)에 상장(喪杖)을 기대어 놓는다.

> 【「사우례」】 주인은 지팡이를 기대어 놓고 들어온다. 【주】 주인은 북쪽으로 돌아서 서서(西序)에 상장을 기대어 놓고 들어간다. ○【「상복소기」】 우제에는 상장을 가지고 실(室)에 들어가지 않는다. ○【「상대기」】 시(尸)에 관련된 일이 있을 적에는 상장을 제거한다. 【소】 시(尸)에 관련된 일이 있다는 것은 우제(虞祭)와 졸곡(卒哭)과 부제(祔祭)에서 시(尸)를 섬길 때를 말함이다. 시(尸)를 공경하기 때문에 상장을 제거하는 것이다.

남녀는 자리로 가서 각기 상복을 입은 대로 줄을 선다. 무거운 복을 입은 자는 앞줄에 서고, 가벼운 복을 입은 자는 뒷줄에 선다. 존장은 앉고, 신분이 낮고 어린 자는 선다. 장부는 동쪽, 부인은 서쪽에 서서, 슬픔을 다해 곡을 한다. ◉ 제를 지내는 사람과 함께 모두 들어가 곡을 한다. ○우제(虞祭)로부터 담제(禫祭)까지는 참신(參神)[5]이 없고 곡으로 대신한다.

> 퇴계[6]는 "우제에 참신(參神)이 없는 것은 빠뜨린 것이 아니다. 구씨가 마음대로 집어넣었으나, 주자를 따름이 마땅하다" 하였다. ○【『유편』】 우제로부터 담제까지 참신(參神)이 모두 빠진 것은 참으로 의심할 만하다. 사신(辭神)이 있는 것으로 미루어 보면 반드시 참신이 있어야 함을 알 수 있고, 신주를 거두기 전에 사신하는 것으로 미루어 보면, 강신(降神)하기 전에 반드시 참신함을 알 수 있다. 먼저 자리에 나아가 곡

---

5) 참신(參神): 신(神)을 처음 뵙고 문안하는 절차.
6) 퇴계(退溪): 조선중기 학자 이황(李滉, 1501~1570)의 호. 초명은 서홍(瑞鴻), 자는 경호(景浩), 초자(初字)는 계호(季浩), 시호는 문순(文純). 본관은 진보(眞寶).

을 하는 것이 곧 참신이다. 또 우제에 참신이 없다고 한 퇴계나 사계[7]
의 말이 비록 그럴 듯하지만, 항상 모시고 있다는 뜻은 단지 참신이 없
다는 데는 통하겠으나, 사신이 있다는 데는 통하지 않는다. 신이 강림
하지 않으면 참신이 있어야 한다고 할 수는 없으니, 사시제(四時祭)·
녜제(禰祭)·기제(忌祭) 따위에는 강신을 하지 않아도 묘(廟)안에서
먼저 이미 분향(焚香)하여 혼령에게 알렸다면 참신한 것일 따름이다.
우제(虞祭) 때 먼저 들어가 곡을 하는 것은, 이 때 아직 강신(降神)하
지 않았기 때문에, 이름을 참신(參神)이라고 하지는 않지만, 참(參)은
참(參)인 것이다. 예(禮)를 마침에 이르러 사신(辭神)이 마땅히 다른
예와 같아야 할 터인데, 사신에는 절을 하고 참신에는 절을 하지 않는
것은 무엇 때문인가? 신으로 여기면 절을 하고, 신으로 여기지 않으면
절을 하지 않는다. 강신하기 전에 참(參)을 하면서 절하지 않는 것은
신으로써 섬기지 않음이다. 어째서 그러함을 아는가? 습전(襲奠)에는
분향을 하지 않고 절을 하지 않으며, 염전(斂奠)에는 분향하고 절하는
절차가 있다. 분향함은 신에게 알림이다. 절을 하고 절을 하지 않음은
단지 신에게 알리고 알리지 않음에 달려 있다. 참신에 절하지 않는 뜻
은 이를 가지고 궁구할 수 있다.

祝啓主櫝 主人以下 皆入哭.

家禮 則祝出神主于座 而東俗 則啓主櫝而已.

主人兄弟 倚杖於室外西序.

【士虞禮】主人倚杖入.【註】主人北旋 倚杖西序 乃入. ○【小記】虞杖
不入於室. ○【喪大記】有事於尸 則去杖.【疏】有事於尸 謂虞及卒哭
祔祭 事尸時也. 敬尸 故去杖.

男女就位 各以服爲列. 重者前 輕者後. 尊長坐 卑幼立. 丈夫東
婦人西 哭盡哀.^{與祭者皆入哭.} ○自虞至禫 無參神以哭代之.

---

7) 사계(沙溪): 조선중기 학자 김장생(金長生, 1548~1631)의 호. 자는 희원(希元), 시호
는 문원(文元). 본관은 광산(光山). 예론을 깊이 연구하여 『가례집람(家禮輯覽)』·『의
례문해(疑禮問解)』 등을 저술했다.

退溪曰 虞無參神 非闕漏也 丘氏率意添入 當從朱子. ○【類編】自虞至
禫 皆闕參神 誠爲可疑. 以有辭神推之 知其必有參神也, 以辭神於斂主
之前推之 知其必參神於降神之前也. 其先就位哭 是參神也. 又曰虞無
參神 退溪沙溪之言 雖似然矣, 常侍之義 只通於無參神 不通於有辭神.
神未降 則不可謂有參神, 如四時祭禰祭忌祭之類 雖未及降神 廟中先
已焚香報魂 則參於神而已. 虞祭先入哭 此時未降神 故雖不名謂參神
參則參矣. 至於禮畢 則辭神 宜與他禮同也, 其辭則有拜 而參則無拜
何也. 以神則拜 不以神則不拜. 參於神未降之前 不拜者 乃事之不以神
也. 何以知其然也. 襲奠無焚香 則不拜 斂奠有焚香拜. 焚香者 報神也.
拜不拜 只繫於神之報不報也. 參而不拜之義 執此 可究也.

○【성재안설】 주인 이하의 사람들이 들어가 곡을 하는 것이 곧
참신(參神)의 의미이다. 이것은 '시제 참신'조에 '주인 이하의 사
람들이 들어가 자리를 정하고 두 번 절한다'는 것과는 절차가 조
금 다르지만 그 뜻은 한가지이다. 다만 '두 번 절한다'고 하지 않
은 것은, 평상시와 다르기 때문에 예를 갖출 겨를이 없어 줄인
것일 뿐, 달리 의심할 것이 없다. 그런즉 우제에 비록 참신이라고
말하지는 않았지만, 들어가 곡하는 가운데에 참신이 들어 있는
것이다. 대개 내상(內喪)의 제사에 모두 들어가 먼저 곡을 하는
것은, 단지 들어가 곡하는 것으로 참신을 대신하기 때문이다.

우암(尤庵)[8]은 "들어가 곡하는 것이 참신이다"고 하였다.

○按 主人以下入哭 卽是參神之義也. 此與時祭參神條 主人以
下入定再拜者 節目少異 而其義則一也. 但不言再拜者 與吉時
不同 故不遑備禮 而略之耳 非有他疑也. 然則虞雖不言參 而參

---

8) 우암(尤庵): 조선후기 학자 송시열(宋時烈, 1607~1689)의 호. 자는 영보(英甫). 노론
   의 영수.

在入哭之中. 盖喪內之祭 皆先入哭 只以入哭代參神.

尤庵曰 入哭是參神.

1-7. 강신(降神).『가례』

축(祝)이 곡하는 사람을 그치게 하면, 주인은 서쪽 층계로 내려가 손을 씻고 닦고, 영좌(靈座) 앞으로 가서 분향(焚香)하고 두 번 절한다. 집사(執事)는 모두 손을 씻고 닦고, 한 사람은 술병을 열어 주전자에 채우고 서향하여 무릎을 꿇고 주인에게 준다. 또 한 사람은 탁자 위에 잔과 잔받침을 받들어 동향하여 무릎을 꿇는다. 주인은 잔에 술을 따라서 모사(茅沙) 위에 붓고, 엎드렸다 일어나 조금 물러나서 두 번 절하고 자리로 돌아간다.

퇴계는 "우제(虞祭)·부제(祔祭)·상제(祥祭)·담제(禫祭)에 모두 분향하고 술을 부으면서 각기 재배하는데, 무슨 뜻인지 알 수 없다" 하였다. ○【성재안설】 시제(時祭)에는 술을 부은 뒤에 한 번만 재배한다. ○사당장(祠堂章) '삭참(朔參)'조에 상세히 보인다.

祝止哭者 主人 降自西階 盥手帨手 詣靈座前 焚香再拜. 執事者 皆盥帨 一人開酒 實于注 西面跪 授主人. 一人奉卓上盤盞 東面跪. 主人 斟酒 酹之茅上 俛伏興 少退再拜復.

退溪曰 虞祔祥禫皆焚香酹酒 各再拜 不可曉. ○【按】 時祭 則灌酒後 只一再拜. ○詳見祠堂章 朔參條.

1-8. 축(祝)이 음식을 올린다.『가례』

집사가 도와준다. 구운 고기는 소금과 식초 사이의 가운데에 놓고, 육고기는 그 서쪽에, 물고기는 그 동쪽에, 면(麪)은 국의 서쪽에, 떡은 밥의 동쪽에, 국은 숟가락의 서쪽에, 밥은 숟가락의 동쪽에 놓는다.

【성재안설】『가례』'우제구찬(虞祭具饌)'조에는 적간(炙肝)을 말하지 않았고,, '삼헌(三獻)'조에도 아울러 그 조문이 없다. 또한 "삭전(朔奠)과 같이 찬을 구비한다" 하였는데, 삭전에는 적간(炙肝)이 없으니 필시 우연히 빠진 것이 아니라, 아마 슬픔이 지나쳐 예를 생략한 것이리라. 그러나 성호(星湖)9)는 "궐문(闕文)이다. 『의절』과 『비요』에는 진찬할 때 갖추어 올리는데, 이미 풍속이 되었으니 따르는 것이 옳다"고 하였다. 「사우례」 <소>에는 적간이 있다. ○또 『비요』에 '밥과 국은 짐짓 시제(時祭)에 의거하여 진설한다"고 하였는데, 그 말이 마치 『가례』에는 당초 국과 밥을 차리는 일이 없었던 것 같기에 사람들이 간혹 의심을 품기도 한다. 그러나 이미 "삭전과 같이 한다"고 하였다. 삭전에는 국과 밥을 차리는데, 국과 밥을 차리는 의식은 살아 있을 때처럼 국은 오른쪽에 놓고 밥은 왼쪽에 놓는다.

○「사우례」에는 "간(肝)이 따라가고 번(燔)이 따라간다" 하였고, <소>에 "주인이 헌시(獻尸)하면 빈장(賓長)이 간(肝)을 가지고 따라 올린다. 주부가 아헌(亞獻)을 하면 빈(賓)이 번(燔)을 가지고 따라 올린다. 빈장(賓長)이 삼헌(三獻)을 올리면 처음 의식처럼 번을 따라 올린다" 하였다. 또 「사우례」 <기>에 "그대로 저(柢)를 올리고 생선은 기(鬐)를 올린다" 하였고, <주>에 "저(柢)는 몸체[本]이고 기(鬐)는 등줄기[脊]이다" 하였으며, <소>에 "'진저(進柢)'는 몸체와 머리가 시(尸)를 향함을 일컬음이다" 하였고, 또 "기(鬐)와 저(柢), 두 가지는 모두 길사(吉事)에서 변함이다. 길사와 반대로 하면 산 사람과 같아진다" 하였다. 「사상례」에는 "소렴에 진저(進柢)하다가 대렴에 이르러서 생선 머리가 왼편으로 가게 담아 기(鬐)를 올리고 석(腊)은 저(柢)를 올린다. 장사의 전(奠)은 처음처럼 모두 생시와 다름이 없다. 그러므로 기록하는 사람이 '그대로[猶]'라 했다"고 하였다.

○오계공(敖繼公)은 "희생은 진저(進柢)하고 생선은 진기(進鬐)하여,

___

9) 성호(星湖): 조선후기 학자 이익(李瀷, 1681~1763)의 호. 자는 자신(自新). 본관은 여주(驪州). 『예설유편(禮說類編)』을 편찬하였다.

길제(吉祭)와 구별한다” 하였다. ○남계(南溪)[10]는 “상제(喪祭)에는 간편함을 좇아 구운 고기를 합하여 함께 올린다” 하였다. ○도암(陶庵)[11]은 “우제·졸곡·상제·담제에 함께 구운 고기를 올리는 것은 슬픔이 갑작스럽다는 것을 뜻한다” 하였다. ○【성재안설】『가례』의 ‘진기(陳器)’조에 ‘시저(匙箸)’라는 말이 있고, 축문에는 ‘자성(粢盛)’이라는 말이 있다. 그리고 ‘졸곡진찬(卒哭進饌)’조에는 “주인이 국을 받들고 주부가 밥을 받드는 것은 우제와 같이 한다”고 하였으니, 거기에 국과 밥이 있다는 것은 의심할 여지가 없다.

祝進饌. 家禮

執事者 佐之. 炙在鹽醋之間當中 肉在其西 魚在其東 麨在羹西 餅在飯東 羹在匙西 飯在匙東.

【按】家禮虞祭具饌條 不言炙肝 三獻條 並無其文. 且曰 具饌如朔奠, 而朔奠無炙肝 則必非偶然闕漏者 此恐哀勝而禮簡耶. 然星湖曰 闕文 儀節備要 俱奠於進饌時 已成禮俗 從之可也. 士虞禮疏 有炙肝. ○又【備要】云 飯羹姑依時祭設之, 其言有若家禮之初 無羹飯者 故人或爲疑. 然旣曰 如朔奠 則朔奠有羹飯 而其設之儀 象生時右羹左飯.
○【士虞禮】肝從燔從. 【疏】主人獻尸 賓長以肝從. 主婦亞獻 賓以燔從. 賓長三獻 燔從如初儀. 又士虞記 載猶進柢 魚進鬐. 【註】柢 本也 鬐 脊也. 【疏】進柢 謂本頭向尸. 又曰 鬐柢二者 皆變於吉 與吉反 則與生人同. 士喪禮 小斂進柢 至大斂 載魚左首 進鬐 腊進柢 葬奠如初 皆未異於生 故記人以猶之.
○敖繼公曰 牲則進柢 魚則進鬐 以別於吉祭. ○南溪曰 喪祭從簡 合炙並進. ○陶庵曰 虞卒祥禫並進炙 哀遽之義. ○【按】家禮 陳器條有匙筯 祝文有粢盛. 而卒哭進饌條 主人奉羹 主婦奉飯 如虞祭云 則其有羹飯無疑也.

---

10) 남계(南溪): 조선후기 학자 박세채(朴世采, 1631~1695)의 호. 자는 화숙(和叔). 본관은 반남(潘南).『남계예설(南溪禮說)』을 저술했다.
11) 도암(陶庵): 조선후기 학자 이재(李縡, 1680~1746)의 호. 자는 희경(熙卿).『사례편람(四禮便覽)』을 편서(編書)했다.

○【성재안설】 상제(喪祭)에는 길제(吉祭)와 달리 슬프고 급작스러워 겨를이 없으니, 찬품(饌品)은 채소와 과일을 차릴 때에 한꺼번에 함께 차리고, 제사를 지낼 때에 단지 헌작(獻爵)만 하는 것이 옳을 듯하다.

【『의절』】 어육(魚肉)은 음식을 올릴 때에 같이 차린다. ○남계(南溪)는 "일시에 함께 차리는 것은 간편함을 따른 것이다"고 하였다.

○按 喪祭 異於吉祭 哀遽未遑 則饌品 一時並設於設蔬果時 而行祭時只獻酌 似可也.

【儀節】魚肉同設進饌時. ○南溪曰 一時並設從簡也.

1-9. 초헌(初獻). 『가례』

주인이 향안(香案) 앞으로 올라가 북향하여 무릎을 꿇으면, 집사는 영좌 앞의 잔과 잔받침을 가져다 술을 따라 무릎을 꿇고 올린다. 주인은 그것을 받아 모사(茅沙) 위에 세 번 제(祭)한다.◉조금 기울인다. 집사가 잔을 받아 영좌 앞으로 가서 먼저 있던 곳에 올려 놓는다. 주인은 엎드렸다 일어나 조금 물러나서 무릎을 꿇는다.◉이하의 사람들은 모두 무릎을 꿇는다. 축이 축판(祝版)을 들고 주인의 오른쪽으로 가서◉상례(喪禮)에는 오른쪽을 숭상하고, 길제(吉祭)에는 왼쪽을 숭상한다. 서향하여 무릎을 꿇고 축을 읽는다. 축이 일어나면◉탁자에 축판을 되돌려 놓는다. 주인이 곡을 하고 두 번 절하고 자리로 돌아가 곡을 그친다.

主人升詣香案前 北向跪 執事者取靈座前盞盤 斟酒跪進. 主人受之 三祭於茅上.少傾. 執事者受盞 奠於靈座前故處. 主人俛伏興

少退跪.^{以下} ^{皆跪}. 祝執版 詣主人之右^{喪禮尙右也} ^{吉祭則尙左}. 西向跪讀之. 祝興^{反版於卓}. 主人哭再拜 復位哭止.

축문(祝文)

유 연호 기년 세차간지 모월 간지삭 모일간지 고자 모는 감히● 위의 '제주축(題主祝)'에 상세히 보인다. 현고 모관 봉시 부군● 내상(內喪)에는 '모 봉모관모씨'라고 한다. 에게 밝게 고하나이다. 날과 달이 멈추지 않아 문득 초우(初虞) 때가 되었습니다. 아침 일찍부터 저녁까지 슬퍼 사모하는 마음 편치 아니 하기에●【개원례】 자식에게 고할 때는 "슬픈 생각 이어져서 마음이 불타는 듯하다"하고, 아우에게 고할 때는 "비통한 마음 지극하니 심정을 어디에 두겠는가"하며, 형에게 고할 때는 "비통한 마음 그지없고 지극한 정 도려내는 듯하다"한다. ○한강(寒岡)은 "처에게는 '밤낮으로 가슴 아파 슬픈 마음 편치 못하다'고 한다"하였으며, 또 "우제·졸곡·상제·담제에서 처와 아우 이하의 사람에게 사용한다"하였다. ○【비요】 처에게 고할 때는 "애도의 슬픔 고통스러워 스스로 견디지 못한다"고 한다. ○【유편】 "밤낮으로 거처하며"라는 구절은 비록 고례(古禮)지만, 재우(再虞) 이하의 의식에 베푸는 것이다. 초우(初虞)에는 단지 "구슬피 그리워하며 소리치나 허둥지둥 미치지 못한다"함이 마땅하다. 처상(妻喪)에는 바꾸어 "예법으로는 전(奠)을 바꿔 올려야 하는지라 비통함을 이기기 어렵다"고 한다. 삼가●【가례】 소상(小祥)의 축에는 '근이(謹以)'를 '취용(取用)'이라고 쓴다. ○아우 이하의 사람들에게는 '자이(玆以)'라고 한다. 맑은 술과 안주●【가례】 깨끗한 희생과 부드러운 털과 채성(菜盛)과 예제(醴齊)로 슬피● 방친(旁親)에게는 '지천(祇薦)'이라 하고, 아내나 아우 이하의 사람들에게는 '진차(陳此)'라고 한다. ○【성재안설】『개원례』에는 아들에게 고하는 데에도 또한 '아들에게 우사를 올리니'라고 하였으니, 이 '천(薦)'자는 낮고 어린 자에게도 쓸 수 있음이다. 『가례』의 소상(小祥)의 축에는 '애천(哀薦)'을 고쳐 '천차(薦此)'라고 했으니, 이 '차(此)'자는 존친(尊親)에게도 쓸 수 있음이다. 협사(祫事)를 지내오니 ●【「사우례」〈기〉주】 협사는 시주를 선조와 합치려고 함이다. 흠향하소서.

維年號幾年 歲次干支 某月干支朔 某日干支 孤子某 敢昭告于 ^{詳見上題主祝}. 顯考 某官封諡府君.^{內喪云某封某貫某氏}. 日月不居 奄及初

虞　夙興夜處. 哀慕不寧【開元禮】告子云 悲念相續 心焉如燬 告弟云 悲痛猥至 情何可處, 告兄云 悲痛無已 至情如割. ○寒岡曰 妻云 夙夜疚懷 悲念不寧, 又曰 虞卒祥禫 妻弟以下用. ○【備要】告妻 悲悼酸苦 不自勝堪. ○【類編】夙興夜處 此雖古禮 施於再虞以下者也. 初虞但云 哀慕叫號 遑遑靡逮 宜矣. 妻喪改曰 禮合易奠 悲痛難勝. 謹以【家禮】小祥祝 謹以作取用. ○弟以下云 玆以 清酌庶羞【家禮】潔牲 柔毛 粢盛 醴齊 哀薦呇親云 祗薦 妻弟以下云 陳此. ○【按】開元禮 告子亦曰 薦虞事于子 薦字亦可用於卑幼也 家禮 小祥祝 哀薦改作薦此 此字亦可用於尊親也 祫事【士虞 記註】祫事主欲其合先祖也 尚饗.

1-10. 아헌(亞獻).『가례』

주부가 행한다. 내집사(內執事)가 돕는다.◉여러 부녀들 예를 올리는 것은 초헌과 같으나 다만 축을 읽지 않고 네 번 절만 한다. ○【성재안설】주인(主人)의 모친 자리는 주부의 앞에 있으며, 아헌을 하지 않는다.

> 어머니는 제사에 관여하여 대강을 총괄할 따름이다. 전헌(奠獻) 등의 절차에 이르러서는 주상자(主喪者)의 아내에게 행하도록 하는 것이 옳다. ○퇴계는 "만약 아우가 섭주(攝主)를 하면 형수가 아헌을 해서는 안 된다"고 하였다.

主婦爲之. 內執事佐之.衆婦女 禮如初獻 但不讀祝 四拜. ○按 主人母在位於主婦之前 不爲亞獻.

> 母則與祭提總大綱而已. 至於奠獻等節 使主喪者之妻行之 可也. ○退溪曰 若弟爲攝主 則兄嫂不可爲亞獻.

1-11. 종헌(終獻).『가례』

여러 자식 중 아들이나 딸이 종헌을 하는데, 없으면 친한 이가 한다. 예를 올리는 것은 아헌과 같이 한다.

【『가례』】 <주> 친척이나 손님 중 한 사람이나, 혹은 아들이나 딸이 한다.

諸子男女爲之　無則親者爲之.　禮如亞獻.

【家禮】 註　親賓一人　或男或女爲之.

1-12. 유식(侑食).12) 『가례』

집사가 주전자를 들고 나아가 잔에 술을 첨가한다.

한강(寒岡)13)은 "우제와 졸곡의 유식(侑食)에는 두 번 절하는 것이 없다. 슬픔으로 허둥거려 예를 갖출 겨를이 없기 때문에 집사에게 첨주(添酒)만 하게 한 것이 아니겠는가?" 하였다. ○【성재안설】 유식에 절을 하지 않는 것은, 주인이 스스로 첨주하는 것이 아니기 때문이다. 『유편』에는 "주인이 친히 권하지 않으므로 절을 하지 않은 것이다. 고례가 그러하기 때문이다" 하였다. ○【성재안설】 또 『가례』에는 '숟가락을 꽂는다'는 글이 없고, 『유편』에는 "집사는 주인을 대신하여 술을 따르나, 다시 주부를 대신하여 숟가락을 꽂지는 않는다"고 하였다. 살펴보건대 이는 아마 그렇지 않은 듯하다. 외집사(外執事)가 주인을 대신하여 술을 따랐는데, 내집사만 주부를 대신하여 숟가락을 꽂지 않을 수 있겠는가? 『요의』에는 "밥 가운데에 숟가락을 자루가 서쪽으로 향하도록 꽂는다는 것은 아마 『가례』의 궐문(闕文)인 듯하다. 꽂지 않으면 안 되기 때문이다" 하였다. 이 논의가 합당하다. 『비요』에도 "숟가락을 꽂고 젓가락을 고른다"고 하였다. ○퇴계는 "아마도 숟가락을 꽂고 젓가락을 고르는 것은, 처음 음식을 올릴 적에 있어야 할 것 같다" 하였다. 【성재안설】 이미 제사를 갖추어 지낸다면 예(禮)에 삼헌이 있으니, 숟가락을 꽂는 것은 마땅히 유식할 때 있어야 할 것 같다.

執事者執注　就添盞中酒.

---

12) 유식(侑食): 제례에서 종헌이 끝나고 신에게 음식을 권하는 절차.
13) 한강(寒岡): 조선중기 학자 정구(鄭逑, 1543~1620)의 호. 자는 도가(道可). 본관은 청주(淸州). 『오복연혁도(五服沿革圖)』 등 예학에 관한 저술이 많다.

寒岡曰 虞卒侑食無再拜. 豈非悲惶不暇備禮 只令執事添酒也. ○【按】
侑食無拜 非主人自添酒 故也. 類編曰 主人不親侑 故不拜. 古禮然也.
○又【按】家禮無揷匕之文 類編曰 執事者代主人斟酒 不復代主婦扱
匕. 【按】此恐不然. 外執事代主人斟酒 則內執事 獨不可代主婦 扱匕
耶. 要儀曰 扱匕飯中西柄 此恐家禮之闕文. 非不扱也. 此論當矣. 備要
亦曰 扱匙正筋. ○退溪曰 恐扱匙正箸在進饌之初. 【按】旣備祭 禮有
三獻 則扱匙似當在侑食之時.

1-13. 주인 이하의 사람들이 모두 나가고 축이 문을 닫는다. 『가례』

【「사우례」】 방문[牖戶]을 닫는 시간은 밥 먹을 동안과 같이 한다.
【주】 한 번의 식사, 아홉 숟갈을 뜨는 동안.

주인은 문의 동쪽에 서향하여 서고, 낮고 어린 장부들은 그 뒤에
선다. 주부는 문의 서쪽에 동향하여 서고, 낮고 어린 부녀들 또한
그렇게 한다. 존장들은 한 식경 동안 다른 곳에서 쉰다.

主人以下皆出 祝闔門. 家禮

【士虞禮】闔牖戶如食間.【註】一食九飯之頃.

主人立於門東西向 卑幼丈夫在其後. 主婦立於門西東向 卑幼婦
女亦如之. 尊長休於他所如食間.

1-14. 문을 연다. 『가례』

축이 나아가 문에 이르러 북향하여 기침소리를 세 번 내어 계문
(啓門)을 고하고, 문을 열면 주인 이하의 사람들은 들어가 자리
로 간다.

【「사우례」, 기】 축이 곡을 그치게 하고, 세 번 소리를 내고 방문을 연다.
【주】 소리는 기침소리이다. 장차 방문을 열려고 신에게 경계하여 깨닫

게 함이다. ○나머지는 시제(時祭)에 보인다.

啓門. 家禮

祝進當門 北向噫歆 告啓門三三聲 乃啓門 主人以下入就位.

【土虞 記】祝止哭 聲三啓戶.【註】聲者噫歆也. 將啓戶 警覺神也. ○
餘見時祭.

1-15. 차를 올린다. 『가례』

우리나라 풍속에는 차를 사용하지 않고 끓인 물[熟水]로 대신한다.

집사가 탕수(湯水)를 올린다.

퇴계는 "오늘날 사람들은 탕수(湯水)를 올린다"고 하였다.

進茶. 家禮

國俗不用茶 以熟水代之.

執事進湯水.

退溪曰 今人進湯水.

1-16. 제사가 잘 이루어진 것을 고한다. 『가례』

【『주례』】「소재(小宰)」, <주> 이(利)는 봉양하는 것이고 성(成)은 끝난
것이다. 효자의 봉양하는 예가 끝난 것이다. ○【「사우례」】제사가 끝난
것을 고하면 주인이 곡을 하고 모든 사람들도 곡을 한다.【소】자리에
있는 사람들은 모두 곡을 한다.

축은 주인의 우측에 서서 서향으로 이성(利成)을 고한다.

구씨는 "만약 머무는 여관에서 예를 행하게 되면, 합문(闔門)과 계문

(啓門)과 이성(利成)을 고하는 것은 생략한다"고 하였다.

告利成. 家禮

　【周禮】小宰註 利 養也, 成 畢也, 孝子之養禮畢也. ○【士虞禮】告利
　成. 主人哭 皆哭. 【疏】在位皆哭.

祝立於主人之右 西向 告利成.

　丘氏曰 若於所舘行禮 略去闔門啓門告利成.

1-17. 신에게 하직한다. 『가례』

집사는 먼저 숟가락을 걷어 시접(匙楪) 위에 되돌려 놓는다. 축
은 신주를 거두어 갑(匣)에 넣고, 예전처럼 덮어 싼다. 그리고 나
서 축문을 불사른다.

　제주축문(題主祝文)은 이때 함께 불사른다. ○정자는 "옛날에는 축문
　을 불살라 묻는 예가 없었다"고 하였다. ○『가례』 일이 있으면 고한
　다. 【주】 무릇 독축(讀祝)을 마치면 축문을 들어올려 불사른다. ○【구
　준 『가례의절』】 축문을 불사른다. ○『집설』 축문을 불사르는 것은
　왕여(王璵)로부터 시작되었다.

주인 이하의 사람들은 슬픔을 다해 곡하면서 재배하고 그치고,
머물 곳으로 나가며, 집사는 찬을 걷는다.

　【성재안설】 시제에는 주부가 철찬(撤饌)을 감독하는데, 걷는 사람은
　반드시 내집사(內執事)이다.

辭神. 家禮

　執事者先徹匙 還置楪上. 祝斂神主 匣之 覆帕如故. 乃焚祝.

　題主祝文 至是並焚之. ○程子曰 古無祝文焚埋之禮. ○【家禮】有事告.
　【註】凡祝畢 揭而焚之. ○【丘儀】焚祝文. ○【集說】焚祝文 自王璵始.

主人以下哭再拜 盡哀止 出就次 執事者徹.

【按】時祭 主婦監徹 則徹之者 必內執事也.

1-18. 조석전을 마친다. 『가례』

【「기석례」】 여전히 조석으로 곡을 하고 전을 차리지 않는다.

조석으로 곡을 하며, 슬픔이 이르면 처음과 같이 곡한다.

罷朝夕奠. 家禮

【旣夕禮】 猶朝夕哭 不奠.

朝夕哭 哀至哭如初.

1-19. 유일(柔日)을 만나면 재우(再虞)를 한다. 『가례』

을(乙)·정(丁)·기(己)·신(辛)·계(癸)가 유일이다. 그 예(禮)는 초우와 같다. 다만 하루 전날 기물을 진설하고 음식을 준비한다. 그 이튿날 일찍 일어나 채소와 과일과 술과 음식을 진설하고, 날이 밝으면 제사를 지낸다. 만약 묘소가 멀어 도중에 유일을 만나면, 또한 머무는 곳에서 재우를 행한다.

【성재안설】 고례에 장사는 정(丁)·해(亥)의 날짜를 사용하였는데, 이것이 유일이다. 그 날 중에 우제를 하고, 재우는 또 유일이니 하루를 걸러 기일(己日)을 사용하였다.

축문은 '초우'조에 보인다. 다만 '초우'를 '재우'라고 고치고, '협사'를 '우사'라고 고친다.

遇柔日再虞. 家禮

乙丁己辛癸爲柔日. 其禮如初虞. 惟前一日 陳器具饌 厥明夙興

設蔬果酒饌　質明行事.　若墓遠　道中遇柔日　亦於所館行之.

　　【按】古禮葬用丁亥　是柔日.　則日中虞　再虞又柔日　則卜日用己日也.

祝文見初虞.　但改初虞爲再虞　祫事爲虞事.

1-20. 강일(剛日)이 되면 삼우(三虞)를 한다.『가례』

　　갑(甲)·병(丙)·무(戊)·경(庚)·임(壬)이 강일(剛日)이다. 그
　　예는 재우(再虞)와 같다. 만약 묘소가 멀면 도중에서 비록 강일
　　(剛日)을 되더라도 짐짓 빠뜨려 버리고, 모름지기 집에 이르러
　　삼우제(三虞祭)를 행한다.
　　축문은 앞과 같다. 다만 '재우'를 고쳐 '삼우'라 하고, '우사(虞事)'
　　를 고쳐 '성사(成事)'라고 한다.

　　剛日三虞.　家禮

　　　　甲丙戊庚壬爲剛日.　其禮如再虞.　若墓遠　道中雖遇剛日　姑闕之
　　　　須至家　乃行此祭.

　　　　祝文同前.　但改再虞爲三虞　虞事爲成事.

2. 우제변의〔虞辨疑〕

2-1. 상이 함께 났을 때의 우제(虞祭)와 부제(祔祭)이다.

　　　　아래 우제장에 상세히 보인다.

　　偕喪虞祔.

　　　　詳見下虞祭章.

2-2. 전상(前喪)의 우제와 부제는 후상(後喪)의 장례 뒤에 행한다.

【성재안설】「상복소기」에 "부모의 상을 한꺼번에 당하면, 먼저 장사지낸 것은 우제와 부제를 하지 않고 뒤의 장사를 기다린다" ◉〈주〉'해(偕)'는 같은 달이나 같은 날 죽음을 말한다. 하였고, 「증자문」에 "'상을 한꺼번에 당하면 어떻게 해야 합니까? 어떤 것을 먼저하고 어떤 것을 뒤에 해야 합니까' 하니, 공자가 '장사는 가벼운 것을 먼저 하고, 중한 것을 뒤로 하며,◉【주】'병(並)'은 부모나 친분이 동등한 자가 같은 달에 죽음을 말한다. 【소】'친분이 동등한 자'란 조부모 및 세숙(世叔) 형제이다. 전을 올림에는 중한 것을 먼저하고 가벼운 것을 뒤에 한다'고 하였다. 웅씨(熊氏)는 "자신이 시마복을 입고 있으면, 부모의 우제나 부제나 졸곡을 할 수 없는 것은 같은 집이기 때문이다" 하였는데, 이는 시마복이 비록 가벼운 복이기는 하지만 같은 집에 있으면 제사를 지내지 않음을 말함이다. 유씨(庾氏)의 '비록 우제와 부제라도 할 수 있다'는 설◉「잡기」〈소〉이 있지만, 그러나 대부는 삼우에 갈(葛)을 받고, 또 더구나 부제가 졸곡 다음날에 있는데 졸곡은 길(吉)로 바꾸는 제사인지라 길흉은 서로 간여하지 않는다. 성호는 "한꺼번에 상을 당하면 반드시 아버지를 장사지낸 뒤에 어머니의 우제와 부제를 행해야 한다. 만약 아버지를 먼저 장사지냈다면, 또한 어머니의 장사 뒤에 아버지의 우제와 부제를 행해야 한다. 대개 「상복소기」 및 「증자문」에 '같은 달에 죽어 같은 달에 장사를 지낸다'고 한 그것이다" 하였다.◉「증자문」 한꺼번에 상을 당하면 계빈(啓殯)부터 장사(葬事)까지 전을 올리지 않는다. 【주】 전을 올리지 않음은 당면한 장사(葬事)에 힘씀이니, 장사가 늦어질까 염려함이다. 【성재안설】 이는 선장(先葬)의 우제와 부제를 지내지 않고 후장(後葬)을 기다리는 것임이 또한 분명하다. 대개 목욕하고 행사하는 것은 장사지내기 전의 상인(喪人)이 할 수 있는 것이 아니니, 시구(尸柩)가 있을 때에는 행할 수 없으므로 고금의 논의가 이와 같다.

만약 전상(前喪)을 두 세 달 앞에 당하여, 이미 장사를 지내고 장차 우제를 지내려는데 후상(後喪)을 당하였다면, 아마 석 달을 지연시켜서●석 달 뒤는 상례의 장사 기일이다. 신을 안정시키는 우제를 행하지 않는 것은 불가할 듯하다. 그 날 중에 하는 일우(一虞)만 행하는 것이 어떠할지 모르겠다. 우제는 상제(喪祭)이기 때문이다.

前喪虞祔 後喪葬後 行之.
按 小記 父母之喪偕 先葬者不虞祔 以待後事,註 偕謂同月 若同日死. 曾子問 並有喪如之何 何先何後, 孔子曰 葬先輕而後重【註】並謂 父母若親 同者同月死. 【疏】親同者 祖父母及世叔兄弟. 其奠也 先重後輕. 熊氏曰 身有緦服 則不得爲父母虞祔卒哭 爲同宮也, 此謂緦雖輕服 同宮則猶不祭也. 庾氏雖有虞祔 則得爲之說雜記 疏 然大夫則三虞亦受葛 又況祔在卒哭明日 則卒哭易吉之祭也 吉凶不相干也. 星湖曰 並有喪者必待葬父後 行母虞祔. 若父先葬 則亦待母葬後行父虞祔. 盖小記及曾子問 則同月死 同月葬者也. 【曾子問】並有喪 自啓及葬不奠. 【註】不奠務於當葬者 恐葬事遲晚. 【按】此則先葬之不虞祔 而待後葬亦明矣. 盖沐浴行事 非葬前喪人之所可爲 則尸柩在時 不可行 故古今所論如此. 若前喪先於二三月已葬 將虞 而遭後喪 則恐不可遲延三月三月後 喪葬期 而不行安神之虞. 只行日中之一虞 未知如何. 虞喪祭也.

2-3. 삼우와 졸곡에는 달리 강일을 쓴다는 의미

『의례』에서 "졸곡에는 달리 강일을 쓴다" 하였다. <주>에서는 "오직 졸곡만은 강일을 사용함을 말함이다. '타(他)'는 '다르다[別]'는 뜻이니, 유일(柔日) 이외에 특별히 강일(剛日)을 쓴다는 것을 말한다"고 하였다. 대개 졸곡 다음날에 부제(祔祭)를 지내는데, 부제는 졸곡보다 중요하니 마땅히 유일을 써야 한다. 그러므로 졸곡에는 강일을 쓰지 않을 수 없는 것이다. 또 정씨[鄭玄]14)는 삼우(三虞) 졸곡(卒哭)을 합하여 한 구절로 보면서, 거기에 모두 강일을 쓴다고 하고, 또 '타(他)'자의 뜻을 '때가 되어도 장사를 지내지 못한 자'로 보았으니, 그 설이 지리하므로 바로잡는다. ○『경의술문(經義述聞)』】「사우례」 <기>의 글을 두세 번 반복하여 읽어보면 '삼우(三虞)'라는 두 글자는 마땅히 '모두 처음과 같다'는 구절 위에 있어야 하나, 베껴 쓰는 사람이 착란하여 아래에 두었다. 재우와 삼우는 두 가지 일이므로 '모두 처음과 같다[皆如初]'고 한 것이니, 여기서 '개(皆)'는 두 가지 일을 통틀어 말한 것이다. 만약 재우 한 가지 일에 그친다면, 다만 '처음과 같다[如初]'고만 하는 것이 옳지, 어찌 '모두[皆]'라고 할 수 있겠는가? 그러니 '재우개여초(再虞皆如初)'의 뜻은 마땅히 '재우와 삼우는 모두 처음과 같다'라는 것이 매우 분명하다. 정씨(鄭氏)는 삼우가 착란되어 아랫글에 놓여 있다는 것을 알지 못하고, 삼우와 졸곡을 연이어 읽었다. 그래서 '유일을 쓰는 삼우[用柔日之三虞]'를 '강일을 쓴다'고 잘못 생각하였다. 오씨(敖氏)도 이 구절을 읽으면서 살피지 못하여 '삼우졸곡(三虞卒哭)'을 한 가지 일로 생각했으니, 크게 잘못되었다. 「잡기」에 "하대부(下大夫)의 우제에는 특생(特牲)을 쓰고, 졸곡의 성사(成事)와 부제(祔祭)에 모두 소뢰(少牢)를 쓴다" 하였는데, 정씨는 그 <주>에 "'졸곡성사부(卒哭成事祔)'에 '모두[皆]'라고 했으니, 졸곡성사부는 우제와 다른 것이다" 하였다. 이는 정씨도 또한 졸곡성사가 우제와 같다고 여기지 않은 것이다. 그런즉 삼우는 당연히 재우와 같이

---

14) 정현(鄭玄, 127~200): 후한(後漢) 말의 학자. 자는 강성(康成). 마융(馬融)에게서 배워 학문을 크게 이루었다.

유일을 쓰면서 우사(虞事)라고 칭한 것이지, 결단코 졸곡과 같이 강일을 쓰기에 성사(成事)라고 칭한다는 이치는 없는 것이다. 배우는 사람들은 「잡기」<주>에 의거하여 이 <주>를 바로잡는 것이 옳다.

○'삼우(三虞)' 두 글자는 '졸곡타용강일(卒哭他用剛日)' 위에 잘못 놓여 있다. 그러므로 한(漢)나라 때에 우제에 대해 말하는 사람들은 모두 가장 뒤의 우제에 강일을 사용해야 한다고 생각하였다. 그래서 우제를 지내는 기간이 마침내 하루 적게 되었다. ○ 정씨는 '타(他)'를 '때가 되어 장사를 지내지 못한 자의 제사가 우제와 졸곡의 사이에 있는 것'이라 하였으니, 그 설은 진실로 편치 못하다. 오계공(敖繼公)은 '타(他)'를 '변화시켜 바꾼다'는 말로 생각했다. 만약 그렇다면 경문에 다만 '타(他)'라고만 했겠는가? 지금 위의 문장을 상고해 보면 시우(始虞)와 재우 사이가 하루이다. 이 예로 보면 삼우는 또한 재우와의 사이에 하루가 있어야 한다. 기일(己日)이 재우이면 신일(辛日)이 삼우이므로 삼우의 다음날이 임일(壬日)이라는 것을 알 수 있고, 곧 이 날이 강일이니 졸곡을 할 수 있을 듯하다. 그러나 「사상례」와 「단궁」에는 모두 부제(祔祭)가 졸곡 다음날 있다고 하였으나, 졸곡이 삼우의 다음날 있다고는 말하지 않았다. 이는 졸곡날과 삼우날이 서로 접하지 않은 것이다. 대개 삼우의 다음날이 비록 강일이더라도, 이 날로 졸곡을 하지 않고 반드시 그 다음날 이후의 강일을 써서 졸곡하는 날로 삼는 것이다. 그러므로 곧바로 강일을 쓴다고 말하지 않고, 달리 강일을 쓴다고 말함으로써 쓰는 날을 밝힌 것이니, 타일(他日)은 다음날[明日]이 아닌 것이다.

만약 삼우의 다음날을 쓴다면 마땅히 "다음날 그 반열에 따라 부제를 행한다”는 사례에 따라 “삼우 다음날 졸곡을 한다”고 해야 글의 뜻이 비로소 분명해진다. “삼우의 다음날”을 쓰지 않았으니, 응당 먼 날을 말한 것이다. 만약 다만 “강일을 쓴다”고만 했다면, 다음날이 바로 강일이니, 쓰는 날이 다음날이 아님을 나타낼 수가 없다. 이것이 경문에서 ‘타(他)’라는 말을 쓴 까닭이다. “달리 강일을 쓴다”는 것은 대개 삼우 이후의 두 번째 강일인 것이다. 정해진 날짜가 없으면 마땅히 복서(卜筮)를 해야 하나, 이제 졸곡의 날을 가린다는 말은 듣지 못했으니, 이는 정해진 날짜가 있어서이다. 삼우 이후에 다음날을 피하여 버리고 쓰지 않는다면, 쓰는 것은 두 번째 강일이 아니고 무엇이랴? “시우(始虞)와 재우(再虞)와 삼우(三虞)는 모두 사이에 하루가 있는데, 삼우와 졸곡은 사이가 이틀인 것은 무엇 때문인가?” 답하기를 “효자가 어버이를 생각하며 조석으로 슬퍼하여 차마 졸곡을 빨리 할 수 없으므로, 사이에 이틀을 둔 뒤 졸곡하는 것이다. 또한 시우·재우·삼우는 모두 우제이기 때문에 모두 사이가 하루이지만, 졸곡성사는 변하여 길제가 되는 것이므로 사이를 이틀로 하여 구별한 것이다. 대개 졸곡과 우제는 본래 서로 연접하지 않으므로 보장(報葬)[15]한 뒤로도 지체할 수 있지만, 석 달이 되면 반드시 졸곡을 하는 것이다. 만약 서로 연접하는 것이 마땅하다면 보우(報虞)[16]의 다음날 벌써 졸곡의 제사를 행했어야지 어찌 석 달이란 오랜 기간을 기다리겠는가? 이것이 또한 삼우의 다음날에 즉시 졸곡하지 않는다는 한 증거이다. 이를 설명하는 자는 반드시 「사상례」

---

15) 보장(報葬): 『예기』「상복소기」<주>에 ‘급하게 장사지낸 것[赴葬]’이라 하였다.

16) 보우(報虞): 석 달을 기다리지 않고 염을 하고 급히 장사지낸 다음 곧 우제를 거행하는 것.

와 「단궁」의 글을 찾아보고 검토하여 졸곡일이 삼우의 다음날이 아니라는 것을 안 뒤에라야 경문에 나오는 '타(他)'자의 뜻이 분명해질 것이다.◉ 모두 『황청경해(皇淸經解)』에 보인다.

○오계공(敖繼公)은 "삼우졸곡(三虞卒哭)은 삼우에 마침내 조석곡을 마치는 것을 말한다. 그리고 달리 강일을 쓴다는 것은 삼우졸곡이 재우에서 3일째 되는 날이니, 삼우날과 부제날이 서로 이어지게 되어 있다. 경문에 이르기를 '다음날 그 반열에 부(祔)한다' 하였고, 삼우에 성사(成事)라고 하는 것은 신령이 조상에게 가는 뜻이 이미 확정되었음을 말함이다. 세 번 제사[三祭]의 고사(告辭)에 모두 '그 황조(皇祖)에게 간다'고 운운" 하였다. ○『오례통고』 방포(方苞)가 "'졸곡을 성사라고 하여 이 날에 상제(喪祭)를 길제(吉祭)로 바꾼다'는 것은 무엇을 말하는가? 삼우졸곡의 축사에 '애천성사(哀薦成事)'라고 한 것이 분명하고, 부제와 우제의 뒤에 다시 졸곡의 제사가 있다는 것을 듣지 못했다. 따라서 상제를 길제로 바꾼다는 것은 말우(末虞)의 길제로 초우와 재우의 상제를 바꾼다는 것을 말한다"고 하였다. ○또 "정강성(鄭康成)이 「잡기」에 의거하여 '상대부(上大夫)는 소뢰(小牢)로 우제를 행하고 졸곡성사와 부제에 모두 태뢰(太牢)를 사용한다'는 것은 삼우 뒤에 다시 졸곡제가 있다는 말이니, 또한 잘못이다. 『예기』에서 우·졸곡을 함께 든 것도 말우가 졸곡을 포함한다는 뜻에 해롭지 않다. 그 사이에 우제와 졸곡을 함께 거론한 것도 또한 말우가 졸곡이 됨을 해치지 않으니, 곧 「잡기」의 글로 말하자면 어찌 사(士)가 소뢰로 전을 차리듯이 말우를 졸곡으로 삼아 희생을 바꾸어 제사를 올리는 것이 아니라고 볼 수 있겠는가?" 하였다.

三虞卒哭　他用剛日之義.

【儀禮】曰　卒哭他用剛日.【註】曰　謂惟卒哭用剛日　他　別也　謂于柔日之外　別用剛日也. 盖卒哭之明日　卽祔　祔祭重于卒哭　當用柔日. 故卒哭不得不用剛日也. 又曰　鄭氏合三虞卒哭作句　謂其皆用剛日　又以他爲不及時而葬者　其說支離　故正之. ○【經義述聞】曰　三復士虞記文　三虞二字　當在皆如初上　寫者錯亂　在下耳. 再虞三虞是兩事　故曰皆如初　皆者　統兩事而言之也. 若止再虞一事　則但云如初　可矣　何得言皆乎. 然則再虞皆如初　當爲再虞三虞皆如初　明甚. 鄭不悟三虞爲錯亂在下之文　而以三虞卒哭連讀. 於是　用柔日之三虞　誤以爲用剛日矣. 敖氏讀此　不審乃以三虞卒哭爲一事　大誤. 雜記　下大夫之虞也　犆牲　卒哭成事祔皆少牢　鄭彼註曰　卒哭成事祔言皆　則卒哭成事祔　與虞異矣. 是鄭亦謂　卒哭成事　不與虞同. 然則三虞　當與再虞　同用柔日　而稱虞事　斷無與卒哭同用剛日　而稱成事之理也. 學者據雜記之註以正此註　可矣.

○三虞二字　誤置於卒哭他用剛日之上. 故漢世說虞者　皆以最後一虞爲用剛日. 而虞祭所歷之日　遂少一日. ○鄭謂　他爲不及時而葬者之祭　在虞卒哭之間　其說誠不安矣. 敖繼公　以他爲變易之詞. 若然　則經文但云他乎. 今考上文　始虞與再虞間一日矣. 以是例之　則三虞與再虞　亦當間一日. 己日再虞　則辛日三虞　可知其三虞之明日爲壬日　卽是剛日　似可卒哭. 然士喪禮及檀弓　皆言祔在卒哭之明日　而不言卒哭在三虞之明日. 是卒哭日與三虞之日　不相接也. 盖三虞之明日　雖爲剛日　而不以之卒哭　必用明日以後之剛日　乃爲卒哭之日. 故不直曰用剛日　而曰他用剛日明所用者　他日非明日也.

如用三虞之明日　則當依明日以其班祔之例　云三虞明日卒哭　文

義始明. 不用三虞之明日 則當遠言之. 若但云用剛日 則明日正
是剛日 無以見所用者之非明日也. 此經文之所以云他也. 他用
剛日 蓋三虞以後 第二剛日也. 日無常 則當卜筮 今卒哭不聞諏
日 是有常日矣. 三虞以後 避去明日 不用 則所用者 非第二剛日
而何. 曰始虞再虞三虞皆間一日 而三虞與卒哭 乃間二日何也.
曰孝子思親 朝夕悲哀 不忍卒哭之速 故間二日 而後卒哭也. 且
始虞再虞三虞 皆虞也 故皆間一日 卒哭成事 則變而之吉祭矣
故間二日以別之. 蓋卒哭與虞 本不相接 故報葬之後 可遲 至三
月 而必卒哭也. 若當相接 則報虞之明日 已行卒哭之祭 何待三
月之久乎. 此又三虞之明日 不卽卒哭之一證矣. 說此者 必尋討
士喪禮檀弓之文 而知卒哭之日非三虞之明日 而後經文他字之
義 較然明耳.並見皇淸經解.

○敖繼公曰 三虞卒哭謂 三虞遂卒朝夕哭也. 他用剛日 則三虞
卒哭後於再虞三日矣 三虞與祔日 相當相接. 經云 明日以其班
祔 而三虞云成事者 謂神靈適祖之意已定也 三祭之辭 皆告之以
適其皇祖 云云. ○【五禮通考】方氏苞曰 卒哭曰成事 是日也 以
吉祭易喪祭 何謂也. 三虞卒哭祝詞曰 哀薦成事 明 而祔虞之後
不聞更有卒哭之祭也. 以吉祭易喪祭 謂以末虞之吉祭 易初再虞
之喪祭. ○又曰 鄭康成据雜記 上大夫虞以小牢 卒哭成事祔 皆
太牢 謂三虞後 更有卒哭之祭 亦非也. 禮 於虞卒哭並擧者 亦不
害末虞可包卒哭也. 間有虞卒哭並擧者 亦不害末虞爲卒哭也 而
卽以雜記之文言之 安見非以末虞爲卒哭 而易牲以祭 如士奠之
以小牢哉.

【성재안설】「사우례」<기>에 "시우(始虞)에 유일(柔日)을 쓰며,
'애자(哀子) 모의 애현상(哀顯相)은 아침에 일어나 저녁까지 마

음이 편치 아니합니다. 감히 깨끗한 희생으로 돼지와 기장·저해(菹醢)와 명제(明齊)로 술을 걸러 협사(祫事)를 거행하오니 당신의 황조(皇祖) 모보(某甫)에게 가서 흠향하소서' 한다. 재우(再虞)는 모두 처음과 같이 하여 '애천우사(哀薦虞事)'라 하고, 삼우(三虞)와 졸곡에는 달리 강일(剛日)을 사용하여 또한 처음과 같이 하되 '애천성사(哀薦成事)'라고 한다"◉ 애현상(哀顯相)은 제(祭)를 돕는 사람이다. 돼지를 강렵(剛鬣)이라 하고, 기장을 향합(香合)이라 하며, 가천(嘉薦)은 저해(菹醢)이다. 보뇨(普淖)는 기장〔黍稷〕이다. 명제(明劑)는 신수(新水)인데, 신수로 이 술을 반죽하여 빚는 것을 말한다. **하였다.**

대개 시우(始虞)에 유일을 쓰는 것은 옛날 장례에는 반드시 유일을 사용하였고, 장사지내는 날에 시우제(始虞祭)를 하였기 때문에 '시우에 유일을 사용한다'한 것이다. 재우는 모두 처음과 같이 한다는 것은, 유일을 쓰는 것과 향사(饗詞)◉'애자모(哀子某)' 이하에서 '모보 향(某甫饗)'에 이르기까지를 가리킨다. 가 모두 시우와 같음이다. 그러나 다만 축사 가운데 '협(祫)'이라는 한 마디 말은 다시는 그대로 쓰지 않는다. 그러므로 특별히 '애천우사'라고 말한 것이다. '타용강일(他用剛日)'의 '타(他)'는 '저〔彼〕'라는 뜻으로 저것과 이것을 분별한다는 뜻이니, 삼우·졸곡을 이 초우·재우의 유일에 견주지 않고 달리 저 강일을 쓴다는 것을 말한다. '달리 쓴다'는 것은 '다른 것을 쓴다'고 말하는 것과 같다. 그 아래에 또한 처음과 같이 한다고 말한 것은, 제일(祭日)은 비록 다른 강일을 쓰더라도 축사는 그대로 쓴다는 것을 말한다. 그러므로 또한 처음과 같이 한다고 한 것이다. 그러나 '우사(虞事)'의 '우'자는 다시 그대로 쓰지 않기 때문에 특별히 '성사(成事)'라고 말한 것이다. 그 글이 이와 같이 명확한데, 제가(諸家)들이 경문을 해석한 것이 너무

어렵다. 정씨는 "'타(他)'는 때를 지켜서 장례를 하지 않은 자●보
장자(報葬者)를 일컫는 것이니, 우·졸곡 사이에 제사가 있는데, 또
한 강일을 쓰는 것이다" 하였으니, 그릇되고 망령됨이 지극하다.
보장(報葬)을 하는 자에게 우제와 졸곡의 사이에 무슨 이름 없는
제사가 있으며, 근거할 만한 경문이 있는가? 『경의술문』에서는
천착도 부족하여 도리어 "경문이 착란되었다"고 하면서 삼우를
유일에, 이틀을 사이에 두고 졸곡을 지내려 하였으니, 무슨 의리
인가?

按 士虞記 始虞用柔日. 曰哀子某 哀顯相 夙興夜處 不寧. 敢用
潔牲剛鬣香合嘉薦普淖 明齊溲酒 哀薦祫事 適爾皇祖某甫 饗.
再虞 皆如初 曰哀薦虞事, 三虞卒哭 他用剛日 亦如初 曰哀薦成
事.哀顯相 助祭者也. 豕曰剛鬣 黍曰香合 嘉薦 菹醢也. 普淖 黍稷也. 明齊 新水也 言以新水溲釀
此酒.

蓋始虞用柔日者 古者 葬必用柔日 而葬之曰始虞 故曰 始虞用
柔日也. 再虞皆如初者 其用柔日及饗詞哀子某以下 至某甫 饗. 皆如始
虞也. 然但祝詞中祫之一言 不復仍用. 故特言哀薦虞事也. 他用
剛日者 他者彼也 彼與此分別之義也 謂三虞卒哭 不視此初再虞
之柔日 而別用彼剛日也. 他用猶言用他也. 其下云亦如初者 祭
日則雖用他剛 而祝詞則仍用. 故曰亦如初也. 然虞事之虞字 不
復仍用 故特言成事也. 其文如是明的 而諸家之解經甚艱. 鄭氏
則曰 他謂不及時 而葬者報葬者 虞卒哭之間有祭 亦用剛日 謬妄
極矣. 報葬者 虞卒哭之間有何無名之祭 而有經可据乎. 經義述
聞則穿鑿之不足 而反謂經文錯亂 乃欲三虞於柔日 卒哭於間二
日 抑何義也.

2-4. 삼우(三虞)와 졸곡(卒哭) 두 제사의 의미

『능서예설』에 "'삼우는 곧 졸곡이니 둘로 나뉘지 않는다'고 한 것은 오씨(敖氏)의 오류인데, 만씨(萬氏)는 도리어 이를 숭상하였다"고 하였다. 삼가 명명한 뜻을 살펴보건대 '우(虞)'는 안정시킴이다. 신(神)을 안정시킴을 말한다. 『백호통』에 "우제를 지낼 적에 신주를 세운다고 한 것은 무엇 때문인가? 효자가 장사를 지내고 그 날 중에 돌아와 우제를 지내는 것은, 어버이도 이미 돌아가시고 관구(棺柩)도 이미 없어짐을 생각하고는 슬퍼 실망하고 방황하고 애통해 하기 때문에 뽕나무 신주[桑主]를 설치하여 우제를 지내 효자의 마음을 위안하는 것이다. '우(虞)'는 그 신을 안정시킴이다" 하였다. 『석명』에는 "이미 장사지내고 돌아와 빈궁에서 제사를 지내는 것을 우(虞)라고 하는데, 신을 편안하고 즐겁게 하여 이리로 돌아오게 함을 말함이다" 하였다. '졸곡'이라는 것은 삼우 뒤에 지내는 제사 이름을 말한다. 처음에는 아침에서 저녁 동안에 슬픔이 이르면 곡을 하던 것을, 이 제사에 이르면 그치고 아침과 저녁에만 곡을 한다. 『석명』에 "또 제를 지내는 것을 졸곡이라 한다. 졸(卒)은 그친다는 뜻이다. 효자가 무시곡(無時哭)을 그치고 아침저녁에만 곡을 함이다" 하였다. 졸곡은 신을 안정시키는 것에 견줄 것이 아니다. 그 이름이 같지 않으니 그 뜻이 어찌 다르지 않을 수 있겠는가? 그러므로 『석명』에서 우제에 이어서 "또 제사한다"고 말하여 구별하고, 삼우가 곧 졸곡의 제사라고는 하지 않았으니, 그 잘못된 것이 첫 번째이다.

「잡기」에는 "제(祭)에는 효자(孝子)나 효손(孝孫)이라고 일컫고 상(喪)에는 애자(哀子)나 애손(哀孫)이라고 일컫는다" 하였고, 공충원(孔沖遠)은 "「사우례」에는 애자라고 일컫다가 졸곡에 효자라고 일컫는다" 하였으니, 이것은 호칭이 같지 않음이다. 가공언(賈公彦)[17]은 "대부 이상은 우제에 수복(受服)[18]하고, 사(士)는 졸곡에 수복한다" 하였으니,

---

17) 가공언(賈公彦): 당나라 고종(高宗) 연간(650~665)에 태학박사(太學博士)·홍문관 학사를 지냈고, 예학(禮學)에 정통하여 공영달(孔穎達) 등과 『예기정의(禮記正義)』의 편찬에 참여하였다.

18) 수복(受服): 이미 입은 상복을 시일의 경과에 따라 점차 낮은 단계의 상복으로 바꾸어 입는 절차.

이것은 수복(受服)이 같지 않음이다. 그러니 삼우가 곧 졸곡의 제사라고 말할 수 있겠는가? 그 잘못된 것이 두 번째이다.

「잡기」에 "상대부(上大夫)는 우제에 소뢰(小牢)를 쓰고, 졸곡성사부에는 모두 태뢰(太牢)를 쓴다. 하대부(下大夫)는 우제에 특생(特牲)을 쓰고 졸곡성사부에는 모두 소뢰를 쓴다" 하였다. <주>에 "졸곡성사에 '모두[皆]'라고 말한 것은 졸곡성사부가 우제와 다름이다" 하였다. 이는 희생이 같지 않음이니, 우제와 한 가지 일이라고 말할 수 있겠는가? 그 잘못된 것이 세 번째이다.

「잡기」에 "3년상은 상(祥)을 하고서 종정(從政)하고, 기년상은 졸곡을 하고서 종정한다" 하였고, 「단궁」에는 "은나라에서는 연제(練祭)를 지내고 나서 부제(祔祭)를 지냈다" 하였으며, 「상대기」에는 "공(公)의 상에 대부는 연제까지 기다리고, 사(士)는 졸곡을 하고 나서 돌아온다" 하였는데, 졸곡이 제사 이름이 아니라고 하겠는가? 그 잘못된 것이 네 번째이다.

「잡기」에 "사(士)는 석 달이 되어 장사지내고 그 달에 졸곡을 지낸다. 대부는 석 달 뒤에 장사지내고 다섯 달이 되어 졸곡을 지낸다. 제후는 다섯 달이 되어 장사지내고 일곱 달이 되어 졸곡을 지낸다. 사는 삼우(三虞)를 지내고, 대부는 오우(五虞), 제후는 칠우(七虞)를 지낸다"고 하였다. 사(士)는 장사를 지내고서 곧 우제를 하여, 우제와 졸곡이 서로 이어지니, 그 잘못됨을 그래도 설명할 수 있다. 대부 이상은 졸곡에서 모두 두 달 이상 우제가 떨어져 있으니, 우제가 끝나도 졸곡과 서로 접속되지 않는데, 졸곡과 우제를 한 가지 제사라고 말할 수 있겠는가? 그 잘못된 것이 다섯 번째이다.

「단궁」에는 "우제에 시(尸)를 세우고 궤연을 두며, 졸곡에 휘(諱)를 한다"고 하였는데, 만약 하나의 제사라면 어찌 "우제에 시를 세우고 궤연을 두고 휘를 한다" 하지 않았겠는가? 말이 안 된다고는 못할 것이다. 「상복소기」에 "부인의 상에 우제와 졸곡은 그 남편이나 아들이 주관한다"고 하였는데, 우제를 졸곡으로 여기지 않고, 이제 모두 나누어 말하였으니, 그것이 두 가지 일임이 분명하다. 그 잘못된 것이 여섯 번째이다.

「상복소기」에 "보장자(報葬者)는 보우(報虞)한 석 달 뒤에 졸곡을 한다" 하였는데, 공충원(孔沖遠)은 "비록 급하여 즉시 장례를 하였더라도

즉시 졸곡을 하지 않고 오히려 석 달을 기다린다” 하였으니, 보장(報
葬)의 우제와 졸곡이 같지 않은데도 졸곡이 곧 우제라고 하겠는가? 그
잘못된 것이 일곱 번째이다.

앞사람 중에 또한 삼우와 졸곡이 하나의 일이라고 한 사람이 있어서,
정씨가 이미 앞사람의 설을 파기한 것이니, 오씨(敖氏)가 창안한 것은
아니다. 오씨와 만씨(萬氏)는 모두 예를 아는 사람으로 일컬어졌으나,
이제 그 설을 살펴보면 현저하게 경전과 배치되니, 그 잘못됨이 이와
같다. 배우는 사람들은 예의 뜻을 가볍게 의논하지 말아야 할 것이로다!

三虞卒哭二祭義.

【凌曙禮說】曰 謂三虞卽卒哭 不分爲二 此敖氏之誤 萬氏反而崇之.
謹【按】命名之義 虞 安也. 謂安神也. 白虎通所以虞而立主 何. 孝子
旣葬 日中反虞 念親已沒 棺柩已去 悵然失望 彷徨哀痛 故設桑主以虞
所以慰孝子之心. 虞 安其神也. 釋名 旣葬 還祭于殯宮曰虞 謂虞安樂
神 使還此也. 卒哭云者 謂三虞之後祭名. 始朝夕之間 哀至則哭 至此
祭止也 朝夕哭而已. 釋名 又祭曰卒哭. 卒 止也. 止孝子無時之哭 朝
夕而已. 卒哭非安神之比. 其名不同 其義安得不異. 故釋名 承虞祭而
言 又祭以別之 不作三虞 卽卒哭之祭 其謬一也.

雜記 祭稱孝子孝孫 喪稱哀子哀孫 孔沖遠曰 士虞禮稱哀子 而卒哭乃
稱孝子 此稱謂之不同也. 賈公彦曰 大夫以上 虞而受服 士卒哭而受服
此受服之不同也. 而謂三虞卽卒哭之祭乎. 其謬二也.

雜記 上大夫之虞也小牢 卒哭成事祔皆太牢. 下大夫之虞也犆牲 卒哭
成事祔皆小牢.【註】卒哭成事言皆 則卒哭成事祔 與虞異矣. 此牲之不
同也 而謂與虞一事乎. 其謬三也.

雜記 三年之喪 祥而從政 期之喪 卒哭而從政 檀弓曰 殷練而祔 喪大記
公之喪 大夫俟練 士卒哭而歸 而謂卒哭非祭名乎. 其謬四也.

雜記 士三月而葬 是月也卒哭. 大夫三月而葬 五月卒哭. 諸侯五月而葬
七月而卒哭. 士三虞 大夫五 諸侯七. 士葬而卽虞 虞與卒哭相接 其誤
猶可說也. 大夫以上 卒哭皆去虞 較兩月則虞祭旣終 不得與卒哭相接
而可謂之一祭乎. 其謬五也.

檀弓 虞而立尸 有几筵 卒哭而諱 如其一祭 曷不云虞而立尸 有几筵 而

諱乎. 未爲不辭也. 喪服小記 婦之喪 虞卒哭 其夫若子主之 不以虞爲
卒哭也 今皆分言之 則其爲二事明矣. 其謬六也.
喪服小記 報葬者報虞 三月而後卒哭 孔沖遠曰 雖急卽葬而不卽卒哭
猶待三月報葬 虞與卒哭不同 而謂卒哭卽虞祭乎. 其謬七也.
前人亦有以三虞與卒哭爲一事 鄭已破前人之說 非敖氏之創也. 敖萬皆
號稱知禮者 今按其說 顯背經傳 其謬如此. 學者毋輕議禮旨哉.

상례·제례에서 애·효의 구분[喪祭哀孝之分]

「잡기」에 "제(祭)에는 효자(孝子)나 효손(孝孫)이라고 일컫고, 상(喪)
에는 애자(哀子)나 애손(哀孫)이라고 일컫는다" 하였다. <소>에 "제
(祭)는 길제(吉祭)이니, 졸곡 이후의 제사를 말한다. 길제에는 효자의
마음을 펴므로 축사에 '효'라고 한다. '상(喪)에는 애자나 애손이라고
일컫는다' 함은 우제로부터 이전의 제사이다. 상례에는 슬피 사모하여
아직 효자의 마음을 펴지 않으므로 '애'라고 한다. 그러므로 「사우례」
에 '애자'라고 한 것이다. 졸곡에는 '효자'라고 하는데 부제(祔祭)·연제
(練祭)·상제(祥祭)·담제(禫祭)에도 통용된다" 하였다. ○혹자는 "「사
우례」의 졸곡에 효자라고 한다는 설은 경전에 분명한 조문이 없다. 그
향사(饗詞)에 '애자 모가 품행을 방정히 하여◉⟨'규(圭)'는⟩ 결(潔)이다. 슬
피 올리오니 흠향하소서' 하였고, 그 <주>에서 정씨가 '길제에는 향시
(饗尸)에 효자라고 한다' 하였으니, 이는 졸곡을 길제로 여긴다는 것을
드러낸 것이다. 그러나 경문에는 다만 '애'라고만 하고 '효'라고 하지 않
았으니, <주>와 <소>를 기준으로 삼을 수는 없다. 향사는 곧 졸곡의
축사인데, 정씨가 이렇게 주석한 까닭은 알 수가 없다" 하였다. 대개 졸
곡에도 '애'라고 칭한 것은 아직도 차마 잊지 못하고 슬프기 때문일 것
이다. 부제(祔祭)에 이르러 비로소 신으로 섬기므로, 「사우례」<기>의
부제축사에 '효자'라고 한 것은 이 때문이다.

【雜記】祭稱孝子孝孫 喪稱哀子哀孫. 疏曰 祭吉祭也 謂卒哭以後之祭
也. 吉則伸孝子之心 故祝詞云孝. 喪稱哀子哀孫者 目虞以前之祭也. 喪
則痛慕未伸 故稱哀也. 故士虞禮稱哀子. 卒哭稱孝子 祔練祥禫通用.

○或云 士虞禮 卒哭稱孝子之說 經無明文. 其饗詞 哀子某 圭^{潔也.}爲而
哀薦之 饗, 【註】鄭氏曰 吉祭 饗尸曰孝子 此以卒哭爲吉祭而發. 然經
文只稱哀 不稱孝 則不可以註疏爲準也. 饗詞 卽卒哭之祝詞 而鄭註之
如此 未可知也. 盖卒哭尙稱哀者 猶不忍忘哀. 至祔始神之 故士虞記祔
祭祝詞稱孝子 是也.

3. 졸곡(卒哭)

【「사우례」기】 석 달 만에 장사를 지내고는 마침내 졸곡을 한다. ○【「잡
기」】 석 달 만에 장사를 지내면 이 달에 졸곡을 한다. 대부는 석 달이
지나 장사를 지내고 다섯 달에 졸곡을 한다. ○【「상복소기」】 보장(報
葬)을 한 자는 석 달에 졸곡을 한다. ○【「기석례」】 졸곡은 삼우 뒤에
올리는 제사의 이름이다. ○【「단궁」】 졸곡을 '성사(成事)'라고 하는데,
이 날에 상제(喪祭)를 길제(吉祭)로 바꾼다. 정현 <주> 길제(吉祭)로
제사함이 성(成)이다. ○【「상복」<전> 소】 졸곡에는 여막 안에서의 무
시곡(無時哭)을 버리고, 오직 조계(阼階) 아래에서의 아침저녁 일정한
때에 곡함[有時哭]이 있다. ○주자는 "100일 만에 졸곡을 하는 것은 바
로 『개원례』이다. 오늘날 사람들이 장사를 기일대로 하지 못하기 때문
에 이렇게 임시 제도를 만든 것인데, 왕공(王公) 이하의 사람들이 모두
100일로 단정하니, 예의 뜻을 너무 잃었다. 옛날에 사(士)는 달을 넘겨
장사를 지내며, 장사를 지내고서 우제를 지내며, 우제를 지내고서 졸곡
을 하여, 저절로 날 수가 있었다"고 하였다.

【士虞 記】 三月而葬 遂卒哭. ○【雜記】 三月而葬 是月也卒哭 大夫三
月而葬 五月而卒哭. ○【小記】 報葬者 三月而卒哭. ○【旣夕禮】 卒哭
三虞後祭名. ○【檀弓】 卒哭曰成事 是日也 以吉祭易喪祭. 鄭註 祭以
吉爲成. ○【喪服 傳疏】 卒哭 去廬中無時之哭 惟有阼階之下 朝夕有時
之哭. ○朱子曰 百日卒哭 乃開元禮. 以今人 葬不能如期 故爲此權制
王公以下 皆以百日爲斷 殊失禮意. 古者 士踰月而葬 葬而虞 虞而卒哭
自有日數.

3-1. 삼우 뒤에 강일을 맞아 졸곡한다. 하루 전에 기물을 진설하고 찬을 준비한다.『가례』

모두 우제와 같으나, 오직 현주병(玄酒瓶)[19] 하나를 술병 서쪽에 다시 놓는다.

【성재안설】졸곡부터 비로소 현주를 놓는다.

三虞後 遇剛日 卒哭. 前期一日 陳器具饌. 家禮
　並同虞祭 惟更設玄酒瓶一於酒瓶之西.
　　【按】自卒哭 始有玄酒.

3-2. 그 다음날 아침 일찍 일어나, 채소와 과일과 술과 찬을 진설한다.『가례』

모두 우제와 같으나, 다만 정화수(井花水)를 다시 떠서 현주병에 채운다.

厥明夙興 設蔬果酒饌. 家禮
　並同虞祭 惟更取井花水 充玄酒瓶.

3-3. 밝을 무렵[質明] 축(祝)이 신주를 꺼내고, 주인 이하의 사람들은 들어와 곡을 하고 강신(降神)을 한다.『가례』

모두 우제와 같이 한다.

質明 祝出主 主人以下 入哭降神. 家禮

---

19) 현주병(玄酒瓶): 맑은 물을 담은 병. 옛날에는 술을 사용하기 전에 이것을 사용했기 때문에, 실제로 사용하지 않지만 술병 옆에 놓아 둔다.

並同虞祭.

3-4. 주인과 주부가 찬을 올린다.『가례』

주인은 생선과 고기를 받들고, 주부는 쌀 음식[米]과 밀가루 음식[麵]을 받들며, 주인이 국을 받들면 주부는 밥을 받들어 올린다. 우제의 진설과 같다.

【성재안설】 졸곡부터 주인과 주부가 비로소 음식을 올린다.

主人主婦進饌. 家禮

主人奉魚肉 主婦奉米麵食 主人奉羹 主婦奉飯以進. 如虞祭之設.

【按】 自卒哭 主人主婦始進饌.

3-5. 초헌(初獻).『가례』

우제와 같다. 다만 축이 축판을 들고 주인의 왼쪽으로 가서 동향하여 무릎을 꿇고 읽는다.

주자는 "온공이 '우제에는 주인의 오른쪽에서 독축을 하나, 졸곡에는 주인의 왼쪽에서 독축을 한다'고 하였으니, 대개 예의 본뜻을 얻은 것이다" 하였다.

同虞祭. 惟祝執祝版 詣主人左 東向跪讀.

朱子曰 溫公曰 虞祭讀祝於主人之右 卒哭於主人之左, 盖得禮意.

축문(祝文)

모두 우제와 같다. 다만 ‘삼우’를 고쳐 ‘졸곡’이라 하고, ‘성사(成事)’ 아래에 ‘내일 조고(祖考) 모관부군에게 제부(隮祔)하겠습니다’는 글을 더한다.

조고(祖考)는 망자의 할아버지이다. ○망자의 할아버지가 살아 계시면 고조(高祖)에게 부(祔)한다. 내상(內喪)에는 ‘조비(祖妣)’라고 하며, 조모가 살아 계시면 고조비(高祖妣)에게 부한다. ○고씨(高氏)의 축문에는 ‘졸곡’이란 말 아래에 “땅을 두드리고 하늘에 통곡하여도 가슴 속 심정이 문드러져 무너집니다”는 말을 덧붙인다. ○「사우례」 기】 ‘애자’라고 한다. 또 졸사(卒辭)에도 ‘애자’라고 한다. 【주】 졸사(卒辭)는 졸곡(卒哭) 때 읽는 축사이다.

並同虞祭. 但改三虞爲卒哭　而成事下添書來日隮祔于祖考某官府君.

祖考亡者之祖考也. ○亡者之祖在　則祔於高祖. 內喪云祖妣　而祖母在祔於高祖妣. ○高氏祝　卒哭下云　叩地號天　五情糜潰. ○【士虞　記】云哀子. 又卒辭曰　哀子.【註】卒辭　卒哭之祝辭.

3-6. 아헌·종헌·유식·합문·사신.『가례』

모두 우제와 같다. 다만 축이 서쪽 층계로 올라와 동향하여 제사가 끝났음을 고한다.

축이 주인의 왼쪽에 가서 동향하여 고한다. ○강암(强庵)은 “유신(侑神)은 집사가 대신하는데, 혐의가 있어 배례를 할 수 없다. 우제부터 담제까지는 같은 사례로 절이 없다”고 하였다. 남계는 “우제부터 담제까지 유식에 절이 없으니, 길제와 다 같을 수는 없다”고 하였다.

亞獻終獻侑食闔門辭神. 家禮

並同虞祭. 惟祝西階上 東面 告利成.

祝詣主人之左 東面告. ○强庵曰 侑神 執事代之 嫌不得拜禮. 自虞至
禫 一例無拜. 南溪曰 自虞至禫 侑食無拜 不能盡同於吉祭.

【성재안설】우제에는 집사가 대행하여 절하지 않는 것이 옳다. 그러나 졸곡부터는 주인과 주부가 음식을 올리는데, 유식 또한 주인과 주부가 올리는 예이니 어찌 절을 하지 않을 수 있겠는가? 다만 『가례』에 '모두 우제와 같다'고 했기 때문에 이런 의심이 있게 되었다.

按 虞則執事代行 無拜可也. 而自卒哭則主人主婦進饌 則侑食亦
主人主婦之禮也 何可無拜. 但以家禮並同虞祭之說 有此疑也.

3-7. 이로부터 아침저녁 사이에 슬픔이 일어나도 곡을 하지 않는다. 『가례』

그래도 아침 저녁의 곡은 한다.

【「상복」전】이미 우제를 지내고 나면, 아침에 한 번 곡하고 저녁에 한 번 곡할 뿐이다. ○【성재안설】근세의 예학자 중에는 비록 장사지낸 뒤라도 조석곡을 하고 절을 해야 한다는 설이 있기는 하나, 『가례』에는 절을 하는 절차가 없다. 게다가 우제·졸곡·연제·상제에도 오히려 참신(參神)하는 절이 없이 곡으로 절을 대신하니, 이는 대개 슬픔이 승(勝)하여 예를 올릴 겨를이 없기 때문이다.

自是 朝夕之間 哀至不哭. 家禮
　猶朝夕哭.

【喪服 傳】旣虞 朝一哭 夕一哭而已. ○【按】近世禮家 雖有葬後 朝夕

哭當拜之說　然家禮無拜之之節. 且虞卒練祥　猶無參神之拜　以哭代拜
則此盖哀勝而禮未遑也.

3-8. 주인 형제는 거친 밥을 먹고 물을 마시되 채소와 과일을 먹지 않고, 자리에서 자고 나무베개를 벤다.『가례』

主人兄弟　疏食水飮　不食菜果　寢席枕木. 家禮

4. 졸곡변의(卒哭辨疑)

4-1. 기년복으로 거처를 달리하는 사람들은 돌아간다.

【「상복」〈전〉주】졸곡에 딸자식은 돌아간다. ○【「상대기」】부인 가운데 기년복이나 9개월복을 입은 사람은 장사를 지내고 나서 돌아가고, 제부형제(諸父兄弟)의 상에는 졸곡에 돌아간다.

期服異居者歸.

【喪服　傳註】卒哭　女子子歸. ○【喪大記】婦人期九月者　葬而歸　諸父兄弟之喪　卒哭而歸.

4-2. 보장(報葬)을 한 자는 석 달을 기다려 졸곡을 한다.

【「상복소기」】보장을 한 자는 보우(報虞)를 지낸 석 달 뒤에 졸곡을 한다. 〈주〉황급하게 장사를 치르면 우제 또한 황급하게 하여 신을 안정시킨다. 다만 졸곡은 반드시 석 달을 기다린다.

報葬者　待三月而卒哭.

【小記】報葬者 報虞三月而後 卒哭. 註 疾葬亦疾虞以安神. 惟卒哭必俟三月.

4-3. 졸곡 후 상식은, 고례에는 행하지 않았고 속례에는 행한다.[20]

『가례』에는 장사지낸 뒤에 상식(上食)을 올린다는 글이 없다.

卒哭後上食 古禮則不行 俗禮則行.

【家禮】無葬後上食之文.

【「단궁」】졸곡에 휘(諱)를 하여, 생시의 일이 끝나고 귀신의 일이 시작된다. 【주】다시 하실(下室)에서 음식을 대접하지 않는다는 것을 말한다. 【소】우제 뒤 초하루부터는 달마다 두 번 은전(殷奠)을 올린다. 전(奠)에는 기장밥을 놓으나 하실에는 진설하지 않는다. 또 【소】우제를 지내고 나서는 그대로 제례를 사용하고, 하실에서는 마침내 일이 없다. 그러니 졸곡 때는 다시 궤식(饋食)을 하지 않는 것이다. ○【『이굴』】『국어』에는 "날마다 제사[祭]하고 달마다 향사[享]한다" 하였으니, 이는 3년 동안 궤연을 걷지 않고 혼정신성의 예와 같이 아침저녁으로 음식을 올리는 것을 말함이다. ○주자가 육자수(陸子壽)[21]에게 답한 편에 "졸곡 뒤로는 다시 하실에 음식을 올리지 않는다"고 하였다. 『가례』에는 『주례』를 따라 졸곡하고 부(祔)를 하면 다시 상식을 올리지 않는다. ○주자는 "신주가 정침(正寢)으로 돌아온 뒤로도 여전히 '상식'이라 한다" 하였다. 또 "오늘날 세상에서 행해지는 예를 보면 그 후함을 해치지 않는다" 하였다. ○우추연(禹秋淵)[22]이 퇴계에게 묻기를 "허초당(許草堂)[23]은 옛 사람들이 이미 장사를 지내고 나면 조석 상식을 올리는 일이 아마 없었을 것이라고 하였습니다. 주(朱)선생이 외우(外憂)를

---

20) 「국역 사의 목차」는 「사의목록」을 따라 '졸곡 후 상식(卒哭後上食)'이라 하였다.
21) 육자수(陸子壽): 송나라 학자 육구령(陸九齡).
22) 우추연(禹秋淵): 조선중기 문신 우성전(禹性傳, 1542~1593)의 호가 추연.
23) 허초당(許草堂): 조선중기 문신 허엽(許曄, 1517~1580)의 호가 초당.

당했을 때 한천정사(寒泉精舍)에 거처하면서 단지 삭망에만 와서 궤연에 절을 하였습니다. 만약 조석으로 상식을 올렸다면 어찌 궤연을 멀리 떠날 수 있었겠습니까? 선생은 묘소를 지키고 주부가 궤연에 찬을 올린 것이 아니겠습니까?" 하였다. 퇴계가 답하기를 "나도 또한 이 일을 의심하였으나 설명할 수 없었다. 아마도 3년상을 마치도록 상식을 올려야 마땅할 듯하다"고 하였다. ○퇴계는 "주자는 '장사지낸 뒤에 궤연을 걷어서는 안 된다'는 것을 논의하여, 『의례』에만 의거해 보면 마땅히 다시는 하실에서 궤식하지 않아야 한다고 운운했는데, 이른바 궤연을 걷어서는 안 된다는 것은 아직도 삭망제가 남아 있기 때문이다. 만약 다시 궤식을 하지 않는다면 부제(祔祭) 뒤에 다시는 상식을 올리지 않는 듯하다. 다만 오늘날 사람들은 3년상을 마칠 때까지 상식을 올리니, 예는 후함을 따라야 합당하다" 하였다. ○망자가 상식을 그만두라는 유언을 남겼다면, 삭망에만 행하는 것이 좋다.

○『문해』 장사를 지낸 뒤에 상식을 올리는 것은, 횡거(橫渠)24)나 온공의 설과 주자가 섭미도(葉味道)에게 답한 편지를 보면 파하지 말아야 한다. 그러나 「단궁」의 ＜주＞와 ＜소＞, 주자가 육자수(陸子壽)·호백량(胡伯量)·이계선(李繼善) 등에게 답한 문목(問目)으로 보면 분명히 그만두어야 한다. 주자는 항상 한천(寒泉)에 거처하면서 삭망에는 궤연에 와서 전을 올렸으니, 조석전을 파한 날에 상식을 아울러 파하고 삭망에만 은전(殷奠)을 행한 것 같다. 그러나 주자의 이른바 "후하게 하는 것이 해롭지 않으니 또한 따름이 마땅하다"는 가르침을 정론으로 할 것이다. ○명곡(明谷)25)은 "상식 한 가지 일도 고례로 말하자면 졸곡 뒤에 하실에서 다시 궤식을 하지 않는다는 것이 주공(周公)의 『의례』이다. 주자는 일찍이 편지 속에서 자주 언급하였으며, 『비요』에도 '졸곡'조에 채록하여 넣었다. 3년 동안 궤식을 행하는 것은 사마온공과 장횡거, 두 현자의 논의를 따른 '후하면서 시속에 가까운 예'이다. 그런데 『가례』에는 졸곡에 상식을 파한다는 글이 없지만, 또한 그대로 행한다는 글도 없으니, 어찌 반드시 행해야 할 과정이라고 단정할 수 있겠는가? 한천(寒泉)에서의 일은 그렇지 않은 점이 있다. 주부와 사손(嗣

---

24) 횡거(橫渠): 북송(北宋)의 학자 장재(張載, 1020~1077)의 호.
25) 명곡(明谷): 조선후기 학자 최석정(崔錫鼎, 1646~1715)의 호.

孫)이 대신 음식을 올렸다면, 효자(孝子)의 정성과 예에 있어서는 어떠하겠는가? 이는 필시 없는 이치이다. 게다가 주자가 위재공(韋齋公)의 상을 당했을 때는 아직 장가들지 않았고, 또한 병산(屛山)에 가서 공부하면서도 삭망에 전을 드리려 왔으니, 이 때에도 주부나 사손을 거론할 수 있겠는가? 이것을 근거로 사계나 월사(月沙)26) 같은 제공들은, 상식을 행하지 않은 것이 의심할 여지가 없다고 하였다. 동춘당(同春堂)27) 역시 또한 사계의 글을 편지에 기록하였다. 오늘날 서계(西溪)28)가 상식을 파해야 한다는 것이 시의에 어그러지고 여러 의논과도 다르지만, 그러나 이미 고례 및 주자와는 합치되니, 반드시 깊이 비난할 필요는 없다. ○성호는 "주자가 일찍이 한천의 묘소 암자에서 거처하다가 삭망에 돌아와 전을 차린 것은 『주례』의 '졸곡 뒤에는 상식을 폐한다'는 말을 따른 것일 뿐이다" 하였다. ○【성재안설】 삼가 나의 선조이신 초당선생도 또한 한천의 일을 의심하였고, 제유들도 모두 고례의 '다시 궤식을 하지 않는다'는 말을 근거로 삼았으니, 고례를 따르는 것이 또한 옳을 것이다. ○황보밀(皇甫謐)이 유언을 남겨 15일에 아침 저녁으로 상식을 하지 말라고 하였다. 【성재안설】 특별히 보름날이라 말한 것으로 미루어 보면 다른 날은 다시 궤식을 하지 않았다는 것을 알 수 있다.

【檀弓】卒哭而諱 生事畢 而鬼事始. 【註】謂不復饋食於下室. 【疏】虞後至朔月 兩殷奠. 奠有黍稷 而下室不設. 又 【疏】旣虞祭遂用祭禮 下室遂無事. 然卒哭時 乃不復饋食. ○【理窟】曰 國語言日祭月享 此謂三年不撤几筵 有朝夕之饋 猶定省之禮. ○朱子答陸子壽 書曰 卒哭而後 不復饋食於下室. 家禮從周禮 卒哭而祔 不復上食. ○朱子曰 主復寢後 猶曰上食. 又曰 今世見行之禮 不害其厚. ○禹秋淵問於退溪曰 許草堂以爲古人旣葬 恐無朝夕上食. 朱先生丁外憂 居寒泉精舍 只以朔望來 拜几筵. 若朝夕上食 則豈可遠去几筵乎. 無乃先生守墓 而主婦

---

26) 월사(月沙): 조선중기 문신 이정귀(李廷龜, 1564~1635)의 호.
27) 동춘당(同春堂): 조선후기 학자 송준길(宋浚吉, 1606~1672)의 호. 자는 명보(明甫). 본관은 은진(恩津). 이이(李珥)·김장생(金長生)의 문인. 송시열(宋時烈)과 함께 1차 예송에서 기년설을 주장했다.
28) 서계(西溪): 조선후기 학자 박세당(朴世堂, 1629~1703)의 호.

進饌於几筵耶. 答曰 某亦疑此 而不得其說. 恐只當終三年上食. ○退溪
曰 朱子論葬後几筵不可撤 但據儀禮 則當不復饋食於下室 云云 所謂
几筵不可撤者 尙有朔望祭 故也. 若不復饋食 則祔祭後 似不復上食矣.
但今人終三年上食 禮宜從厚. ○亡者有廢上食之遺言 則只朔望 可也.
○【問解】葬後上食 以橫渠溫公說朱子答葉味道書 觀之 當不罷. 然以
檀弓註疏 及朱子答陸子壽胡伯量李繼善等問目 觀之 分明罷之. 朱子
常居寒泉 朔望來 奠几筵 似於罷朝夕奠之日 並罷上食 只行殷奠於朔
望. 然以朱子所謂不害其爲厚 且當從之之敎爲定論. ○明谷曰 上食一
事 以古禮言之 卒哭後 不復饋食於下室 是周公儀禮也. 朱子嘗屢及於
書牘中矣 備要亦採入於卒哭條矣. 至於三年行饋 因溫張兩賢之論 爲
從厚近俗之禮. 然家禮 則雖無卒哭罷上食之文 亦無仍行之文 何可斷
以爲必行之程也. 寒泉事有不然. 主婦及嗣孫代薦 其於孝子誠禮 何如
也. 此必無之理也. 且朱子丁韋齋公憂時 未娶而亦往學於屛山 朔望來
奠 此時亦有主婦嗣孫之可論耶. 以此 沙溪月沙諸公 以爲不行上食無
疑. 同春亦以沙溪之書 錄於書札. 今西溪之罷上食 乖於時 異於衆 然
旣與古禮及朱子合 不必深非也. ○星湖曰 朱子嘗居寒泉墳庵 朔望歸
奠 則只從【周禮】卒哭後 廢上食. ○謹【按】我先祖草堂先生 亦疑寒
泉之事 而諸儒皆以古禮之不復饋食 爲據 則從古亦可. ○皇甫謐遺令
母[29]十五日朝夕上食.【按】特言望日 則他日之不復饋食 可知也.

4-4. 졸곡에 수복(受服)하는 옛날 제도[30]

【성재안설】졸곡에 삼베로 만든 수질(首絰)과 요대(腰帶)를 제
거하고 갈포(葛布)로 바꾸며, 완성된 베[成布]로 수복(受服)한다.
삼베를 제거하고 갈포를 입는 것은 고례이다.◉성포(戉布)로 수복(受服)
하고 갈포를 입는 것은 「간전(間傳)」에 보인다. 주자는 "성인의 마음은 사철이
그런 것처럼 그 변함에 절차가 있어서, 죽음에서부터 상을 마치

---

29) '모(母)'는 '무(毋)'의 오기이므로 이제 바로잡아 해석하였다.
30) 「국역 사의 목차」는 「사의목록」에 따라 '졸곡 후 수복(卒哭後受服)'이라 하였다.

기에 이르기까지 점차 바꾸어 간다. 지금 사람들이 곧바로 상복 기간이 찰 때까지 갔다가 한꺼번에 벗어버리고 곧장 화려한 채색옷을 입는 것과는 같지 않다. 그런즉 『가례』에 갈포로 바꾸어 수복하는 일이 없음은 『서의』로 인하여 비롯된 것인데, 선유들이 모두 『가례』가 미완성의 책이라고 한 것은 이런 곳들을 가리킨다. 대개 졸곡에 갈포로 바꾸어 수복하는 절차가 없으면, 다만 복을 바꾸어 벗는 데 점차로 줄어듦[漸]이 없을 뿐만 아니라, 한꺼번에 상을 당하였을 때 포특(包特)의 제도 또한 행할 곳이 없다. 그러므로 한강(寒江)선생 또한 "갈질(葛絰)은 옛날 사람들이 변복할 때 하였는데, 연제(練祭) 때 사용하는 것은 늦다. 그러나 『가례』가 나오면서부터 모두들 따랐다"고 하였다. 후세에 예를 논의하는 군자가 있다면 반드시 여기에서 참작할 바가 있을 것이다.

【「간전」】 참최복은 우제와 졸곡을 마치면, 삼베옷을 버리고 갈포옷을 입으며 갈대(葛帶)를 삼중으로 한다. 【소】 남자는 수질(首絰), 부인의 요대(腰帶)를 삼중으로 하지 않고 두 가닥으로 옭아맨다. ○【「사우례」】 칡을 다스려 만든 질(絰)과 띠[帶]. 【주】 칡을 다스려 수질과 요대를 만든다. ○【「단궁」】 부인은 갈대를 하지 않는다. 「소의」에 부인은 갈질(葛絰)을 하고 마대(麻帶)를 한다. 【성재안설】 이 또한 참최복의 부인에 대한 것이다. ○양씨(楊氏)는 "졸곡 때 장부는 마대를 버리고 갈대를 띠는데, 수질은 바꾸지 않는다. 부인은 칡으로 수질을 하는데, 마대는 바꾸지 않는다" 하였다. ○진호(陳澔)는 "「소의」 <주>에 장부는 마대를 두르나 수질은 바꾸지 않고 부인은 칡으로써 수질을 만드나 마대는 바꾸지 않는다"고 하였다. 【성재안설】 이는 모두 남자는 요대를 바꾸되 수질은 바꾸지 않으며 부인은 수질을 바꾸고 요대를 바꾸지 않는다는 것을 말하는데, 부인는 다만 참최복에만 그렇다. 대공이나 소공복을 입은 사람 또한 갈대를 한다. ○『가례부주』 옛날에는 수복하여 슬픔이 줄어들고 복이 가벼워짐을 표시하는 절차가 있었다. 지금 풍속에는 수

복함이 없어서, 그 슬픔에 변함이 없으니 고례가 아니다. 『서의』와 『가례』는 풍속을 따르고 간편함을 따랐다.

○【성재안설】 또 「단궁」에 "이미 장사를 지내고 나면 각각 그 복을 제한다"고 하였다.◉【주】 졸곡에 마땅히 최마(衰麻)를 바꾸어야 할 사람은 바꾸고, 혹 복을 벗을 사람은 주인과 관계없이 벗는다. 【소】 석 달 만에 장사를 마친 뒤 졸곡에 이르면, 복이 무거운 친족은 각각 받을 복에 따라서 바꾸어 입는다. 3개월복을 입는 친족은 장사를 마치면 각기 복을 벗는 것이지, 졸곡에 주인이 복을 바꾸어 입을 때까지 기다리지 않는다.

대개 졸곡에 복을 바꾸거나 벗는 것 또한 제복(除服)이라고 한다. 참최복 이하의 사람들은 모두 수복이 있는데, 시마복만이 수복이 없다. 이는 삼우를 지낸 뒤를 가리킨 것이지, 장사지내는 날 즉시 벗는 것은 아니다. <소>에 이른바 "졸곡까지 기다리지 않는다"는 것은 아마 이 때문인 듯하다.

卒哭受服古制.

按 卒哭而去絰帶之麻 易服以葛 受以成布. 去麻服葛 古禮也.成布服葛見間傳. 朱子曰 聖人之心如四時然 其變也有漸 始死至終喪 漸漸變去. 不似今人直到服滿 一頓除脫 便衣華釆也. 然則家禮之無易葛受服 始因書儀 而先儒皆以家禮爲未成書者 謂此等處也. 盖卒哭而無易葛受服之節 則非但變除之無漸 至於並有喪則包特之制 亦無所施. 故寒岡先生亦曰 葛絰古人變服爲之 練時之用 晚矣. 然自家禮出而皆從之. 後有議禮之君子 則必有所參酌焉爾.

【間傳】 斬衰 旣虞卒哭 去麻服葛 葛帶三重. 【疏】男子首絰 婦人腰帶不三重 猶兩股糾之. ○【士虞禮】澡葛絰帶. 【註】治葛爲首絰及帶. ○【檀弓】婦人不葛帶. 少儀 婦人葛絰而麻帶. 【按】此亦爲斬衰婦人也. ○楊氏曰 卒哭 丈夫去麻帶 服葛帶 而首絰不變. 婦人以葛爲首絰 而麻帶不變. ○陳氏澔曰 少儀註 丈夫服葛帶 而首絰不變 婦人以葛爲首絰

而麻帶不變. ○【按】此皆男子變帶 不變首 婦人變首 不變帶之謂 而婦人則但斬衰 然也. 大功小功者 亦葛帶. ○【家禮附註】古有受服以表哀 殺服輕. 今俗無受服 其哀無變 非古也. 書儀家禮從俗從簡.

○又按 檀弓 旣葬各以其服除. 【註】卒哭當變衰麻者 變之 或有除者 不視主人. 【疏】三月葬竟後 至卒哭 重親各隨所受而變服. 若三月之親葬竟 各自除 不待主人卒哭之變. 蓋卒哭而變除 亦謂之除服. 斬衰以下皆有受 惟緦麻之服無受也. 此指三虞以後 非葬日 卽除也. 疏所云不待卒哭者 恐以是矣.

5. 부(祔)[31]

【「단궁」】은나라에서는 연제(練祭)를 지내고 나서 부(祔)를 행하였고, 주나라에서는 졸곡에 부를 행하였는데, 공자는 은나라의 제도가 좋다고 하였다. ○정자는 “상에는 모름지기 3년이 지나야 부(祔)를 한다. 만약 졸곡에 부를 한다면, 3년이 되어서는 도리어 도통 일이 없다. 신주(神主)가 없는 정침(正寢)에서 어디다 대고 곡을 하겠는가?” 하였다. ○【『이굴』】모름지기 3년상을 마쳐야만 부(祔)를 할 수 있다. ○【『가례』주】삼우와 졸곡은 모두 주나라 예를 사용하면서 여기서만 은나라 예를 따를 수는 없다. ○주자가 육자수(陸子修)에게 답한 편지에 “공자의 말은 만세에 바뀌지 않을 것이지만, 이미 절문(節文)이 상세하지 못하다면 비록 공자의 말이라도 감히 따르지 못할 것이 있다” 하였다. 또 “만약 육자정(陸子靜)의 설과 같이 부제(祔祭)를 하고 나서 문득 궤연을 없앤다면, 모름지기 연제를 지내고 나서 부(祔)를 해야 할 것이다. 그러나 만약 정씨(鄭氏)의 설처럼 부(祔)를 마친 뒤에 신주를 옮겨 정침으로 내어온다면, 주나라의 제도처럼 부(祔)를 행하더라도 무슨 해가 되겠는가?” 하였다. ○【『오례의』】대상(大祥)을 마치면 곧 사당에

---

31) 부(祔): 사당이나 묘소 등에서 이미 있는 신위(神位)에 다른 신위를 붙여놓는 것을 말한다. 여기서는 장사를 치른 뒤에 만든 신주를 사당에 임시로 붙여놓는 절차를 말한다.

뵙고 부제(祔祭)를 행한다. ○『개원례』 우제(虞祭)로부터 담제(禫祭)에 이르기까지 신주를 정침에 그대로 두었다가, 담제를 행한 뒤 곧 사당에 부(祔)한다. ○장자(張子)는 "옛날에 군주가 돌아가시고 3년상을 마치고 나면 길체(吉禘)를 행하고, 그런 뒤에 협제(祫祭)를 하면서 조주(祧主)[32)는 협실(夾室)에 갈무리하고 신주(新主)는 마침내 빈궁에서 사당으로 들여온다" 하였다.

【檀弓】殷旣練而祔 周卒哭而祔 孔子善殷. ○程子曰 喪須三年而祔. 若卒哭而祔 則三年却都無事. 無主在寢 哭於何處. ○【理窟】須是三年 終喪 乃可祔也. ○【家禮 註】三虞卒哭皆用周禮 則此不得獨從殷禮. ○朱子答陸子壽書 孔子之言 萬世不易 旣不得節文之詳 則雖孔子之言 亦有所不敢從耳. ○又曰 若如陸子靜說 祔了便除去几筵 則須練而祔. 若如鄭氏說 祔畢後 移主 出於寢 則當如周制祔 何害. ○【五禮儀】大 祥畢 卽謁祠堂 行祔祭. ○【開元禮】自虞至禫 主仍在寢 禫後乃祔廟. ○張子曰 古者 君薨 三年喪畢 吉禘 然後因其祫 祧主藏於夾室 新主遂 自殯宮入于廟.

5-1. 졸곡 다음날 부(祔)를 행한다.『가례』. ○조고(祖考)에게 부한다. 부인은 조비(祖妣)에게 부한다.

【「단궁」】다음날 조부에게 부(祔)한다. ○【「상복소기」】부(祔)는 반드시 소목(昭穆)[33)으로 한다. ○【「사우례」기】다음날 그 반열에 부한다. <주> 졸곡 다음날이다. ○【『기언』】일이 있어 즉시 반우(反虞)하지 못했다면, 졸곡 다음날 지방(紙榜)으로 부제(祔祭)를 행한다. ○주자는 "오늘날 공사(公私)의 묘가 모두 동당이실(同堂異室)로 되어, 다시는 '좌소우목(左昭右穆)'의 질서가 없게 되었다. 한 번 체천(遞遷)이 있으면 여러 실(室)의 신주를 모두 옮기고 새로 죽은 사람은 그 아버지의

---

32) 조주(祧主): 사당에서 물려낸 신주.

33) 소목(昭穆): 종묘나 사당에 신주(神主)를 모시는 차례이다. 시조를 가운데에 두고 그 왼쪽 줄을 소(昭), 오른쪽 줄을 목(穆)이라 하는데, 2·4·6세를 소에, 3·5·7세를 목에 모신다.

신주가 있던 묘실로 들어가야 된다. 고례와 같지 않는데도 예를 하는 사람들이 오히려 조부에게 부한다는 조문을 고집하는 것은 아마도 의의가 없을 듯하다. 그러나 변화시켜 아버지의 사당에 부하고자 하는 것도 예를 아껴 흔적을 보존하는 뜻은 아니다” 하였다. ○「잡기」에 “대부는 사(士)에게 부(祔)하나, 사는 대부에게 부하지 못하고, 대부의 형제에게 부한다. 형제가 없으면 그 소목에 따르며, 왕부모(王父母)가 계시더라도 그렇게 한다” 하였다. 진호(陳澔)의 <주>에 “그 소목을 따른다는 것은 고조로서 사(士)인 자에게 부하고, 만약 고조 또한 대부라면 고조의 형제로서 사(士)인 자에게 부함을 말한다. 왕부모가 계시더라도 그렇게 한다는 것은, 할아버지가 아직 살아 계셔서 부를 할 수 없으면 고조에게 부하는 것을 말한다. 「상복소기」에 ‘한 대를 걸러 위로 부한다[中一以上而祔]’는 것은 이와 뜻이 같다”고 하였다. ○부인은 그 남편을 부한 이의 비(妃)에게 부하고, 비가 없으면 또한 그 소목의 비에 따라간다. 【주】 한 대를 걸러서 고조의 비에게 부함을 말한다. ○남자를 왕부(王父)에게 부할 적에는 배(配)[34]하지만, 여자를 왕모(王母)에게 부할 적에는 배하지 않는다. 【주】 왕모를 함께 제사함이다. 배하지 않음은 제사지내지 않음이다. 존자(尊者)에게 일이 있으면 낮은 사람에게 미칠 수 있지만, 낮은 사람에게 일이 있으면 감히 존자를 끌어오지 못한다. ○부인은 조고(祖姑)에게 부하는데, 조고(祖姑)가 세 사람이면 친한 자에게 부한다. 【주】 친한 자[親者]란 시아버지[舅]를 낳은 어머니이다. ○왕부(王父)가 돌아가시어 아직 연제(練祭)와 상제(祥祭)를 지내지 않았는데 손자가 또 죽은 경우에도 이를 왕부에게 부한다. 【주】 왕부를 이미 부했다면, 손자도 여기에 부할 수 있다. ○첩은 첩조고(妾祖姑)에게 부하는데, 첩조고가 없으면 또한 그 소목에 해당하는 이의 첩에게 따라간다. 【주】 한 대를 걸러서 부한다. ○【「상복소기」】 사(士)를 대부에게 부하면 희생물을 바꾼다. ○첩은 첩조고에게 부하는데, 첩조고가 죽고 없으면 한 대를 걸러 위에 부한다. 부는 반드시 그 소목에 따라해야 하는데, 첩조고가 없는 자는 희생을 바꾸어 여군(女君)에게 부함이 옳다. 【주】 여군은 적조고(嫡祖姑)를 가리킨다.

---

34) 배(配): 신위에 제사를 지낼 적에 다른 신위를 함께 모셔 제사함을 말한다. 여기서는 조고(祖考)를 제사할 적에 조비(祖妣)를 배식(配食)함을 말한다.

첩은 여군에게서 한 등급 아래이다. 【성재안설】 첩모(妾母)에게는 대를 이어 제사지내지 않으니 첩에게는 사당이 없다. 이제 고조에게까지 부(祔)해야 하는 자는, 단(壇)을 만들어 부를 하거나 혹 지방으로 부를 행해야 한다. 또 「상복소기」 <소>를 살펴보면, 첩자의 처는 이미 첩과는 다른 사례이니, 적조고(嫡祖姑)에게 부하는 것 이외에는 아마 다른 방법이 없을 듯하다. ○부는 시아버지가 주관한다. ○「잡기,」 주인 첩의 상에는 주인이 스스로 부를 하고, 연제와 상제가 되어서는 모두 그 아들을 시켜 주관하게 한다. <주> 여군(女君)이 죽어 여군을 대리하였으면 스스로 부를 행하고, 여군을 대리하지 않았으면 아들이 스스로 주관한다. ○『유편』 조묘(祖廟)를 이미 장방(長房)에 옮겨갔더라도 지방으로 제사를 행함이 마땅하고, 이미 묻었더라도 부를 할 수 있다.

卒哭明日而祔. 家禮. ○祔于祖考 婦人祔于祖妣.

【檀弓】明日祔于祖父. ○【小記】祔必以昭穆. ○【士虞 記】明日以其班祔. 註 卒哭之明日也. ○【記言】有故不卽反虞 則卒哭明日以紙牓行祔祭. ○朱子曰 今公私之廟 皆爲同堂異室 無復左昭右穆之次. 一有遞遷 則羣室皆遷 而新死者 當入于其禰之故室. 與古不同 而爲禮者 猶執祔祖之文 似無義意. 然變而祔禰廟 則又非愛禮存羊之義. ○【雜記】大夫祔於士 士不祔於大夫 祔於大夫之昆弟. 無昆弟 則從其昭穆 雖王父母在 亦然. 陳註 從其昭穆謂祔於高祖之爲士者 若高祖亦是大夫 祔於高祖昆弟之爲士者. 雖王父母在 亦然者 謂祖尙存無可祔 祔於高祖也. 小記 中一以上而祔 與此意同. ○婦祔於其夫之所祔之妃 無妃 則亦從其昭穆之妃. 【註】謂間一代 而祔於高祖之妃. ○男子祔於王父則配 女子祔於王母則不配. 【註】竝祭王母. 不配 則不祭也. 有事於尊者 可以及卑 有事於卑者 不敢援尊. ○婦祔於祖姑 祖姑有三人 則祔於親者. 【註】親者 舅所生母. ○王父死 未練祥 而孫又死 猶是祔於王父也. 【註】王父已祔 則孫可祔焉. ○妾祔於妾祖姑 無妾祖姑 亦從其昭穆之妾. 【註】間一代而祔. 【小記】士祔於大夫 則易牲. ○妾祔於妾祖姑 亡則中一以上而祔. 祔必以其昭穆 無妾祖姑者 易牲 而祔於女君 可也. 【註】女君嫡祖姑也 妾下女君一等. 【按】妾母不世祭 則妾無廟 今云祔及高祖者 當爲壇祔之 或紙牓行之. 又【按】小記疏 妾子之妻

旣與妾異例　則祔之嫡祖姑之外　恐無他道.　○祔則舅主之.　○【雜記】
主妾之喪則自祔　至於練祥　皆使其子主之　註　女君死　攝女君　則自祔
不攝女君　則子自主之.　○【類編】祖廟雖已遷於長房　亦宜以紙牓行祀
雖已埋　亦可祔.

5-2. 졸곡의 제사에서 찬을 이미 걷고 나면 곧장 기물을 진설하고
찬을 갖춘다.『가례』

　　기물과 음식은 졸곡 때와 같으나, 사당에 진설한다. 사당이 좁으
　　면 청사(廳事)에서 편한 대로 한다. 망자(亡者)의 조고(祖考)와
　　조비(祖妣)의 신위는 당 가운데 남향으로 하되 서쪽을 상석으로
　　하고, 망자의 신위는 그 동쪽에 서향하여 놓는다. 어머니 상이면
　　조고의 신위는 차리지 않고, 조비의 신위만을 차린다.

　　卒哭之祭　旣徹　卽陳哭具饌.　家禮
　　　器與饌如卒哭　陳之於祠堂.　堂狹　卽於廳事　隨便.　設亡者祖考妣
　　　位於堂中南向　西上, 設亡者位於其東西向, 母喪　則不設祖考位
　　　只設祖妣位.

5-3. 그 다음날 새벽에 일어나, 채소와 과일과 술과 음식을 진설한
다.『가례』

　　모두 졸곡과 같다. ○먼저 조위(祖位)에 진설하고, 다음에 새 신
　　위에 진설한다.

　　厥明夙興　設蔬果酒饌.　家禮
　　　並同卒哭.　○先設於祖位　次設於新位.

5-4. 밝을 무렵에 주인 이하의 사람들은 영좌 앞에서 곡을 한다.
『가례』

　주인 형제는 모두 계단 아래에 상장(喪杖)을 기대어 놓고◉『상대기』 시(尸)에 일이 있으면 상장(喪杖)을 제거한다. 들어와 슬픔을 다하여 곡하고 그친다. ○『서의』에는 주인 이하의 사람들이 각기 제 복을 입는다.◉퇴계는 "최복 입은 사람만 행할 수 있다" 하였다. ○만약 상주가 종자(宗子)가 아니면, 망자의 조상을 계승한 종(宗)이 이 부제(祔祭)를 주관한다.

　　『예기』 <주> "조묘(祖廟)에서 부(祔)할 때에는 존자(尊者)에게 주관하게 해야 한다." ○【성재안설】「상복소기」에 "부(祔)에는 지팡이를 사당에 가지고 올라가지 못한다" 하였고, <소>에 "슬픔이 줄어 상장을 버리는 절차이다" 하였는데, 이 설은 아마 잘못된 듯하다. 고례에는 조묘에서 부를 행하면 상장을 사당에 들여서는 안 되었다. 그러므로 부제(祔祭) 때 상장을 가지고 사당에 오르지 않는 것이다. 어찌 이때에 슬픔이 갑자기 줄어들어 상장을 버리겠는가? 이제 비록 청사(廳事)에서 부제를 행하더라도 마땅히 사당 안에서 행하는 사례에 의거하여 상장을 가지고 당(堂)에 올라가서는 안 된다. 그러므로 층계 아래에 기대어 놓는 것이다.

　質明 主人以下 哭於靈座前. 家禮
　　主人兄弟 皆倚杖於階下【喪大記】有事於尸 則去杖. 入哭盡哀 止. ○書儀 主人以下 各服其服.退溪曰 只得以衰服行之. ○若喪主非宗子 則以亡者繼祖之宗 主此祔祭.

　　　禮註云 祔于祖廟 宜使尊者主之. ○【按】小記 祔杖不升於堂 疏云 哀殺去杖之節也 此說恐誤. 古禮 行祔於祖廟 則杖不可入廟. 故祔杖不升於堂也. 豈於此時哀遽已殺 而去杖乎. 今雖行祔於廳事 亦當依廟中之例 杖不可升堂. 故倚於階下.

5-5. 사당에 가서 신주를 받들고 나와 자리에 나아간다.

【성재안설】『가례』에는 "신주를 받들어 영좌에 놓는다"고 하였는데, 이것은 곧 사당 안에서 제사를 행하는 예이다. 오늘날의 사당은 좁아서 다른 곳에서 행하기 때문에 개제(改題)하고 나와 자리에 나아간다.

주인 이하의 사람들은 사당에 가서 문을 열고 참배를 한 다음, 향안 앞에서 꿇어앉아 분향을 하고 몸을 숙여 엎드린다. 축이 고사를 읽고, 마치면 부(祔)할 곳의 신주를 받들고 간다. 주인 이하의 사람들이 따라가서, 교의 위에 봉안한다. ○만약 거처를 달리하는 지자(支子)의 상이면, 종자(宗子)가 기일 하루 전날 신알(晨謁)할 적에 그 일을 조(祖)에게 고하고, 허위(虛位)를 만들어 지방을 사용하여 제사지낸다.● 진씨35)는 "허위(虛位)를 설치하면 마땅히 먼저 강신(降神)한 뒤에 참신(參神)해야 한다"고 하였다. ○『상위록』 상이 다른 집에서 났으면 지방으로 행사한다. 제사가 끝나면 지방을 불사른다. 종자는 반드시 와서 주관해야 하는데, 만약 일이 있으면 종자가 족인(族人)에게 명하여 대행하게 한다.

詣祠堂 奉神主 出就位.

【按】家禮云 奉主置于座, 此卽行祭于廟中之禮也. 今廟窄 行于他所 故改以出 就位.

主人以下 詣祠堂 開門參拜 跪香案前 焚香俯伏. 祝讀告詞 訖 奉所祔之主而行. 主人以下 從之 奉安于椅上. ○若異居支子之喪 則宗子前期一日 因晨謁爲告于祖 而設虛位 用紙牓以祭.陳氏曰 設虛位 則當先降 而後參. ○【喪威錄】喪在異宮 紙牓行事. 祭訖 焚之. 宗子 必來 主之 若有故 則以宗子命族人 代行.

---

35) 진씨(陳氏): 원나라 때 학자 진호(陳澔).『예기집설(禮記集說)』을 지었다.

고사(告祠)

증손◉ 개제(改題)하기 전에는 감히 '효(孝)'라고 일컫지 않는다. **모는 이제 선고(先考) 모관부군**◉ 모상(母喪)에는 '선비(先妣) 모봉모관모씨'라고 한다. 여러 친척들은 호칭에 따라 한다.**을 제부(隮祔)하면서 현증조고 모관부군**◉ 모상(母喪)에는 증조(曾祖)의 신주에 청하지 않는다. ○승중(承重)한 조부에게는 고조고(高祖考)를 청한다. ○여러 친족들은 호칭에 따라 한다.**과 현증조비 모봉모관모씨에게 일이 있어 감히 신주가 정침**◉ 혹은 청사(廳事)라 한다. ○만약 상주가 종자(宗子)가 아니면, 종자의 호칭대로 따른다.**으로 나가시기를 청하나이다.**◉ 부상(父喪)에는 증조비(曾祖妣)를 청하지 않는다. ○승중한 조비(祖妣)에게는 고조비(高祖妣)라고 한다.

曾孫未改題前 不敢稱孝. 某 今以先考 某官府君母喪云 先妣某封某貫某氏. 諸親隨稱. 隮祔 有事于顯曾祖考 某官府君母喪 不請曾祖主. ○承重祖父 請高祖考. ○諸親隨稱. 顯曾祖妣 某封某貫某氏 敢請父喪不請曾祖妣. ○承重祖妣云高祖妣. 神主出就正寢.或廳事. ○若喪主非宗子 隨宗子所稱.

【성재안설】『가례』에 신주를 내어올 때의 고사[出主告詞]가 없는 것은 대개 사당에서 행하는 의식이기 때문이다. 만약 청사에서 행한다면 고사를 사용해야 한다. 그러므로 『의절』에는 "꿇어 앉아 고하기를 '신주가 아무 곳으로 나가시기를 청합니다'라고 한다" 하였는데, 너무 소홀한 것 같아서 이제 참작하여 위와 같이 법식을 만든다.

> 【성재안설】『가례』에는 사당 안에서 제사를 행한다. 그러므로 신주를 꺼낼 때 분향하는 절차가 없다. 만약 다른 곳으로 신주를 내어간다면, 고사(告詞)할 때의 분향은 평소의 제사 때와 같이 해야 할 것이다. ○『유편』부제(祔祭)를 행할 때 사당에 먼저 고한다고 분명히 말하지는 않았지만, 반드시 고하지 않아야 할 이유도 없다. 신주를 받들고 제사를 행할 때에만 모른 채 할 수 있겠는가? 만약 고하여야 한다면 반드

시 분향에 앞서 혼령에게 알려야 할 것이다. 그러니 부제에는 먼저 참신(參神)하는 것이 마땅하다.

【성재안설】『가례』 부장(祔章) '진기(陳器)'조의 〈주〉에 "사당에 진설하고, 사당이 좁으면 청사에 편한 대로 진설한다" 하였다. 또 '신주를 받들어 내어와서 둔다[奉神主出置]'조의 〈주〉에 "신좌(神座)에 놓는다. 만약 다른 장소에 있다면, 서쪽 층계의 탁자 위에 놓은 뒤에 독(櫝)을 연다"고 하였는데, 여기서 서쪽 층계는 필시 정침의 서쪽 층계이다. 그런즉 신주를 내는 고사가 없는 것으로 보면, 사당 안에서 행하는 예이고, 참신을 강신보다 먼저 하는 것으로 보면 다른 장소에서 행하는 예이다. 이는 호문(互文)[36]으로 혹은 사당에서 혹은 정침에서 한다는 뜻을 나타낸 것이다. 대개 신주를 내는 고사와 참신의 유무는 모두 의의가 있는데, 부장(祔章)을 대충 보면 쉽사리 의심할 사단이 있으므로 특별히 드러낸 것이다.

○【성재안설】 또 『구의』에는 "다른 장소에서 행하면 꿇어앉아 고하기를 '신주가 아무 곳으로 나가시기를 청합니다'라고 한다" 하였고, 그 아래에 또 "서쪽 층계 위에서 독(櫝)을 열고 '신주가 자리로 가시기를 청합니다'라고 한다" 하였는데, 이것은 지어낸 것이다. 신주를 내면서 고하는 것은 옳지만, 서쪽 계단에서 함부로 고하는 것은 어디에 근거한 것인지 모르겠다. 근세의 한 예학자도 "신주를 내어오는 고사는 마땅하지만, 사당 안에서 행할 때도 또한 '아무 곳으로 나가십시다[出就]' 라고 하는 것은 『가례』에 이른바 '신위에 내려와 계신다[降居]'는 조문과는 어긋남이 있

---

36) 호문(互文): 같은 개념을 가진 두 가지 단어가 있을 때 그 개념을 설명하기 위해 단어를 서로 바꾸어 설명하는 문장.

으니, 왜냐?” 하였다. 송나라 때는 사당 감실(龕室) 앞에 별도로 신좌(神座)를 설치하여 제사지낼 때 신주 몸체를 내어 신좌에 두 었으므로 ‘신위에 내려와 계신다’고 하였던 것이다. ‘내려와 계심 [降居]’은 ‘나가서 가심[出就]’과는 말과 뜻이 다르니, 다른 장소 에서 제사를 행하여야 ‘나가서 가심[出就]’이라 할 것이다.

按 家禮 無出主告詞 蓋行之於祠堂之儀也. 若行於廳事 則當用 告詞. 故儀節云 跪告曰 請主詣某所 似涉忽略 今參酌爲式如右.

【按】家禮 則行祀於廟中. 故出主時 無焚香之節. 若出主於他所 則告 詞時 焚香 恐當如常祭. ○【類編】祔祭 雖不明言廟中先告 必無不告之 理. 奉主行祭之時 獨可昧然而已乎. 如告 則必先已焚香 報魂矣. 然則 祔之先參 宜矣.

按 家禮 祔章 陳器條註曰 陳於祠堂 堂狹 卽於廳事 隨便設. 又 奉神主出置條註曰 置于座. 若在他所 則置于西階卓上 然後啓 櫝 此西階 必是正寢之西階也. 然則以其無出主告詞而觀 則行 於廟中之禮也 以其參神之先於降神而觀 則行於他所之禮也. 此 互文 以見或廟或正寢之義也. 盖出主告詞 及參神之有無 俱有 義意 而泛看祔章 則易致疑端 故特著之.
○又按 丘義云 若行于他所 則跪告曰 請主詣某所, 其下又云 西 階上啓櫝 請主就位, 此是創出也. 出主之告 可也 而西階之瀆告 未知何据也. 近世一禮家 亦有出主告詞 則宜矣 而其行於廟中 時 亦曰出就者 有違於家禮所云降居神位之文 何也. 宋時 祠堂 龕前 別設神座 祭時 出主身 置于座 故云降居神位. 降居與出就 語意不同 則行祭於他所 然後方稱出就也.

지자가 다른 곳에 살 때 종자의 고사[支子異居宗子告詞]

손(孫) 모관 모는 예법에 따라 마땅히 현모친 모관부군에게● 무릇 속칭은 아울러 개제(改題)한 것에 따른다. 제부(隮祔)해야 하나, 사는 곳이 집을 달리하기에 조묘(祖廟)에서 제사지낼 수 없어, 장차 모일에 삼가 지방(紙榜)을 사용하여 그 집에서 거행해야겠기에 감히 고하나이다.

孫某官某 禮當隮祔于顯某親某官府君凡屬稱並 隨改. 而所居異宮 不得祭於祖廟 將以某日 謹用紙榜 祗薦于其家 敢告.

지방(紙榜)

【『유설』】 지방을 사용하여 제사지낼 때는 『가례』의 시조에 대한 제사의 예에 의거하여, 강신(降神)하기 전에 고하기를 "이제 운운 존령께서 신위에 내려와 계시기를 감히 청하나이다"라고 하는 것이 마땅하다.

종이를 길이 1자 2치, 폭 4치로 하여 앞면에 '현모조고모관부군신위'라고 쓰고 내상(內喪)에는 '현모조비모봉모관모씨신위'라고 써서 판에 붙이고 교의(交椅) 위에 기댄다.

오늘날은 황단(皇壇)[37]의 제향에도 축과 지방을 판에 붙인다.

【類說】 紙榜祭 當依家禮祭始祖之禮 降神之前 告曰 今以 云云 敢請 尊靈降居神位.

紙長一尺二寸 廣四寸 前面書顯某祖考某官府君神位 內喪則書顯某祖妣某封某貫某氏神位 粘於版 倚於椅上.

今皇壇享祝紙榜亦粘於版.

---

37) 황단(皇壇): 조선후기 명(明)나라 황실의 신위를 모시고 제사를 올렸던 단.

5-6. 영좌(靈座)로 가서 새 신주를 받들고 나와 자리로 간다.

> 『가례』에는 "새 신주를 받들고 사당에 들어간다"고 하였는데, 이는 사당 안에서 제사를 행하는 예이다.

주인 이하의 사람들은 돌아와 영좌(靈座) 앞으로 가서 곡을 한다. 축이 신주를 받들고 가면, 주인 이하의 사람들은 곡을 하면서 따라가고, 청사(廳事)에 이르면 곡을 그친다. 축이 신주를 받들어 교의 위에 안치하고 독(櫝)을 여는 절차는 의식대로 한다. ○ 만약 상주가 종자가 아니면, 오직 상주와 주부 이하의 사람들만 가서 맞이한다.

> 【성재안설】『유편』에 "『가례』에서 부제(祔祭) 때 신주를 내어오는 고사가 없는 것은 담제 때에 고사가 없는 것과 그 사례가 같다. 『의절』을 따라서는 안 된다. 『의절』에는 '사당에 간다'고 했다" 하였다. 내 생각에는 대상(大祥) 후에 사당에 들어가더라도 여전히 부위(祔位)에 있기 때문에 담제에도 여전히 고사가 없는 것이다. 하물며 3년상 안에 행하는 부제에서랴!

詣靈座. 奉新主出 就位.

> 【家禮】云 奉新主 入于祠堂, 此行祭廟中之禮也.

主人以下 還詣靈座前 哭. 祝奉主行 主人以下 哭從 至廳事 止哭. 祝奉主 安于椅上 啓櫝如儀. ○若喪主非宗子 則惟喪主主婦以下 往迎.

> 【按】類編曰 家禮 祔祭無出主告辭 禫祭之無告詞 其例同也. 儀節不可從. 儀節云 詣祠堂. 愚意 大祥後 雖已入廟 尙在祔位 故禫祭猶無告詞. 況三年內之祔祭乎.

5-7. 차례대로 선다. 『가례』

종자(宗子)가 스스로 상주가 되면 우제의 의식처럼 차례를 지어
선다. 만약 상주가 종자가 아니면, 종자와 종부(宗婦)가 양쪽 층
계 아래에 나누어 서되, 상주는 종자의 우측에 서고 상주의 부인
은 종부의 좌측에 서며, 나이가 많으면 앞에 서고 어리면 뒤에
선다. 나머지는 우제의 의식과 같다.

序立. 家禮

> 宗子自爲主 則序立如虞祭之儀 若喪主非宗子 則宗子宗婦 分立
> 兩階之下 喪主在宗子之右 喪主婦在宗婦之左 長則居前 少則居
> 後 餘如虞祭之儀.

5-8. 참신(參神).『가례』

자리에 있는 사람들은 모두 두 번 절하여 조고와 조비에게 참신
한다.

> 【성재안설】'조고와 조비에게 참신한다'고만 한 것은 새로 상을 당한
> 신주에게는 참신을 행하지 않기 때문이다.

在位者 皆再拜 參祖考妣.

> 【按】只云參祖考妣 則於新喪之神主不行參也.

5-9. 강신(降神).『가례』

모두 졸곡과 같다. ○상주가 종자가 아니면, 종자가 행한다.

並同卒哭. ○若喪主非宗子 則宗子行之.

5-10. 축이 찬(饌)을 올린다. 『가례』

모두 우제와 같다.

【성재안설】 우제의 찬은 축이 올린다. ○먼저 존위(尊位)에 올리고 다음에 새 신위에 올린다.

祝進饌. 家禮

並同虞祭.

【按】虞祭之饌 祝進之. ○先進於尊位 次進於新位.

5-11. 초헌(初獻). 『가례』

졸곡과 같다. 다만 잔을 따라 먼저 존위에 올린다. 축문을 읽고 ◉축이 주인의 왼쪽에 꿇어앉아 동향하여 읽는다. 주인이 두 번 절하고, 다음으로 새 신위에 가서 또한 꼭 같이 한다. 모두 곡은 하지 않는다. ○만약 상주가 종자가 아니면, 종자가 행한다. 만약 죽은 사람이 종자보다 항렬이 낮거나 어리면, 절은 하지 않는다.

同卒哭. 但酌獻 先詣尊位. 讀祝祝跪主人之左 東向讀. 主人再拜 次詣新位 亦如之. 皆不哭. ○若喪主非宗子 則宗子行之. 若亡者 於宗子卑幼 則不拜.

조고위축문(祖考位祝文)

만약 상주가 종자가 아니면 종자의 속칭(屬稱)을 따른다. ○다른 여러 친족은 처지에 따라 고치며, 낮고 어린 자에게는 '부군(府君)'이라고 칭하지 않는다.

유년 월삭 일자는 앞의 졸곡 축판과 같다. 다만 "증손 모는 삼가 맑은 술과 음식을 갖추어 현증조고모관부군에게 그 손자 모관을 제부(隮祔)하오니◉ 내상(內喪)이면 "현증조비모봉모관모씨에게 그 손부 모봉모관모씨를 제부하오니"라고 한다. **부디 흠향하소서"라고 한다.**

【통전】"주나라 제도에는 졸곡 뒤 부제를 할 때 '효자 모의 효현상(孝顯相)은 아침 일찍부터 저녁까지 조심하며 두려운 마음으로 몸을 게을리 않고 편치 못하여, 포를 사용하고 좋은 제수와 형갱(鉶羹)[38]을 갖추고 술을 걸러 그 황조(皇祖) 모보(某甫)에게 가서 그 손자 모보를 제부(隮祔)하오니 부디 흠향하소서'라고 하였다." ○윤제(尹祭)는 포(脯)이고, 보천(普薦)은 형갱(鉶羹)이다.

若喪主非宗子 則隨宗子屬稱. ○諸親隋改 卑幼不稱府君.

維年月朔日子 同前卒哭祝版. 但云 曾孫某 謹以淸酌庶羞 適于顯曾祖考某官府君 隮祔孫某官內喪則云 顯曾祖妣某封某貫某氏 隮祔孫婦 某封某貫某氏. 尙饗.

【通典】曰 周制 卒哭而祔曰 孝子某孝顯相 夙興夜處 小心畏忌 不惰其身 不寧 用尹祭嘉薦普淖普薦溲酒 適爾皇祖某甫 以隮祔爾孫某甫 尙饗. ○尹祭 脯也 普薦 鉶羹也.

고위축문(考位祝文)

일자 이상은 앞과 같다. "**효자 모**◉【성재안설】「사우례」〈기〉에는 부제를 할 때 '효자(孝子)'라 한다고 하였으나, 『유편』에는 "『의례』와 『가례』에는 부제를 한 이후로부터 '효자'라고 일컫는다" 하였으니, 사계(沙溪)의 설이 옳다. ○「잡기」의 "제사에 효자나 효손이라 한다"는 구절의 〈주〉에 "졸곡 이후의 제사"라고 하였다. **는 삼가 맑은 술과 음식을 갖추어 현고모관부군**◉ 모상(母喪)에는 "모봉모관모씨"라고 한다. ○승중(承重)한 이

---

38) 형갱(鉶羹): 형(鉶)에 오미를 갖추어 끓인 국.

와 다른 여러 친척은 처지에 따라 고친다. 을 현증조고모관부군◉ 모상(母喪)에는 "현
증조비 모봉모관모씨"라 하고, 다른 여러 친족은 처지에 따라 고친다. 에게 가서 부(祔)
하는 일을 슬픈 마음으로 올리오니 부디 흠향하소서."

日子以上同前. 孝子某【按】士虞記 祔曰孝子 而類編曰 儀禮及家禮 自祔以後 稱孝
子 沙溪說 是也. ○雜記 祭稱孝子孝孫 註 卒哭以後之祭. 謹以淸酌庶羞 哀薦祔事
于顯考某官府君母喪云 某封某貫某氏. ○承重及諸親 隨改. 適于顯曾祖考某
官府君母喪云 顯曾祖妣某封某貫某氏 諸親隨改. 尙饗.

5-12. 아헌·종헌. 『가례』

종자 자신이 상주이면 주부(主婦)가 아헌을 하고, 친빈(親賓)이
종헌을 한다. 상주가 종자가 아니면 상주가 아헌을 하고, 주부가
종헌을 한다. 모두 졸곡 및 초헌 의식과 같으나, 다만 독축(讀祝)
은 하지 않는다.

亞獻終獻. 家禮
  宗子自爲喪主 則主婦爲亞獻 親賓爲終獻. 若喪主非宗子 則喪
  主爲亞獻 主婦爲終獻. 並同卒哭及初獻儀 惟不讀祝.

5-13. 유식·합문·계문·사신. 『가례』

모두 졸곡과 같으나, 다만 곡은 하지 않는다.
侑食闔門啓門辭神. 家禮
  並同卒哭 但不哭.

5-14. 축이 신주를 받들고 각각 이전에 있던 곳으로 돌아간다. 『가례』

【「사우례」 <기> 주】 무릇 부제(祔祭)가 끝나면 정침(正寢)으로 돌아간다. ○양씨는 "부제를 지낸 뒤에 신주를 정침으로 되돌려간다는 것은 신주를 받들고 각기 이전에 있던 곳으로 돌아간다는 것을 말함이다" 하였다.

축이 먼저 조고비(祖考妣)의 신주를 감실 안에 들여서 갑 안에 넣는다. 그 다음 망자(亡者)의 신주를 서쪽 층계의 탁자 위에 놓고 갑에 넣은 다음, 이를 받들어 영좌로 돌아온다. 문을 나오면 주인 이하의 사람들은 올 때의 의식과 같이 곡을 하며 따르고, 슬픔을 다하여 곡하고 그친다. 만약 상주가 종자가 아니면 곡을 하면서 먼저 가고, 종자도 또한 곡을 하면서 신주를 보낸다. 만약 다른 장소에서 제사를 지내면 조고비의 신주 또한 새 신주처럼 들인다.

祝奉主 各還故處. 家禮

【士虞 記註】凡祔已 復于寢. ○楊氏曰 旣祔之後 主復于寢 所謂奉主 各還故處也.

祝先納祖考妣神主于龕中 匣之 次納亡者神主 西階卓子上 匣之 奉之反于靈座. 出門 主人以下 哭從如來儀 盡哀止. 若喪主非宗子 則哭而先行 宗子 亦哭送之. 若祭於他所 則祖考妣之主 亦如新主納之.

6. 우·부변의(虞祔辨疑)

6-1. 한꺼번에 상이 나면 우제(虞祭)와 부제(祔祭)는 무거운 것을 먼저 하고 가벼운 것을 뒤에 한다.

나머지는 위에 보인다. ○【「잡기」】 같은 집[同宮]에서 상이 나면 비록 신첩(臣妾)이라 하더라도 장사지낸 뒤에 제사를 지낸다. <소> 유씨(庚氏)는 "소상(小祥)의 제사는 이미 길(吉)한 것과 관계되는데, 시구(尸柩)는 지극히 흉하므로 서로 간여할 수 없다. 그러나 우제와 부제는 행할 수 있다" 하였다. ○『통전』 부모가 같은 날 죽으면, 그 우제와 부제는 아버지를 먼저 행하고 어머니를 뒤에 행한다. ○고씨(高氏)는 "만약 고(考)와 비(妣)를 동시에 부(祔)하면 조고와 조비의 신위를 함께 차린다"고 하였다.

偕喪 虞祔先重後輕.

餘見上. ○【雜記】 同宮之喪 雖臣妾 葬而後祭. 疏 庚氏云 小祥之祭 已涉於吉 尸柩至凶 故不可以相干 其虞祔 則得爲之矣. ○【通典】 父母同日卒 其虞祔 先父後母. ○高氏曰 若考妣同祔 則並設祖考妣位.

【성재안설】 예법에는 한꺼번에 상이 나면 우제와 부제는 중한 것을 먼저 하고 가벼운 것을 뒤에 한다. 그래서 고씨는 "고와 비를 동시에 부(祔)하면 조고와 조비의 신위를 함께 차린다"고 하였다. 그런데 이는 혹 함께 나란히 차리더라도 선후의 구별이 있는 것일까? 그렇다면 고(考)와 비(妣)를 각기 차려야 합당할 것인가? 퇴계는 "같은 날 합장(合葬)하였으면, 우제를 다른 날 행할 필요가 없다"고 하였다. 명재(明齋)[39]는 "아버지의 우제와 부제를 마친 뒤에 어머니의 우제와 부제를 행한다면, 이것은 어머니를 장사지낸 지 6일 만에 우제를 하는 것이니, 참으로 너무 먼 듯하다. <소>의 설을 따른다면 먼저 아버지의 우제를 행하고 뒤에 어머니의 우제를 행하며, 졸곡과 부제 모두 아버지를 먼저 행

---

39) 명재(明齋): 조선후기 문신 윤증(尹拯, 1629~1714)의 호. 자는 자인(子仁), 시호는 문성(文成). 본관은 파평(坡平).

하고 어머니를 뒤에 행하는 것이 합당하다. 「상복소기」에 '우부(虞祔)'라고 한 것은 단지 문자를 연이어 말한 것일 뿐이니, 크게 구애될 필요는 없다" 하였다. 이 몇 가지 설을 살펴보면, 동시에 장사지낸 자의 우제와 부제의 선후 절차를 알 수 있다.

> 남계(南溪)는 "경전에서 부제(祔祭)를 아울러 거론한 것은, 반드시 아버지의 우제와 부제를 마친 다음에 비로소 어머니의 우제와 부제를 행해야 한다는 것이 아니다. 수십 일 뒤에 어머니의 초우를 행하는 것은 전혀 신을 안정시키는 본뜻이 아니다" 하였다. ○남당(南塘)[40]은 "하루 안에 먼저 아버지의 우제를 행하고, 뒤에 어머니의 우제를 행하여야지, 아버지의 우제나 부제가 끝나기를 기다려서 그 뒤에 어머니의 제사를 지내는 것은 불가하다"고 하였다.

按 禮偕喪 虞祔先重後輕. 而高氏則曰 考妣同祔 則並設祖考妣位. 此或並設 而有先後之別耶. 然則考妣恐當各設耶. 退溪曰 同日合葬 則虞不必異日. 明齋曰 畢父虞祔而後 行母虞祔 則是母葬六日而虞也 誠似太遠. 若從疏說 先虞父而後虞母 卒哭及祔 皆先父後母爲當. 小記所謂虞祔者 只是文字之聯言者 不必大拘. 觀此數說 則同時而葬者 虞祔先後之禮 可知也.

> 南溪曰 經之並擧祔祭者 非必待父虞祔畢後 始行母之虞祔 行母初虞於幾旬之後 殊非安神之本意. ○南塘曰 一日之內先虞父 而後虞母不可待父之虞祔畢 然後方祭母也

6-2. 한꺼번에 상이 났을 때의 우제(虞祭)와 부제(祔祭)에는 각기 그 해당하는 복을 입는다.

【「상복소기」】 <주> 우제와 부제는 각각 그 복으로 한다.

---

40) 남당(南塘): 조선후기 학자 한원진(韓元震, 1682~1751)의 호.

偕喪 虞祔各服其服.

【小記】註 虞祔各以其服.

6-3. 부제(祔祭)가 조상의 기일(忌日)과 상치(相値)되면 부제와 조상 기제(忌祭)를 겸하여 행한다.

【성재안설】부제가 부(祔)해야 할 조고비(祖考妣)의 기일(忌日)과 상치되면, 졸곡 다음날의 예(禮)를 당길 수도 물릴 수도 없고, 조고비의 죽은 날을 당길 수도 물릴 수도 없다. 부제의 축문 말미에다 말을 넣어 행하는 것이◉ "이제 휘일(諱辰)을 당하여 더욱 사모의 정감을 더하오니"라는 말을 넣는다. 예문에는 없는 예가 될 듯하다.

【성재안설】또 간혹 기제(忌祭)를 먼저 행하고 부제(祔祭)를 물려서 행한다고 하는 사람도 있으나, 아마 그렇지 않은 듯하다. 고례(古禮)에는 상을 당한 3년 동안 제사를 지내지 않는데, 하물며 부제 전에 무슨 겨를이 있어 다른 제사를 지내겠는가? 이때는 부제(祔祭)가 기제(忌祭)보다 무겁다.

祔祭 與祖忌 相値 兼行祔忌.
按 祔祭 與當祔之祖考妣忌日 相値 則卒哭明日之禮 不可進退也 祖考妣之死日 不可進退也. 恐當於祔祭祝末 措辭行之^{今當諱辰益增感慕.} 似爲無於禮之禮.

又【按】或有言 忌祭先行 祔祭退行者 恐不然. 古禮 則喪三年不祭 況 祔祭之前 何暇他祀乎. 此時 祔重於忌.

6-4. 부제를 하기 전에는 조선(祖先)의 기제(忌祭)라 해도 행할 수 없다.

【성재안설】예법에는 부모의 상에 장차 제사를 행하려 하는데, 같은 집에 상이 있으면 석 달 동안 제사를 거행하지 않는다. 연제(練祭)와 상제(祥祭)는 상제(喪祭)인데도 오히려 행하지 않는 것이니, 기제(忌祭)가 비록 상(喪)의 뒤끝이기는 하지만 어찌 부제(祔祭)를 하기 전에 행할 수 있겠는가? 대개 우제(虞祭)와 부제(祔祭)는 장사(葬事)를 마치고 지내는 제사이니, 아직 우제와 부제를 행하지 않았다면 장사를 마쳤다고 할 수 없는 것이다. 정으로는 비록 미안하지만 예는 어길 수 없다. 『문해속』에 이른바 "부제를 행하는 날에 기제를 진설하여 행한다"는 것은 어떨지 모르겠다. 혹 먼저 부제를 행한 뒤에 기제를 행한다면 해가 없을까? 감히 억지로 말하지 못하겠다.

祔祭之前　雖祖先忌祭　亦不可行

按　禮　父母之喪　將祭　而有同宮之喪　則三月不擧祭. 練祥喪祭也
而猶不行　則忌雖喪餘　豈可行之於未祔之前乎. 盖虞祔是葬畢之
祭也　未虞祔　則不可謂葬禮畢也. 情雖未安　禮不可違也. 問解續
所云　設行忌祭於祔日者　恐未知如何也. 或先行祔　而後行忌　則
無害耶. 不敢梗說.

6-5. 붕우는 우제(虞祭)와 부제(祔祭)로써 그친다. 「상복소기」

【성재안설】「상복소기」에 "대공복을 입는 사람은 그 집 주인이 3년복의 상을 당하면 반드시 그를 위해 두 번 제사를 지내고, 붕우는 우제와 부제로 그친다" 하였고, 그 <소>에 "죽은 사람에게 처자가 있는데 자식이 어리기 때문에 붕우가 죽은 이를 위해 우제와 부제를 행하는 것이다" 하였다. 후세 사람들은 이것을 붕우

가 제사를 주관한다는 뜻으로 생각하는 이가 많으나, 아마 경(經)의 본뜻이 아닌 듯하다. 대개 예에 이른바 "이윤(里尹)이 주관하거나 붕우의 경우는 우제와 부제로서 그친다"고 말한 부류는 필시 밖에서 일을 주관하는 것일 따름이지, 사당에 들어가서 제사를 주관하고 축문과 고사를 모두 제 이름으로 한다는 것은 아니다. 그런즉 '붕우는 우제와 부제로서 그친다'고 한 것은, 그 우제와 부제의 일이 끝나는 것을 보고 돌아간다는 것을 이른 것일 뿐이다. 또 깨뜨릴 수 있는 한 마디 말이 있으니, 이미 자식이 있다면 비록 어리더라도 그 자식의 이름으로 주관해야 마땅한데, 어찌 붕우가 마음대로 행할 수 있는 것이겠는가? 예에 이른바 "귀신은 동류가 아닌 자에게는 흠향받지 않는다"는 것은 진실로 참된 이치이니, 전경(田瓊)이 말한 바 "붕우는 은정(恩情)이 오래되어 굳이 안정시킴이 마땅하다"고 한 것은 그릇된 듯하다. 「사상견례」 <주>에 "『정목록』에 이르기를 「잡기」의 회장례(會葬禮)에, 서로 만나본 이는 반곡(反哭)을 하고 돌아가고 붕우는 우제와 부제를 지내고 물러간다고 했다' 하였으니, 대개 은정의 두텁고 엷음에 따라서 물러남에 더디고 빠름이 있다"고 하였다. 이 또한 다만 그 물러감이 더디고 빠름만을 말한 것일 뿐이다.

　【『통전』】 위(魏)나라 유덕(劉德)은 "붕우는 우제와 부제로서 그치는데, 여기서는 상주가 어리므로 우제와 부제를 행한다고 하였다. 만약 전혀 상주가 될 만한 족인이 없으면, 귀신은 동류가 아닌 자에게 흠향하지 않는 법인데, 우제와 부제를 해야 합당할까?" 하였다.

朋友虞祔而已. 小記

　按 小記 大功者 主人之喪有三年者 則必爲之再祭 朋友虞祔而已, 疏 死者有妻子 子幼 故朋友爲之虞祔也. 後人多以爲朋友主

祭之義 則恐非經旨也. 盖禮所謂里尹主之 朋友虞祔而已之類
必是主事於外而已 非入廟主祭 而祝文告詞 皆以其名爲之也.
然則朋友虞祔而已云者 視其虞祔之事畢而歸云爾也. 又有一言
可破者 旣有子 則雖幼 當以其子之名 主之 豈朋友之所可專者
乎. 禮所云神不歆非類者 固爲實理 而田瓊所言 朋友恩舊 固當
安之者 似謬矣. 士相見禮註曰 鄭目錄云 雜記會葬禮曰 相見也
反哭而退 朋友虞祔而退 蓋以恩之厚薄而退有遲速. 此亦但言其
退之遲速而已也.

【通典】魏劉德曰 朋友虞祔而已 此謂主幼而爲虞祔也. 若都無主族 神
不歆非類 當爲虞祔否.

6-6. 서자부(庶子婦)의 부제(祔祭)도 또한 시아버지가 주관한다.

【성재안설】「상복소기」에 "부(祔)는 그 시아버지가 주관하고, 우제와
졸곡은 그 남편이나 아들이 주관한다. 만약 장자(長子)라면 우제와 졸
곡도 시아버지가 주관함이 마땅하니, 부제만 주관하는 것은 아니다"
하였다. 이는 필시 서자부이므로 부제만 주관할 따름이다.

庶子婦之祔 亦舅主之.

【按】小記 祔則其舅主之 虞卒哭 其夫若子主之. 若長子 則虞卒哭 舅
當主之 非但祔也. 此必是庶子婦 故主其祔而已.

7. 중간 한 대 이상으로 부한다는 의미〔祔中一以上義〕

조부(祖父)에게 부(祔)하는 것은 경례(經禮)이고, 한 대를 걸러

고조(高祖)에게 부(祔)하는 것은 변례(變禮)이다. 변례로 부(祔)함에는 네 가지 의의가 있다. 손자는 마땅히 조부에게 부해야 하나, 조부가 아직 살아 계시면 부할 곳이 없으므로 고조에게 부하는 것이 첫 번째이다.● 손부(孫婦)는 조고(祖姑)가 살아 계시면 또한 고조비(高祖妣)에게 부해야 한다. 손자가 사(士)이고 할아버지가 대부(大夫)면 귀천이 같지 않으므로 고조에게 부하는 것이 두 번째이다. 며느리는 마땅히 조비(祖妣)에게 부해야 하나, 그 남편에게 부한 비(妣)가 없으면● 옛날에는 출처(出妻)가 있었기에 혹 비(妣)가 없을 수도 있다. 고조비(高祖妣)에게 부하는 것이 세 번째이다. 첩에게 첩조고(妾祖姑)가 없으면 그 소목(昭穆)의 반열에 따라 고조의 첩에게 부하는 것이 네 번째이다. 이 의리는 지극히 정미(精微)하다. 이런 종류가 아니고서 한 대를 걸러 부하는 예는 없다.

祔祖經禮也 間一代而祔於高祖 禮之變也. 變而祔有四義焉. 孫當祔祖 而祖尙生存 則無可祔 故祔於高祖 一也.^{孫婦之於祖姑生存 亦當祔於高祖妣.} 孫爲士 祖爲大夫 則貴賤不等 故祔於高祖 二也. 婦當祔祖妣 而無其夫所祔之妃^{古有出妻 故或無妃.} 則祔於高祖妣 三也. 妾無妾祖姑 則從其昭穆之班 而祔於高祖之妾 四也. 此義 極精微. 非此類也 無間代而祔之禮.

사의(士儀) 권12
- 이척편(易戚篇) 7-

1. 소상(小祥)

【「사우례」 기】 1주기에 소상(小祥)을 지낸다. 【주】 소상은 제사이름이다. 상(祥)은 길(吉)이다. 【소】 13개월에 소상을 지낸다. ○『상복소기」 기년(期年)이 되어 제사하는 것은 예요, 기년이 되어 상을 벗는[除喪] 것은 도리이다. 상을 벗기 위해 제사 지내는 것은 아니다. 【소】 제사는 본디 어버이를 뵈려는 생각을 간직하기 위함이지, 상을 벗기 위해 지내는 것이 아니다. 상을 벗는 것은 본디 천도(天道)가 감쇄되어서이지, 어버이를 생각하는 마음과는 관계가 없다. ○『대대례기』 1주기에 연제(練祭)를 지낸다. ○『잡기」 기년상에는 11개월에 연제를 지낸다.

【士虞記】 期而小祥. 【註】 小祥祭名 祥吉也. 【疏】 十三月小祥. ○【小記】 期而祭禮也 期而除喪道也 祭不爲除喪也. 【疏】 祭自爲存念見親 不爲除喪而設. 除自爲天道減殺 不爲存親. ○【大戴記】 期而練. ○【雜記】 期之喪十一月而練.

연복제도(練服制度) 부: 심상복(附 心喪服)[41]

[연관(練冠)]
조금 가는 마전[42]한 베[練布]를 쓴다. 【「잡기」】 3년상의 연관에도 조촉(條屬)을 한다. 【성재안설】 조촉은 줄 한 가닥을 무(武) 바깥으로 둘러서 영(纓)을 만드는 것이다. 영(纓) 또한 마전한 줄[練繩]을 쓴다. ○재최에는 포영(布纓)을 쓴다.

用稍細練布. ○【雜記】 三年之練冠亦條屬. 【按】條屬 以一條繩 環於武外而爲纓. 纓亦用練繩. ○齊衰布纓.

[두건(頭巾)]
연관(練冠)에 쓰는 베와 같다.

布如練冠.

[연중의(練中衣)]
조금 가는 마전한 베[練布]를 쓰며, 참최복을 입는 자라도 가장자리를 깁는다. ○【성재안설】 고례(古禮)에는 전연(縓緣)[43]이 있었으나 후세에 폐지되었다.

稍細練布雖斬衰者 亦緝邊. ○【按】古禮 雖有縓緣 後世廢止.

[연최상(練衰裳)]
조금 거칠고 누인 베로 만든다. 【「복문」】 3년상에 이미 연제를 지냈으면 공최(功衰)의 복을 입는다. 【주】 아버지를 위하여 연제를 하였으면 최(衰)는 7승이다. 【「잡기」 소】 최(衰)가 대공(大功)과 같은 까닭에 공최(功衰)라 한다. 【「상복」】 '대공장(大功章)' <주>에 "대공포(大功布)는 다듬는 노력이 거친 것"이라 하였다. ○【면재 「연수복도(練受服圖)」】

"가씨(賈氏)의 <소>에 '참최복은 3승이요, 관(冠)은 6승인데, 이미 장사를 치른 후에는 그 관(冠)의 규격으로 수복(受服)하여 최상(衰裳)은 6승이요 관(冠)은 7승이며, 소상 때는 또한 그 관의 규격으로 수복하여 최상은 7승이요, 관은 8승이다' 하였다. 공씨(孔氏)의 <소>에 '소상에 이르러 졸곡 뒤의 관의 규격으로 그 최(衰)를 받는다'고 하였다. 장자(張子)는 '연의(練衣)는 반드시 대공포(大功布)를 손질하여 상복(喪服)을 짓는다. 그러므로 공최(功衰)라고 한다'고 하였다. 횡거(橫渠)의 이 설과 전·기·주·소(傳記註疏)의 설은 동일하다. 중의(中衣)만 누이는 것이 아니라, 또한 공최(功衰)도 누임이다." ○『의절』 소상(小祥)때는 별도의 최복(衰服)이 있다. ○정곤재(鄭困齋)는 "공최(功衰)란 대공포를 다듬어 의복을 만드는 것인데, 이것이 연최(練衰)의 분명한 조문이다" 하였다. ○퇴계는 "정복(正服)은 변경해서는 안 된다는 것은, 예전 최복을 그대로 입고 따로 짓지 아니함을 말함이 아니다" 하였다. ○『비요』 최상(衰裳)을 함께 누인다는 것은 근거가 없지 않다. 만약 새것으로 고쳐 마련할 수 없는 자는 예전 그대로 입어도 된다. ○우복(愚伏)44)은 "연제(練祭)는 큰 절차인데, 유독 옛 상복을 그대로 입는 것은 필시 아닐 것이다. 아마도 『가례』 <주>는 만년(晩年)의 정론이 아닌 듯하다. 서애(西厓)선생도 '별도로 연최(練衰)를 짓는다'는 설이 있었다"고 하였다. ○돈계(遯溪)45)는 "연제 후의 상복의 승수(升數)는 대공과 같기 때문에 공최(功衰)라고 하였으니, 소상에는 별도의 상복이 있음이 분명하다"고 하였다. ○미수(眉叟)46)는 "「간전」의 글에는 비록 연(練)에 대하여 말하지 않았으나 '공최(功衰)는 거칠게 다듬는다'고 했으니, 부인의 연복(練服)도 의심할 것이 없음을 알 수 있다" 하였다. ○성호는 "송나라 때는 별도로 상을 치르는 복(服)이

---

44) 우복(愚伏): 조선중기 학자 정경세(鄭經世 1563~1633)의 호. 자는 경임(景任). 유성룡(柳成龍)의 문인.

45) 돈계(遯溪): 조선중기 학자 허후(許厚 1588~1661)의 호. 또는 관설(觀雪). 자는 중경(重卿). 본관은 양천(陽川). 장현광(張顯光)의 문인이자, 허목(許穆)의 종형이다.

46) 미수(眉叟): 조선중기 문신·학자 허목(許穆 1595~1682)의 호. 자는 문보(文父), 시호는 문정(文正). 저서에 『기언(記言)』, 역사서 『동사(東史)』를 비롯하여 예서(禮書)인 『경례유찬(經禮類纂)』·『방국왕조례(邦國王朝禮)』·『정체전중설(正體傳重說)』 등이 있다.

있어서 최복(衰服)을 변경하지 않아도 되었지만, 지금은 이 예가 없어
졌다. 기년(期年)에 이르면 옷이 너무 심하게 낡아 헤어지니 어찌 바
꾸지 않겠는가?” 하였다. ○【성재안설】 대공포(大功布)는 그 올[縷]은
다듬지 않고, 대략 그 베만 다듬어서 노력이 거칠게 들어가니, 석최(錫
衰)의 매끄러움만 못하기 때문에 대공(大功)이라 하였다. 대개 참최의
상(裳)이 3승인데, 이미 장사를 치른 뒤에는 6승으로 하고, 소상(小祥)
에는 7승이 되는 것은, 점차 줄여가는 큰 변화이다. 그러므로 가공언의
<소>에 “참최의 처음 복은 거칠고, 장사를 치른 뒤와 연제를 지낸 뒤
와 대상에는 점점 가늘어져서 수식을 더하는 것인데, 혹자는 「단궁」의
‘연의(練衣) · 황리(黃裏) · 전연(緣緣)’의 <소>에 ‘정복(正服)은 바꿀
수 없다’는 설로 최상(衰裳)은 다듬지 않는다는 증거를 삼으니, 아마
그렇지 않은 듯하다. 거기서 바꾸어서는 안 된다는 것은, 최상(衰裳)을
바꾸어 전연(緣緣)이나 황리(黃裏)로 하여 중의(中衣)와 같을 수 없음
을 말한 것이지, 졸곡(卒哭)의 6승을 공최의 7승으로 바꾸지 않음을
말하는 것은 아니다. 나는 저으기 공최(功衰)는 다듬는 정도가 추(麤)
와 고(沽)의 중간 정도라고 생각한다. ○사계는 “<소>를 지은 사람들
의 정복은 변할 수 없다는 설은 아마 잘 못 안 것 같다. 예(禮)에 연복
(練服)은 대공포(大功布)로 만들기 때문에 공최(功衰)라 했다.『가례』
에는 대공(大功)에 누인 베[熟布]로 상복을 짓는다고 했으니, 연복(練
服)에는 최상(衰裳)을 아울러 마전하는 것이 마땅할 것 같다”고 하였
다. ○박남계(朴南溪)는 “최상(衰裳)은 마땅히 마전하는 것[練]을 바르
다고 해야 한다”고 하였다. ○도암(陶庵)[47]은 “가례에는 다만 연복(練
服)을 펼쳐 놓는다고만 했지, 어떤 복은 마전하지 아니한다는 글이 없
으니, 최상(衰裳)을 아울러 마전함이 마땅하다”고 하였다.

用稍麤熟布爲之. ○【服問】三年之喪旣練服其功衰.【註】爲父旣練衰
七升.【雜記 疏】衰與大功同故曰功衰.【喪服 大功章 註】大功布者
鍛治之功麤沽之. ○勉齋【練受服圖】云 賈氏疏云 斬衰三升冠六升 旣
葬後以其冠爲受 衰裳六升冠七升 小祥又以其冠爲受. 衰裳七升冠八

---

47) 도암(陶庵): 조선후기 학자 · 문신인 이재(李縡 1680~1746)의 호. 자는 희경(熙卿),
　　시호는 문정(文正). 저서에『주자초절(朱子抄節)』·『사례편람(四禮便覽)』등이 있다.

升.【孔氏 疏】云 至小祥 以卒哭後冠 受其衰. 張子曰 練衣必鍛鍊大功
之布 以爲衣 故言功衰. 据橫渠此說與傳記註疏之說同 非特練中衣 亦
練功衰也. ○【儀節】小祥別有衰. ○鄭困齋曰 功衰者 鍛鍊大功之布以
爲衣 此爲練衰明文. ○退溪曰 正服不可變 非謂仍舊衰 不別制也. ○
【備要】並練衰裳 不爲無據. 若不能改備者 仍舊亦可. ○愚伏曰 練祭
大節 必不當獨仍舊服. 恐家禮註非晚年定論也. 西厓先生 亦有別制練
衰之說. ○遯溪曰 練後衰升數 與大功同 故云功衰 則小祥別有衰明矣.
○眉叟曰 間傳之文 雖不言練 言功衰則鹿沽 可知婦人練服亦無可疑.
○星湖曰 宋時別有居喪之服 則雖不變衰可也 今無此禮. 至恭弊壞已
甚 如之何不變. ○【按】大功之布 不治其縷而略治其布 用功鹿大 不若
錫衰之滑易 故曰大功. 盖斬衰裳三升 旣葬受以六升 小祥又爲七升 則
漸殺之大變也. 故賈疏曰 斬衰初服鹿 葬後練後大祥 漸組加飾 而或者
以檀弓練衣黃裏縓緣之疏 正服不可變之說 爲衰裳不練之證 則恐不然.
彼不可變云者 謂衰裳 則不可以變爲縓緣黃裏如中衣也 非謂不變卒哭
之六升 爲功衰之七升也. 愚竊以爲功衰 則練在鹿沽之中也. ○沙溪曰
疏家正服不可變之說 恐誤. 禮 練以大功布爲之 故謂之功衰. 家禮大功
以熟布爲衣 則練服並練衰裳似宜. ○南溪曰 衰裳當以練爲正. ○陶庵
曰 家禮只云陳練服 而無某服不練之文 並練衰裳得宜.

[부·적·최는 예전대로 하고 제거하지 않는다: 負適衰仍舊不去]
【『가어』】 계강자(季康子)48)가 연복(練服)을 입었는데 최(衰)가 없었
다. 공자는 "최(衰)가 없는 옷으로는 손님을 뵐 수 없는데 왜 제거하였
는가?"라고 하였다. ○【면재 「연수복도」】 "최(衰)는 길이 6촌, 넓이 4
촌이고 공최(功衰) 이상의 상복에 붙인다." ○양복(楊復)이 말하였다.
"『의례』「상복」<기>에 최·부판·벽령의 제도가 매우 상세하게 실려
있다. 다만 빠진 글이 있는데, 최·부판·벽령을 언제 제거해야 하는지
말하지 않았다. 『서의』에 '이미 연제를 지냈으면 남자는 수질·부판·
벽령·최를 벗는다' 하였으므로, 『가례』에는 『서의』에 의거하여 '소상
(小祥)에 수질·부판·최·벽령을 벗는다' 하였다. 다만 예경(禮經)에
는 '이미 연제(練祭)를 지냈으면 남자는 수질을 벗고 부인은 요대를 벗

---

48) 계강자(季康子): 춘추시대 노나라 대부(大夫)인 계손비(季孫肥). 강(康)은 시호이다.

는다' 하였는데, 『가례』에는 성복할 때 부인의 질대(絰帶)에 대한 글이 모두 없다. 이는 소홀히 하여 생략한 것이다. 그러므로 연제를 지낸 후에도 부인의 대(帶)를 벗는 것을 말하지 않았다. 『예경』이 바르다고 해야 마땅할 것이다." ○『문해』】 연제 뒤에 최·부판·벽령을 제거하는 것은 『의례』『예기』『통전』『통해』에는 나타나지 않으니, 옛부터 없애지 않더라도 불가한 것은 아니었다. ○미수는 "『서의』의 '부판·벽령·최를 함께 제거한다'고 한 것은 어디에 근거했는지 알지 못하겠다" 하였다. ○우암은 "연제 뒤에 부판·최·벽령을 제거하는 것은 『의례』『예기』『통전』『통해』에는 보이지 않는데, 『가례』는 어디에 의거했는지 알 수 없다"고 하였다. 성호는 "부판·벽령·최는 가벼운 복에도 반드시 없는 것은 아니니, 연제 뒤에라도 반드시 제거할 필요는 없다"고 하였다. ○【성재안설】 연제를 지낸 뒤에 부판·최·벽령을 제거한다는 설은 최의(崔凱)에게서 시작되어, 『서의』에서 따랐고, 『가례』에서는 『서의』를 따르면서 미처 다듬지 못하였다. <소>에 이른바 '정복(正服)은 변하지 않는다'는 것 또한 이런 점을 가리키니, 부판·벽령·최가 변하지 않는다는 것을 또 알 수 있다. 조복(弔服)은 의최(疑衰)·석최(錫衰)에 모두 3가지 물건이 붙어 있어서 최(衰)라고 이름하였는데, 연제 후의 최(衰) 이름을 공최(功衰)라 하니, 최(衰) 없이 어찌 헛되이 '최'라고 이름을 하겠는가?

【家語】季康子練而無衰. 孔子曰 無衰衣者 不可以見賓 何以除焉. ○勉齋【練受服圖】取衰長六寸 博四寸 著功衰之上. ○楊氏復曰 儀禮喪服記 載衰負版辟領之制甚詳. 但有闕文 不言衰負版辟領何時而除. 書儀云 旣練男子去首絰負版辟領衰 故家禮據書儀云 小祥去首絰負版衰辟領. 但禮經旣練 男子除首絰 婦人除腰帶 家禮於成服時 並無婦人絰帶之文 此爲疏略. 故旣練亦不言婦人除帶 當以禮經爲正. ○【問解】練而去衰負版辟領 不見於儀禮禮記通解通典 從古不去 未爲不可. ○眉叟曰 書儀負版辟領衰 並去之 不知何所據. ○尤庵曰 練而去負版衰辟領 不見於儀禮禮記通典通解 未知家禮何所據. ○星湖曰 負版辟領衰 輕服未必無 則練後不必去. ○【按】練後無負版衰辟領之說 始於崔凱 而書儀因之 家禮因書儀 而未及修潤者也. 【疏】所謂正服不變者 亦指此等處 負版辟領衰之不變 亦可知也. 弔服之疑衰錫衰 皆有三物 故得

名爲衰 練後之衰名曰功衰 則豈無衰而虛名爲衰乎.

[갈질(葛経)]

갈(葛)이 없으면 경(穎)◉모시풀의 한 종류을 써도 된다. 요즘 사람들은
모두 숙마(熟麻)를 쓰는데 이미 풍속이 되었다. ○『단궁』 연제에는
갈로 된 요질(腰経)을 한다. 【소】남자는 수질을 제거하고, 오직 요갈
(腰葛)만 남긴다. ○『상복소기』 남자는 수질(首経)을 게거하고 부인
은 요대(腰帶)를 제거한다. ○『간전』 마(麻)는 제거하고 갈(葛)을
착용하는데, 갈요대(葛腰帶)는 세 겹이다. 【소】네 가닥으로 감는다.
○『비고』 연제(練祭)에는 갈(葛)을 손질하여 요질을 만든다. ○【성
재안설】고례에는 졸곡에 갈(葛)로 바꾸었는데, 『가례(家禮)』부터 수
복(受服)이 없어서 소상에 이르러 비로소 갈로 바꾸었다. 이것이 비록
「단궁」 <소>의 '갈요질(葛腰経) 또한 소상 후에 바꾼다'는 설을 따랐
다고 하지만, 그러나 '또한[亦]'이란 글자의 뜻을 상세히 살펴보면, 졸
곡에 갈로 바꾸고 소상에 또 그것을 따르기 때문에 '또한[亦]'이라고 하
여 나타낸 것이다. ○【성재안설】또 「사상례」의 '흰 신[白履]' <주>에
'흰 갈(葛)을 쓴다' 하였으니, 질(経)에도 껍질 벗긴 갈을 씀이 마땅하
다' 하였다. 『어류』에는 "상복의 갈포는 매우 거칠다" 하였고, 『집설』에
는 "장사지낸 뒤에는 갈삼(葛衫)으로 바꾼다" 하였다. 그런즉 송나라
때부터 장례 후의 상복은 삼베를 바꾸어 갈포로 한 것이다. 갈은 반드
시 껍질을 벗긴 후에 베로 만드니, 갈은 흰 것으로 씀에 의심이 없다.
○면재의 「연수복도」에는 "남자는 수질(首経)을 제거하고 요갈(腰葛)만
남겨두고, 부인은 요대(腰帶)를 제거하고 갈수질(葛首経)을 남긴다" 하
였다. ○성호는 "나는 초상을 당하여 소상 때 갈(葛)로 바꾸었다" 하였
다. ○나머지는 '졸곡수복제도(卒哭受服制度)'49)와 '질대변(経帶辨)'50)
에 보인다.

無葛則用穎[枲屬]可也. 今人皆用熟麻已成俗矣. ○【檀弓】練葛腰経
【疏】男子去首経 惟餘要葛. ○【小記】男子除乎首 婦人除乎帶. ○【間

---

49) 이 책 권11 졸곡변의장(卒哭辨疑章) '졸곡후수복(卒哭後受服)'조 참조
50) 이 책 권18 '상관질대변(喪冠経帶辨)' 참조.

傳】 去麻服葛 葛帶三重 【疏】 四股糾之. ○【備考】 練祭治葛爲要絰. ○【按】 古禮卒哭易葛 自家禮無受 至小祥 始變葛. 此雖從檀弓疏葛要絰 亦小祥後之說 然詳亦字之義 則卒哭變葛而小祥因之 故云亦以著之也. ○又【按】 士喪禮白屨註 用葛亦白 則絰亦當用葛之去皮者也. 語類云 喪服葛布極麤 集說云 葬後換葛衫 然則自宋時葬後服 亦變麻爲葛布矣. 葛必去皮然後爲布 則葛之用白無疑也. ○勉齋【練受服圖】 男子除首絰餘要葛 婦人除要帶 仍葛首絰. ○星湖曰 不肖居喪 至練 用葛易之. ○餘見卒哭受服之制及絰帶辨.

[효대(絞帶)]

【『의례문답』】 마(麻)와 포(布)의 사용이 참최와 재최의 큰 구분이다. ○【『유편』】 경(經)에는 효대(絞帶)를 바꾼다는 글이 없는데, 저 '공(公)과 사(士)와 중신(衆臣)이 포대(布帶)를 한다'는 설을 어찌 증거로 인용할 수 있겠는가? ○【성재안설】「상복」 참최장 <전>에 '참(斬)[51]은 깁지 않는다'고 하였는데, 이는 필시 3년상을 마치도록 변경이 없음이다. 만약 소상 때 최(衰)를 깁고, 또 포대(布帶)로 바꾼다면 재최와 어떻게 구별하겠는가? 공(公)과 사대부 등 신하들의 포대(布帶)는 천자와 제후에게 눌려서 포대로 바꾼 것이다. 그러므로 『가례』에는 '연복을 펼쳐 놓는다'고만 하였고, '효대를 포(布)로 바꾼다'고는 말하지 않았으니, <소>의 설은 이미 주자의 감정을 거쳐 깨어진 것이다. 최영은(崔靈恩)과 두군경(杜君卿)이 말한 바는 모두 경(經)의 본뜻을 잃었다.

【疑禮問答】 用麻布齊斬之大分. ○【類編】 曰 經中無變絞帶之文 彼公士衆臣布帶 何足以援證乎. ○【按】 喪服斬衰傳 斬不緝也 此必終三年無變者也. 若於小祥緝衰 又易以布帶 則與齊衰何別乎. 公士大夫衆臣之布帶 則厭於天子諸侯而變者也. 故家禮陳練服 而不言絞帶變布 則疏說已經朱子之勘破矣. 如崔靈恩杜君卿所云 俱失經義也.

---

51) 참(斬): 베를 베어낸 가장자리를 말한다. 참최의 상복은 베어낸 가장자리를 깁지 아니하고 너덜너덜한 그대로 두기 때문에 '참최'라고 하였다.

[참최복은 3년상을 마칠 때까지 깁지 않는다: 斬衰終三年不緝]

위의(魏顗)는 "참(斬)을 없앤다고 말하지 않았다"고 하였다. 서막(徐邈)은 "참을 기운 것으로 바꾼다는 것은 전혀 분명한 증거가 없다. 예(禮)에 참최 3년이라 했으니, 이는 바뀌지 않는 조문이다" 하였다. 여남(呂柟)은 "연(練)을 하였으면 최(衰)를 어찌 하나? 그 최(衰)는 아직도 참(斬)이고 그 승(升)이 대공이므로 『예기』에 그 공최(功衰)를 입는다고 하였다. 이제 연(練)을 하고 재(齊)52)하는 것은 참최 1년이고, 장사를 치른 뒤에 재(齊)하는 것은 참최 3개월이다" 하였다. ○『유편』 참최는 3년상을 마치도록 변하지 않는다는 것은, 참(斬)을 바꾸어 깁지[緝] 않음을 말함이다. ○남계는 "만약 가장자리를 꿰매어 쓴다면 어찌 참최 3년이 될 수 있겠는가" 하였다. ○【성재안설】 최를 깁는다[緝衰]는 설은 진(晉)나라 위휴영(魏休寧)에서 시작되었으나, 대공의 최(衰)를 연(練)으로 바꾸는 것을 증명하는 데 불과하였다. 그러나 예에 이른바 공최(功衰)는 다만 베의 승수와 다듬는 정도를 말한 것일 따름이지, 참최 3년의 복을 대공 9개월의 복으로 바꾸는 것을 말한 것이 아니다. 우희(虞喜) · 유울지(庾蔚之) · 주속지(周續之)53) · 공영달(孔穎達) 등이 모두 깁는다[緝]고 잘못 말하였는데, 위의(魏顗)와 서막(徐邈)이 바로잡았으니 옳다.

魏顗曰 不言滅斬. ○徐邈云 變斬以緝 都無明證 禮稱斬衰三年 此不易之文. ○呂柟曰 練則奚衰 曰其衰猶斬也 其升大功 故禮曰服其功衰. 今練而齊 是斬衰一年也 葬而齊是斬衰三月也. ○【類編】斬則終三年不變 此謂不變斬爲緝. ○南溪曰 若用緝邊 何得爲斬衰三年耶. ○【按】緝衰之說 始於晉魏休寧而不過以大功之衰 易練爲證. 然禮所云 功衰特言其布之升數 與鍛鍊而已 非謂斬衰三年之服 變爲大功九月之服也. 虞喜庚蔚之周續之孔穎達等 皆謬謂之緝 魏顗徐邈正之是也.

---

52) 재(齊): 베를 베어낸 가장자리를 접어서 바느질하여 가지런하게 만드는 것이다. 재최 이하의 상복은 모두 옷감의 베어낸 가장자리를 가지런하게 깁는다.

53) 주속지(周續之): 남조(南朝) 송나라 사람. 자는 도조(道祖). 오경(五經)과 오위(五緯)에 통달하여 호를 십경(十經)이라 했다. 노자(老子)와 역(易)을 독파하기 위해 여산(廬山)의 승려인 혜원(慧遠)에게 사사했다. 유귀인(劉貴人) · 도연명(陶淵明)과 더불어 삼은(三隱)으로 불렸다. 무제(武帝)가 불법을 행할 때 안악사(安樂寺)에서 세자에게 예를 강론한 뒤 산으로 돌아갔다.

1-1. 일주기가 되면 소상(小祥)을 지낸다. 『가례』

상을 당하여 이 날까지, 윤달은 계산하지 않고 모두 13개월이다. 옛날에는 날을 받아서 제사를 지냈는데, 지금은 당초의 기일(忌日)만 사용한다.

【『통전』】 정현은 "햇수로 헤아리는 데는 비록 윤달이 있더라도 계산하지 않는다"고 하였고, 사자(射慈)는 "3년상과 1주기의 상은 햇수로 헤아려 윤달을 무시하며, 9개월 이하에는 윤달을 계산한다" 하였다.[54] ○ 『개원례』】 3년 및 1주년의 상에는 윤달을 계산하지 않는다. ○윤달에 죽은 자는 소상과 대상과 기일(忌日)을 모두 윤달이 붙은 달을 정식[正]으로 한다. ○장자(張子)는 "기년상 이상은 기년으로 끊는다"고 하였다. ○우복(愚伏)은 "윤달을 헤아림은 서두른다는 혐의를 면치 못한다" 하였다. ○나머지는 기제장(忌祭章)에 보인다.

期而小祥. 家禮

自喪至此不計閏 凡十三月. 古者卜日而祭 今止用初忌.

【通典】鄭玄云 以年數者 雖有閏不數 射慈云 三年周喪 歲數沒閏九月 以下數閏. ○【開元禮】三年及周喪不數閏. ○閏月亡者 祥及忌日 皆以 閏所附之月 爲正. ○張子曰 朞以上以朞斷. ○愚伏曰 數閏未免欲急之 嫌. ○餘見忌祭章.

1-2. 장기(杖期)의 상에는 11개월에 연제(練祭)를 지내는데, 윤달은 계산하지 않고, 날을 잡아 제사를 지낸다.◉【「상복소기」】연제에는 날을 고른다. 13개월 만에 대상을 지내는데, 또한 첫 기일을 사용한다.

상사(喪事)에는 먼 날을 우선한다. 연제에는 먼저 그 달 하순의 정일(丁日)로 잡고, 일이 있으면 중순으로 잡고, 또 일이 있으면 상순으로

---

54) 『통전』 권100, 예60, 연혁60, 흉례22.

하되, 점은 치지 않고 날을 정한다. ○『유편』11개월이 윤달에 해당하면 윤달에 연제를 지내야 하는가? 만약 연제를 지낼 수 없다면 윤달이 11개월 앞에 들더라고 두루 쓰지 않기로 해야 한다. 11개월 이전에 윤달을 쓰지 않는다면 13개월 후에 쓰는 것도 균형을 잃은 듯하니, 담제(禫祭)를 윤달처럼 붙은 달 남은 날에 행할 수 없음이 명백하다. ○ 나머지는 담장(禫章)에 보인다.

【성재안설】『의례』「상복」에 장기(杖期)는 아버지가 살아 계실 때 어머니를 위해서나, 처를 위한 상(喪)이라고 하였다. 대개 장기의 복과 3년의 복은 전혀 등급을 달리하니, 장기(杖期)의 연(練)·상(祥)·담(禫)은 그대로 장기의 연·상·담이지, 3년복의 체(體)를 장기(杖朞)에 붙여 놓은 것은 아니다. 세간에는 혹 3년과 장기(杖期)가 각자 만든 제도임을 분간하지 못하고, 어머니를 위해서나 처를 위하여 입는 장기에는 모두 3년복의 의리가 있다고 대충 말하는데, 아마도 경서(經書)의 뜻은 아닐 것이다. 또 간혹 「잡기」의 '기년상에는 11개월에 연(練), 13개월에 상(祥), 15개월에 담제(禫祭)를 지낸다'는 구절의 <주>에 '아버지가 계실 때 어머니를 위하여'만 말하고 '처를 위하여'는 함께 말하지 아니하였으니, 처를 위한 연제(練祭)는 부당하다고 한다. 이 또한 그렇지 않다. 어머니에 대한 복은 본디 3년인데, 아버지 때문에 굽혀서 장기(杖期)로 내린 것이므로, 특별히 드러내어 밝힌 것이다. 처에 대한 복은 본래 장기(杖期)이니, 드러내어 밝힐 일이 없다. 그래서 나는 장기(杖期)의 연(練)은 3년의 연이 아니라고 말한다.●〈논례편(論禮編)〉에 상세히 보인다. ○「잡기」에, 첩(妾)의 상에 연(練)과 상(祥)은 모두 그 아들이 주관한다.

杖期之喪十一月而練 不計閏 卜日而祭.【小記】練筮日. 十三月則祥

亦用初忌.

喪事先遠日. 練當先卜下旬丁日　有故則卜中旬　又有故則用上旬　不卜
而用. ○【類編】十一月當閏　則亦將練於閏月乎. 如不可練　則閏雖在十
一月之前　均歸不用. 不用於十一月之前　用於十三月之後　恐欠停. 當禫
之不可行於附月餘分之日　明矣. ○餘見禫章.

按　儀禮喪服杖期　父在爲母也妻也. 盖杖期之服與三年之服　截
然異等則　杖期之練祥禫　自是杖期之練祥禫　非三年之體　寓於杖
期也. 世或不辨三年與杖期之各自爲制　泛謂爲母與爲妻杖期　俱
有三年之義　則恐非經旨也. 又或以爲雜記　期之喪　十一月而練
十三月而祥　十五月而禫【註】但言　父在爲母　而不並言爲妻　則
不當爲妻練　此又不然矣. 母服本三年　而爲父所屈降爲杖期　故
特著而明之. 妻服本是杖期　則無事乎著明也. 愚故曰　杖期之練
匪三年之練也.詳見論禮篇. ○雜記妾之喪　練祥皆使其子主之.

1-3. 기일 하루 전에 주인 이하 사람들은 목욕하고, 기구를 펼쳐놓고, 찬(饌)을 마련한다.『가례』

주인은 여러 장부들을 거느리고 물 뿌리고 쓸고 닦고 씻으며, 주
부(主婦)는 여러 부녀들을 거느리고 솥을 씻고 제사의 찬을 마련
한다. 다른 것은 모두 졸곡(卒哭)의 예와 같다.

前期一日　主人以下沐浴　陳器具饌. 家禮

主人率衆丈夫　灑掃滌濯　主婦率衆婦女　滌釜鼎　具祭饌. 他皆如
卒哭之禮.

1-4. 자리를 마련하여 연복(練服)을 진설한다.『가례』

【성재안설】 강복(降服)의 기년복이면 심상(心喪)의 복을 진설함이 마땅하다. ○이미 연복(練服)을 진설한다 하였으니 이는 필시 새로 만들어 진설함이다.

장부(丈夫)와 부인(婦人)은 각각 다른 곳에 장소를 마련하여 그 가운데 연복을 놓아둔다. 남자는 수질(首絰)을 제거하고, 부인은 요질(腰絰)을 제거한다. 기년복을 입어야 할 자는 길복(吉服)으로 바꾸지만, 그래도 그 달 수가 다할 때까지는 금붙이·구슬·수놓은 비단·울긋불긋한 것을 입지 않는다. 오직 처복(妻服)에는 담제 15개월까지 입고 제복(除服)한다. 「옥조」의 '호관(縞冠)·현무(玄武)는 자손의 관'이란 구절의 <주>에 "아버지에게 무거운 상(喪)이 있으면 아들은 순길(純吉)의 복장을 입지 않는다" 하였다.

【『개원례』】 기년복을 입는 자는 모두 제복(除服)하는데, 장부는 소복(素服)에 길관(吉冠), 길구(吉屨)를 하고, 부인은 소복에 길구를 한다. 또 "아버지에게 상(喪)이 있어 제복하지 않았으면 아들은 문채 나는 옷을 입지 않는다"고 하였다. ○【『통전』】 부모에게 무거운 상이 있으면 아들은 순수한 길복[純吉]의 옷을 입지 않는다.[55] ○왕지장(王志長)이 논한 바에도 역시 "호관·현무"라고 했다.

設次陳練服. 家禮

【按】 降服期 當陳心喪服 ○旣陳練服 則此必新製而陳之也.

丈夫婦人 各設次於別所 置練服於其中. 男子去首絰 婦人去腰絰. 應服期者 改吉服 然猶盡其月 不服金珠錦繡紅紫. 惟爲妻服禫十五月而除. ○玉藻 縞冠玄武子姓之冠 註 父有重喪 子不純吉.

---

55) 『통전』 권80, 예40, 연혁40, 흉례2.

【開元禮】服周者皆除之 丈夫素服吉冠屨 婦人素服吉屨. 又曰 父有艱
未除 子不衣文綵. ○【通典】父母有重喪 子不純吉. ○王志長所論亦曰
縞冠玄武.

1-5. 이튿날 날이 밝으면 아침 일찍 일어나 나물, 과실, 술, 반찬을 진설한다.『가례』

모두 졸곡 때와 같다.

厥明夙興 設蔬果酒饌. 家禮
　　並同卒哭.

1-6. 날이 밝을 무렵 축관(祝官)이 신주(神主)를 내오면, 주인 이하는 들어가 곡을 한다.『가례』

모두 졸곡과 같으나, 다만 주인은 문밖에 상장(喪杖)을 기대어 놓고,●침문(寢門) 서쪽 기년복의 친족들과 각기 제 복장을 입고 들어 간다. 만약 이미 복을 벗은 자가 와서 제사에 참여하면, 또한 화 려한 복장은 제거한다. 슬픔을 다하여 곡하고 그친다.

質明 祝出主 主人以下入哭. 家禮
　　皆如卒哭 但主人倚杖於門外寢門西 與期親各服其服而入. 若已除
　　服者來預祭 亦去華盛之服. 哭盡哀止.

1-7. 이에 방에서 나와, 머무는 곳에 가서 복을 갈아입고, 다시 들어와 곡한다.『가례』

축이 곡을 중지시킨다.

乃出就次易服 復入哭. 家禮
　祝止之.

1-8. 강신, 진찬, 삼헌, 유식, 합문, 계문, 사신을 한다.『가례』
모두 졸곡의 의식과 같으나, 다만 축판(祝版)을 조금 고친다.

降神 進饌 三獻 侑食 闔門 啓門 辭神. 家禮
　皆如卒哭之儀 但祝版少改.

축문(祝文)

모두 우제(虞祭)·졸곡(卒哭)의 축문과 같다. 다만 '날과 달이 머물지 않고[日月不居]' 아래 문장을 고쳐서 "문득 소상이 되니, 아침 일찍 일어나서 밤늦도록 거처하면서, 조심하고 두려워하며 제 몸을 게을리 않고, 슬퍼하고 추모하여 편안치 않기에, 삼가 맑은 술과 제수로 슬퍼하며 상사(常事)●【「사우례」 기】 '상사(常事)' 〈주〉 고문에는 상(常)을 상(祥)이라 하였다.를 올리오니, 부디 흠향하옵소서" 한다.

　　나머지는 '우제축(虞祭祝)'에 상세히 보인다.[56]

장기(杖期)의 11개월 연제(練祭)에는 '문득 연제가 되었다' 하고, 13개월 상제(祥祭)에는 '문득 상기가 되었다' 한다.

　성호는 처의 상제[妻祥] 축문(祝文)에 "시일이 머물지 않아 문득 상기(祥期)가 되니, 음식 올리는 일을 중지함이 예에 합당한지라, 비통함을 이길 수 없다" 하였다.

---

56) 이 책 권11 '우제(虞祭)' 참조.

並同虞卒祝. 但日月不居 下改云 奄及小祥 夙興夜處 小心畏忌 不惰其身 哀慕不寧 謹以淸酌 庶羞哀薦 常事【士虞 記】常事 【註】古文常爲祥. 尙饗.

餘詳見虞祭祝.

杖期十一月之練 云奄及練祭 十三月之祥 云奄及祥期.

星湖妻祥祝云 日月不居 奄及祥期 禮合止饋 悲慟難勝.

1-9. 아침저녁으로 하는 곡[朝夕哭]은 그친다. 『가례』

【「상복」 전】 연제를 하였으면 곡을 하도록 정해진 때가 없다. 【소】 소상 뒤에는 조석곡(朝夕哭)이 없고, 오직 여막(廬幕) 가운데서 혹 열흘이나 닷새 만에 부모 생각이 나면 곡을 한다.

오직 초하루와 보름에 복을 벗지 않은 자가 모여서 곡을 한다.
◉【성재안설】 소상에 복을 벗지 않은 자는 강복의 기년복으로 심상(心喪)을 하는 자와 밖에서 상을 듣고 늦게 성복한 자이다. 상을 당한 이래로 친척 중에서 서로 만나지 못한 자가 만나면, 비록 이미 복을 벗었더라도 오히려 슬픔을 다하여 곡을 하고 난 뒤에 절을 한다. ○퇴계는 "아침저녁으로 궤연(几筵)에 문안 인사를 함이 마땅하다"고 하였다.

남계는 "조석에 문안 절을 올린다" 하였고, 성호는 "아침저녁의 문안 절은 혼정신성(昏定晨省)과 같다"고 하였다.

止朝夕哭. 家禮

【喪服 傳】旣練哭無時. 【疏】練後無朝夕哭 惟於廬中 或十日或五日 思憶則哭

惟朔望 未除服者會哭. 【按】小祥而未除服者 降服期而心喪者 及在外聞喪成服晚者 也. 其遭喪以來 親戚之未相見者相見 雖已除服 猶哭盡哀 然後

叙拜. ○退溪曰 晨昏當展拜几筵.

南溪曰 朝夕展拜. ○星湖曰 晨昏展拜如定省.

1-10. 비로소 채소와 과일을 먹는다. 『가례』

【「잡기」】 미음[水漿]과 소금간이 없는 유장(乳漿)을 마신다. 음식을 먹을 수 없으면 소금간을 한 유장(乳漿)을 먹어도 좋다.

낙(酪)은 유장(乳漿)이다.

始食菜果. 家禮

雜記飲水漿無鹽酪 不能食 食鹽酪可.

酪 乳漿也.

2. 연제변의〔練辨疑〕

2-1. 먼저 차면 먼저 벗고, 뒤에 차면 뒤에 벗는다. 『어류』

주자는 “부모상에 형제 중 먼저 기한이 찬 자는 먼저 상복을 벗고, 뒤에 기한이 차는 자는 뒤에 상복을 벗는다. 외국에 있으면서 상(喪)을 듣는 데 선후가 있기 때문이다” 하였다. ○『개원례』 형제가 각각 다른 곳에 살고 있다면, 부모상에 각자가 상(喪)을 들은 날과 달에 의거하여 복을 벗는다. ○『통전』 그 형이 상을 늦게 알았으면, 그 누이동생이 먼저 상복을 벗는다. ○우암은 “부음을 들은 날이 한 달 안에 있었다면, 상일(祥日)에 복을 바꾸거나 벗으며, 반드시 부음을 들은 날짜를 기다릴 필요는 없다”고 하였다. ○명재는 “주인이 이미 연·상(練祥)을 지냈다면, 상복의 기한이 차기를 기다려 곡을 하고 복을 벗을 뿐, 다시 연·상(練祥)의 예를 마련하지 않는다”고 하였다. ○『유편』 부음을 듣고 관을 본 것이 한 달 이내라면, 기일(忌日)에 연제·대상을 지냄이 마땅하고, 상복을 벗는 것도 같은 날에 한다. 만약 부음을 들은 것이 한 달 안에 있지 않았다면, 복을 벗는 것은 영구(靈柩)를 본 날에 복을 벗음이 마땅하다. 예에는 영구를 보는 것을 사망한 날[亡日]로 여기기 때문이다. 혹자는 주자가 증무의(曾無疑)에게 답한 글을 가지고 말을 하지만, 그러나 혹 달을 넘은 뒤에 부음을 들었는데 상을 주관하는 자가 없어서 궤전(饋奠)을 모두 빠뜨려 상례를 이루지 못했다면, 연·상(練祥) 또한 부득이 물려서 주인이 복을 벗는 날에 행한다. 만약 상을 당한 장소에 호위하여 거행한 사람이 있고, 궤전도 빠짐이 없었다면, 주인이 부음을 들은 때가 늦었다고 해서 소상·대상을 뒤로 물려서 행할 수는 없다. 다만 기일에 연·상(練祥)을 지내고, 관을 본 날에 복을 벗는 것이 옳다. 무릇 부음을 들은 것이 혹 연·상(練祥)의 뒤에 있었다면, 일을 알 수가 없으니, 이로써 추단하면 이렇게 할 수 있을 뿐이다. ○부음을 들은 것이 혹 1개월 뒤에 있는 자도 있고, 혹 길의 거리가 멀거나, 전쟁으로 길이 막히고 끊어져서 1년 2년 뒤에 부음을 듣는 자도 있는데, 모두 이를 참조할 수 있다. 이미 연제를 지낸 자는 두 번 연제를 지낼 수 없고, 이미 대상을 지낸 자는 다시 궤연(几筵)을 설치할 수 없으며, 또 상을 4년이나 5년 동안 오래도록 늘일 수 없음을 이로써 단정할 수 있다. 무릇 상례에는 산 사람에게는 오는 날을 헤아리고, 죽은 사람에게는 지나간 날을 헤아린다. 죽은 자의 일은 처음 죽었을 때 습(襲)을 하고, 3일 만에 빈(殯)을 하는 등의 일이고, 살아 있는 자의 일은 소렴(小斂)을 하고서 질(絰)을 만들고, 3일에 성복(成服)하고, 3개월에 장사지내고, ◉【성재안설】 '3개월에 장사지낸다'는 구절은 '3개월에 졸곡을 하고, 졸곡을 하고 나서 수(受)한다'는 구절로 고치는 것이 아마 좋을 것 같다. 3년 만에 상을 마치는 등의 일이다. 가령 적자(適子)가 없다고 하더라도, 3일이 지나면 감히 빈(殯)을 아니할 수 없고, 3개월이 되면 장사를 지내지 않을 수 없고, 3년이 되면 상을 마치는 것이야 어찌 달리하겠는가? 여기에는 산 사람과 죽은 자가 서로 관여하지 않음이 명백하다. 아무리 적자라도 그 달 중에 영구를 본 자는 옛날에 택일하여 연·상(練祥)을 지내는 사례에 의거하여 집에 있는 여러 아들들과 같이 복을 벗는다. 한 달이나 수개월 뒤에 영구를 본 자는 연·상(練祥) 두 제사를 사망한 날에 행하되, 집에 있는 여러 아들로서 먼저 복을 입은 자는 먼저 벗고, 비록 적자라도 뒤에 입은 자는 뒤에 벗는데, 여러 아들 중 부음을 뒤에 들은 자와 더불어 특별한 복장이 없이 아침 상식[朝饋] 때에 연복(練服)을 입는다. 상복을 벗을 때는 이미 장례를 마친 후에 분상한 자가 묘소로 먼저 가는 사례에 의거하여 반드시 묘소에 가서 곡을 하고 제복하지, 아들의 복 때문에 감히 두 번 제사하지는 않는다. 또 "뒤에 기한이 차는 자는, 아침 상식[朝饋]에 연복을 입고 묘소에서 최복을 벗으며, 감히 제사지내지 않는다. 효자(孝子)가 곡하고 우는 데는 장소가 없어서는 안 되니, 궤연은 철거하더라도 여막은 아직 남아 있어야 한다"고 말하겠다. ○『상위록』 그 달 중에 상을 들은 자는, 달 수만 헤아리고, 날 수는 헤아리지 않으며, 상을 당한 날에 복을 벗는다.

先滿先除 後滿後除. 語類

朱子曰 親喪 兄弟 先滿者先除 後滿者後除 以在外聞喪 有先後也. ○
【開元禮】兄弟各處異方 父母喪 各依聞喪日月 除之. ○【通典】其兄知喪晩 其妹先除. ○尤庵曰 聞訃同在一月之內 則祥日變除 不必待聞訃之日 ○明齋曰 主人旣行練祥 則待滿哭除而已 無更設練祥之禮矣. ○【類編】聞訃見柩 不離月中 則當以忌日練祥 而除服亦在同日. 若聞訃不在月中 則除服宜在見柩日. 禮以見柩 當亡日故也. 或以朱子答曾無疑書 爲言 然或聞訃於踰月之後 而喪無所主 都闕饋奠 不成喪禮 則練祥亦不得已而退 行於主人除服之日. 如使喪所 有所庀擧者 饋奠無闕焉 則不可以主人聞訃後時之故 而退行二祥也. 只練祥於忌日 而除服於見柩日可矣. 凡聞訃 或在練祥之後 事有未可知 以此推之 只得如此而已. ○聞訃或有在一月之後者 又或道里修廣 干戈阻絶 有一年二年而後聞訃者 皆可以參互也. 其旣練者 不可再練 旣祥者不可 還設几筵 又不可延祥於四年五年之久 則可以斷矣. 凡喪生與來日 死與往日. 死者之事 始死而襲 三日而殯 生者之事 小斂而成絰 三日而成服 三月而葬
_{按 三月而葬 改以三月而卒哭 卒哭而受 恐好.} 三年而喪畢. 雖使適子不在 三日而不敢不殯 三月而不敢不葬 三年而喪畢 何以異. 是生與死與不相擾明矣. 雖適子其見柩於月中者 依古者擇日練祥之例 與在家諸子 同除服. 見柩於一月數月之後者 練祥二祭 行於亡日 而在家諸子 先服者先除 雖適子後服者後除 與諸子之聞訃後時 無別服練於朝饋之時. 至於脫衰

則依旣葬奔喪者 先之墓之例 必於墓所哭除 不敢以子之服 而再祭矣.
又曰 後滿者 服練於朝饋脫衰於墓 而不敢祭也. 孝子哭泣 不可無所 宜
撤几而廬尙在耳. ○【喪威錄】聞喪於月中者 數月不數日 以喪日除服.

【성재안설】 주자가 증무의(曾無疑)에게 답한 편지에 "영형(令
兄)의 상기에 성복이 너무 늦은 것은 이미 앞서 잘못한 것이다.
지금으로서는 상·연(祥練)의 예를 도리어 성복한 날로부터 지
금까지의 달 수와 날짜의 실제 수로 계산하여 절도를 삼아야 마
땅하나, 다만 그 중간에 있는 기일에는 도리어 별도로 제전(祭
奠)을 마련해야 한다" 하였다. 주자의 뜻은 분명히 연·상(練祥)
의 변제(變除)의 예를 말한 것인데, 성복한 날로부터 마디로 삼
되, 기일에 제전을 드리는 예는 빠뜨릴 수 없기 때문에 별도로
마련한다고 말한 것이다. 별도로 마련한다[別設]고 한 것은, 그
제사가 상복을 벗기 위해서 하는 것이 아니어서, 절로 연제나 상
제와 구별이 있다는 의미이지, 오늘 별도로 제사를 베풀고 다른
날 다시 연제와 상제를 베푸는 것을 말한 것이 아니다. 후인들이
살피지 못하고, 혹 이를 인용하여 '제사를 주관하는 사람[祭主]이
아직 복을 벗지 않았으면 궤연을 거두지 않고 제전을 함께 베푼
다'는 증거를 삼는다. 만약 그렇다면 연제(練祭)를 지낸 후 상제
(祥祭)를 지내기 전이나, 혹은 상제(祥祭)를 지낸 후 담제(禫祭)
를 지내기 전에 상을 들은[聞喪]자는 반드시 궤연을 그대로 두고
서 4, 5년까지 늘여 제사를 기다리는 자가 있을 것이고, 돌아가신
뒤에 입후(立後)한 자도 장차 이와 같이 해야 할 것이니, 아마도
예의 제도가 아닌 듯하다.

按 朱子答曾無疑書曰 令兄喪期成服太晚 固已失之於前. 在今

祥練之禮 却當計成服之日至今月日實數爲節 但其甸忌日 却須
別設祭奠. 朱子之意 分明謂練祥變除之禮 則從成服日以爲節
而忌日祭奠之禮 則不可闕故曰 別設也. 別設云者 祭不爲除喪
則自與練祥有別之意也 非謂今設別祭 他日更設練祥之祭也. 後
人不察 或引以爲主祭之人服未除 則不撤几筵 竝設祭奠之證.
若然則練後祥前 或祥後禫前 聞喪者 必有仍留几筵 延至四五年
以待祭者 追後立後者 亦將如是矣 恐非禮制也.

2-2. 죽음이 한 해 마지막[歲末]에 있어서, 다음달 첫 머리에 성복한 자도 반드시 사망한 날에 연제(練祭)와 상제(祥祭)를 지낸다.

　　【『유편』】 무릇 상(喪)은 초상의 염(斂)·빈(殯)에서부터 복장을 바꾸는 것은 동일하게 하여 성복한다. 비록 대공·소공·시마복이라도 어찌 다음달부터 별도로 기산할 수 있겠는가! ○죽음이 그믐에 있어서 다음달 초에 성복하여도 반드시 사망한 날에 연제와 상제를 지낸다. ○【성재안설】 선유 중에는 혹 대공 이하는 성복한 날로 달을 계산한다는 설이 있으나, 사계가 논한 바 '기년복 이상은 모두 죽은 달로부터 계산하고, 유독 대공 이하만이 성복한 날로부터 계산하는 것은 의미가 없다'고 한 것이 참으로 바른 논의이다. 대개 상이 난 곁에 있는 자는 바깥에 있어서 때늦게 상(喪)을 들은 자와 같지 않은 것이다.

亡在歲末 成服於次月之首者 亦必練祥於亡日.

　　【類編】曰凡喪 自始喪斂殯變服 同爾成服. 雖功緦 何可別從次月數起乎. ○亡在月晦 成服於次月初 亦必練祥於亡日. ○【按】先儒或有大功以下 以成服計月之說 然沙溪所論 期以上 皆以死月計 獨於大功以下以成服計無義云者 眞正論也. 盖在喪側者 異於在外而聞喪後時也.

2-3. 상중에 입후(立後)한 자는 그 달 중에 입후하였으면 사망한

날에 복을 벗는다.

> 【『유편』】 옛날에 연·상(練祥)은 사망한 날에 하지 않고 날을 받아서 거행하였다. 혹 상(喪)이 그믐달에 있어 그 달 초로 길일을 택한 경우도 있었으나 날 수가 부족하다고 의심하지는 않았다. 입후(立後)가 그 달 중에 있었다면 상복을 벗는 절차는 날 수에 구애되지 않는다. 소·대상 때에 연복을 입고 최복을 벗어도 된다.

喪中立後者 在月中 則除服於亡日.

> 【類編】古者練祥不以亡日 而筮日行之. 或喪在月晦 而擇吉於月初者 有之 不以日數不足爲疑也. 立後在月中 則除服之節 不以日數爲拘. 服練除衰於小大祥之時可.

2-4. 후상(後喪)에 이미 경질을 두른 뒤에는, 전상(前喪)의 연상(練祥)을 모두 행할 수 있다. 「잡기」 〈소〉

> 아버지 상에 이미 경질을 두른 뒤에는 처의 연상(練祥)도 행할 수 있다. ○나머지는 대상장(大祥章)에 보인다.

後喪旣穎 前喪練祥皆行. 雜記 疏

> 父喪旣穎 妻之練祥亦可行. ○餘見大祥章.

2-5. 3년이 지난 뒤에 장사를 지내는 자는 반드시 소·대상 두 번의 제사를 지내되, 그 제사의 사이에 시일을 같이하여 상을 벗지 않는다.

> 위의 '구부장(久不葬)'에 보인다.[57] ○【『개원례』】 1주년이 되어 장사지

---

57) 이 책 권10 '구부장(久不葬)'조 참조.

내는 자는 장사지내는 다음달이 소상이다. ○『통전』 "소상을 지낼 달에 장사를 지내고, 이 달에 다시 우제(虞祭)·부제(祔祭)의 예가 있었다면, 곧장 그믐에 상제를 지내는 것은 이치상 빠르니, 다음달에 연제를 지내는 것이 인정에 합당하지 않은가?" 하자, 유울지는 "상(祥)은 장사지낸 달에 하지 않고, 다음달을 취한다" 하였다.58) ○왕숙은 "장사지낸 뒤 한 달 만에 연제를 지내고, 또 한 달 후에 상제(祥祭)를 지내어, 마치 시기를 달리한 것처럼 한다. 그러므로 '시일을 같이하지 않는다[不同時]'는 것은 다만 '달을 같이하지 아니함[不同月]'이다" 하였다. ○나머지는 대상장(大祥章)에 상세하다.

【성재안설】 부재모상(父在母喪)이 만약 정월에 있었고, 장사를 12월에 지낸 자는 다음해 정월에 연제를 하고, 2월에 상제를 지내고,● 정월. 2월에 윤달이 있더라도 셈하지 않는다. 3월에 담제를 지냄이 옳을 듯하다.

이미 사망한 달이 되면 마땅히 처음의 기일에 연제를 지내되 반드시 점칠 필요는 없다. 상제는 날을 점친다.

三年而後葬者 必再祭 其祭之間 不同時而除喪.

見上久不葬條. ○【開元禮】周而葬者 以葬之後月小祥. ○【通典】葬在小祥之月 此月復有虞祔之禮 便用晦祥 於理爲速 取後月練於情允否 庾蔚之曰 祥不在葬月 取後月也. ○王肅曰 葬後一月練 後一月祥 若異時矣. 故言不同時者 但不同月. ○餘詳大祥章.

按 父在母喪 若在正月 而葬在十二月者 次年正月練 二月祥正二月 雖有閏 不可數也. 三月禫似可矣.

旣値死月 則當用初忌日行練 而不必卜也 祥則卜日.

<hr>

58)『통전』권103, 예63, 연혁63, 흉례25, "宋庾蔚之問答曰 有葬在小祥之月 此月復有虞祔之. 禮便用晦祥 於理爲速 此與久喪復異. 取後月祥練於情允否. 答曰 三年後葬 祥不在葬月耳. 今未爲絕久 祥理取後月也."

2-6. 상중에 천장(遷葬)과 연상(練祥)이 서로 만나면, 장사 다음달에 택일하여 제사를 지낸다.

【성재안설】 이것은 3년 이후에 장사지내는 사례를 참조하여, 연제와 상제를 물러서 행함이 옳다.

喪中遷葬與練祥相値 則葬之次月擇日行祭.
　按　此當照三年而後葬之例 退行練祥可也.

2-7. 윤달에 상(喪)을 들은 자는 본달[本月]에 변복(變服)·제복(除服)한다.

【성재안설】 윤달은 본월의 여분의 날이다. 가령 정월에 난 상을 윤정월에 들었다면, 윤달 역시 정월이지 2월이 아니다. 그 달 밖이 아니라 그 달 가운데인 것이다. 본디 13개월의 기간에는 모자람이 없다.◉ 25개월의 2주년도 그러하다. 만약 다음달이 되면 이는 2월이니 14개월이 된다. 정월에 성복하고 2월에 소상을 지내는 것은 예에 근거할 바가 없다. 13개월에 연제를 지내지 않고, 14개월에 연제를 지내는 것도 또한 분명한 조문이 없으니, 본월에 연상을 지내는 것을 어찌 '단상(短喪)'이라 할 수 있겠는가? 한씨(韓氏)의 설은 결코 따를 수 없다.

> 남당(南塘)은 "부음을 들은 것이 비록 윤달에 있더라도, 이미 상(喪)이 난 것이 그 달을 벗어났으니 다음달에 변복·제복함이 마땅하다. 만약 본월로 계산한다면 단상(短喪)을 면치 못하니, 다만 마땅히 상복을 입는 달 수로만 계산해야 마땅하고, 죽음이 윤달에 있은 자가 본월로 기일을 삼는 것과는 같지 않다" 하였다. ○【성재안설】 죽음이 윤달에 있은 자가 본월을 기일로 삼는 것은 13개월의 기한에는 조금도 다름이 없다.

閏月聞喪者 以本月變除.

按 閏月是本月餘分之日也. 假令正月喪聞於閏正月 則閏亦正月 非二月也. 非月外而乃月中也. 自應十三月之期而無欠也._{二十五月} _{再期亦然.} 若至次月 則是二月 而爲十四月也. 正月成服而二月小祥禮 無所据矣. 不練於十三月 而練於十四月 亦無明文矣 然則本月練祥 何可曰短喪乎. 韓氏之說 決不可從.

南塘曰 聞訃雖在閏月 旣在喪出月外 則當以次月變除. 若以本月則不免爲短喪 只當計服喪月數 與死在閏月者 以本月爲忌者 不同. ○【按】 死在閏月者 以本月爲忌 少無異同於十三月之限矣.

2-8. 부모가 함께 초상이 났는데, 한 분은 본월 초열흘 뒤에 초상이 났고 한 분은 윤달 초열흘 전에 초상이 났으면, 앞선 상의 상복을 먼저 벗고 뒤의 상의 상복은 뒤에 벗는다.

【성재안설】 후세에 반드시 기일(忌日)을 쓰기 때문에 이런 의문이 있지만, 만약 고례를 사용하여 날을 잡아서 제사를 지낸다면, 초상의 선후로 변제(變除)하는 것을 누가 그르다 하겠는가?

父母偕喪 一出於本月旬後 一出於閏月旬前者 先喪先除 後喪後除.

按 後世必用忌日 故有此疑 然若用古禮卜日行祭 則以喪之先後變除 人誰有非之哉.

2-9. 윤달에 죽은 자는 본래의 바른 달[正月]을 상기(祥忌)로 한다.

【『통전』】 송나라 박사 구매지(丘邁之)가 논의하기를 “윤달에 죽은 자는 응당 본디 바른 달을 기일로 삼아야 한다” 하였고, 건평(建平)[59] 때

왕굉(王宏)은 "진(晉)나라 시대와 황대(皇代) 이래로 윤달에 죽은 자는 모두 윤달 뒤의 달에 상(祥)을 한다" 하였다. 박사 손휴(孫休)는 논의하기를 "삼례(三禮)[60]에 윤달에 초상을 당하여 셈한 것을 찾아보면 윤달은 무시하였는데, 윤달이 1주년 안에 있기 때문이다. 파양(鄱陽) 애왕(哀王)이 지난해 윤3월에 죽었는데, 달의 차례와 절기의 표지가 4월에 해당하니 마땅히 금년 4월 말에 소상(小祥)을 해야 한다" 하였다. 진(晉)나라 원제(元帝)·명제(明帝)도 윤달에 붕어했는데 윤달 뒤의 달에 상(祥)을 하자, 유울지(庾蔚之)가 논의하기를 "예에는 바른 달에 어버이에 대한 생각이 나기 때문에 기일의 느낌이 있고, 네 계절이 이미 바뀌면 사람의 슬픈 감정도 줄어들기에 대·소상으로 줄임이 있다. 이는 상기(祥忌)가 모두 1주년의 달을 적합하게 여긴 것인데, 윤달에 죽은 자는 명년에 그 윤달이 없으나, 그 달이 없다고 상기를 아니할 수 없으므로, 반드시 붙은 달에 지내는 것이다. 윤달이 바른 달[正月]에 붙어 있음은 『공양전』에서 그 의리를 밝혔다. 그러므로 반고(班固)는 윤9월을 후9월(後九月)이라 하였으니, 이름이 이미 다르지 않고 계절도 다르지 않다. 만약 윤달 뒤의 달을 사용한다면 봄과 여름이 영원히 바뀌고 절기 또한 달라진다. 그렇다 하더라도 윤섣달에 죽은 자를 만약 윤달 뒤의 달을 상기(祥忌)로 한다면 상기(祥忌)가 다음해 정월에 있게 되니, 상(祥)이 3년에 걸치게 되어 이미 주년(周年)의 뜻을 잃고, 겨울에 죽었는데 봄을 기일로 하니 또 감발(感發)을 다하는 근본에 어긋난다. 비유하자면 금년 말 30일에 죽었는데, 명년 말의 달이 작아 '작년 29일에는 어버이가 아직 살아 계셨으니 응당 다음해 정월 초하루를 기일로 해야 한다'는 꼴이니, 이는 필시 그렇지 않은 것이다. 만약 이것이 그렇지 않다면 윤달에 죽은 자의 경우도 또한 알 수 있다. 온 나라가 모두 윤달을 바른 달에 붙여 쓰고 바른 달은 윤달에서 빌려오지 아니하니, 1주년이 되면 곧 상제를 지내야지 어찌 윤달을 기다리겠는가? 또한 상(祥)과 기(忌)의 달을 달리함도 예의 본뜻이 아니다."[61] ○동진(東晋)의 사유(謝攸)·공찬(孔粲)이 의논하기를 "『춘추』 양공(襄公) 28

---

59) 건평(建平): 전한(前漢) 애제(哀帝)의 연호. B.C6~B.C3년.
60) 삼례(三禮): 『주례(周禮)』·『의례(儀禮)』·『예기(禮記)』.
61) 『통전』 권101, 예61, 연혁61, 흉례23.

년 12월 갑인(甲寅)에 천왕(天王)이 붕어하고 을미(乙未)에 초자(楚子)가 죽었는데, 그 사이가 42일이니 이는 을미가 윤달의 날인 것이다. 경(經)에 윤달이라 말하지 않고 12월이라 쓴 것은, 윤달이 바른 달이 아니어서 바른 달에 붙여야 마땅함을 밝힌 글이다. 거기에 '29년 정월'이라 하지 않은 것은 앞의 달에 붙인다는 증거이다. 또 『예기』에 '상사(喪事)는 먼 날을 우선한다' 하였으니 상(祥)과 제복(除服)이 응당 윤달에 있어야 한다" 하였다.62) 대시(戴諡)는 논하기를 "상중(喪中)에 있는 윤달은 생략하여 계산하지 않는다. 제상(除喪)에 윤달을 취하지 않음은 주기(週忌)를 중시함이다" 하였다. ○『춘추』 문공(文公) 6년 윤달에 삭(朔)을 고하지 않았는데, 『공양전』에는 "하늘에 이 달이 없으니, 이 달은 평상시의 달이 아니다" 했고, 하휴(何休)63)는 "삭을 말하지 않음은 삭을 고하는 예가 없었음이다" 하였으며, 『곡량전』에도 뜻이 같다. ○【『통전』】 범영(范甯)이 "윤달은 여분의 날이나, 남은 것을 달에 보태 놓은 것이지 바른 달이 아니다. 길흉의 대사에 모두 쓸 수 없다. 그러므로 천자는 그런 삭을 고하지 않고, 상사에 헤아리지 않는다"64)고 하였다.

閏月亡者 以本正之月 爲祥忌.

【通典】宋博士 丘邁之議 閏月亡者 應以本正之月爲忌. 建平王宏謂 晉代及皇代以來 閏月亡者 皆以閏之後月爲祥. 博士孫休議 尋三禮喪遇閏歲數者 沒閏 閏在周內故也. 鄱陽哀王 去年閏三月薨 月次節物則四月之分 應以今年四月末爲祥. 晉元明帝 並以閏月崩 以閏後月祥 庚蔚之議 禮 正月存親 故有忌日之感 四時旣變 人情亦衰 故有二祥之殺. 是則祥忌 皆以周月爲宜 而閏亡者 明年無其月 不可以無其月而不祥忌 故必用所附之月. 閏月附正 公羊明義. 故班固以閏九月爲後九月 名旣不殊 天時不異. 若用閏之後月 則春夏永革節候亦殊. 縱然人以閏臘月亡者 若用閏後月祥忌 則祥忌應在後年正月 祥涉三載 旣失周歲之義

---

62) 『통전』 권100, 예60, 연혁60 흉례22, '東晉博士謝攸孔粲議'

63) 하휴(何休, 129~182): 후한(後漢) 말의 사상가. 자는 소공(邵公)이며, 산동성(山東省) 제령현(濟寧縣) 출생으로 『춘추공양전』에 주석을 달았다.

64) 『통전』 권100, 예60, 연혁60 흉례22, '東晉博士謝攸孔粲議'

冬亡而春忌 又乖致感之本. 譬今年末三十日亡 明年末月小者 以去年
二十九日親尙存 則應用後年正朝爲忌 此必不然. 若其不然 則閏亡者
亦可知也. 通國並用閏附於正 而正不假閏 得周便祥 何待於閏. 且祥忌
異月 亦非禮意. ○東晋 謝攸・孔粲議 春秋襄公二十八年十二月甲寅
天王崩 乙未楚子卒 其間相去四十二日 是則乙未 閏月之日也. 經不言
閏月 而書十二月 明閏非正宜附正之文. 其不曰 二十九年正月 是附前
月之證. 又禮記 喪事先遠日 則祥除應在閏月. 戴諡議 閏在喪中 略而
不計. 除喪値閏外而不取 重周忌也. ○【春秋】文六年閏月 不告朔 公
羊云天無是月也 是月非常月也 何休云 不言朔無告朔禮也 穀梁之義
同. ○【通典】范甯曰 閏月以餘分之日 閏益月耳 非正月也. 吉凶大事
皆不可用. 故天子不以告朔 喪者不數.

2-10. 후사(後嗣)로 나간 것이 늦어서 소후모(所後母)의 연제(練祭)를 아버지가 이미 지냈다면, 그 성복(成服)한 날로부터 날짜를 계산하여 삭망에 곡을 하고 상복을 벗으며, 다시 연제를 행하지 않는다. 만약 상제(祥祭)를 지냈으면 태복(稅服)[65]하지 않는다.

나머지는 '상중입후(喪中立後)'에 보인다.[66]

出後晚 所後母練祭 父已行之 則計其成服日數 哭除於朔望 不
復行練祭. 若過祥祭 則不宜稅服.

餘見喪中立後.

2-11. 상식(上食)의 유무

퇴계는 "만약 조석(朝夕)으로 상식하고 곡을 한다면 '삭망에만 곡을 한다'고 하지 않았을 것이다" 하였다. ○『기언』 연제 뒤에는 조석곡이

---

65) 이 책 권9 '태복'조 참조.
66) 이 책 권9 '상중입후'조 참조.

없다는 차자[67)]에 "소상 뒤에 상식을 하고 곡을 한다는 설은 어디에 근거한 것인지 모르겠다. 「상복」 <전>에 이미 '연제를 지냈으면 외침(外寢)에서 거처하며 곡은 때가 없다'고 하였는데, 그 <소>에 '이미 연제를 지낸 뒤로는 조석곡이 없고 오직 여막 가운데서 거의 열흘이나 닷새 정도에 생각이 나면 곡을 함이다' 하였다. 『가례』 소상장에 '조석곡을 그친다'고 하였다. 3년상에 조석곡을 그치면 곡이 없다. 그러므로 효자의 지극한 애통함을 때때로 펴게 한 것이다. 『예기』에 '전(奠)은 있으나 상식은 없다'고 하였는데, 「상대기」에서 보충하기를 '초하루와 보름의 은전(殷奠)에 비로소 서직(黍稷)이 있으니, 죽은 자에게 삭망은 평상시의 조석과 마찬가지이다' 하였다. 예제(禮制)에 절도가 있고 높이고 줄이는 절차가 있으니, 이미 곡을 그쳤는데 상식을 하면서 여전히 곡을 한다면 초상(初喪)과 동일하여, 슬픔을 줄이는 절도가 아니다" 하였다. ○성호는 "『가례』에는 분명 무곡(無哭)이라 하였으며, 무곡(無哭)뿐만 아니라 상식도 없으니 만약 상식을 하면 곡해야 한다"고 하였다. ○동춘(同春)은 "부재모상(父在母喪)에 3년을 마치도록 궤식(饋食)을 거두지 아니함은 선왕의 예를 폐하는 것이요, 주자의 가르침을 어기는 것이다" 하였다.

上食有無.

退溪曰 若朝夕上食 哭不應曰 惟朔望哭而已. ○【記言】練後無朝夕哭 箚曰 小祥後上食有哭之說 不知何據. 喪服傳曰 旣練舍外寢 哭無時 【疏】曰旣練之後 無朝夕哭 惟廬中幾十日幾五日 思憶則哭也. 家禮小祥章 止朝夕哭 三年之喪 止朝夕哭則無哭 故令孝子之至痛 有時而伸其哀. 禮有奠而無上食 喪大記補曰 朔月月半殷奠 始有黍稷 死者之於朔月月半 有平常之朝夕云云. 禮制有節 隆殺有漸 旣止哭上食 猶哭則與初喪同 非哀殺之節也. ○星湖曰 家禮分明無哭 不但無哭仍無上食 若上食則哭. ○同春曰 父在母喪 終三年不徹饋食 廢先王之禮 違朱子之訓.

---

67) 차자(箚子): 간단한 서식(書式)의 상소문이다.

3. 대상(大祥)

【「사우례」 기】 또 기년(朞年)이 되어 대상(大祥)을 한다. 【소】 25개월이 대상이기 때문에 '다시 기년[復朞]'이라고 하였다.

【士虞 記】 又朞 而大祥. 【疏】 二十五月大祥 故云復朞也.

상복도구[祥服之具]

【성재안설】 「복문」 '소호(素縞) 마의(麻衣)' <주>에 "소호는 호관(縞冠)이요, 마의는 15승인데 삼베 심의[麻深衣]다" 하였다. 「단궁」에는 "상(祥)에 흰 베를 쓴다"고 하였으며, 「간전」 '대상(大祥)에 소호와 마의' <주>에 '호관과 포심의(布深衣)'라 하였고, 「옥조」에는 '호관(縞冠)은 백능의 비[素紕]를 단 것인데 대상을 지낸 뒤의 관'이라 하였다.

【按】 服問 素縞 麻衣 【註】 素縞縞冠 麻衣十五升 麻深衣. ○【檀弓】 祥而縞. ○【間傳】 大祥素縞麻衣 【註】 縞冠布深衣. ○【玉藻】 縞冠素紕 旣祥之冠.

[백포립(白布笠)]
대나무 양테[竹梁]를 베로 싼다. ○베로 된 갓끈[纓]을 한다. 『오례의』 호립.

竹梁裹布. ○布纓. 【五禮儀】 縞笠.

[포망건(布網巾)]
대상 뒤에는 베로 된 두건[布巾]을 벗고, 비로소 베로 된 망건[布網巾]을 쓴다. 베로 된 망건은 흰 면사(綿絲)로 갓끈[纓]을 한다. 또 그것으로 권자(圈子)를 한다. ○지금 풍속에 혹 말총망건[騣網巾]을 쓰고, 간혹 흑백이 섞인 것을 쓰는데, 예가 아니다. ○야곡(冶谷)[68]은 "조포저(趙浦渚)[69]가 상일(祥日)에 말총망건을 쓰지 않고 흰 베를 사용하였는

데, 옛 제도에 합당하다" 하였다.

祥後去布頭巾 始着布網巾. 白綿絲爲纓 又以爲圈子. ○今俗或用驄網
巾 或用黑白相雜者 非禮也. ○冶谷曰 趙浦渚 祥日不用驄網巾 用白布
自合古制.

[백포직령(白布直領)]
시속 제도를 따름이다. ○『통전』 범선(范宣)은 "참최상에 이미 장사
를 지냈다면 베가 재최와 같고, 이미 연제를 지냈으면 대공(大功)과 같
고, 대상 뒤에는 대략 시마와 같음이 예의 순서이다" 하였다.[70]

從俗制. ○【通典】范宣曰 斬衰旣葬 則布同於齊衰 旣練同大功 大祥後
略如緦麻 禮之次序也.

[백포대(白布帶)] [마혜(麻鞋)]

[부인은 흰 치마 저고리를 입는다: 婦人白衣裳]
포심의(布深衣)에 베로 단을 한다.

布深衣 布純.

[잠(簪)]
그대로 쓴다.

仍用.

---

68) 야곡(冶谷): 조선중기 문신 조극선(趙克善, 1595~1658)의 호. 본관은 한양(漢陽). 자
는 유제(有諸), 시호 문목(文穆)이다. 『야곡집』과 『야곡삼관기(冶谷三官記)』를 저술했
고, 효행(孝行)으로 이조참의에 추증되었다.
69) 조포저(趙浦渚): 조선중기 문신·학자 조익(趙翼, 1579~1655)의 호. 자는 비경(飛
卿), 시호는 문효(文孝). 본관은 풍양(豊穰). 『서경천설(書經淺說)』·『지경도설(持敬
圖說)』 등을 저술했다.
70) 『통전』 권102, 예62, 연혁62, 흉례24.

3-1. 2주기가 되어 대상(大祥)을 지낸다.『가례』

　　상이 나서 여기까지 윤달을 계산하지 않고 모두 25개월이다. 또
　　한 두 번째 기일만을 사용한다.

　　再期而大祥. 家禮

　　　自喪至此不計閏 凡二十五月 亦止用第二忌日.

3-2. 장기(杖期)의 상에는 13개월에 대상을 지낸다.

　　　　'소상'에 자세히 보인다.

　　杖期十三月而祥.

　　　　詳見小祥.

3-3. 하루 전에 목욕하고 그릇을 진설하고 찬을 마련하는데, 모두
　　소상과 같다.『가례』

　　前一日沐浴 陳器具饌 皆如小祥. 家禮

3-4. 자리를 마련하고 상복(祥服)을 진설한다. 황명(皇明)의 제도
　　【성재안설】『가례』에는 담복(禫服)을 진설한다. 그러나 담복이
　　란 예(禮)에 이른바 검은 색을 날실로 하고 흰 색으로 씨실로 하
　　여 가늘게 짠 베[纖]이다. 대개 졸곡에는 수복(受服)하고, 기년에
　　연복(練服)을 입고, 대상에는 호(縞)●【『서전』】"순백의 색을 호(縞)라 하는
　　데. 대상(大祥)이 되면 호를 입는다."를 입고, 담제(禫祭)에 섬(纖)을 입는데,
　　슬픔이 점점 줄어든다는 뜻이다. 공영달은 호(縞)와 섬(纖)자의

뜻을 분별하지 않고, 호가 검은 색을 날실로 하고 흰 색을 씨실로 삼은 것이라 여겨, 함부로 「간전」에서 인용하여 『시경』'소관(素冠)'의 <소>에 드러내 놓았는데, ◉『시경』「동문」에 대한 정현의 <주>에 호(縞)를 백색이라 했다. 공영달의 <소>에는 물들이지 않았으므로 색이 희고 정해져 보임이 없는 것 같다고 하였다. 『가례』에서 우연히 살펴보지 않고 인용한 것이다. 황명(皇明)의 제도에 와서는 구씨(丘氏)의 의논과 여러 선생들의 논의가 모두 호소(縞素)로 결정되었다. 그러므로 상제(祥祭)에는 상복(祥服)을 진설하고, 담제(禫祭)에는 담복(禫服)을 진설하여, 고례도 준수하고 지금의 제도도 따르는 도리가 되었다.

【「상복소기」】 상복을 벗은 자는 그 제사에 조복(朝服)을 입고 호관(縞冠)을 쓴다.71) 【주】 아직 순길(純吉)이 아님이다. ○【「단궁」 소】 대상 이후로는 삼베옷[麻衣]을 입는데, 삼베옷은 흰 베옷[白布衣]인데, 옷의 가장자리를 베로 한다. ○『통해속』「대상복도」】 호관은 소(素)로써 비(紕)를 한다. 비(紕)는 연(緣)이니, 관의 양변 및 말아올린 아래 부분을 말한다. 그 관과 말아올린 몸체에 모두 호(縞)를 사용하고, 가장자리만 소(素)로 한다. ○【성재안설】 황명(皇明) 만력(萬曆)72) 연간에 예부랑중(禮部郎中) 호회(胡僖)가 "우리 조정에서는 예를 논의하고 글을 상고하여 대상일(大祥日)에는 가늘고 누인 마포(麻布)로 관과 상복을 만들어 입다가 담제에 이르러 담복을 입는다" 하였다는데, 이는 송강(松江)73) 정씨가 중국에 갔을 적에 들은 것이라 한다. 생각건대 대상의 관으로 옛날에는 호관(縞冠)이 있었으니 필시 상관(喪冠)의 백포(白布)를 바꾸어 호(縞)로 했을 것이다. 숙포관(熟布冠)이 아마 호관의 종류일까? 지금 풍속에는 이 제도가 없어서, 백포립(白布笠)을 통용하니, 갑자기 옛날 제도를 회복하기는 어렵다.

---

71) 조복(朝服)은 현관(玄冠)·치의(緇衣)·소상(素裳)을 가리킨다. 그런데 여기서 현관을 사용하지 않고 호관을 쓰는 것은 이 제사가 아직도 순길하지 않기 때문이다.

72) 만력(萬曆): 명(明)나라 신종(神宗)의 연호. 1573~1615년.

73) 송강(松江): 조선중기 학자 정철(鄭澈, 1536~1593)의 호. 자는 계함(季涵). 가사문학의 대가.

뒤의 상을 치르는 중간에 앞의 상복은 대상 때 벗는다.

> 성호는 "이제 심의(深衣)와 방립(方笠)은 곧 출입할 때의 복장으로 묵
> 최(墨衰)와 대등하니, 이것으로 제복한다" 하였다.

設次陳祥服. 皇明制

按 家禮則陳禫服 然而禫服者 禮所云 黑經白緯之纖也. 盖卒哭
而受 期而練 祥而縞【書傳】純白之色曰縞 大祥則服乎縞也. 禫而纖 漸殺之
義也. 孔穎達不辨縞與纖字之義 以縞爲黑經白緯 妄引間傳 著
於詩素冠之疏鄭於詩東門 註 縞白色. 孔疏 不染故色白 似無定見. 家禮偶未照察
而引之也. 至於 皇明之制 丘氏之議及諸先生之論 皆以縞素爲
定. 故祥陳祥服 禫陳禫服 以爲遵古而從今之道焉.

【小記】除成喪者 其祭也朝服縞冠.【註】未純吉也. ○【檀弓 疏】大祥
以後麻衣 麻衣白布衣緣之以布. ○【通解續 大祥服圖】縞冠 以素紕之
紕緣也. 謂緣 冠兩邊及卷之下畔. 其冠與卷身 皆用縞 但以素紕之耳.
○【按】皇明萬曆間 禮部郎中 胡僖云 我朝議禮考文 大祥日 用細熟麻
布爲冠服 至禫卽服禫服 此乃松江鄭氏所聞於朝天時云者. 意大祥之冠
古有縞冠 則必是喪冠之白布 變而爲縞者也. 熟布冠 似是縞冠之類耶.
今俗無此制 而通用白布笠 卒難復古矣.

後喪中 前喪大祥除服.

> 星湖曰 今深衣方笠 卽出入之服 與墨衰等 以此除.

3-5. 그 날이 밝으면 행사한다. 모두 소상의 의식과 같다. 『가례』

厥明行事 皆如小祥之儀. 家禮

축문(祝文)

모두 소상의 축문과 같고, 다만 '소상'을 '대상'으로 고치고 '상사
(常事)'를 '상사(祥事)'◉【『사우례』〈기〉소】 상사(祥事) 역시 상사(常事)이다. 라
한다. ○부재모상(父在母喪)에는 아버지가 제사를 주장하면 재
기(再期)의 축에 '대상'을 '재기(再朞)'로 고치되, 아들을 위하여
제사한다고 꼭 말할 필요는 없다.

> 並同小祥祝 但改小祥曰大祥 常事曰祥事.【士虞 記疏】祥事亦是常事也.
> ○父在母喪 父主祭 再忌祝 改大祥爲再期 不必言爲子而祭也.

3-6. 마치면 축(祝)이 신주를 받들어 사당에 들인다. 『가례』

하루 전에 술과 과일로써 조묘(祖廟)에 고하고, 초하루의 의식과
같이 축이 꿇어앉아 고하며, 끝나면 거두어 의자와 탁자를 가묘
가운데 동쪽 벽 아래 서향으로 설치한다. 대상의 예가 끝나면 축
이 신주를 받들어 가고, 주인 이하는 곡하고 따르는데 부조(祔
祖)하는 의식과 같이 한다. 가묘 문에 이르러 곡을 멈추고는 이
에 의자 위에 받들어 안치하고, 문을 닫고 물러난다.

> 【『유편』】 비록 승중(承重)한 조부의 상중에 있더라도, 아버지의 신주
> 가 전에 이미 사당에 들어갔다면, 어머니는 대상 후에 예에 의거해서
> 사당에 들어감이 마땅하다. ○양씨는 "조부의 사당에 부(祔)한다" 하였
> 다. ○사계는 "고비(考妣)는 동쪽 벽에서 곡좌(曲坐)[74]한다" 하였다.
> ○【『유설』】 고비가 동쪽에 거처하는 것이 비록 고례에는 없으나, 권도
> (權道)로 곡좌하여 체천(遞遷)을 기다림이 마땅하다. ○【『대전』】 이미
> 대상을 하고 궤연을 거두면, 그 신주는 조묘(祖廟)에 부(祔)하였다가
> 협사(祫祀)를 마친 뒤에 옮긴다. ○【『비요』】 아버지가 먼저 사당에 들

---

74) 곡좌(曲坐): 정면으로 마주보지 않고 직각으로 굽혀서 돌아앉음.

어갔더라도 어머니 상을 마치고는 또한 증조비에 부(祔)하였다가 협사 (祫祀)할 때 아버지의 배위로 한다. ○한강은 "부제(祔祭)를 만약 졸곡 다음날 행하지 못하였으면 대상 다음날 행함이 마땅하다. 대상제를 마치고 감히 곧바로 사당에 들이지는 못하며 신주를 잠시 예전 장소로 옮겼다가 다음날 부제(祔祭) 뒤에 사당에 들인다" 하였다. ○【성재안설】「사우례」＜기＞ '이 달에 길제(吉祭)를 한다'는 구절의 ＜소＞에 "담제는 그대로 정침에서 한다" 하였고,『좌전』희공(僖公) 33년 '사당에서 증(烝)·상(嘗)·체(禘)[75]를 지냈다'는 구절의 ＜소＞에 "대상과 담제 때 그 신주는 자연히 정침에 두고 제사하고, 담제 지내는 달이 사시제(四時祭)의 달과 만나면 사당에 두고 제사지낼 수 있다" 하였다. 『개원례』에는 "담제 후에 사당에 들인다" 하였으니, 이는 『가례』와 다름이다. 『오례의』에도 "담제 뒤에 사당에 들인다" 하였다.

畢 祝奉神主 入于祠堂. 家禮

前一日 以酒果告于祖廟 如朔日之儀 祝跪告 旣徹設椅卓於廟中 東壁下西向. 大祥禮畢 祝奉主而行 主人以下哭從 如祔祖之儀. 至廟門止哭乃奉安于椅上 闔門而退.

【類編】雖在承重祖喪中 父之主前已入廟 母祥後當依禮入廟. ○楊氏 曰 祔于祖父之廟. ○沙溪曰 考妣東壁曲坐. ○【類說】考妣居東 雖無 古禮 權當曲坐 以待遞遷. ○【大全】旣祥而徹几筵 其主且當祔於祖廟 俟祫畢後遷. ○【備要】父雖先入廟 母喪畢 且祔於曾祖妣 俟祫時 配 于父. ○寒岡曰 祔祭若未得行於卒哭之明日 則當於大祥明日爲之. 大 祥祭畢 不敢直入廟 稍移神主於故處 乃於明日祔祭後 入廟. ○【按】 士虞記 是月也吉祭. 【疏】禫祭仍在寢. 左傳僖公三十三年 烝嘗禘於 廟. 【疏】大祥與禫 其主自然在寢祭之 禫月逢四時祭月 卽得在廟祭. 開元禮禫後入廟云 則此與家禮異矣. 五禮儀亦曰禫後入廟.

---

75) 증상체(烝嘗禘): 주나라 종묘에 지내던 사계절 제사. 증(烝)은 겨울제사, 상(嘗)은 가을제사, 체(禘)는 여름제사이다.

【성재안설】 어머니 상기(喪期) 뒤에 아버지 상을 당한 자는 『유편』에 비록 '참최상을 마치고 함께 사당에 들인다'는 설이 있지만, 만약 아버지 상을 마치도록 기다린다면 어머니의 복[母服]을 이미 다하고 4년 동안이나 연기하여 궤연(几筵)을 여전히 남겨두는 것이니 예가 아니며, 별도로 다른 곳에 안치하는 것도 미안하다. 단지 예에 의거하여 사당에 들이고, 뒤의 상을 마치도록 기다리지 않음이 옳을 듯하다. 선생의 뒷날 '궤연을 거두고 사당에 들인다'고 한 논의는 모두 예로 결단한 것이다.

사계는 "부재모상(父在母喪)에는 대상 후에 사당에 들인다" 하였다. ○호영(胡泳)은 "고씨(高氏)의 '별실에 신주를 모신다'는 설은 아마 그렇지 않은 듯하다. 선생이 내자(內子)의 상에 신주를 조비(祖妣) 곁에 부(祔)하여 두었으니, 이것을 근거로 함이 마땅하다" 하였다. ○양복(楊復)[76]은 "아버지가 계실 때 죽은 어머니를 부(祔)하면 아버지가 주상이 되니, 이는 곧 남편이 아내를 조비(祖妣)에게 부(祔)하는 것이다. 상이 끝나도 여전히 조비 곁에 부(祔)해 놓았다가, 뒷날 아버지 상을 마치기를 기다려 조고비를 체천하고 비로소 고비도 함께 옮긴다. 고씨의 '별실에 신주를 보관한다'는 설은 잘못이다" 하였다.

대상을 지내고 사당에 들인 후에 삭망전을 올린다.

사당장(祠堂章) '삭참(朔參)'조에 보인다.[77]

按 母喪期後 遭父喪者 類編 雖有斬衰喪畢 並入廟之說 然若待父喪畢 則母服已盡 而延至四年 仍留几筵 非禮也 別處他所 亦未安. 只當依禮入廟 而無待後喪之畢 恐可也. 先生他日徹几筵入廟之論 皆以禮斷之.

---

76) 양복(楊復): 송나라 때 학자. 주자의 제자로 자는 지인(志仁)이며 신재(信齋)선생이라 불렸다. 『의례도(儀禮圖)』와 『가례잡설부주(家禮雜說附注)』를 찬술하였다.
77) 이 책 권14 사당장 '삭참'조 참조.

沙溪曰 父在母喪祥後入廟. ○胡氏泳曰 高氏別室藏主之說 恐未然. 先生內子之喪 主只祔在祖妣之旁 此當爲據. ○楊氏復曰 父在祔妣 則父爲主 乃是夫祔妻於祖妣. 喪畢尙祔於祖妣 待父他日喪畢 遞遷祖考妣 始考妣同遷. 高氏別室藏主之說 則非也.

大祥入廟後 朔望奠.

見祠堂章 朔參條.

조묘고사(祖廟告詞)

'모일간지(某日干支)' 이상은 앞과 같다. 증손 모는 감히 현증조고 모관 봉시부군께 밝게 아뢰나이다.● 모상(母喪)에 증조비(曾祖妣)라 하고 승중(承重)은 고조고비(高祖考妣)라 한다. 이에 선고 모관 봉시 부군● 신위에 따라 호칭을 고친다. 의 대상이 이미 닥쳐 예법에 따라 가묘에 들여야 하겠기에, 슬픈 감정을 이기지 못하고 삼가 술과 과일로 정성을 펴고 경건하게 고사를 삼가 고하나이다.

某日干支以上同前. 曾孫某 敢昭告于 顯曾祖考某官封諡府君.母喪云曾祖妣 承重云高祖考妣. 玆以先考某官封諡府君隨位改稱. 大祥已屆 禮當入廟 不勝感愴 謹以酒果 用伸虔告謹告.

신주고사(新主告詞)

사당으로 들어가십시다.

3년 안의 제사에는 신주를 내는 고사가 없고, 부제·담제에도 아울러 고사가 없다. 대상 후에는 새로 신주를 밖으로부터 가묘에 들여야 하므로 고함이 있다.

請入廟.

> 三年內祭 無出主告詞 祔祭禫祭幷無告詞. 大祥後 則神主自外入廟 故有告也.

3-7. 영좌를 철거하고, 상장(喪杖)은 잘라서 보이지 않는 곳에 버린다.『가례』

> 【『이굴』】 상복은 반드시 제복하는 날 헐어서 가난한 자나 묘를 지키는 자에게 나누어준다.

적자(適子)가 문상(聞喪)이 늦었거나 입후자(立後子)가 성복(成服)이 늦어서 비록 복을 벗지 못했더라도, 또한 궤연은 철거한다. ○【성재안설】 적자(適子)가 외국에 있어 문상(聞喪)이 늦거나, 상중에 입후(立後)가 늦어서 추복(追服)한 자가 계절을 넘기거나 해를 넘긴 후에 있다 하더라도, 혹 대상 이전이면 처와 여러 자녀들은 예에 의거하여 빈·장(殯葬)과 연·상(練祥)의 절차를 거행한다. 궤연은 4년이나 5년까지 오래도록 연장하는 것이 불가할 듯하다. 그 중 복을 벗지 않은 자는 묘소에 여막을 세우고, 곡읍(哭泣)을 하고, 복을 벗는 것이 옳다. 대개 제사는 상을 벗기 위해 하지 않는 것이 예이다. ○만약 초상이 난 결에 다른 자손이 없어서 상례를 행하지 못하고 상을 주관할 자를 기다리는 경우라면, 3년을 마치도록 궤연을 설치하는 것이 가하다.

> 【『통전』】 갑이 죽고 갑의 아우 을의 아들인 경(景)이 갑의 연제(練祭) 후에 바야흐로 갑의 후사(後嗣)가 되어 왔다면, 저 갑의 상(喪)은 비록 감쇄되지만 나의 중복(重服)은 이제부터 시작되니, 다시 먼 달로 정하는 것이 의리에 있어 어찌 해가 되겠는가? 갑의 부녀는 2주기에 상을 마친다.[78] ○우암은 “3년을 마칠 즈음에 상(喪)을 들었다면 궤연을 6

년까지 두어야 하는가는 고례에 상고할 바가 없다" 하였다. ○남당은
"3년 안에 입후(立後)한 자는 그 자식이 상을 마치기 전에 궤연을 철거
해야 하는가의 여부를 선배들이 많이 의심하였다. 나는 생각건대 3년
상을 마치고 신주를 사당에 들이는 것은 예의 큰 법도라서 어겨서는
안 되니, 궤연은 철거하더라도 그 아들은 여막에 거처하며 예법과 같이
해야 하고, 별처(別處)에 자리를 마련하여 조석곡을 하며 연·상(練祥)
의 절차도 또 곡을 하고 행하되, 다만 제전(祭奠)은 마련하지 않는다고
하겠다" 하였다.

徹靈座 斷杖 棄之屛處. 家禮

【理窟】喪服必於除日 毁以散諸貧者或守墓者.

適子聞喪晚及立後子成服晚 雖未除服 亦徹几筵. ○按 適子在
外聞喪晚 及喪中立後晚而追服者 若在踰時踰年之後 或至大祥
前 則妻及諸子女 依禮行殯葬練祥之節矣. 几筵恐不可延至四年
五年之久也. 其未除服者 立廬哭泣除服於墓所可也. 盖祭不爲
除喪 禮也. ○若喪側無他子孫 不能行喪禮 以待主喪者 設几筵
終三年可也.

【通典】甲死 甲弟乙子景 以甲練後 方來後甲 彼喪雖殺 我重自始 更
制遠月於義何傷. 甲婦女 二周終訖. ○尤庵曰 三年垂畢之時聞喪 則几
筵當至六年耶 於古未有所考. ○南塘曰 三年內立後者 其子未終喪之
前 几筵當徹與否 先輩多疑之. 愚疑三年喪畢 神主入廟 禮之大經 不可
違也, 几筵雖徹 其子居廬 自當如禮 別處位朝夕哭 臨練祥之節 亦哭而
行之 但不設祭奠矣.

3-8. 기년상에 상복의 기한이 다하면 궤연을 철거한다.

【『유설』】13개월의 상제(祥祭) 뒤에 곧장 궤연을 철거함이 예의 바른

---

78) 『통전』 권97, 예57, 연혁57, 흉례19.

절차이다.

【성재안설】 아우가 죽고 처자(妻子)가 있으면, 자식이 비록 어리더라도 상주로 세우고 형이 대신 주관하여 3년 동안 궤연을 철거하지 않는다. 만약 자식이 없고 아내만 있으면, 아내가 상주가 되는 예가 없어서 형이 주상(主喪)이 되지만, 기년복이 끝난 뒤에는 그대로 궤연을 남겨 두는 것이 불가한 듯하다. 왜냐? 처상(妻喪)에 남편이 상주가 되니 자식이 있더라도 기년이 되면 궤연을 철거하지 않을 수 없다. 처의 장기(杖朞)가 아우의 부장기(不杖朞)보다 무거움에도 오히려 감히 예를 넘지 못하니, 아우의 궤연을 철거함이 마땅함에는 혐의가 없다. 하지만 모두 처자가 없더라도 기년에 이르러야 한다. 그러나 이것은 다만 같은 집에 살 때를 말한 것이지, 만약 다른 집에 살면 아우의 처는 스스로 3년 동안 궤전을 올리니, 또한 주상(主喪)이 기년복을 입는다고 하여 기년에 그쳐서는 안 된다. 마땅히 「상복소기」의 '3년복이 있는 자는 반드시 두 번의 제사를 한다'는 예를 행하여야 옳다.

무릇 기년복은 처상(妻喪)에 준하여 복이 끝나면 궤전(饋奠) 또한 따라서 철거하고, 그 나머지는 고례에 의거하여 졸곡을 하고 그치는 것이 가하다. ○【성재안설】『문해』에는 "아우에게 비록 자식이 없더라도 졸곡 뒤에 궤연을 철거하는 것은 차마 하지 못할 바가 있으니, 처상(妻喪)대로 기년 뒤에 철거한다" 하였다. 여기에는 동궁(同宮)·이궁(異宮)의 구별을 말하지 않았고, 또한 동춘(同春)이 물은 것은 처자가 없는 경우인데 다만 자식이 없는 경우로만 답했으니, 아마 분명히 알지 못했던 것 같으므로, 살펴서 조처함이 마땅하다.

期之喪 服盡而徹几筵.

【類說】 十三月祥後 便徹几筵 禮之正也.

按 弟死而有妻子 則子雖幼立之 兄爲攝主 三年不徹几筵. 若無子而但有妻 則妻無主喪之禮 而兄爲主喪 期服盡後 恐不可仍留几筵. 何也. 妻喪夫爲主 雖有子不得不於期而徹几筵也. 妻之杖期重於弟之不杖期 而猶不敢越禮 則弟之几筵 當徹無嫌也. 而雖具無妻子 亦當至期可也. 然此只以同宮言 若異宮而弟之妻 自奉三年饋奠 則亦不可以主喪之服期 而止於期也. 當依小記有三年者 則必爲之再祭之禮 行之可也.

凡期準妻喪服盡 則饋亦隨而徹 其餘依古禮 卒哭而止 抑可也. ○【按】問解弟雖無子 卒哭後徹几筵 有所不忍 依妻喪期後徹之. 此不言同宮異宮之別 且同春之所問者 無妻子者 而只以無子答之者 恐欠分曉 當審處之.

3-9. 상제(祥祭) 뒤에는 곡하는 일이 없다. ○혜·장을 먹는다. 「상대기」

祥而外無哭者. ○食醯醬. 喪大記

4. 상제변의〔祥辨疑〕

4-1. 먼저 기한이 찬 자는 먼저 벗고, 뒤에 기한이 찬 자는 뒤에 벗는다.

소상장에 자세히 보인다.

先滿者先除 後滿者後除.

詳見小祥章.

4-2. 아버지 상에 아직 상을 마치지 않았는데 어머니 상이 났으면, 아버지 상을 벗을 때는 그 벗을 복을 입고, 일을 마치고는 다시 어머니 상복을 입는다. 「잡기」

> <주>“제복(除服)은 상제(祥祭)의 복이다.” <소>에 “복을 바꾸고 벗는 일은 큰 일이다” 하였고, 또 “어머니 상의 장사를 지내지 않았는데, 아버지의 소상(小祥)이나 대상(大祥)이 되면 그 상제(祥祭)의 복을 입을 수 없다” 하였다.

父之喪如未沒喪而母喪　其除父喪也　服其除服　卒事反喪服. 雜記

> 【註】除服　祥祭之服也. 【疏】變除事　大故也. 又曰　母喪未葬　而值父二祥　不得服其祥服也.

4-3. 비록 제부(諸父)・곤제의 상이라도 부모의 상을 당하면, 그 제부・곤제의 상복을 벗을 적에는 모두 그 벗을 복을 입고, 일을 마치고 다시 부모의 상복을 입는다. 「잡기」

> 【소】무거운 상[重喪]의 장사를 치르고 난 뒤이다.

雖諸父昆弟之喪　如當父母之喪　其除諸父昆弟之喪也　皆服其除喪之服　卒事反喪服. 雜記

> 【疏】重喪葬後之時.

4-4. 3년상에서 후상(後喪)의 경질을 이미 두른 뒤에는 전상(前喪)의 연제(練祭)와 상제(祥祭)를 모두 행한다. 「잡기」

> 【소】전후 모두 3년상을 당했을 때, 후상(後喪)의 갈(葛)을 받은 후라야 전상(前喪)의 연상(練祥)을 행할 수 있고, 이미 경질을 두른 자는

후상의 우제·졸곡을 지내야만 마(麻)를 갈(葛)로 바꿀 수 있다. 갈이 없는 고장에서는 경질을 쓴다. ○『유편』 후상 3년상의 경질을 두른 뒤에라야 전상 3년상의 연제와 상제를 행할 수 있으니, 후상이 기년상이면 경질을 하기 전이라도 3년상의 연제를 행할 수 있음을 알겠다. 어머니를 위한 연제와 상제는 비록 백부(伯父)를 장사지내기 전이라도 집을 달리하여 사는 자가 행하지 못할 이치는 없다. ○【성재안설】 조부상에 빈(殯)을 만든 이후에는, 지손으로서 다른 집에 사는 자는 그 부모의 연제와 상제를 행할 수 있다. ○나머지는 소상장 '변의'조에 보인다.

三年之喪旣穎 其練祥皆行. 雜記

【疏】前後俱遭三年之喪 後喪旣受葛之後 得爲前喪練祥 旣穎者後喪旣虞卒哭 變麻爲葛 無葛之鄕 用穎. ○【類編】後喪三年 旣穎之後 得行前喪三年之練祥 則知後喪期年未穎之前 得爲三年之喪而行練也. 爲母練祥之祭 雖伯父未葬 其異宮者 未有不可行之理. ○【按】祖父喪殯後 支孫異居者 其父母練祥可行. ○餘見小祥章辨疑條.

4-5. 부모의 상에 장차 제사◉연제(練祭)와 상제(祥祭)의 두 제사를 지내려 할 때 곤제(昆弟)가 죽었다면, 그 빈(殯)을 하고 나서 부모의 제사를 지내고, 만약 같은 집이라면 비록 신첩(臣妾)이라도 장사를 치른 뒤에 부모의 제사를 지낸다. 「잡기」

【소】 시구(尸柩)는 지극히 흉하니 서로 간여해서는 안 되고, 만약 상구(喪柩)라면 제거하여 석 달까지 기다리지 않는다.

父母之喪 將祭練祥兩祭 而昆弟死 殯而祭 如同宮則雖臣妾 葬而後祭. 雜記

【疏】尸柩至凶 不可相干 若喪柩則去 不待三月.

4-6. 적손(適孫)이 승중하여 장차 조부모상의 대상(大祥)을 행하려 할 때 어머니 상을 당하면, 장사를 치른 뒤에 택일하여 대상제를 행하고, 만약 숙부들이 있다면 아침 궤전(饋奠)에 곡을 하고 복을 벗는다.

【성재안설】 함께 당한 상이 전상과 후상 모두 3년상이면, 후상의 경질을 두른 뒤에 전상의 연제와 상제를 행하는 것이 곧 예이다. 옛날의 연제와 상제는 반드시 택일을 하여 행하는 것이 또한 예였다. 적손이 상복을 벗는 것은 어머니 상의 졸곡 뒤에 행함이 마땅하다. 만약 숙부가 있다면 적손 때문에 복을 벗지 않는 것은 불가하고, 또 같은 집에 상이 났기 때문에 그 제사를 대신 행할 수가 없으니, 마땅히 주자의 '먼저 기한이 찬 자는 먼저 벗는다[先滿先除]'는 설을 참조하여, 아침 상식(上食)에 곡을 하고 복을 벗는 것이 예의 뜻에 합당할 것 같다. 그러나 모름지기 후상의 빈(殯)을 한 뒤에 행함이 옳을 듯하다. ○【성재안설】 또 전상 25개월에 대상을 행하려 할 때 후상을 당하여 3개월 만에 장사를 지내면, 이는 전상이 27개월이 되어 담제를 지낼 시기인지라 상기가 아직 끝나지 않았으니, 상제를 물려서 행함이 옳다. 만약 후상의 장사 기일이 연기되어 시기를 넘기게 되면, 전상에도 변제(變除)의 절차가 없어지게 되어, 입묘(入廟)·철연(徹筵) 등의 예가 모두 어긋나니, 여기에는 헤아려 재량함이 있어야 한다.

適孫承重 祖父母之喪 將大祥而遭母喪 葬後擇日行祥祭 如有諸叔父 哭除於朝饋.

按 俱遭前後三年之喪 而後喪旣穎之後 行前喪之練祥 乃是禮也. 古之練祥必擇日而行亦禮也. 則適孫除喪 當在母喪卒哭後.

而若有叔父 則不可以適孫之故 不除其服 又不可以同宮之喪 攝
行其祭也. 然則當以朱子先滿先除之說旁照 而哭除於朝上食 恐
合禮意也. 然須待後喪殯後行之 似可也. ○又按 前喪二十五月
將祥 而遇後喪 三月而葬 則是前喪二十七月 而禫之時矣 喪期
未畢矣 退行祥祭 可也. 若後喪葬期 遷延過時 則前喪將無變除
之節 而入廟徹筵等禮 亦皆差失 此合有商量也.

4-7. 적손이 승중상(承重喪)을 치르는 중에 그 어머니의 대상(大祥)이 되면, 그 벗을 복을 입고서 일을 마치고, 다시 상복으로 돌아온다.

『유편』 상제(祥祭)에는 절차를 줄이는 의리가 없다. ○백부의 장사를 치르기 전이라도 어머니의 연제나 상제는 지내는데, 대개 집을 달리하여 사는 자는 행하지 못할 예가 없다.

適孫承重喪中 其母之大祥 服其除喪之服 卒事反喪服.

【類編】祥祭無殺節之義. ○雖伯父未葬 爲母練祥 盖異宮者 無不可行之禮也.

4-8. 위인후자(爲人後者)가 3년상의 연제나 상제를 행하려 할 때 본생친(本生親)의 상을 당하면, 장사를 치른 뒤에 택일하여 연제나 상제를 행한다.

『유편』 본생친은 비록 강복(降服)하여 기년상에 해당하지만 다른 기년상과는 구별이 있으니, 바야흐로 곡을 하고 가슴을 치는 초상 중에 있다면, 비록 연제나 상제라도 또한 장례가 끝나기까지 늦추어 기다려서, 동궁(同宮)에 주검이 있는 경우와 견주어야 할 듯하다. ○【성재안설】3년상을 함께 당했다면 이미 경질을 하고 나서 연제와 상제를 행함이 예이나, 본부모(本父母)에게 비록 기년복으로 강복하여도 본디는 3년복이고 또 심상(心喪)으로 3년을 마치니, 곧 성호가 논한 바 '다른 기년복과 구별이 있다'는 것이 이것이다. 혹자는 '곤제가 죽으면 이미 빈을 하고 나서 제사를 지내는 예'를 가지고 '기년복에는 제사를 지냄이 마땅하다'는 증거로 삼는다. 그러나 소생부모(所生父母)는 곤제에 견줄 것이 아니다.

爲人後者 三年之喪將祭 而遭本生親喪 葬後擇日行練祥.

【類編】本生親 雖降而在期 與他期有別 方在哭擗中 雖緦祥 亦恐遲待 旣葬 比同宮有死之例. ○【按】俱遭三年之喪 旣穎而行緦祥乃禮也 則本父母雖降而爲期 本是三年之服也 且以心喪終三年 則星湖所論 與他期有別者 是也. 或以昆弟死 旣殯而祭之禮 爲期服當祭之證 然所生父母 非晜弟之比也.

4-9. 본생친의 상에 복을 벗으려고 할 때 소후(所後)의 3년상을 당하면, 졸곡 뒤에 복을 벗는다.

【성재안설】본생형제(本生兄弟)가 스스로 연제나 상제를 행하면, 자기는 비록 변제(變除)하지 않더라도 들어가 곡은 하지 않을 수 없으니, 방립(方笠)에 심의(深衣)로 제사에 참여함이 마땅할 듯하나, 또한 모름지기 소후상(所後喪)의 빈(殯)을 한 뒤라야 가능하다.

本生親喪將除服 而遭所後三年喪 卒哭後除服.

【按】本生兄弟 自行練祥之祭 則己雖不變除 亦不可不入哭 恐當以方笠深衣參祭 然亦須所後喪殯後 可也.

4-10. 어머니 상의 2주기 제사는 아버지 상의 장사를 치르기 전에

는 행할 수 없고, 시일이 지났으면 제사하지 않는다.

【성재안설】 아버지가 살아 계실 때 어머니가 죽어 이미 상제(祥祭)와 담제(禫祭)가 지났으면, 2주기의 제사는 곧 기일(忌日)이다. 기일을 비록 '상의 여분[喪餘]'이라 하고, 2주기의 제사가 또 평범한 기일과는 구별이 있지마는, 그러나 또한 본디 연제나 상제와는 동일하지 않다. 연제와 상제도 오히려 경질을 한 뒤까지 기다리며, 같은 집에 죽음이 있을 경우 석 달이 되도록 제사를 거행하지 않음은 신첩(臣妾)에게도 오히려 그러한데, 하물며 아버지의 장사를 치르기 전이랴! 또한 기년에 이미 궤연을 거두고 신주(神主)가 사당에 들어갔으니, 아버지가 죽은 후에 만약 예에 따라서 사당의 여러 신주를 거두어 보관하면 어머니 신주도 보관하는 신주 가운데 있을 터인데, 다른 여러 신주에는 제사를 지내지 않으면서 유독 어머니 신주만 꺼내어 제사를 지낸다면 더욱 미안한 일이다. 다만 이 날 자리를 진설하여 슬픔을 다하여 곡을 한다. 심상의 복에 있어서는, 아버지의 장사를 치른 뒤에 또 자리를 진설하여 곡을 하고 복을 벗음이 합당할 듯하다.

일찍이 『유편』을 보니 "부재모상(父在母喪)은 기년복으로 상이 끝나며, 2주기는 상(祥)이 아니다. 시일이 지나서는 거행하지 않음이 옳다. 아들들의 심상(心喪)의 복은 묘소에서 곡을 하고 복을 벗고, 신위(神位)에는 그대로 일이 없는 것이다" 하였다. 【성재안설】 이는 아버지가 계시면서 그 때 다른 연고가 있어 제사를 지내지 않은 경우를 일컫은 것이니, 비록 아버지가 돌아가시고 장사를 아직 치르지 못한 경우와는 다름이 있어 그 제사를 행할 수 없고 물려서 행할 수도 없지마는, 심상의 복을 벗는 데는 다름이 없다. 그러므로 아울러 나타내어 놓는다.

母喪再期之祭　父喪葬前不可行　過時不祭.

按 父生時 母死已經祥禫 則再忌之祭 便是忌日也. 忌日雖曰喪
餘 再期之祭 又雖與凡忌有別. 然亦自與練祥不同. 練祥猶待旣
穎之後 則有死於同宮三月不擧祭 臣妾尙然 況父未葬之前乎.
且期已徹几筵 而主入廟矣, 父死之後 若依禮 徹盝廟之主而藏
之 則母之主 亦必在藏主之中, 羣主則不祭 而獨出母主而祭之
尤涉未安. 但於是日 設位哭盡哀. 至於心喪之服 父葬後 又設位
哭除 恐當.

> 嘗見類編云 父在爲母 朞服喪畢 再朞非祥也. 過時不擧 固是. 諸子心
> 服 哭除於墓所 神位遂無事耳.【按】此謂父在時 有他故不祭者 則雖與
> 父死未葬有異 而其不得行祀與不得退行 而心服除 則無異 故並著焉.

4-11. 전상(前喪)의 연제나 상제는 후상(後喪)의 장사지내는 달에도 행할 수 있다.

> 졸곡 전에는 행할 수 없다. ○『유편』 "「상복소기」에 '3년이 지난 뒤
> 에 장사를 지내는 자는 반드시 두 번 제사를 지내는데, 그 사이에 시일
> 을 달리하여 상복을 벗는다'고 하였는데, 이는 장사를 치르는 달에 연
> 제와 상제 두 제사를 행할 수 없기 때문이다. 지금은 이미 이와 달리
> 전상을 마쳐야 마땅한데 마치지 못한 것은 단지 후상의 장사를 아직
> 치르지 않았기 때문이다. 이제 이미 장사를 치렀으니 다음달을 기다릴
> 필요가 없다. 그러므로 이 달에 정하여 행사를 하고, 다음달에 대상을
> 지내며, 담제는 다시 하지 않는다." ○【성재안설】 후상의 장사를 이미
> 치렀다면, 그 달 중에 전상의 제사를 행할 수 있고, 만약 그믐에 장사를
> 치렀으면 부득불 다음달에 행한다.

前喪練祥 後喪葬月亦可行也.

> 卒哭前則不可行. ○【類編】日小記三年而後葬者 必再祭 其間不同時
> 而除喪 此則不可以葬月行二祥故也. 今旣異於是 前喪當畢 不畢者 只

以後喪未葬. 今旣葬矣 不必待次月 故定以是月行事 次月大祥而不復
禫矣. ○【按】後喪旣葬 則於其月中 可行前喪之祭 而若葬在月晦 則不
得不於次月行之矣.

4-12. 처상(妻喪)의 연제나 상제를 지내려고 하는데 3년상을 당하면, 졸곡을 지낸 뒤에 처상의 제사를 행한다.

【『문해』】부상(父喪)의 경질을 하고 나서, 아내의 연제나 상제 두 제사를 행한다. ○이는 11개월의 연제와 13개월의 상제를 말함이다.

妻喪練祥將行 遭三年之喪 則卒哭後 行妻之祭.

【問解】父喪旣穎之後 方行妻之二祥. ○此謂十一月練 十三月祥.

4-13. 처상(妻喪)의 기일을 넘기면, 제사를 주관하는 자는 조복(弔服)과 같은 소복(素服)을 입는다.

주자가 "사마씨는 '대상과 소상의 제사에 이미 복을 벗은 자가 모두 제사에 참여한다' 하였으니, 제를 주관하는 자가 이미 복을 벗었더라도 제사를 주관함에 무슨 방해가 되겠는가? 다만 순수하게 길복(吉服)을 사용하는 것은 불가하니, 모름지기 조복이나 기일의 복장과 같아야 하겠다" 하였다. 또 "지금의 예에는 궤연을 반드시 3년 뒤에 없애니, 소상과 대상의 제사에도 남편은 모름지기 소복을 입어야 할 것 같다"고 하였다. ○【성재안설】송나라 때는 부재모상(父在母喪) 또한 3년상이었기 때문에 '3년 궤연'이란 말이 있었으나, 지금은 이미 고례에 따라 장기(杖期)로 하니, 재기(再期) 때는 남편이 복이 없더라도 또한 제사를 주관함이 마땅하다.

妻喪踰期 主祭素服 如弔服.

朱子曰 司馬氏 大小祥祭已除服者 皆與祭 則主祭者 雖已除服 何害於

主祭乎. 但不可純用吉服　須如弔服及忌日之服. 又曰今禮几筵必三年
而後除　則小祥大祥之祭　夫亦恐須素服. ○【按】宋時父在母喪亦三年
故有三年几筵之語　而今旣從古禮爲杖期　則其再期之時　夫雖無服亦當
主祭.

4-14. 상제(祥祭)에 사고가 있으면 물려서 행한다.

『유편』 상제를 우환으로 거행하지 못하는 자는 신주를 낼 때 '부득이
하여 물려서 행하는 사유'를 고한다. 제사의 축문에 있어서는 본디 사
례대로 할 따름이다. 무릇 상제에는 신주를 내오는 축문이 없는데, 이
는 변경된 절차인지라 이렇게 하지 않을 수가 없다. 말은 단지 '상기(祥
期)가 이미 지났으나 근심과 질병으로 겨를이 없어, 이제야 비로소 날
을 잡아 물려서 행하오니 망극함을 이기지 못하나이다' 한다. 【성재안
설】 3년 안의 제례(祭禮)에는 신주를 내는 고사[出主告詞]가 없으니,
지어냄은 마땅치 않다. 다만 상제 전날 저녁 궤전(饋奠)을 올릴 때 사
유를 고함이 좋을 듯하다. 또한 고례에는 기일(忌日)을 쓰지 않고 날을
잡아 제사를 행하는 사례가 있었다. 만약 기일(忌日)이 상순(上旬) 전
에 있으면, 중순이나 하순을 기다려 행하고, 장차 상제 지낼 달을 지날
형편이라면 고유(告由)하는 것도 혹 가할 듯하다. 그러나 지금 풍속에
는 반드시 기일에 제사를 행하는 것이 예법 제도가 되었으니, 중론을
따라도 허물이 없다.

祥祭有故　退行.

【類編】祥祭　以憂患不擧者　出主時　告以不得已退行之意. 至於祭祝　自
依例耳. 凡祥祭　無出主祝　此則變節　不得不如是措辭. 只云祥期已過
憂病未遑　今始筮日退行　不勝罔極. ○【按】三年內祭禮　無出主告詞　則
不宜創出. 但於祥祭前夕饋時　告由似可矣. 且古禮　則不用忌日　有卜日
行祭之例. 若忌日在上旬前　則且待中下旬行之　勢將過祥月　然後乃告
由　又或可也. 然今俗必以忌日行祀　便成禮制　從衆無過矣.

4-15. 3년 이후에 장사를 지내는 자는 반드시 두 번 제사를 지낸다. 「상복소기」

【『개원례』】 부모의 상에 1주기가 지나서 장사를 지내는 자는 장사를 치른 다음달에 소상(小祥)을 지내고, 그 대상(大祥)은 2주기의 예에 따른다. 담제(禫祭)도 이와 같다. 2주기 이후에 장사를 지내는 자는 장사를 지낸 다음달에 연제(練祭)를 지내고, 또 다음달에 대상(大祥)을 지내고, 상제를 지내고는 곧 길복으로 가며, 담제는 다시 지내지 않는다. 2주기가 되지 않아서 장사를 지내면 25개월에 연제를 지내고, 26개월에 대상을 지내고, 27개월에 담제를 지낸다. 3년 이후에 장사를 지내는 자는 반드시 두 번 제사를 지내되, 시일이 같아서는 안 된다. 만약 이 달에 연제를 지내고 수질을 벗었다면, 다음달에 상제를 지내고 최복을 벗는다. ○나머지는 소상장에 보인다.

三年以後 葬者 必再祭. 小記

【開元禮】 父母之喪 周而葬者 則以葬之後月小祥 其大祥依再周之禮. 禫亦如之. 再周而後葬 則以葬之後月練 又後月大祥 祥而卽吉 無復禫矣. 未再周葬 則以二十五月練 二十六月祥 二十七月禫. 三年而後葬者 必再祭 不可同時. 如此月練祭 除首絰 次月祥祭 除衰服. ○餘見小祥章.

4-16. 효자가 추복(追服)하여 미처 상제를 지내거나 복을 벗지 못했더라도 새 신주는 사당에 들어가야 마땅하다.

【성재안설】『대대례』에는 새 신주가 사당에 들어가는 데 원래 정해진 기일이 있다. 이로써 본다면 주상(主喪)이 복을 벗지 않았다고 하여, 시일과 달을 연기하여 신주를 사당에 들이지 않아서는 안 된다. 효자가 곡을 하고 싶으면 따로 여막이 있어서 생각나면 곡을 하는 것이다. 어찌 꼭 궤연을 그대로 남겨두어야만 곡

을 하겠는가?

孝子追服 未及祥除 新主當入廟.
  按 大戴禮 新主入廟 原有定期. 以此觀之 不可以主喪之未除服
  遷延時月而主不入廟也. 孝子欲哭 則自有倚廬 思憶則哭. 何必
  仍留几筵 而後可哭乎.

5. 담제〔禫〕

　　【「사우례」 기】 중월(中月)에 담제를 지낸다. 【주】 중(中)은 사이[間]
와 같다. 담(禫)은 제사 이름이다. 대상(大祥)과 한 달 간격을 두니, 초
상 때부터 담제까지 모두 27개월이다. 담(禫)은 담담하게 평안하다는
뜻이다. ○【「상복소기」】 부모·처·장자를 위해 담제를 지낸다. 【소】
처가 남편을 위해서도 담제를 지낸다. ○서자(庶子)가 아버지의 집에
있으면, 그 어머니를 위해 담제를 지내지 않는다. 【소】 자모(慈母)에게
도 담제를 지내야 마땅하나, 아버지의 집에 있으면 역시 담제를 지내지
않는다. 【소】 또 아버지가 계시면 적자가 처를 위해서 부장기(不杖期)
이니, 부장기면 담제를 지내지 않는다. 【「상복소기」】 종자(宗子)는 어
머니가 살아 계셔도 처를 위해 담제를 지낸다. ○'3년 이후에 장사를
지낸 자' <주>에 "이미 대상을 지냈으면 상을 벗고 담제는 지내지 않
는다" 하였다. ○【『통전』】 출모(出母)에게는 장기(杖期)의 복을 입는
데, 장기에는 반드시 여막에 거처하고, 여막에 거처하는 자는 반드시
담제를 지낸다.79) 【「단궁」 소】 "혹은 출모(出母)를 위해서는 담제를
지내지 않는다고도 한다." 【성재안설】 출모에게는 장기의 복을 입고,
장기의 복에는 본래 담제가 있으니, 『통전』의 설이 옳다. <소>에 말한
바 '혹언(或言)'의 '혹(或)'은 의심하는 말이다. ○하순(賀循)은 "장기의
복을 입는 자는 반드시 담제를 지낸다"고 하였다. ○【『유편』】 2주기 이

---

79) 『통전』 권90, 예59, 연혁25, 흉례12.

후에 장사를 지낸 자는 25개월에 연제, 26개월에 상제, 27개월에 담제를 지내는데, 혹시 상제가 27개월에 있게 되면, 대상의 제사는 먼저 하순의 정(丁)일이나 해(亥)일로 날을 잡고, 또 하순 중에 담제를 지낸다. ○『유집』 공자는 5일이 되어서 거문고를 탔다고 했는데, 필시 담제나 길제를 지낸 다음일 것이다. 대개 옛날에는 상제 뒤에 곧 담제를 지냈으니, 대상 뒤에 택일하여 담제를 지내고, 담제 뒤에 택일하여 길제를 행하였다. 담제와 길제가 5일 이내에 있었으므로 공자가 거문고를 탄 것이다. 【성재안설】 옛날에 날을 잡을 때는 반드시 정(丁)일이나 해(亥)일을 사용하였다. 흉사(凶事)에는 먼 날을 우선하니 하순이고, 길사(吉事)에는 가까운 날을 우선하니 상순이다. 5일 이내에는 아마도 세 번의 정(丁)일과 세 번의 해(亥)일이 없을 것인데, 어떻게 상제와 담제와 길제를 아울러 행하겠는가? 성호는 '기상(旣祥)'의 '상(祥)'을 '담상(禫祥)'이라고 했는데, 옛사람들은 담제(禫祭)를 담상(禫祥)이라고도 칭하였다.

【士虞 記】中月而禫.【註】中猶間也 禫祭名也 與大祥間一月 自喪至此 凡二十七月. 禫之言澹澹然平安意也. ○【小記】爲父母妻長子禫.【疏】妻爲夫亦禫. ○庶子在父之室 則爲其母不禫.【疏】慈母亦宜禫也 而在父室亦不禫. ○又【疏】父在適子爲妻不杖 不杖則不禫.【小記】宗子母在爲妻禫. ○三年而後葬者【註】已祥則除不禫. ○【通典】出母服杖 杖必居廬 居廬者必禫. ○【檀弓 疏】云或言爲出母無禫.【按】出母服杖期 杖期本有禫 通典說是也. 疏說所云 或言之或 疑辭也. ○賀循曰 杖者必禫. ○【類編】再周而後葬者 以二十五月練 二十六月祥 二十七月禫 其或祥在二十七月大祥之祭 先卜於下旬或丁或亥 而又禫於旬中. ○【類輯】有云孔子五日彈琴 必在禫及吉祭之後. 盖古者祥後便禫 大祥後擇日行禫 禫後擇日行吉祭. 禫與吉在五日之內 故孔子彈琴.【按】古之筮日必用丁亥. 凶事先遠日下旬也 吉事先近日上旬也. 五日之內 恐無三丁三亥 何以並行祥祭禫祭吉祭耶. 星湖以旣祥之祥爲禫祥 而古人禫祭 亦稱禫祥云.

담복도구[禫服之具]

【「간전」】담제에는 섬(纖)을 쓴다. 【주】흑색을 날줄[經]로 하고, 백색을 씨줄[緯]로 한 것을 섬이라 한다. ○섬은 혹 침(綅)이라 하기도 한다. ○『통해속』「담복도」】 이미 제사를 지내고 나면 조복(朝服)을 입고 섬관(纖冠)을 한다. ○【성재안설】 우리 풍속에는 검은 실을 날줄로 삼고 흰 실을 씨줄로 삼는 것이 없고, 단지 삼베를 사용하되 옅은 흑색을 물들여 대용하고, 오직 갓과 대(帶)만 그렇게 한다.

【間傳】禫而纖. 【註】黑經白緯曰纖. ○纖或作綅. ○【通解續 禫服圖】旣祭朝服纖冠. ○【按】東俗無黑經白緯者 只用麻布淡黑染之以代用而惟笠與帶爲然.

[묵포립(墨布笠)]
검은 베로 갓끈[纓]을 한다. ○『문해』】 거친 흑립(黑笠)이다. ○지금은 침관(綅冠)80)과 참사(黲紗)81)로 된 두건[幞頭]이 없고, 흑립을 통용한다.

墨布纓. ○【問解】 麁黑笠. ○今無綅冠及黲紗 幞頭通用黑笠.

[묵포대(墨布帶)]

[추총망건(麤驄網巾)]
검은 색으로 꾸미고 검은 갓끈을 한다.

黑飾黑纓.

[백포직령(白布直領)]
우리 풍속에는 참포삼(黲布衫)이 없고, 모두 대상 때의 포직령(布直領)을 그대로 쓴다. ○성호는 "직령과 도포(道袍) 등은 소복(素服)으로 경

---

80) 침관(綅冠): 흑백이 교직(交織)된 관.
81) 참사(黲紗): 검푸른 색으로 짠 엷고 가는 외올 직물.

중의 구별이 없다” 하였다.

東俗 無黲布衫 盖仍用大祥時布直領. ○星湖曰 直領道袍等 是素服 無
輕重之別.

[숙마혜(熟麻鞋)]

부인의 치마·저고리는 옥색(玉色)이다.

婦人衣裳 玉色.

재최 장기(杖期)의 담복은 백포의(白布衣)·참립(黲笠)·참대
(黲帶)이다.『보편』

성호는 “처의 상에는 참대도 가능하다” 하였다. ○【성재안설】 야곡(冶
谷)은 “남편이 아내를 위한 상제와 담제를 지내면, 이미 대상을 지낸
뒤의 관으로는 여전히 초립(草笠)이나 혹은 참립을 쓴다” 하였다. 야곡
의 시대에는 처의 상제와 담제에 길복(吉服)을 사용하지 않았음이다.

齊衰杖期禫服白布衣黲笠黲帶. 補編

星湖曰 妻喪 黲帶亦可. ○【按】冶谷云 夫爲妻祥禫 則其旣祥之冠 依
舊用草笠或黲笠. 冶谷之時 妻祥禫 不用吉服.

5-1. 대상 뒤 한 달을 가운데 두고 담제를 지낸다.『가례』

【성재안설】 정현(鄭玄)은 중월(中月)은 사이에 한 달을 두는 것이라 하
였고, 왕숙(王肅)은 월중(月中)이라고 하였는데, 주자는 정현을 따랐다.

사이에 한 달을 둠이다. 초상으로부터 여기까지, 윤달을 계산하
지 않고 모두 27개월이다.

장자(張子)는 “3년상은 25개월에 끝나고, 또 두 달에 담제가 되니, 아

마 27개월인 듯하다” 하였다. ○주자는 “한 해가 한 번 돌면 천도(天道)가 온통 변하고, 인심도 따라서 변한다. 오직 사람의 자식만은 어버이에게 효도하기 때문에 두 번이나 변하여도 오히려 잊지 못하고, 또 한 계절을 계속한다” 하였다. 또 “달을 중간[中月]에 두고 담제를 지낸다는 것은 가운데 하나[中一]를 건너 위로 부(祔)한다는 것과 마찬가지이다” 하였다.

大祥之後 中月而禫. 家禮

【按】鄭玄以中月爲間一月 王肅以爲月中 朱子從鄭.

間一月也 自喪至此 不計閏 凡二十七月.

張子曰 三年之喪 二十五月而畢 又兩月爲禫 恐二十七月. ○朱子曰 歲一周 則天道一變 人心亦隨而變. 惟人子孝於親 故至於再變猶未忘 又繼之以一時. 又曰中月而禫 猶曰中一以上而祔.

【성재안설】 왕숙의 ‘월중(月中)’이란 설은 실로 막히는 곳이 있다. 상제를 지내는 달에 담제를 행하여, 이 달이 만약 정제(正祭)의 달에 해당하면 또한 길제도 행하여야 할 것이다. 고례에는 상제(祥祭)에 반드시 날을 점치되 먼 날을 우선으로 잡았으니, 먼 날은 하순이다. 열흘 이내에 세 번 정일(丁日)이나 세 번 해일(亥日)이 없는데, 장차 하루에 세 번의 큰 제사를 행할 것인가? 비록 상제를 혹 상순으로 하더라도 담제의 날을 점치다가 중순이 불길하면 하순이 있을 따름이나, 담제와 길제를 같은 날 하기는 어려울 듯하다. 또한 후세의 상제는 반드시 기일을 사용하니, 그믐에 죽은 자는 그 달 가운데 담제를 행하려고 해도 할 수 있겠는가? 이것이 주자가 정현의 ‘한 달을 사이에 둔다’는 뜻을 따른 까닭이다.

차해(車垓)가 "중월(中月)에 담제를 지내는데, 정씨는 중(中)을 간(間)이라 하였고, 주자는 간일월(間一月)이라 하였다. 초상부터 여기까지 윤달을 계산하지 않고 모두 27개월이다. 상제(祥祭)와 담제가 한 달을 사이에 두고 있음을 말한다. 이 담복(禫服)을 이 달이 끝날 때까지 입고, 다음달 달이 바뀐 뒤에 길복(吉服)을 입는다" 하였다. ○진(晉)나라 태상경 우홍(牛弘)이 지은 『의례백권』에는 "3년상과 기년상에는 윤달을 헤아리지 않고, 대공(大功) 이하에는 헤아린다"고 제정해 놓았다. ○【『당률소의』[82]】 부모의 상에 담제에서는 복을 벗지 않은 자와 심상(心喪) 안에 있는 자는 모두 윤달을 계산하지 않는다. ○【『대명회전』】 조부모의 승중복을 입는 자와 적친(適親)의 부모상을 당한 관리는 직책을 해임하고, 상을 들은 날짜부터 시작하여 윤달은 셈하지 않고 27개월의 복(服)을 입는 기한이 차면 기복(起復)[83]한다. 【『대청률조례』[84]】 승중(承重) 조부모상과 적친(適親) 부모상에는 윤달을 헤아리지 않고 27개월이다.

按 王肅月中之說 實有窒礙處 祥月行禫 而是月若當正祭之月 則又將行吉祭也. 古禮祥必卜日而先卜遠日 遠日下旬也. 一旬之內 自無三丁或三亥之日 其將一日而行三大祭耶. 祥 雖或用上旬 卜禫 於中旬不吉則下旬而已 禫祭吉祭 恐難同日. 且後世祥祭 必用忌日 則死在晦日者 雖欲行禫於月中得乎. 此朱子所以從鄭玄間一月之義也.

車氏[垓]曰中月而禫 鄭氏曰中間也 朱子曰間一月也. 自初喪至此 不計閏 凡二十七月 謂祥祭與禫祭相間一月也. 服此禫服 盡此月之終 至次月改朔後 服吉服. ○晉太常卿 牛弘撰 儀禮百卷 定制三年及期喪不數

---

82) 『당률소의(唐律疏義)』: 당나라 장손무기(長孫無忌) 등이 왕명으로 편찬한 책. 총 30권 12편으로 구성된 현존하는 중국법률 서적 중 가장 오래된 책이다.

83) 기복(起復): 상(喪)이나 다른 연고를 당하여 임시로 해직한 관리를 다시 복직시키는 일.

84) 『대청률조례(大淸律條例)』: 『대청률례(大淸律例)』. 청나라 건륭(乾隆) 5년(1740) 왕명으로 간행된 『대청률(大淸律)』에 조례(條例)를 붙여 펴낸 47권의 법률서적.

閏 大功以下數之. ○【唐律疏議】父母喪禫制 未除及心喪內者 並不合計閏. ○【大明會典】承重祖父母及適親父母喪官吏 解部 仍以聞喪月日爲始 不計閏 二十七月服滿 起復.【大淸律條例】承重祖父母及適親父母喪 不計閏二十七月.

5-2. 기년상은 15개월에 담제한다. 「잡기」

하순은 "장기(杖朞)의 상에는 반드시 담제를 지낸다"고 하였다. ○『유편』에 "심상(心喪)은 복(服)이 없는 초상이다. 27개월이 되어 마치는데, 애모하는 마음은 또한 이 기일까지 늘여짐이 마땅하다"고 하였고, 또 "부재위모(父在爲母)의 상에는 15개월에 담제를 지내니, 27개월에 이르러 재차 담제를 지내지는 않으리라" 하였다. ○【성재안설】처를 위한 상에 담제는 자식이 없더라도 행한다. ○『기언』「처상의 담제제문」에 "일월이 머물지 않아 문득 담사(禫事)가 되었소. 죽음의 슬픈 회포가 이제 와 더욱 괴롭고, 여러 아이들은 초췌한 모습에 아픈 마음을 마구 꺾어 나의 슬픔을 더하게 하오. 천도(天道)가 바뀌어 예의 제도에 끝이 있지마는, 오호라! 상례의 기한은 다함이 있어도 사람의 정에는 끝이 없는 것은 어째서요?" 하였다. ○『상례통재』부재위모(父在爲母)의 상에 심상(心喪)을 지내면 비록 이미 담제를 행하였더라도 27개월의 그믐날에 이르러 곡만 하여 슬픔을 쏟아낸다.

期之喪 十五月而禫. 雜記

賀循曰 杖期必禫. ○【類編】心喪 無服之喪也. 二十七月而畢 哀慕之心 亦當延至此期 又曰父在爲母 十五月而禫 至二十七月不應再禫. ○【按】爲妻禫 雖無子亦行. ○【記言】 妻禫祭文 日月不居 奄及禫事 感悼悲懷 至此愈苦 諸兒憔悴 摧心疚懷 增我惻愴 天道變改 禮制有終 嗚呼 喪有盡而人之情無盡 何也. ○【喪禮通載】曰 父在爲母 心喪雖已 行禫祭 至二十七月晦日 惟哭而瀉哀.

5-3. 한 달 전의 하순에 날을 점친다.『가례』

정현은 "이는 길사(吉事)이니 가까운 날을 우선 하여 오직 상순의 날짜만 쓴다" 하였다.

하순의 첫머리에 다음달 삼순(三旬) 가운데 각기 하루씩 정일(丁日)이나 해일(亥日)을 택하여, 먼저 상순의 날을 점치고, 불길하면 중순의 날을 점치고, 또 불길하면 하순의 날을 쓰되 점치지 않는다.

【『가례』】 사당 문밖에서 향을 피워 놓고 배교(环珓)를 사용하여 소반에 배교를 던지는데, 하나는 엎어지고 하나는 젖혀지는 것을 길조로 한다. 지금 풍속에는 배교를 사용하여 점치지 않고, 다만 삼순(三旬) 중에 무고한 날을 택한다. ○배교(环珓)는 운서(韻書)에 "대나무를 쪼개서 만드는데, 길이는 2촌이고, 두 조각을 사용하되, 대나무의 겉과 속으로 엎어지고 젖혀지는 것으로 본다. 혹은 배효(笨筊)라고도 쓴다" 하였다.

주인은 이에 사당으로 들어가, 본 감실 앞에서 재배하고 분향한다. 축(祝)이 고사(告詞)를 잡고 주인의 좌측에서 꿇어앉아 고한다. 주인이 재배하고 내려오면, 축이 문을 닫고 물러난다.

비록 배교로 점치는 예를 사용하지 않더라도 이미 택일이 되면 본 감실에 고함이 마땅하다.

前一月下旬卜日. 家禮

鄭云 此吉事 先近日 惟用上旬.

下旬之首 擇來月三旬 各一日 或丁或亥 先卜上旬 不吉卜中旬 又不吉用下旬 不卜.

【家禮】用环珓於祠堂門外炷香 擲珓于盤 以一俯一仰爲吉. 今俗不用 珓卜 只擇三旬中無故日. ○环珓韻書 判竹爲之 其長二寸 用二片 以竹 之表裏爲俯仰 或作笨筊.

主人乃入祠堂 本龕前再拜焚香. 祝執告詞於主人之左跪告. 主
人再拜降 祝闔門退.

雖不用珓卜之禮 旣擇日 則當告于本龕.

고사(告詞). 『가례』

효자 모(某)는 장차 다음달 모일에 선조 모관부군께 경건히 담사
를 올리려 하기에 감히 고하나이다.

친속의 호칭에 따라 고친다.

孝子某 將以來月某日 祗薦禪事于 先考某官府君敢告.

屬稱隨改.

5-4. 기일 하루 전에 목욕하고, 자리를 마련하고, 그릇을 진설하고,
찬을 마련한다. 『가례』

영좌(靈座)가 예전에 있던 곳에 신위를 마련한다. 다른 것은 대
상(大祥)의 의식과 같다.

前期一日沐浴 設位陳器具饌. 家禮
設神位於靈座故處 他如大祥之儀.

5-5. 머물 곳을 마련하고, 담복을 진열한다.

우암은 "담제 뒤에는 조금 덜 흉한 옷을 입는다" 하였다.設次陳禪服.

尤庵曰 禪後着微凶之服.

5-6. 다음날 행사하는데, 모두 대상의 의식과 같다. 『가례』

우제부터 담제까지 모두 참신(參神)이 없고, 곡으로 대신한다.

다만 주인 이하가 사당에 나가서, 축이 신주 독(櫝)을 받들고 나서면, 주인 이하는 그를 따라서 자리로 간다. 독을 열면, 주인 이하는 모두 슬픔을 다하여 곡을 하고 나와서는, 머물 곳에 가서 복을 바꾸어 입고, 다시 들어와 곡을 하고, 강신(降神)을 하고, 삼헌(三獻)을 하면서 곡은 하지 않는다. 사신(辭神)에 이르면 이에 슬픔을 다하여 곡을 하고, 재배한다.

【성재안설】 신주가 비록 사당에 들어갔더라도 아직 부위(祔位)에 있으니, 담제를 지낼 때는 영좌를 두었던 예전 그 곳에 자리를 마련한다. 그러므로 『가례』에 신주를 내는 고사[出主告詞]가 없는 것은 27개월의 제도가 아직 끝나지 않았고 또한 날을 점치면서 이미 고하였기 때문이다. 구준의 『가례의절』에 신주를 내는 고사가 있는 것은 아마 『가례』의 뜻을 미처 몰라서인 듯하다.

厥明行事 皆如大祥之儀. 家禮

自虞至禫 並無參神以哭代之.

但主人以下 詣祠堂 祝奉主櫝而行 主人以下從之就位. 啓櫝主人以下皆哭盡哀 出就次 易服 復入哭 降神三獻不哭. 至辭神乃哭盡哀 再拜.

【按】 主雖入廟 尙在祔位 而禫時設位於靈座故處. 故家禮無出主告詞者 二十七月之制 猶未畢 且卜日而已告也. 丘儀之有出主告詞 恐未知家禮之意也.

축문(祝文)

모두 대상과 같다. 축문은 다만 '대상(大祥)'을 '담제(禫祭)'라 고
치고 '상사(祥事)'는 '담사(禫事)'로 고친다.

並同大祥. 祝但改大祥爲禫祭 祥事爲禫事.

5-7. 축이 신주를 받들고 사당에 들어가서 예전 있던 곳에 다시 안
치한다.

주인 이하는 곡을 하고 따르며, 사당에 이르면 곡을 하지 않는다.

祝奉主 入祠堂 還安故處.
　主人以下哭從 至祠堂不哭.

5-8. 담제를 지내고 나서는 안에서 곡하는 것이 없다. 「상대기」

禫而內無哭者. 喪大記

5-9. 비로소 단술[醴酒]을 마시되, 먼저 말린 고기를 먹는다. 「간전」
　　아래 '거상잡의(居喪雜儀)'에 보인다.

始飮醴酒 先食乾肉. 間傳
　　見下居喪雜儀.

5-10. 담복을 이 달이 끝날 때까지 입고, 달을 넘겨서[踰月] 길제를
지내고는 온전히 평소로 돌아가서, 술을 마시고 고기를 먹으며 침

소로 돌아간다.

以禫服終是月 踰月吉祭 而純吉飲酒食肉復寢.

5-11. 이 달에 담제를 지내고, 달을 넘겨서 음악을 사용한다. 「단궁」

【주】담제 다음달에 음악을 사용할 수 있다. ○【성재안설】이는 『논어』
의 '이날에 곡을 하시면'[85]이란 구절과 같은 것이다. 그 의미는 『정지
(鄭志)』에 상세히 보인다. 정자(程子)는 "대상제(大祥祭)의 고기를 받
고 거문고를 켰다고 하는 것은 아마 성인의 행동이 아닌 듯하다. 만약
슬픔을 잊지 못했다면, 공자가 이날 곡을 하시면 노래하지 않고 술을
마시거나 고기를 먹지 않고 슬픔을 온전히 하셨을 텐데, 하물며 거문고
를 켰다는 말이 옳겠는가? 만약 슬픔을 이미 잊었더라도 어찌 거문고
를 탈 수 있겠는가?" 하였다. ○이지봉[86]은 "노나라 사람 중에 아침에
대상(大祥)을 지내고 저녁에 노래하는 자가 있었는데, 공자가 '달을 넘
겼으면 좋다'고 했다. 또 공자는 이미 대상을 지내고 열흘이 지나 생황
을 불고 노래를 하였다. 나는 "공자가 이미 달을 넘겼으면 좋다고 했으
니, 어찌 담제를 지내지도 않고 생황을 불며 노래를 할 이치가 있겠는
가? 이는 의심스럽다"고 하겠다. ○성호는 "「간전」에 '담제 뒤에는 단
술을 마신다. 처음 술을 마시는 자는 먼저 단술을 마시고, 처음 고기를
먹는 자는 먼저 마른 고기를 먹는다' 하였고, 「상대기」에는 '상제(祥祭)
를 지내고는 고기를 먹는다'고 하였다. 상(祥)은 길(吉)이다. 기년(期
年)이 되어서 지내는 연제(練祭)를 소상(小祥)이라 하고, 27개월 뒤의
담제(禫祭)를 담상(禫祥)이라 하는데, 상(祥)이라고 하면 연제와 상제
와 담제를 포함하는 것이다. 「상대기」에 상(祥)이라고 하였으니, 담제
는 그 가운데 있다. 그러므로 고기를 먹고 술을 마신다고 한 것이다.
아침에 상제를 지내고 저녁에 노래를 부른다는 따위는 또한 그런 사례
이다" 하였다.

---

85) 『논어』 「술이」 9장 "子食於有喪者之側 未嘗飽也. 子於是日 哭則不歌."
86) 이지봉(李芝峰): 조선중기 학자 이수광(李晬光, 1563~1628)의 호가 지봉(芝峰). 자
는 윤경(潤卿). 명나라에 사신으로 가서 맛테오릿치의 『천주실의(天主實義)』를 들여
왔다. 실학의 선구자로 『지봉유설(芝峰類說)』을 편찬했다.

是月禫 徙月樂. 檀弓

【註】禫明月 可以用樂. ○【按】是讀如論語是日哭之 是其義詳見鄭志.
程子曰 受祥肉彈琴 恐不是聖人擧動. 使其哀未忘 則子於是日哭 則不
歌不飮酒食肉 以全哀 況彈琴可乎. 使其哀已忘 則何可彈琴. ○李芝峯
曰 魯人有朝祥而暮歌者 孔子曰 踰月則善矣. 又孔子旣祥十日而成笙
歌. 余謂孔子旣曰 踰月則善 安有未禫而成笙歌之理 是可疑也. ○星湖
曰 間傳禫而飮醴酒. 始飮酒者 先飮醴酒 始食肉者 先食乾肉 大記祥而
食肉. 祥吉也. 期而練曰小祥 二十七月而禫曰禫祥 言祥則練祥禫包之
矣. 大記稱祥則禫在其中. 故云食肉飮酒也. 朝祥暮歌之類 亦其例也.

6. 담제변의〔禫辨疑〕

6-1. 추후에 입후(立後)한 자와 추후에 성복(成服)한 자는, 물려서
달수를 계산하여 27개월에 이르러 담복(禫服)을 입는다.

【성재안설】 예에 이른바 '시기가 지나면 담제를 지내지 않는다'
는 것은 달수가 이미 지나 다시 복을 벗을 때가 없기에 담제를
지내지 않는 것이다. 추후에 성복한 자는 27개월에 이르러 담제
를 지내는 것이 예이니, 때가 지난 것이 아니다.◉ 성복일로부터 계산하
여 27개월이다. ○추후에 성복한 자는 신주가 이미 사당에 들어갔으니, 담제가 없고 담복만
입는다. 이는 3년 이후에 장사를 치르고 담제를 하지 않는 자와는
다름이 있다. 3년 이후에 장사를 치른 자는 2주기가 지났기 때문
에, 그 다음달에 연제를 지내고 또 다음달에 대상제를 지내어, 27
개월이 이미 지났으므로 담제를 지내지 않는 것이다.

【『유편』】 상의 소식을 뒤늦게 들은 자는, 주상(主喪)하는 자가 이미 담
복을 벗어서 지낼 제사가 없으면 반드시 정일(丁日)에 할 필요는 없고

삭일(朔日)에 벗어도 된다.

追後立後者及追後成服者 退計月數 至二十七月服禫.

按 禮所云 過時不禫者 月數已過而無復可除 故不禫也. 至於追
後成服者 二十七月 而禫乃禮也 非過時也.自成服日 計二十七月. ○追後成
服者 主已入廟 則無禫祭 只服禫服. 此與三年而後葬而不禫者有異. 盖三年
而後葬者 過再周 故後月練又後月祥 已過二十七月 所以不禫也.

【類編】聞喪後時者 主喪者 旣除禫無行祭 則不必以丁日 除於朔日亦可.

6-2. 형제가 담제를 지낼 때, 추복(追服)한 자도 들어와 참여한다.

【『유편』】담제에는 아직 곡을 하고 흐느껴 우는 절차가 있어서 아직
순길(純吉)이 되지는 않았고, 사당의 제사는 길사(吉事)지만 주자는 오
히려 묵최(墨衰)를 허용하였다. 장차 부모에 대한 행사를 하는 데 감히
참여하지 못한다면, 거의 예가 지나친 것이니, 흉복을 입고 들어가 참
여하는 것이 옳은 듯하다. 또 담제가 되었는데 초상의 소식을 늦게 들
어서 미처 복을 벗지 못한 자라고 어찌 참여하지 않을 수 있겠는가?
유독 혼자 빠지는 것은 아마 인정의 실정이 아닌 듯하다. 다만 별도의
자리에서 절하고 꿇어앉아 곡읍(哭泣)하는 것이 옳다.

兄弟行禫 追服者入參.

【類編】禫尙有哭泣之節 猶未至於純吉 廟祀吉事也 朱子尙許墨衰. 將
事於父母而不敢與焉 則殆於禮勝 凶服入參恐得. 又曰至於禫 聞喪晚而
未除服者 何可以不參耶. 獨自闕然 恐非情實. 但別位拜跪哭泣 可也.

6-3. 적자(適子)가 추복(追服)하여 비록 담복을 입을 때가 되지 않
았더라도, 담제 때 담복을 입는 자가 있으면 적자가 주관한다.

【『유편』】 27개월은 담제 때이다. 담복을 입을 자가 있으면, 비록 적자가 담복을 입지 않더라도 적자가 주관하고, 축문에는 담제라 칭한다. 자신의 담제는 초상 소식을 들은 때로부터 계산하여 27개월이 되는 상순에 곡을 하고 복을 벗되 전(奠)은 올리지 않는데, 이는 또한 적자(適子)나 지자(支子)의 구별이 없다.

適子追服 則雖未及禫 禫時有服禫者 適子主之.

【類編】 二十七月 禫時也. 有服禫者 則雖適子不禫 亦適子主之而祝稱禫祭. 己之禫從聞喪數起 至二十七月上旬哭除而不奠 亦適支無別耳.

6-4. 승중손(承重孫)이 어머니 상을 당하여 조부모의 담제를 행하지 못하더라도, 담제에 해당하는 숙부가 있으면, 자리를 마련하여 곡을 하고 복을 벗는다.

이는 장차 담제를 지내려는데 상을 당하여 아직 장사를 치르지 못한 자이다.
【『문해』】 숙부들이 어찌 적손의 일 때문에 복을 벗지 않아서야 되겠는가? 자리를 마련하여 곡을 하고 복을 벗는다. ○갈암은 “부인들과 차자(次子)들은 자리를 마련하여 곡을 하고 복을 벗는다” 하였다.

承重孫遭母喪 不得行祖父母禫 而有叔父當禫 則設位哭除.

此謂將禫而遭喪 未葬者也.

【問解】 諸父 豈可以適孫之故而不脫服 設位哭除. ○葛庵曰 諸婦次子 設位哭除.

6-5. 3년상이 한꺼번에 났으면, 전상의 담제는 후상의 장사를 치른 후에 행하고, 만약 담제 지낼 달이 지났으면 아니한다.

【성재안설】해상(偕喪)의 담제에 대하여 혹자는 흉할 때에 차마 길례를 행하지 못한다고 하나, 그렇다면 상중에는 도무지 담제를 행할 수가 없다. 이는 아마 경전의 뜻을 궁구하지 못한 듯하다. 예에 "궁중에서 죽음이 있으면, 석 달까지 제사를 거행하지 않는다"고 하였는데, 대개 시구(屍柩)가 지극히 흉하므로 길사와 흉사가 서로 간섭하지 않아서인 것이다. 장사를 치른 뒤가 되면 졸곡으로부터 이미 길제(吉祭)라고 하면서 마(麻)를 바꾸어 갈(葛)로 만든 상복을 입고, 소상에는 연복(練服)을 입고, 대상에는 호복(縞服)을 입고, 담제에는 섬복(纖服)을 입는데, 그 모두가 슬픔을 점차 줄여 길사로 향해 나가는 것이니, 길흉이 서로 간여하는 혐의는 없다. 하물며 담제는 순길(純吉)이 아니다. 전연(縓緣)과 황리(黃裏)[87]의 제도를 연제 후에 이미 허락하는데, 검은 색으로 날줄을 하고 흰 색으로 씨줄을 삼는 복을 유독 장사를 치른 뒤와 소상을 지낸 뒤에까지도 허락하지 않을 것인가? 「잡기」에는 "3년상에 이미 경질을 두르면, 그 연제와 상제는 모두 행한다"고 하였다. 여기에는 단지 연제와 상제만 말하고 담제에 대해서는 말하지 않았다. 대개 전상의 상복을 장차 벗으려 할 때 후상을 당하면, 전상의 연제나 상제는 갈을 받은 뒤로 물리고, 담제에 있어서는 시기가 지나면 거행하지 않는 것이므로 말하지 않았다. 어떻게 알 수 있는가? 가령 전상의 담제를 장차 정월에 행하려다가 후상을 당하여 3월에 장사지내면, 이미 담제 때가 지나서 29개월이 된다. 또 간혹 장차 대상제를 지내려는데 상을 만나서 이미 경질을 했으면 28개월이 되니, 그래서 담제가 없는 것이다.

---

87) 황리(黃裏): 황색으로 염색하여 의복의 안감으로 쓰는 것.

만약 후상의 장사가 전상의 담월 이전에 있다면, 오직 그 벗을 복을 입는다는 예에 따라, 전상의 끝이 있음을 보이는 것도 가할 듯하다.

퇴계는 "재최 기년복이 심상 3년을 펴면 담복을 입는데, 비록 무거운 복이 자신에게 있더라도 변제(變除)의 절차에는 마땅히 각기 제 복을 입고, 일을 마치면 무거운 복으로 돌아온다" 하였다. ○한강은 "부상(父喪)에 달을 넘기지 못하고 조모상(祖母喪)을 당하여 담제가 같은 달에 있으면, 먼저 날을 점쳐서 앞선 상의 담제를 행하고, 다음으로 날을 점쳐 뒤의 상의 담제를 행한다" 하였다. ○신퇴수(申退修)[88]는 "담제는 상중의 큰 절차이니 절로 길제(吉祭)와는 다른 점이 있다. 어찌 몸에 무거운 복을 띠고 임시로 길사(吉事)를 행하는 것이 미안하다고 제사를 폐할 수 있겠는가?" 하였다. ○여헌(旅軒)[89]은 "대상의 담제는 자신이 재최복을 입고 있다고 해서 그 일을 폐할 수 없다" 하였다. ○【『유설』】 담제와 길제는 차이가 있는데, 어찌 자신이 무거운 복을 입고 있다고 해서 제사를 폐하고, 숙부들만 자리를 마련하여 곡하고 상복을 벗게 할 따름이겠는가? ○【『유편』】 아버지 상중에 모상(母喪)의 상복을 벗을 때는, 벗을 복을 입는 것이 마땅하다. 무거운 상복을 입고 있는 중에 참립(黲笠)·참대(黲帶)를 입는 것이 비록 미안한 듯하나, 동등하게 흉사의 복장이니 행하지 못할 이치가 없다. 더구나 『예기』에서 "3년상에 이미 경질을 하면 연관(練冠)·전연(縓緣) 등을 한다" 하니, 예에서 허락한 바다. 『가례』의 '대상 복장으로 참사복두(黲紗幞頭)와 참포삼(黲布衫)'은 대상을 하기 전에 임시로 나가 뵙는 경우를 일컬음이니, 하물며 상복을 벗을 때 잠시 입는 것에는 의심의 여지가 없다. ○【성재안설】 옛날에는 상중에 담제가 없다는 설이 없었고, 여러 선생들이 모두 담제를 행하는 것이 옳다고 예에 근거하여 말한 것이 이처럼 또렷하다. 다만 후상의 졸곡 뒤에 전상의 담월이 지나거나 지나지

---

88) 신퇴수(申退修): 조선후기 학자 신근(申近, 1694~1764)의 호가 퇴수. 자는 이원(而遠). 예론에 밝았고 저서에는 『의례유설(疑禮類說)』이 있다.

89) 여헌(旅軒): 조선중기 문신·학자 장현광(張顯光 1554~1637)의 호. 자는 덕회(德晦), 시호는 문강(文康). 저서로는 『여헌문집(旅軒文集)』·『역학도설(易學圖說)』·『성리설(性理說)』 등이 있다.

않았거나 하는 것은 그다지 뚜렷하게 설명하지 못했기 때문에 사람들이 간혹 의심한다. 그러나 담월이 지나지 않았다면 27개월의 제도를 어찌 행하지 못하겠는가? 대개 3년이 되어 장사지내는 자가 25개월에 장사를 치르면, 26개월에 연제를 하고 27개월에 상제를 행하며, 28개월이면 담월을 지나기 때문에 담제를 행하지 않는 것이다.

並有三年喪 前喪禫祭 行於後喪葬後 若過禫月則否.

按 偕喪禫祭 或以爲不忍於凶時行吉禮 則喪中都不可行禫. 此恐未究經義也. 禮云有死於宮中 則三月不擧祭 盖以尸柩至凶 故吉凶不相干也. 至於葬後則自卒哭已謂之吉祭 而變麻服葛 小祥而練 大祥而縞 禫而纖 無非漸殺向吉 而無吉凶相干之嫌. 況禫非純吉也. 緣緣黃裏之制 旣許於練後 則黑經白緯之服 獨不許於葬後 若小祥後耶. 雜記曰 三年之喪 旣穎 其練祥皆行. 此但言練祥而不言禫者. 盖謂前喪將除之時而遭後喪 則前喪之或練或祥 可以退行於受葛之後 至於禫則過時不擧 故不言也. 何以知之. 假令前喪之禫將行於正月 而遭後喪三月而葬 則已過禫時而爲二十九月矣. 又或將祥而遭喪 以至旣穎則爲二十八月矣所以無禫也. 若後喪之葬 已在於前喪禫月前 則惟依服其除服之禮 示於前喪有終抑可也.

退溪曰 齊衰期伸心喪三年 則服禫服 雖重服在身 於變除之節 當各服其服 旣事反重服. ○寒岡曰 父喪未踰月 遭祖母喪 禫在一月 先卜日行先喪之禫 次卜日行後喪之禫. ○申退修曰 禫乃喪中大節目 自與吉祭有異. 豈可以身帶重服 借吉未安廢祭. ○旅軒曰 大祥之禫 不可以齊衰之在身而廢其事. ○【類說】禫與吉祭有異 豈可以身帶重服廢祭 而諸叔設位哭除而已乎. ○【類編】父喪中除母喪 當服其除喪之服. 鬖笠鬖帶於重喪中 雖似未安 等是凶事之服 未有不可行之理. 況禮云 三年之喪旣穎其練冠緣緣等 禮之所許也. 家禮大祥之服鬖紗幞頭鬖布衫 謂未大祥間 假以出謁者 況除喪暫服無疑也. ○【按】古未有喪中 無禫之說

而諸先生皆以行禫 爲是據禮言之 若是明的然. 但於後喪卒哭之後 前喪禫月之過不過 未甚分曉說出 故人或疑之. 然禫月不過 則二十七月之制 何得不行. 盖三年而葬者 二十五月而葬 則二十六月而練 二十七月而祥 二十八月則過禫月 故不禫也.

6-6. 본생친의 장사를 치르기 전에는 소후(所後)의 담저를 행할 수 없다.

【『유편』】 "본생친의 장사를 치르기 전에는 소후의 담재를 아마 행할 수 없을 듯하다. 이미 장사를 치르고 시기가 지나 거행하지 않았다면, 소후(所後) 자매는 자리를 마련하여 곡을 하고 제복(除服)하는 것이 옳다." 또 "혹 어머니가 있거나 실녀(室女)[90]가 있으면, 자기 때문에 일을 폐하는 것이 합당치 않다" 하였다.

本生親葬前 所後禫祭 不可行.

【類編】 本生親葬前 所後禫祭 恐不得行. 旣葬過時不擧 所後姉妹設位哭除可也. 又曰 或有母或有室女 不宜因己而廢事.

6-7. 처상(妻喪)의 담제(禫祭)를 장차 행하려다가 3년상을 당하면 폐하는데, 자식이 있으면 성복한 뒤에 자리는 마련하되 전(奠)은 올리지 않으며 곡을 하고 제복(除服)한다. 시기가 지났다면 다시는 제사하지 않는다. 만약 담제가 장사 뒤에 있으면 주관하여 행한다.

【『문해』】 부상(父喪)에는 처상의 담제를 행할 수 없다. 그러나 그 자식은 담제 때를 맞아 자리를 마련하여 곡을 하고 제복할 따름이다. 【성재안설】 이는 필시 장사 치르기 전을 말함일 것이다. 만약 담제 지낼 달

---

90) 실녀(室女): 시집가지 않았거나 시집갔더라도 되돌아 와서 집에 있는 딸자식을 가리킨다.

이 장사를 치른 뒤에 있으면, 또한 행하지 않을 수 없다.

妻喪禫祭將行 而遭三年之喪則廢之 有子則待成服後 設位不奠
而哭除. 過時更不祭. 若禫在葬後 主而行之.

【問解】 父喪妻禫不可行. 然其子 則當禫設位哭除而已. 【按】 此必謂葬
前也. 若禫月在葬後 則亦不可不行也.

6-8. 아버지가 돌아가시고 어머니가 계시면, 또한 처를 위해 15개월의 담제를 지내야 한다.

【성재안설】 「상복소기」에 "종자(宗子)의 어머니가 계시면 처를 위해
담제를 행한다"고 하였다. 대개 예에는 어머니에게 눌려서 복을 입지
않는 경우가 없다. 그러므로 이는 종자의 어머니가 비록 높지만 그래도
그 처를 위해 담제를 거행함을 말한다. 종자의 어머니가 눌리는 경우가
없다면 나머지도 모두 눌림이 없음을 미루어 알 수 있다. 하순(賀循)의
이른바 "그 나머지 적모(嫡母)나 서모(庶母)가 계시면 담제를 행할 수
없다"는 설은 경전의 뜻이 아닌 듯하다.

父卒母在 亦當爲妻行十五月之禫.

【按】 小記宗子母在 爲妻禫. 盖禮無壓於母 而不服者. 故此謂宗子之母
雖尊而猶爲其妻禫也. 宗子之母 無壓則餘皆無壓可推也. 賀循所謂其
餘適庶母在 不得禫之說 恐非經旨也.

6-9. 담제를 지낸 뒤에는 부인을 거느리고, 길제 뒤에는 침(寢)으로 돌아간다. 「상대기」

【주】 종어(從御)는 부인을 거느림이다. 복침(復寢)은 다시 빈궁(殯宮)
에서 자지 않음이다. 【소】 담제를 지낸 뒤 같은 달 안에 길제의 절기를
만나면 길제를 행하고 나서 침(寢)으로 돌아간다. 사시의 길제에 해당

하지 않으면, 달을 넘겨 길제를 행하고 나서 침으로 돌아간다. 「간전」
에는 '이미 상제를 지낸 뒤에 침으로 돌아간다' 하여, 여기서의 '길제를
지낸 뒤에 침으로 돌아간다'는 것과 같지 않은데, 전자는 '다시는 중문
밖에서 자지 않고 빈궁의 침소로 돌아가는 것'을 말함이고, 후자는 '다
시 빈궁에서 자지 않고 평상시의 침소로 돌아가는 것'이다. ○고염무[91]
는 "담제를 지낸 뒤에 부인을 거느리고 길제를 지낸 뒤에 침소로 돌아
간다"는 것은 서로 바꾸어 말한 것이다. 정현의 <주>에 이미 밝혔는
데, 공씨(孔氏)는 이제 길제를 사시의 제사라고 하여 '비록 담제를 지
낸 뒤라도 반드시 사시의 제사를 마치고 난 뒤에 침소로 돌아간다' 하
였으니, 잘못이다. 담제는 곧 길제이다. 어찌 침으로 돌아가지 않고서
먼저 부인을 거느리는 일이 있겠는가?" 하였다.

禫而從御 吉祭而復寢. 喪大記

【註】從御 御婦人. 復寢 不復宿殯宮也. 【疏】禫祭之後 同月之內 值
吉祭之節 行吉祭 而復寢. 不當四時吉祭 則踰月吉祭 乃復寢. 間傳 旣
祥復寢 與此吉祭復寢不同者 彼謂不復宿中門外 復於殯宮之寢 此不復
宿殯宮 復於平常時寢也. ○顧炎武曰 禫而從御 吉祭而復寢 互言之也.
鄭註已明而孔氏乃以吉祭爲四時之祭 雖禫之後 必待四時之祭訖 然後
復寢非也. 禫卽吉祭也 豈有未復寢而先御婦人者乎.

6-10. 이 달에는 길제를 지내도 배위를 모시지 않는다. 「사우례」
<기>

【주】이 달은 담제를 지내는 달이다. 사시의 제사를 지내는 달을 당하
여 제사하면서도 아직 모비(某妣)를 모씨(某氏)에게 배위로 하지 않는
것은 슬픔을 잊지 못해서이다. 【소】담제에는 신주가 여전히 정침에 있
어서, 아직도 상중에 있을 때처럼 모비를 배위로 하지 못한다. ○「소뢰

---

91) 고염무(顧炎武, 1613~1682): 명말(明末)·청초(淸初)의 사상가. 호는 정림(亭林), 자
  는 영인(寧人). 주요저서는 『일지록(日知錄)』·『천하군국이병서(天下郡國利病書)』·
  『음학오서(音學五書)』 등이 있다.

궤식례」에 "마치 상중에서처럼 아직 배위하지 않는다"고 하였는데, 상제(喪祭) 이전처럼 비(妣)를 배위로 하지 않음이다. ○만사주(萬斯周)는 "아직 배위로 하지 않음은, 단지 여러 조상에게 합하여만 두고 새로 죽은 자에게 배식(配食)하지는 않음이다. 어찌 자손이 상복을 벗는다 하여 조비(祖妣)를 제거하여 배위로 하지 않는 이치가 있겠는가? 「교특생」에서 배위를 말하지 않고 찬명(贊命)에서 보이는데, 대개 글에 상세하고 간략함이 있기 때문이다. ○오계공(敖繼公)이 말하였다. "이에 이르러 바야흐로 길제라고 하니, 부(祔)에서 궤식(饋食)과 같다고 한 것 역시 크게 줄여 말한 것일 따름이다. 아직 배위를 하지 않음은, 효자의 어머니가 비록 아버지보다 먼저 졸한 경우라도 이때에는 아직 배위하여 제사하지 않음을 말함이다. 대개 이 제사는 그 아버지의 신령을 편안히 함을 위주로 하기 때문에 그 어머니에게는 미치지 않으니, 이른바 세사(歲事)를 올리는 것과는 같지 않은 것이다. 편안하게 하는 길제는 신을 편안하게 하기 위함이다. 『대대례기』의 '제후가 묘사에 올리기를 마치고서 택일하여 제사한다'는 것이 바로 이 뜻이다." ○『의례의소』 "살펴보건대 「잡기」에는 '남자를 왕부(王父)에게 부(祔)하면 배위를 하고, 여자를 왕모(王母)에게 부(祔)하면 배위를 하지 않는다'고 하였는데, ＜주＞에는 '배위를 한다 함은 왕모를 함께 제사함을 말함이고, 배위를 하지 않음은 왕부에게 제사하지 않음을 말한다'고 하였다. 이를 근거로 하면 여기서 배(配)하지 않는다고 한 것은 오로지 새로 사당에 들어온 아버지를 가리켜 말한 것이지 할아버지 이상을 말한 것이 아니다. 만약 할아버지 이상이라면 부(祔)하여 이미 배위를 했는데 어찌하여 길제를 지내면서 배위를 하지 않겠는가? 사시의 제사지내는 달을 맞았다는 것은 단지 담제를 지내는 달이다. 그 조상은 체천(遞遷)하고 새로 죽은 자를 조묘(祖廟)에 들이며, 이미 조묘에 들여서는 이에 길제로 제사를 지내고 다른 조상에는 미치지 않는다. 오씨(敖氏)가 말한 것은 이것이다. 만약 녜(禰)나 4대를 제사지내거나, 또는 태조(太祖)를 제사지내는 자라면 따로 날을 잡아 제사지내거나 혹은 뒤에 일시에 제사를 지내는가? 한 달에 세 번의 제사를 지내면 잦지 아니한가? 대상(大祥)은 변제(變除)를 위해서이고 담제(禫祭)는 길사로 돌아가기 위해서이고 길제(吉祭)는 새로 옮김이라, 각기 취하는 뜻이 있으니, 평상시의 사정으로 구애되어서는 안 된다."

是月也 吉祭猶未配. 士虞 記

【註】是月是禫月也. 當四時之祭月則祭 猶未以某妣配某氏 哀未忘也.
【疏】禫祭主仍在寢 猶未得以某妣配若喪中然也. ○【小牢饋食禮】曰
猶未配若喪中然也 如喪祭以前不以妣配也. ○萬斯周曰 猶未配 但合
羣祖而不以新死者配食也. 寧有因子孫之除喪 而去祖妣不配之理乎.
特牲不言配 於贊命見之 蓋文有詳略也. ○敖氏繼公曰 至是方云吉祭
則於祔云如饋食者 亦大約言之耳. 猶未配 謂孝子之母 雖先父而卒者
此時猶未以配祭也. 盖此祭 主於安其父之神靈 故不及其母 與所謂薦
其歲事者 不同也. 卽安吉祭所以安神. 大戴記言諸侯薦廟事畢 乃擇日
而祭焉 正此意也. ○【儀禮義疏】曰 按雜記男子祔於王父則配 女子祔
於王母則不配.【註】云配謂並祭王母 不配則不祭王父也. 据此則此未
配云者 專指新入廟之父而言 不謂自祖以上也. 若祖以上則祔已配矣
何吉祭而不配乎. 當四時之祭月只禫月是也. 遷其祖而以新死者入祖廟
旣入祖廟 乃以吉祭祭之 而不及其他. 敖氏所云是也. 若禰及祭四代 若
太祖者 別筮日祭之 或後一時乃祭之歟. 曰一月而三祭得無數乎. 曰大
祥爲變除也 禫爲反吉也 吉祭新遷也, 各有取焉 不可以常時拘也.

6-11. 부재모상(父在母喪)에 심상(心喪) 3년을 마친 후에는 두 번의 담제를 지내지 않는다.

【『통전』】 송나라 문제의 원황후(元皇后)가 죽자, 태자가 심상 3년을
마쳤다. 유사(有司)가 아뢰기를 '상례에는 담제가 있습니다. 상제(祥祭)
에서 점차 변하여야지 곧장 복을 벗고 길사로 가는 것이 합당치 않기
때문입니다. 그러므로 그 사이에 침호(綅縞)를 입습니다. 심상에는 이
미 15개월의 담제를 거쳐 복을 벗는 예를 마쳤으니, 다시 두 번의 담제
가 있어서는 안 됩니다' 하니, 옳다고 조서하였다.[92] ○『주자대전』
심상에 담제가 없다는 것이 『통전』에도 보이니, 이는 곧 육조(六朝)시
대에 태자가 어머니를 위해 기년복을 입고는 이미 복을 벗고 나서 심

---

92) 『통전』 권82, 예42, 연혁42, 흉례4, '송문제 원희 17년(宋文帝元嘉十七年)'조.

상으로 3년을 마친 것인데, 당시에 논의하는 자들이 담제가 없다고 하였다. ○채묘(蔡眇)가 묻기를 "종제(從弟)가 심상을 이 달에 마쳐야 하는데 제사를 마련해야 할지 모르겠다" 하니, 서야인(徐野人)이 "담(禫)은 상(喪)의 극치이다. 그러므로 이날에 길사에 대한 제사를 마련하여 끝낸다. 이후로부터는 침중한 슬픔이 마음에 남아 있으므로 심상이라 하고, 밖으로는 절차와 장식이 없기 때문에 제복(祭服)을 모두 빠뜨리고 오직 그믐날에 곡만 하여 슬픔을 쏟을 뿐이다" 하였다. ○한강은 "상례에는 두 번 담제를 지내는 예가 없으니, 심상에는 담제가 없다" 하였다. ○여헌은 "2주기는 다만 기제(忌祭)의 예에 의하여 행하고, 27개월의 기한에는 정일(丁日)이나 해일(亥日)에 길제를 마련하여 행함이 옳을 듯하다" 하였다. 【성재안설】 '심상에는 두 번의 담제가 없으니 27개월에 길제를 마련하여 행한다'고 한 것은 아마 예의 본뜻이 아닌 것 같다. 또한 길제는 달을 넘기는 것이 예인데, 선생이 말한 바는 어떨지 모르겠다. ○우복은 "대상 날에 길복(吉服)으로 참복(黲服)을 바꾸는 것은 과연 미안하니, 백의(白衣)를 사용하고 참립(黲笠)은 그대로 쓴다. 모월 그것도 중월(仲月)의 시사(時祀)를 행할 때 담제를 하여 옛사람들의 길제 조문에 응하고, 이 날은 순길(純吉)의 복장으로 제사를 행한다" 하였다. 【성재안설】 '이날 순길'이라고 한 것 또한 미안한 듯하다. ○『기언』 '여러 아이들이 심상을 지내다가 담월(禫月)이 되어 고하는 글'에 "예에는 굽히는 바가 있어서 정을 펼치지 못하기에 삼가 심상의 제도를 지켜 마치니, 더 높이는 보답은 27개월에 다하는지라, 영원히 세상 끝까지 추모하리라" 하였다. 【성재안설】 이것은 비록 대현(大賢)이 의리로 일으킨 것이지만 아마도 법도로 삼을 수는 없을 듯하다.

父在母喪 心喪三年畢後 不再禫.

【通典】 宋文帝 元皇后崩 太子心喪三年畢. 有司奏喪禮有禫. 以祥變有漸 不宜便除卽吉 故其間服其縓縞也. 心喪已經十五月禫 便除禮畢 不應復有再禫詔可. ○【朱子大全】 心喪無禫 亦見通典 乃是六朝時 太子爲母 服朞已除 而以心喪終三年 當時議者 以爲無禫. ○蔡眇之問 從弟心喪 當除此月 不知應設祭耶. 徐野人曰 禫者喪之極也 故於此日設祭

吉終. 自爾之後 沈哀在心 故謂心喪 外無節文 故祭服並闕也 晦日惟哭
而瀉哀而已. ○寒岡曰 喪無再禫之禮 心喪無禫. ○旅軒曰 再期則只依
忌祭之禮行之 二十七月之期就或丁或亥 以吉祭設行似可也.【按】心
喪無再禫 則二十七月以吉祭設行云者 恐非禮意. 且吉祭則踰月禮也
先生所云未知何如. ○愚伏曰 大祥之日 吉服易黪服 果爲未安用白衣
仍戴黪笠 某月又是仲月行時祀禫祭 以應古人吉祭之文 是日純吉行祭.
【按】此是日純吉云者 亦恐未安. ○【記言】有諸兒心喪 至禫月告享文
云 禮有所屈情則未伸 謹守心制以畢 加隆之報二十七月盡矣 永慕終
天.【按】此雖大賢之義起 而恐不可爲典.

6-12. 병유상(並有喪)에는 같은 달에 담제를 행한다.

한강은 "같은 달 안에 나란히 상이 난 경우[並有喪]의 담제는 같은 집
이면 함께 제사를 지내고, 그렇지 않으면 먼저 날을 잡아 전상의 담제
를 행하고, 뒤에 날을 잡아 후상의 담제를 행한다" 하였다. 도암은 "전
상의 담제는 마땅히 후상의 대상 뒤에 행한다. 비록 같은 달이라도 여
기에는 혐의가 없다" 하였다.

【성재안설】고례(古禮)에 길사에는 먼저 가까운 날을 점쳐서 잡
고, 흉사에는 먼저 먼 날을 점쳐서 잡는데, 점이 맞으면 그 날을
쓸 따름이다. 지금은 비록 두 번의 담제라도, 한 번은 길조이고
한 번은 흉조가 아니라면 가까운 날 하나와 먼 날 하나를 점치는
데 지나지 않으니, 상순이 맞으면 상순에 함께 행하고 중순에 맞
으면 중순에 함께 행한다. 다만 그 전을 올림에는 무거운 복을
먼저하고 가벼운 복을 뒤에 함이 옳을 듯하다.

並有喪 同月行禫.

寒岡云 並有喪 一月內禫 同堂偕祭, 不然 先卜日行先喪禫 後卜日行後
喪禫. ○陶庵曰 前喪禫當行於後喪大祥後 雖同月 此則無嫌.

按 古禮 吉事先卜近日 凶事先卜遠日 卜協則用其日而已. 今雖
兩禫 而非一吉一凶 則卜不過一近一遠矣 協於上旬則上旬並行
協於中旬則中旬並行. 但其奠也 先重後輕似可也.

6-13. 3년상의 담제 뒤에 가벼운 상을 당하면, 흰 베 띠[白布帶]를 착용함이 마땅하다.

혹자가 "고례에는 참최상에 이미 우제(虞祭)를 지내고서 재최상을 당하면, 그 요질(腰絰)과 최상(衰裳)은 오히려 고쳐 바꾼다"고 하였다. 대개 몸에 두 가지 복을 겸하면 거친 것을 택해야 하는데, 더구나 어머니에 대한 복이 이미 담복이 되었다면, 안으로는 비록 심상이라도 밖으로는 복제가 없으니, 비록 시마(緦麻)의 상이라도 포대(布帶)를 묵대(墨帶)로 바꿈이 마땅하다.

三年之喪禫後 遭輕喪 當着白布帶.

或曰 古禮 斬衰旣虞 遭齊衰之喪 其要絰衰裳 猶改易 盖身兼兩服 惟麤
是擇 況母服旣禫 內雖心喪 外無服制 雖緦麻當以布帶易墨帶.

6-14. 담제 뒤에 국휼(國恤)을 당하면 국복(國服)을 입음이 마땅하다.

<방상편(方喪篇)>에 보인다.[93]

禫後遭國恤 當服國服.

見方喪篇.

---

93) 이 책 권16 참조.

7. 거상잡의(居喪雜儀)

7-1. 공자가 "효자가 어버이 상을 당하면 곡을 함에 늘어지는 소리를 아니하고, 예절에는 시늉을 하는 일이 없고, 말은 꾸미지 않으며, 좋은 옷을 입어도 편치 못하고, 음악을 들어도 즐겁지 않고, 맛있는 것을 먹어도 달지 않으니, 이것은 슬퍼하여 서운한 정이다. 3일이 되어서 음식을 먹는 것은 백성으로 하여금 죽음 때문에 산 사람을 상하게 하거나 훼손하여 성명(性命)이 끊어지는 일이 없게 하기 위해서이다. 상례가 3년을 넘지 않는 것은 백성들에게 슬픔에 끝이 있음을 보임이다. 살아 있을 때는 애경(愛敬)으로 섬기고 죽으면 애척(哀戚)으로 섬기는 것이 살아 있는 사람들의 본분을 다함이요, 사생(死生)의 의리를 갖춤이며, 효자가 어버이를 섬기는 끝이다.『효경』

子曰 孝子之喪親 哭不偯 禮無容 言不文 服美不安 聞樂不樂 食旨不甘 此哀戚之情也. 三日而食 敎民無以死傷生 毁不滅性也. 喪不過三年 示民有終也. 生事愛敬 死事哀戚 生民之本盡矣 死生之義備矣 孝子之事親終矣. 孝經

7-2. 어버이가 돌아가신 처음에는 마치 궁한 듯이 충충(充充)[94]하며, 빈(殯)을 하고 나서는 구하여 얻지 못한 듯이 구구(瞿瞿)[95]하며, 이미 장사를 지내고 나서는 바라는 것이 오지 않은 듯이 황황(皇皇)하며, 연제를 지내고서는 개연(慨然)하고, 대상(大祥)을 지내

---

94) 충충(充充): 슬픔에 젖어 있는 모습.
95) 구구(瞿瞿): 놀라서 돌아보는 모습.

고서는 확연(廓然)[96]하다. 「단궁」

【소】 어버이가 돌아가신 처음에 효자는 엎드려 곡을 하는데, 마음과 몸은 마치 급하게 가다가 일이 막힌 것처럼 좌절되어 답답하다. 구구(瞿瞿)는 눈으로 자꾸 쳐다보는 모습이다. 이미 장사를 치르고 나서는 맥없이 방황하여 의탁할 바가 없고, 연제를 지낸 뒤에는 단지 세월이 치닫듯이 빨리 달려감을 개탄하고, 대상에 이르면 텅 비어 마음이 즐겁지 않을 따름이다.

始死充充如有窮 旣殯瞿瞿如有求而不得 旣葬皇皇如有望而不至 練而慨然 祥而廓然. 檀弓

【疏】 親始死 孝子匍匐而哭之 心形充屈 如急行道極也. 瞿瞿眼目速瞻之貌 旣葬棲棲 皇皇無所依托 練但慨歎日月若馳之速也 至大祥而寥廓 情意不樂而已.

7-3. 공자가 "소련(小連)과 대련(大連)은 상을 잘 치렀다. 사흘 동안 나태하지 않았고, 석 달 동안 해이하지 않았고, 한 해 동안 슬퍼하였고, 3년 동안 근심하였다" 하였다. 「잡기」

孔子曰 少連大連善居喪. 三日不怠 三月不解 期悲哀 三年憂. 雜記

7-4. 부모의 상에는 빈(殯)을 하고 난 뒤에 죽을 먹는데, 아침에 한 줌의 쌀, 저녁에 한 줌의 쌀을 사용한다. 재최의 상에는 거친 밥과 물을 마시고 채과(菜果)는 먹지 않는다. 대공(大功)의 상에는 초장(醋醬)을 먹지 않는다. 소공(小功)과 시마(緦麻)의 상에는 단술을

---

96) 확연(廓然): 아득하게 먼 모습.

먹지 않는다. 「간전」

> 일일(一溢)의 <주>는 위에 보인다. ○【「상대기」】 먹는 횟수는 상관없
> 다. 【소】 상중에는 갑자기 한꺼번에 먹을 수 없으므로 필요에 따라 임
> 의대로 먹는데, 아침저녁으로 두 줌의 쌀을 넘지 않는다.

父母之喪 旣殯食粥 朝一溢米 暮一溢米. 齊衰之喪疏食水飮 不
食菜果. 大功之喪不食醯醬 小功緦麻不飮醴酒. 間傳

> 一溢註見上. ○【喪大記】食之無算.【疏】不能頓食 隨須卽食 不過朝
> 夕二溢之米

7-5. 장사를 치르고 난 뒤에 상주는 거친 밥과 물을 마시되, 채과는
먹지 않는다. 연제를 지내고서 채과를 먹고, 대상을 지내고서 고기
를 먹는다. 「상대기」

旣葬 主人疏食水飮 不食菜果 練而食菜果 祥而食肉. 喪大記

7-6. 부모의 상에는 우제와 졸곡을 지내고 나서 거친 밥과 물을 마
시되 채과는 먹지 않는다. 기년이 되어 소상을 지내면 채과를 먹고,
또 기년이 되어 대상을 지내면 초장을 두고, 한 달을 사이하여 담제
인데, 담제를 지낸 뒤에는 단술을 마신다. 처음 술을 마시는 자는
먼저 단술을 마시고, 처음 고기를 먹는 자는 먼저 마른 고기를 먹는
다. 「간전」

> '시음(始飮)' 이하 두 구절은 「상대기」에도 보인다.

父母之喪旣虞卒哭疏食水飮 不食菜果. 期而小祥 食菜果, 又期

而大祥 有醯醬 中月而禫 禫而飮醴酒. 始飮酒者 先飮醴酒 始食肉者 先食乾肉. 間傳

始飮以下二句 又見喪大記.

7-7. 죽을 먹을 수 없으면, 채소로 국을 끓어 먹어도 된다. 「상대기」

不能食粥, 羹之以菜可也. 喪大記

7-8. 증자는 "상중에 질병이 있으면 고기를 먹고 술을 마시는데 반드시 초목의 자양분이 있어야 한다" 하였는데, 생강과 계피를 일컬음이다. ○몸을 위태롭게까지 훼손하지 않음이다. 「단궁」

曾子曰 喪有疾 食肉飮酒 必有草木之滋焉 以爲薑桂之謂也. ○毁不危身. 檀弓

7-9. 공최(功衰)의 상복을 입은 뒤에는 채과를 먹고 미음[水漿]을 마시나, 소금이나 소젖은 없다. 만일 음식을 먹을 수 없다면 소금이나 소젖도 가능하다. 「잡기」

【주】 공최(功衰)는 재·참(齊斬)의 끝이다.

功衰 食菜果 飮水漿 無鹽酪. 不能食 食鹽酪可也. 雜記
【註】 功衰 齊斬之末.

7-10. 초상의 음식은 비록 거칠더라도 반드시 허기를 채워야 하고,

허기져서 일을 폐함은 예가 아니며, 배부르게 먹어 슬픔을 잊어버려도 예가 아니다. 「잡기」

喪食雖惡 必充飢. 飢而廢事 非禮也. 飽而忘哀 亦非禮也. 雜記

7-11. 이미 장사를 치르고 나서 임금이 먹으면 먹고, 대부(大夫)나 아버지의 친구가 먹으면 먹는데, 양육(粱肉)이라도 물리치지 않으나 만약 술이나 단술이 있으면 사양한다. 「상대기」

【주】 존장 앞에서 맛있는 것도 먹을 수 있으나, 얼굴색이 변하면 또한 옳지 않다.

旣葬 君食之則食 大夫父之友食之則食. 不辟粱肉 若有酒醴則辭. 喪大記

【註】 尊者之前 可以食美 變於顏色 則亦不可.

7-12. 상을 치르는 예절에는 질병이 있으면 술을 마시고 고기를 먹어 몸을 보양하되, 질병이 나으면 처음 상태로 돌아간다. 상을 견뎌 내지 못하면 곧 자애롭지 못하고 효성스럽지 못한 데 견준다. 쉰 살이면 지나치게 훼손이 되도록 하지 않고, 예순 살이면 훼손하지 않고, 일흔이면 최마(衰麻)의 상복만 몸에 걸치고 술을 마시고 고기를 먹으며 실내에 거처한다. 「곡례」

【소】 질병이 있는데 술과 고기를 먹지 않는 것은 생명을 없애는 것이니, 몸을 남겨 대를 잇지 아니함은 자애롭지 못함이요, 어버이가 살아 계실 때의 뜻을 어김은 불효이다.

居喪之禮 有疾 則飮酒食肉 疾止復初. 不勝喪 乃比於不慈不孝.
五十不致毀 六十不毀 七十惟衰麻在身 飮酒食肉 處於內. 曲禮

【疏】疾不食酒肉滅性者也 不留身繼世不慈 違親生時之意 不孝.

7-13. 쉰 살이면 상례를 다 갖추지◉'성(成)'은 '준비한다〔備〕'와 같다. 아니하
고, 일흔이면 오직 최마(衰麻)의 상복만 몸에 걸친다. 「상대기」

　거처와 음식은 평상시[吉時]와 같다.

五十不成喪成猶備也. 七十惟衰麻在身. 喪大記

　居處飮食 與吉時 同.

7-14. 여든 살이면 재계와 상례의 일에 간여하지 않는다. 「왕제」

八十齊喪之事不及也. 王制

7-15. 3년상에 만약 혹자가 술과 고기를 보내주면 받되, 반드시 세
번 사양하며 주인이 최질(衰絰)의 복장을 하고 받는다.◉비록 받지만 고
기는 먹어도 술은 마시지 않는다. 만약 군주의 명령이면 감히 사양하지 못하
고, 받아서 신위(神位)에게 바친다. 「잡기」

三年之喪 如或遺之酒肉 則受之 必三辭 主人 衰絰而受之.雖受之 得
食肉 猶不得飮酒. 如君命 則不敢辭 受而薦之. 雜記

7-16. 상중에 있는 자는 남에게 주지 않고, 남이 주면 비록 술이나

고기라도 받는다. 「잡기」

喪者 不遺人, 人遺之 雖酒肉 受也. 雜記

7-17. 정자(程子)가 아버지의 장사를 치르면서 주공숙(周恭叔)에게 손님접대를 주관하게 하였다. 손님이 술을 먹고 싶어하여 공숙이 선생에게 고하니, 선생이 "사람을 나쁜 데 빠뜨리지 말라" 하였다. 『이정전서』

> 우복은 "제사를 지내고 남은 음식으로 오신 손님들을 대접하는데, 친족을 시켜 예를 행하게 하되 모습이 바뀌는 지경에 이르지 않도록 한다면, 사람을 악한 데 빠지게 하지는 않을 것이다" 하였다.

程子葬父 使周恭叔主客. 客欲酒 恭叔以告 先生曰 勿陷人於惡. 二程全書

> 愚伏曰 以祭餘 待來會之客 而令族人爲禮 不至變貌 則庶不爲陷人於惡矣.

7-18. 주자가 "상례와 장사 때는 단지 소식(素食)만으로 손님을 접대함이 마땅하고, 제사지낸 찬과 훈식(葷食)은 종복들에게 나누어 줌이 옳다" 하였다. 『어류』

【성재안설】『가례』의 '기일(忌日)에 남은 음식으로 대접하지 않는다'는 뜻을 미루어 보면, 성찬(盛饌)으로 손님을 대접해서는 안 된다. 그러나 손님이 이 제사를 위해 왔는데, 밤낮을 지내면서 굶주리다가 돌아가는 것은 아마 인정이 아닌 듯하다. 제사지내고 남은 음식으로 대접함이 마땅하고, 친족으로 하여금 주관하게 함

이 옳다.

> 퇴계는 "상이 난 곳에 주식을 베풀는 것은 전혀 예가 아니다. 여기에 처신하는 도리는 진안경(陳安卿)[97]이 말한 바가 합당할 것 같다. 그러나 이는 자기가 남의 상에 갔을 때의 처신에 적합할 뿐이다. 가장 어려운 것은 자기가 상을 당해서 손님을 접대하는 것이다. 지금 풍속의 병폐를 뒤집어 고례(古禮)의 뜻에 합치시키려고 하면, 그 사이의 곡절이 지극히 처신하기 어렵다"고 하였다. ○또 세속에서는 장사를 치르거나 상제(祥祭)를 지내는 날 반드시 주식을 마련하여 조문객들을 대접하는데, 무지한 자는 간혹 아침까지 취해 있으니, 뭐라 말을 할 수가 없다.

朱子曰 喪葬之時 只當以素食待客 祭饌葷食 只可分與僕役. 語類

> 按 以家禮忌日不餕之意推之 則不可以盛饌待客. 然客爲此祭而來 經日經夜飢乏而歸 則恐非人情也. 當以祭餘待之 使族人主之可也.

> > 退溪曰 喪次設酒食 甚非禮. 其處之之道 如陳安卿所云當矣. 此則已赴他喪 所處之宜耳. 最是己當喪而待客. 欲反今之俗弊 而合古之禮意 其間曲折 至爲難處. ○又曰 世俗例於葬送祥祭之日 必設酒食以待弔客 客之無知者 或醉而達朝 甚無謂也.

7-19. 공자가 "종기가 몸에 생기면 목욕하고, 머리에 부스럼이 있으면 머리를 감는다. 병이 있으면 고기를 먹고 술을 마신다. 몸을 훼손하여 수척하고 병이 드는 일은 군자가 하지 않는다. 훼손하여 죽으면 군자는 그것을 자식된 도리가 없다고 일컫는다. 「잡기」

孔子曰 身有瘍則浴 首有創則沐. 病則飮酒食肉. 毁瘠爲病 君子

---

97) 진안경(陳安卿): 주자(朱子)의 문인인 북계(北溪) 진순(陳淳). 자가 안경(安卿)이다.

不爲也. 毁而死 君子謂之無子. 雜記

7-20. 부모의 상에는 의려(倚廬)에 거처하는데, 흙으로 벽을 바르지 않고, 거적자리에 눕고, 흙덩이를 베고, 질대(絰帶)를 벗지 않는다. 이미 장사를 치른 뒤에는 기둥과 문미를 만들고 흙을 바른다. 「상대기」

> 나무를 담장에 기대어 오두막[廬]을 만들고, 장사를 치른 뒤에는 그 나무기둥을 문미로 조금 일으켜서 햇빛을 받아들이고, 조금 너르게 하여 진흙으로 벽을 발라 바람과 추위를 막는다.

父母之喪 居倚廬 不塗 寢苫 枕塊 不脫絰帶. 旣葬 柱楣 塗廬. 喪大記

> 椅木於墻以爲廬 葬後稍擧起其木柱之於楣 以納日光 略寬容 用泥塗之 免風寒.

7-21. 공자가 "공경이 최상이요, 슬퍼함이 그 다음이요, 수척함이 최하이다. 안색(顔色)은 그 정에 맞고, 슬퍼하는 모습은 그 복장에 맞아야 한다" 하였다. 「잡기」

> 【「옥조」】 상례의 용모는 피곤하여 실의한 듯하고, 그 안색은 수심이 있어 마음이 편치 않은 듯하고, 사물을 보는 모양은 놀라고 당황하여 모두가 어렴풋하게 보이고, 그 말소리는 나직하여 들릴 듯 말 듯하다. ○ 【「단궁」】 상사(喪事)에서는 다급하게 서둘려고 하지만, 급하더라도 절도를 넘지는 않는다. 소란스러우면 야비하고, 너무 느리면 소인이다. 군자는 대개 느긋할 따름이다.

孔子曰 敬爲上 哀次之 瘠爲下. 顔色稱其情 戚容稱其服. 雜記

【玉條】喪容纍纍, 色容顚顚, 視容瞿瞿梅梅, 言容繭繭. ○【檀弓】喪事
欲其縱縱爾 雖遽不陵節. 騷騷爾則野 鼎鼎爾 則小人. 君子盖猶猶爾.

7-22. 연제(練祭)를 지내고 나면 악실(堊室)[98]에 거처하고 다른 사
람과 함께 거처하지 않으며, 상제(祥祭)를 지내고 나면 유악(黝堊)[99]
에 거처한다. 기년(期年)까지 여막에 거처하고 상을 마칠 때까지 부
인을 거느리지 않는다. 부재위모(父在爲母)의 상에는 담제(禫祭)을
지낸 뒤에 부인을 거느리고, 길제(吉祭)를 지낸 뒤에는 평소의 침소
로 돌아간다. 「상대기」

既練 居堊室 不與人居 既祥黝堊. 期居廬 終喪不御於內者. 父在
爲母 禫而從御 吉祭而復寢. 喪大記

7-23. 3년상에서 제 말은 하나 남의 말은 하지 않으며, 대답은 하나
묻지는 아니하며, 악실에 거처하면서 때가 아니라도 어머니를 뵙지
만 중문(中門)으로 들어가지는 않는다. 「잡기」

【주】언(言)은 자기 일을 말하는 것이고, 남을 위해 말하는 것은 어(語)
이다.

【성재안설】『가례』에 "참최상에는 거적자리에서 잠자고 흙덩이
를 베고 누우며, 때가 아니라도 어머니를 뵙지만 중문으로 가지
는 않는다. 재최상에는 자리에서 잔다"고 하였는데, 이 재최는 아

---

98) 악실(堊室): 상중에 거처하는 곳으로 칠하거나 장식하지 않는 방인데, 중문 밖의 처
　마 밑에 흙을 쌓아 만든다.
99) 유악(黝堊): 유는 검은 칠을 한 것인데, 즉 악실의 땅을 평평하게 다져 검게 만드는
　것이다. 악은 백토(白土)인데, 이 백토로써 장벽을 칠하여 희게 만든다.

마도 어머니에 대한 3년상의 재최가 아닌 듯하다. 때때로 어머니를 뵙는다는 것으로 알 수 있다. 그런즉 어머니 상에도 거적자리에 눕고 흙덩이를 베는 것이 마땅하다. 「상대기」에는 "부모의 상에는 의려(倚廬)에 거처하고 거적에서 잠자고 흙덩이를 베고 눕는다" 하였다.

三年之喪 言而不語 對而不問 在堊室之中 非時見乎母 不入門. 雜記

　　【註】言言己事也 爲人說爲語.

　按 家禮 斬衰 寢苫枕塊 非時見乎母 不及中門. 齊衰寢席 此齊衰恐非母喪三年之齊衰也. 以時見乎母 知之也. 然則母喪亦當苫塊矣. 喪大記曰 父母之喪 居倚廬 寢苫枕塊.

7-24. 부모의 상에는 상에 관계된 일이 아니면 말하지 않는다. 장사를 치른 뒤에는 남과 더불어 선다. 군왕은 왕사(王事)를 말해도 국사(國事)는 말하지 않고, 대부는 공사(公事)를 말해도 가사(家事)는 말하지 않는다. 「상대기」

　父母之喪 非喪事不言. 旣葬 與人立. 君 言王事 不言國事. 大夫言公事 不言家事. 喪大記

7-25. 참최에는 '예'라고만 하고 대꾸는 하지 않는다. 재최에는 대꾸는 하지만 먼저 발언하지는 않는다. 대공에는 발언을 하여도 의논은 하지 않는다. 소공과 시마에는 의논은 하더라도 음악은 언급하지 않는다. 「간전」

【주】 시사(時事)의 시비를 의논하지 않음이다.

斬衰 唯而不對 齊衰 對而不言. 大功 言而不議 小功緦麻 議而不
及樂. 間傳

【註】 不議論時事之是非.

7-26. 군자는 최질(衰絰)을 하면 쇠잔한 모습[衰色]을 띤다. 『표기』

君子有衰絰則衰色. 表記

7-27. 백관(百官)이 갖추어지고 백물(百物)이 구비되어 말을 하지
않아도 일이 시행되는 자는 부축하여 일어나고, 말을 한 뒤에 일이
시행되는 자는 지팡이를 짚고 일어나고, 자신이 몸소 일을 집행해
야 되는 자는 얼굴에 때가 끼어도 그만이다. 대머리인 자는 북상투
를 아니하고, 곱사등이는 어깨를 드러내지 않고, 절름발이는 발을
구르지 않으며, 병이 있으면 술과 고기를 금지하지 않는다. 이는 권
도로 제정한 것이다. 「상복사제」

百官備 百物具 不言而事行者 扶而起, 言而後事行者 杖而起, 身
自執事而後行者 面垢而已. 禿者不髽, 傴者不袒, 跛者不踊, 病不
止酒肉. 此以權制者也. 喪服四制

7-28. 공자가 "최마(衰麻)와 저장(苴杖)을 한 자는 뜻을 환락에 두
지 않는다. 귀가 듣지 못해서가 아니라 복(服)이 그렇게 하는 것이

다” 하였다. 『가어』

孔子曰 衰麻苴杖者 志不存乎樂 非耳不聞 服使然也. 家語

7-29. 상중에 있으면서 장사를 치르기 전에는 상례(喪禮)를 읽고, 장사를 치른 뒤에는 제례(祭禮)를 읽고, 상을 마치고 일상으로 돌아오면 악장(樂章)을 읽는다. 「곡례」

> 주자는 “상중에 있을 적에 당초에는 책을 읽지 않는다는 조문이 없다. 옛 사람들이 ‘상을 치르면서 업(業)을 폐한다’는 것은 음악을 연주하지 않음을 말한 것일 뿐이다. 업(業)은 순거(簨簴)[100] 위의 판자이다. 『주례』의 ‘사업(司業)’ 또한 사악(司樂)이다” 하였다. ○또 “고인은 상을 치르면서 상례를 읽는다고 하였는데, 평소에 이해했다가 이 때가 되어 다시 책을 잡고 잘 살펴 익히는 것이지, 상에 임하여 비로소 알려고 하는 것이 아니다” 하였다. 또 “사람의 자식된 자가 바야흐로 상의 재앙을 당하여 그 하나 하나를 옛날 사람의 제도처럼 세세하게 살펴서 하려고 하나 무슨 심정이 있어 이해할 수 있겠는가? 옛날 사람들은 이런 의복과 관과 신발이 매일 귀와 눈에 익숙하였다. 그래서 하루아침에 초상의 재앙을 당하여도 강구하지 않고도 예법대로 할 수 있었다” 하였다. ○상중에 제문을 짓는 데 대하여, 호자계(胡藉溪)는 “다만 산구(散句)로만 짓고 압운을 하지 않는다” 하였다.

居喪未葬讀喪禮 旣葬讀祭禮 喪復常讀樂章. 曲禮

> 朱子曰 居喪初無不讀書之文. 古人居喪廢業謂不作樂耳. 業是簨簴上板子. 周禮司業亦司樂也. ○又曰 古人謂居喪讀喪禮 亦平時理會 到這時 更把來溫審 不是臨喪方理會. 又曰 爲人子者 方遭喪禍 使其一一欲纖悉盡 如古人制度 有甚麼心情去理會. 古人此等衣服冠屨 每日接

---

100) 순거(簨簴): 종(鐘)이나 경쇠 등의 악기를 거는 틀로 순(簨)은 그 틀 중의 가로댄 나무이고 거(簴)는 그 두 기둥이다.

熟於耳目. 所以一朝喪禍 不待講究 便可以如禮. ○喪中做祭文 胡藉溪
言 只散句做不押韻.

7-30. 상중에는 음악을 연주하지 않는다. ○상을 당한 자는 자리를
혼자 차지하여 앉는다. 「곡례」

남과 더불어 함께 앉지 않는다.

居喪不樂. ○喪者專席. 曲禮

不與人共坐.

7-31. 소최(疏衰)의 상에는 사람이 보기를 청하면 만나보고, 사람
에게 보기를 청하지는 않는다. 소공(小功)의 상에는 사람을 청하여
보아도 된다. 오직 부모의 상에는 물리치지 않고 눈물을 흘리며 사
람을 본다. 「잡기」

【주】 슬픔이 지극하여 감추지 못한다.

疏衰之喪 人請見之則見 不請見人. 小功請人見可也. 惟父母之
喪不辟涕泣而見人. 雜記

【註】 至哀無飾也.

7-32. 부득이하여 출입할 때면 박마(樸馬)와 소교(素轎)를 탄다.
『가례』

【「사상례」 기】 거친 수레를 탄다. ○나머지는 성복장에 보인다.[101]

不得已出入 則乘樸馬素轎. 家禮

【士喪 記】乘惡車. ○餘見成服章.

7-33. 무릇 사람을 볼 적에는 수질(首絰)을 벗지 않고, 비록 임금을 조회할 때라도 수질을 벗지 않으며, 오직 공문(公門)에서만 재최(齊衰)를 벗는다. <주> 이는 부장기 재최를 말함이다. 만약 장기 재최와 참최는 비록 공문에 들어가도 벗지 않는다. 「복문」

凡見人無免絰, 雖朝於君無免絰, 唯公門有稅[脫]齊衰.【註】此謂不杖齊衰. 若杖齊衰及斬衰 雖入公門亦不稅. 服問.

7-34. 주자는 "여여숙(呂與叔)[102]의 문집 가운데 있는 한 부인의 묘지(墓誌)에 '무릇 공시(功緦)의 상을 당해도 모두 거친 밥을 먹으며 그 상기의 일자가 끝날 때까지 하였다'고 했는데, 이는 법도로 삼을 만하다" 하였다.

朱子曰 呂與叔集中 一婦人墓誌 凡遇功緦之喪 皆疏食 終其日數, 此可爲法.

7-35. 상복을 입고 있는 중 과거에 응시하는 일은 상복의 경중과 장사의 전후를 참작한다.

---

101) 이 책 권7 '성복장' 참조.
102) 여여숙(呂與叔): 송나라 학자 여대림(呂大臨)의 자가 여숙. 장재(張載)의 제자이며, 그의 사후 이정(二程)에게 사사했다. 사량좌(謝良佐)·유초(游酢)·양시(楊時)와 함께 이정(二程) 문하의 네 선생이라 불렸다. 『고고도(攷古圖)』10권을 저술했다.

【『통전』】「주상찰거의(周喪察擧議)」에서 유회(劉喜)가 의논하기를 “예법에 1주기의 상에는 졸곡을 하고 나서 정사(政事)에 종사하는데, 예를 줄여 군주의 명에 순종함이다” 하였다. 또 “율령에는 상 때문에 과거를 폐하는 제한이 없다” 하였다. ○진(晉)나라 무제(武帝) 때 양정(楊旌)은 백모에 대한 상복이 있었는데, 장사를 치르고 나서 상복을 아직 벗지 아니하고 효렴(孝廉)의 과거에 응시했다. ○【『대전』】이회숙(李晦叔)이 묻기를 “장자를 위한 3년상과 백숙부모와 형제에 대하여 모두 기년복인데, 관직에서 해임하지 않고 사(士)인 자가 과거에 응시하고서 돌아가 길복을 입는 것을 허락합니까?” 하니, 주자가 답하기를 “다만 조정의 법령을 따를 뿐이다” 하였다. ○이천(伊川)은 “조부모의 상에는 모름지기 과거에 응시하지 않아야 한다. 지금 법령에 비록 분명한 조문이 없지만 상복을 입는 기간 안에 과거에 응시하는 것은 합당치 않다” 하였다. ○주자는 “여러 학생들 중 기·공(期功)의 복을 당하여 슬픔을 무릅쓰면서 학교에 있는 자는 금지하지 않는다” 하였다. ○퇴계는 “정자(程子)는 조부모의 상만 말하고 형제의 상은 말하지 않았으니, 필시 차이가 있기 때문이다. 다만 전시(殿試)가 성복을 하기 전에 있으면 미안할 듯하다”고 하였다. ○묻기를 “조부모와 기년복 이내의 형제 상에는 장사를 치르기 전에 모두 과거에 응시하는데, 혹 외조부의 장사를 치르기 전에 과거에 응시하지 않는 경우가 있다” 하니, 우복이 “동일하게 기년복이지만 어찌 차등이 없겠는가? 그러나 장사를 치르기 전이면 외조부에게 미안하니, 지나친 듯하다” 하였다. ○유시남(兪市南)은 “정자는 조부에 대한 복만 논하였으나, 방친의 기년복에는 장사를 치른 뒤라면 과거에 응시해도 될 것 같다” 하였다. ○수암(遂庵)[103]은 “장자(長子)에 대한 참최상에는 비록 관직은 해직하지 않더라도 과거는 폐해야 마땅하고, 처의 상에는 장사를 치른 뒤라면 시험장에 들어가는 데 무슨 방해가 되겠는가?” 하였다.

【성재안설】 조정에서는 비록 국휼(國恤) 중이라도 인산(因山)을 치른 뒤에 과거를 개설하니, 사(士) 또한 기년복의 장사를 치른

---

103) 수암(遂庵): 조선후기 학자 권상하(權尙夏 1641~1721)의 호. 자는 치도(致道), 시호는 문순(文純). 송시열의 수제자로 저서에 『삼서집의(三書輯疑)』 등이 있다.

뒤와 공복(功服)의 성복(成服) 뒤에는 과거에 나아갈 수 있을 것
이다.

服中赴擧 以服之輕重 葬之前後參酌.

> 【通典】周喪察擧議 劉喜議 禮 周之喪卒哭而從政 禮因殺而順君命也.
> 又律令無以喪廢擧之限. ○晉武時 楊旉有伯母服 旣葬未除 而應孝廉
> 擧. ○【大全】李晦叔問 爲長子三年及爲伯叔兄弟 皆期服而不解官 爲
> 士者 許赴擧 還着吉服耶. 朱子曰 只得遵朝廷法令. ○伊川曰 祖父母
> 喪 須是不赴擧. 今法令雖無明文 服內不當赴擧. ○朱子曰 諸生遭期功
> 之服 冒哀 在學中者 不禁. ○退溪曰 程子只云祖父母喪 不云兄弟 必
> 有差間故也. 但殿試在成服前 則似未安. ○問祖父母 期內兄弟 葬前率
> 皆赴擧 或有外祖葬前 不赴擧 愚伏曰 雖同是期 豈無差等 然葬前則未
> 安外祖似過. ○兪市南曰 程子只論祖服 旁期葬後 意或可赴. ○遂庵曰
> 爲長子斬衰雖不解官 科擧則當廢 妻葬後則入場何妨.

按 朝家雖國恤中 亦於因山後設科 則士亦可以期服葬後 功服成
服後 赴擧矣.

8. 거상에 예를 잃음〔居喪失禮〕

【『좌전』】 정공(定公) 9년 자명(子明)이 최질(衰絰)을 하고 자식을 낳
아 우사(右師)에게 비난을 받았다. 【주】 자명은 악기자(樂祁子)이고,
우사(右師)는 악대심(樂大心)[104]이다. ○【『당률』】 부모의 상중에 자식
을 낳으면 도형(徒刑) 1년이다. ○진수(陳壽)가 아버지 상을 치르면서
질병이 있어 여종을 시켜 환약을 만들게 하였는데 그 고장에서 이를
비난하였고, 이로 인하여 불우하게 인생을 마쳤다. ○완적(阮籍)[105]이

---

104) 악대심(樂大心): 춘추시대 송나라 대부(大夫).
105) 완적(阮籍): 위·진·남북조시대 위나라 사람. 자는 사종(嗣宗). 죽림칠현(竹林七賢)

상을 치르면서 무례하자, 하증(何曾)[106]이 문제에게 "공께서는 바야흐
로 효로써 천하를 다스려 명성이 자자한데, 소문에 완적은 무거운 상중
에 있으면서 술을 마시고 고기를 먹는다고 하니, 변방으로 내쫓아 화하
(華夏)를 더럽히지 못하도록 함이 합당합니다" 하였다. ○완간(阮簡)이
아버지 상에 길을 가다가 큰 눈을 만나 준의령(浚儀令)에게로 갔는데,
다른 손님을 위해서 기장밥과 고깃국을 마련하였음에도 완간이 먹었다
고 청의(淸議)를 불러 일으켜, 30년 동안 온통 폐기되었다. ○온교(溫
嶠)[107]가 상중에 있을 때 유사공(劉司空)[108]에게 벼슬에 나갈 것을 권
유받았는데, 어머니 최씨가 굳이 만류하니 온교는 옷자락을 끊고 떠나
가 마침내 높고 귀한 벼슬에 이르렀으나, 향품(鄕品)은 오히려 뛰어나
지 못하여 매양 관직을 할 때마다 모두 조서(詔書)를 발하여 알렸다.
○사혜련(謝惠連)[109]의 선친이 회계군(會稽郡)의 관리 두덕령(杜德
靈)을 좋아했는데, 두덕령의 아버지 상에 5언시 10여 수를 지어주어 글
이 세상에 알려졌으나, 이 때문에 폐기되어 영광스런 지위에 참여하지
못했다. ○장솔(張率)은 아버지 상으로 관직을 그만두었다. 그 아버지
의 시비(侍婢) 수십 명 중에 노래를 잘하는 자가 있었는데 얼굴도 예뻤
다. 의조랑(儀曹郎) 고완지(顧玩之)가 장가들기를 요구했으나, 노래를
잘 하는 자는 그것을 원치 않고 그대로 출가하여 비구니가 되었다. 일
찍이 장솔의 집에서 재회(齋會)한 것을 가지고 고완지가 비서(飛書)를
만들어 '장솔과 간통했다'고 말을 하였다. 남사(南司)[110]에서 이 일을

의 한 사람. 사마의(司馬懿)의 종사중랑(從事中郎)을 지냈다.

106) 하증(何曾): 진(晉)나라 사람. 자는 영효(穎孝). 사도(司徒)를 지내고 낭릉후(郞陵侯)
에 봉해졌다. 무제(武帝)때 태위(太尉)가 되었고 공(公)의 작위를 받았다.

107) 온교(溫嶠): 진(晉)나라 사람. 자는 태진(太眞), 시호는 충무(忠武). 총명하고 박학했
다. 왕돈(王敦)과 소준(蘇峻)의 반란을 토벌하여 표기장군(驃騎將軍)·개부의동삼사
(開府儀同三司)가 되었다.

108) 유사공(劉司空): 진(晉)나라 시인 유곤(劉琨). 자는 월석(越石). 서진의 장령(將領)이
며 시인이었다. 어려서 조적과 벗하였고 호방함으로 이름을 떨쳤으며 문장으로 인정
받았다.

109) 사혜련(謝惠連): 남조(南朝)의 송나라 사람. 10세에 이미 문장과 서화에 능하였다. 족
형인 사영운(謝靈運)은 대사(大謝)라 일컬어지고, 그는 소사(小謝)라 일컬어졌다.

110) 남사(南司): 남조(南朝)의 어사중승(御史中丞). 당(唐)나라 때 중서성(中書省)·문하
성(門下省)·상서성(尙書省)의 별칭.

알리니, 고조(高祖)는 그 재주를 아까워하여 그 상주(上奏)를 잠재웠다. 그러나 복을 벗은 뒤에도 오래도록 벼슬하지 못했다. ○사안(謝安)111)은 기·공(期功)의 상에 악기 연주를 폐하지 않았다. ○매성유(梅聖兪)가 상중에 시를 지어 "홀로 어머니 상을 지키니, 눈물이 강물에 떨어져 흐르네. 강물은 끝내 마를 날이 있지만, 눈물샘은 항상 눈동자에 있네!" 하였는데, 사람들은 그가 시를 지은 것을 나무랐다.
○『당서』 헌종(憲宗) 때에 경조윤(京兆尹)이 상주하기를 "죽은 법조(法曹) 육갱(陸賡)의 아들 신여(愼餘)와 그 형 박문(博文)이 상을 치르면서 화려한 옷을 입고 술을 마시고 고기를 먹었다"고 하니, 조칙을 내려 각각 곤장 40대를 쳐서 순주(循州)에 유배하도록 했다. 부마도위(駙馬都尉) 우계우(于季友)는 적모(嫡母)의 상중에 있으면서 진사복(進師服)과 더불어 객에게 잔치를 한 것에 연루되어, 우계우는 태형 40에 충주에 안치되고, 진사복은 태형 40에 연주에 안치되었으며, 계우의 아버지 우적(于頔)은 자식을 잘 가르치지 못하였다고 삭직(削職)되었다. 고염무(顧炎武)는 "이는 당나라 왕실이 예로써 백성들을 방비한 것이니, 그래서 다시 떨쳤던 것이다" 하였다. ○범중엄(范仲淹)이 대리승(大理丞)으로 어머니 상을 당하였을 때, 안수(晏殊)112)가 남경유수(南京留守)로 있으면서 범중엄에게 임시로 서학(序學)을 맡아줄 것을 청하였다. 범중엄은 일찍이 학교에서 자면서 배우는 자들을 가르치고, 제목을 내어 부를 짓게 하면서 반드시 먼저 스스로 지어 보이고 배우는 자들에게 법도로 삼게 하였다.【성재안설】송나라 때는 재상도 모두 기복(起復)하여 벼슬하였기에 이런 일이 있었던가? ○진(晉)나라 양감(梁龕)은 내일이 아내의 복을 벗는 날인데 오늘 손님을 청하여 악기를 연주하고 광대들을 들이다가 유외(劉隗)에게 탄핵되었다. ○송나라 천희(天禧)113) 연간에 공거(貢擧)에 천거된 곽진(郭稹)이 시마의 상복을 입고서 과거에 응시했다가 동료들에게 송사를 당했는데, 그대로 탄핵

---

111) 사안(謝安): 진(晉)나라 사람. 자는 안석(安石), 시호는 문정(文靖). 회계(會稽) 동산(東山)에 은거하다가 관직에 나아가 이부상서(吏部尙書)·중서감(中書監) 등을 지냈다. 건창현공(建昌縣公)에 봉해지고 사후에 태부(太傅)로 추증되었다.
112) 안수(晏殊): 송나라 사람. 자는 동숙(同叔), 시호는 원헌(元獻). 인종(仁宗) 때 동중서문하평장사(同中書門下平章事)를 역임했다.
113) 천희(天禧): 북송(北宋) 진종(眞宗1)의 연호. 1017~1021년.

되도록 명하여 보인(保人)과 함께 벌금을 물었다.

【左傳】定九年 子明衰絰生子 見貶於右師.【註】子明樂祁子也 右師
樂大心也. ○【唐律】居父母喪生子徒一年. ○陳壽居父喪有疾 使婢丸
藥 鄕黨以爲貶議 坐是沈滯坎坷終身. ○阮籍居喪無禮 何曾言於文帝曰
公方以孝治天下而聽 阮籍以重哀飮酒食肉 宜擯四裔 無令汚染華夏.
○阮簡父喪行遇大雪 詣浚儀令 爲他賓設黍臛 簡食之以致淸議 頓廢三
十年. ○溫嶠居憂 爲劉司空勸進 母崔氏固留之 嶠絶裾而去 迄於崇貴
鄕品猶不過也 每爵皆發詔. ○謝惠連先 愛會稽郡吏杜德靈 及居父憂
贈以五言詩十餘首 文行於世 坐廢不預榮伍. ○張率以父憂去職. 其父
侍婢數十人 有善謳者有色貌. 儀曹郎顧玩之求聘焉 謳者不願 遂出家
爲尼. 嘗因齋會率宅 玩之爲飛書 言與率姦. 南司以聞 高祖惜其才 寢其
奏. 然服闋後久之不仕. ○謝安期功之喪 不廢絲竹. ○梅聖兪在喪時作
詩云 獨護慈母喪 淚落河水流 河水終有渴 淚泉常在眸 人譏其作詩.
○【唐書】憲宗時 京兆尹奏 故法曹陸賡男愼餘 與其兄博文 居喪 衣華
服飮酒食肉 詔各決四十流循州. 駙馬都尉于季友 坐居嫡母喪 與進師
服宴客 季友笞四十忠州安置 師服笞四十連州安置 以季友父于頔 不能
訓子削職階. 顧炎武曰 此唐室之以禮防民 所以復振也. ○范仲淹 以大
理丞丁母憂 晏殊留守南京 請仲淹權掌序學. 仲淹 嘗宿學中 訓督學者
出題使作賦 必先自爲之 使學者 準以爲法.【按】宋時 宰相 亦皆起復
從仕 故有是事耶. ○晉梁龕 明日當除婦服 今日請客奏伎 爲劉隗所劾.
○宋天禧中 貢擧人郭積 冒緦喪赴擧 爲同輩所訟 仍命劾問 同保人並
贖金.

9. 여묘(廬墓)

나머지는 '반곡(返哭)'조에 보인다.

【『어류』】호백량(胡伯量)이 여묘(廬墓)에 대해 묻자, 주자가 "무덤 흙
이 아직 마르지 않았을 때 한 번 묘를 살피는데, 다만 여묘(廬墓)라는

명분은 세우지 않았다. 한(漢)·당(唐) 이래로 '거려(居廬)한다'는 명분이 있었는데, 그 중에 혹 여묘(廬墓)하는 자가 있으면 그 마을을 정표(旌表)하였다. 이로 말미암아 풍속이 이루어져, 반혼(返魂)의 예가 마침내 폐기되었으니, 매우 통탄스럽다." ○고염무는 "여묘라는 것은 한나라 때부터 있었다. 그러나 신주를 어디에 두었는지는 모른다. 묘소의 막차에서 받들었던가? 이는 야제(野祭)이다. 공연히 사당에다 두었던가? 이는 체백(體魄)을 신주보다 도리어 높게 여긴 것이다. 또 증자(曾子)같이 효성스러운 자도 일찍이 여묘를 하지 않았다. 공자가 방산[防]의 묘소에서 돌아오고 제자가 뒤에 따라왔으니, 어찌 여묘하는 일이 있었겠는가?" 하였다. 또 『사기』에서 "세시(歲時)에 공자 무덤에서 제사를 받들었다" 했는데, 대개 공자는 수수(洙水)와 사수(泗水) 사이에서 가르쳤고 장사지낸 무덤은 강당 뒤에 있었기 때문에 저자들은 강당에서 제사를 지내고 또한 음사(飮射)의 예를 행하였던 것이다. 태사공(太史公)은 이 의미를 모르고 '무덤에서 제사지냈다'고 한 것이다" 하였다.

餘見返哭條.

【語類】胡伯量問廬墓 朱子曰 墳土未乾時一展省 但不立廬墓之名耳. 漢唐以來 有居廬之名 其中或有廬墓者 表旌其間 由是成俗. 返魂之禮 遂廢 甚可歎也. ○顧炎武曰 廬墓者 自漢有之 然不知其神主置於何地. 其奉之墓次乎. 是野祭也. 其空置之祠堂乎. 是視其體魄 返過於神也. 且孝如曾子未嘗廬墓. 孔子防墓 旣返而弟子後至 豈有廬墓之事乎. 又曰史記以歲時奉祀於孔子塚 盖孔子敎於洙泗之間 所葬塚 在講堂之後 故弟子卽講堂而祀之 且行飮射之禮 太史公 不達以爲祭於塚.

9-1. 한나라 원인광(原仁光)은 3년 동안 여묘살이를 하여 경사(京師)에서 이름이 드러났다. ○원섭(原涉)[114]은 아버지가 죽자 무덤에서 3년 동안 여묘살이를 했다.

---

114) 원섭(原涉): 한(漢)나라 사람. 자는 거선(巨善). 효자로 유명하다. 왕망(王莽) 말기에 추천되어 천수태수(天水太守)가 되었다.

漢 原仁光盧墓三年 顯名京師. ○原涉父死盧塚三年.

9-2. 후한의 채옹(蔡邕)[115]은 어머니 상에 여묘살이를 했는데, 토끼가 길들여졌고, 길들여진 나무에는 연리지(連理枝)가 생겨났다.

後漢蔡邕母喪盧墓 有兎馴擾木生連理.

9-3. 진(晉)나라 하방(夏方)[116]이 여묘살이를 하니, 맹수가 그 곁에서 길들여졌다.

晉夏方盧墓 猛獸馴其旁.

9-4. 조선(趙宣)은 어버이의 장사를 치르고도 무덤으로 들어가는 길[隧道]을 폐쇄하지 않고 그 가운데에 살며, 상복을 20여 년 동안 입으면서 다섯 아들을 낳았다. 진번(陳蕃)은 그것이 시대를 속이고 사람들을 미혹했다고 하여 마침내 죄를 주었다. 「진번전」

趙宣葬親 不閉隧道 因居其中 行服二十餘年 生五子. 陳蕃以誑時惑衆 遂致之罪. 陳蕃傳

---

115) 채옹(蔡邕, 133~192): 후한(後漢) 사람. 자는 백개(伯喈). 시부(詩賦)를 잘 했으며, 영제(靈帝) 때 『채중랑전집(蔡中郎全集)』을 지었다.
116) 하방(何方): 진(晉)나라 사람. 자는 문정(文正). 오(吳)나라에서 벼슬하여 오관중랑장(五官中郎將)이 되었고, 진(晉)나라 때는 고산령(高山令)이 되었다.

10. 단상(短喪)

10-1. 「한문제본기」에, 황제가 유조(遺詔)하기를 "짐이 이미 부덕하여 백성을 도우지도 못했는데, 이제 죽음에 또 무거운 복을 입고 춥고 더운 여러 달 동안 오래도록 임하게 함으로써 남의 부자(父子)를 슬프게 하며, 장유(長幼)의 마음을 상하게 하고, 그 음식을 축나게 하며, 귀신의 제사를 끊게 하여 내 부덕을 무겁게 하는구나. 천하의 관리와 백성들에게 명하노니, 상에 임하러 나온 지 사흘 만에 모두 복을 벗고, 며느리를 보거나 딸을 시집보내는 것을 금하지 말고, 사당이나 제사에 술을 마시고 고기를 먹을 자에게는 제각기 공급하며, 상사(喪事)에 복(服)으로 임하는 자는 모두 맨발로 밟지 말고,● 복건(服虔)은 "천(踐)은 자르는 것이니 참최가 없음을 말하는 것이다" 하였다. 맹강(孟康)은 "천(踐)은 맨발"이라 했다. 진작(晉灼)은 "『한어(漢語)』에는 선(跣)이라 했는데. 선은 다만 맨발이다" 했다. ○『색은(索隱)』에는 "『한어(漢語)』는 책이름인데. 순상(荀爽)이 지었다"고 하였다. 질대(経帶)는 3촌을 넘지 말고, 궁전 안에서 상에 임해야 할 자는 모두 조석(朝夕)으로 각기 15번만 소리를 내고, 조석으로 임할 자가 아니면 함부로 곡을 하지 말며, 이미 하관하고서는 대홍(大紅)은 15일, 소홍(小紅)은 14일, 섬(纖)은 7일 만에 복을 벗도록 하라" 하였다.

> 복건(服虔)은 "대공·소공포이다. 섬(纖)은 가는 베옷이다" 하였다. 응소(應邵)는 "모두 36일에 복을 벗는다" 하였고, 『색은』에는 "이하(已下)는 널[柩]이 이미 광중에 내려짐을 말한다" 하였다. 유덕(劉德)은 "36일은 날로 달을 바꾼 것"이라 하였다. ○호인(胡寅)은 "문제의 유조(遺詔)에는 '이민(吏民)'이라 했을 뿐인데, 경제(景帝)는 이 글을 멋대로 사용하여 스스로 3년상의 제도를 결단했다" 하였다. ○『남명집』에는 "한나라 문제가 달을 바꾸는 상을 하였지만, 다만 이민(吏民)을 위해 마련한 것인데, 경제(景帝)가 그대로 단상(短喪)을 스스로 행했다"

고 하였다.

漢文帝本紀 帝遺詔曰 朕旣不德 無以佐百姓 今崩 又使重服 久
臨以離寒暑之數 哀人之父子 傷長幼之志 損其飮食 絶鬼神之祭
祀 以重吾不德也. 其令天下吏民 出臨三日 皆釋服 毋禁取婦嫁
女 祠祀飮酒食肉者 自當給 喪事服臨者 皆無踐服虔曰 踐麤也 謂無斬衰
也. 孟康曰 踐跣也. 晉灼曰 漢語作跣 跣徒跣也. ○索隱曰 漢語書名 荀爽所作. 絰帶無過三
寸 宮殿中當臨者 皆以朝夕 各十五擧聲 非朝夕臨無得擅哭 已
下服大紅十五日 小紅十四日 纖七日釋服.

> 服虔曰 大功小功布也 纖細布衣也. 應邵曰 凡三十六日而釋服. 索隱曰
> 已下謂柩已下於壙. 劉德云 三十六日以日易月也. ○胡寅曰 文帝遺詔
> 謂吏民耳 景帝冒用此文 自斷三年之制. ○南冥集 漢文帝 爲易月之喪
> 然只爲吏民設 景帝遂短喪自行.

10-2. 한(漢)나라 원초(元初)[117] 3년에 대신(大臣)과 2천석 자사(刺史)가 3년상을 행하는 것을 허락하였다.

漢元初三年 聽大臣二千石刺史 行三年喪.

10-3. 당나라 무덕(武德)[118] 2년에 문관(文官)이 부모상에 관직을 떠나겠다는 것을 허락하였다.

종좌승(從左丞) 최선(崔善)이 그것을 논의하였다.

---

117) 원초(元初): 후한(後漢) 안제(安帝)의 연호. 114~120년.
118) 무덕(武德): 당나라 고조(高祖)의 연호. 618~626년.

唐武德二年 聽文官父母喪去職.

從左丞 崔善 爲之議也.

10-4. 한률(漢律)에는 어버이를 위해 3년상을 행하지 않으면 관직에 선발 천거될 수 없다.

【성재안설】 한(漢)나라에서도 항상 부모에게 단상(短喪)을 한 것은 아니었다. 단상의 논의로는 왕숙(王肅)보다 심한 자가 없었다. 담제(禪祭)는 '월중(月中)에 지낸다'고 하였고, 또 '윤달을 계산한다' 하였다. 개장(改葬)에는 '부모가 아니면 복이 없다'◉ 조부모 승중자(承重者)는 복을 입지 않는다. 하였고, 또 '장사를 치르고서는 복을 벗는다'◉ 3개월은 복을 입지 않는다. 고 하였다. 태복(稅服)에는 '그 남은 달만 복을 입는다'고 하였으니, 이러고서도 예를 안다 하겠는가?

漢律不爲親行三年喪 不得選擧.

按 漢未常短喪於父母也. 短喪之論未有甚於王肅者. 禪則曰月中 又曰計閏 改葬則曰非父母無服不服祖父母承重者. 又曰葬而除服.不服三月. 稅服則曰服其殘月 此可謂知禮乎.

11. 기복(起復)

11-1. 인정(人情)을 빼앗아 기복하는 것은 후세의 잘못이다.

【『춘추공양전』】 군사의 일에 복무하는 것은, 군주가 시키는 것은 잘못이나 신하가 행하는 것은 예이다. 『예기』에 민자건(閔子騫)[119]이 요질

---

119) 민자건(閔子騫): 공문십철(孔門十哲)의 한 사람으로 효행에 뛰어났다.

(腰絰)을 하고 일에 복무하였는데, 그러다가 "이러하던가? 옛날의 도리가 인심에 맞지 않군" 하고는 물러나 벼슬을 그만두었는데, 공자는 그것을 잘했다고 하였다.[120] 【주】이미 복무하고 나서 옛날 일을 말한 것은 감히 인군(人君)을 대어놓고 말하지 못함이다. 즉(卽)은 가까움[近]이다. ○한(漢)나라 조희(趙憙)는 태위(太尉)의 직책을 행하다가 어머니 상을 당하자 상소(上疏)를 올려 상례를 행하도록 요청하니, 명제가 허락하지 않고 사자를 보내 상복(喪服)을 벗게 하고 상을 매우 흡족하게 내렸다. ○당나라 무후(武后) 장안(長安)[121] 3년에 3년상의 제도를 만들었는데, 종군(從軍)하여 호적을 바꾼 자가 아니면 기복하지 못하였다. ○당나라 감로(甘露) 2년에 중서사인(中書舍人) 구양통(歐陽通)이 본디 관직으로 기복되었는데, 매번 입조(入朝)할 때 반드시 맨발로 와서는 성문 밖에서 신과 버선을 신고 조회하고, 관청에서 숙직하고 있을 때는 땅에 볏짚을 깔고 앉았으며, 공사(公事)가 아니면 말하지 않고, 한번도 치아를 드러내지 않았으며, 집에 돌아가면 반드시 최질을 하고 통곡하며 울었다. ○【심괄『필담』】당나라 말엽에 문신(文臣)은 급사(給事) 이상, 무신(武臣)은 자사(刺史) 이상으로 부모의 상을 당한 자가 가끔 묵최(墨衰)를 입고 관직에 종사하는데, 호칭을 '기복(起復)'이라 하였다. 우리 조정에서도 경력(慶曆)[122] 연간에 전원균(田元均)황(況)[123]이 진주(秦州)를 통솔하는 장수였지만 상을 마치도록 관직에서 해임해주기를 애걸하자 허락하였는데, 신하 장수로서 상을 마친 것은 전황(田況)으로부터 시작되었다. 그 뒤에 부필(富弼)[124]이 어머니 상을 당하여, 인종(仁宗)이 수십 번 조칙을 내렸으나 마침내 상을 마쳤으니, 대신으로서 상을 마친 것은 부필로부터 시작되었다. ○당나라 소종(昭宗) 때 위이범(韋貽範)이 모상을 당하였는데, 돌아오도록 조칙을 내리게 하였으나 병부시랑 한악(韓偓)이 초안을 기초하지 않고 상소하여

---

120) 『춘추공양전』 권15, 선공(宣公) 원년 여름 '晉放其大夫胥甲父于衛'조 <전> 참조.
121) 장안(長安): 당나라 예종(睿宗)의 연호. 684~690년.
122) 경력(慶曆): 북송 인종(仁宗)의 연호. 1022~1063년.
123) 전원균(田元均, 1144~1218): 송(宋)나라 사람으로 이름은 황(況)이다.
124) 부필(富弼): 송나라 사람. 자는 언국(彦國), 시호는 문충(文忠). 경력(慶曆) 연간에 지제고(知制誥)가 되고, 영종(英宗) 때 추밀사(樞密使)가 되었으며, 후일 정국공(鄭國公)·한국공(韓國公)에 봉해졌다.

논하니, 마침내 요계(姚泊)로 하여금 대신 초안을 만들게 하였다.

○송나라 경력(慶曆) 연간에 구양수(歐陽修)는 양찰(楊察)이 상을 마치도록 애걸한 것에 대해 그 정을 빼앗지 않도록 논하였다. ○휘종(徽宗)시대에 좌정언 임백우(任伯雨)는 이혜(李譓)의 탈복(奪服)을 논하였고, 어사 유한필(劉漢弼)은 마광조(馬光祖)의 탈정(奪情)을 논했다. ○송나라 사숭지(史嵩之)[125]가 우승상으로 기복(起復)하니 태학생 황개백(黃愷伯) 등과 무학생(武學生) 옹일선(翁日善) 등과 경학생(京學生) 유시거(劉時擧) 등과 종학생(宗學生) 홍회(興裏) 등과 교수 노월(盧鉞)이 모두 상서(上書)하였으나 답이 없었고, 유한필이 논하여 승상을 파직하였다. ○명나라 헌종(憲宗) 때 태학사 이현(李賢)을 기복하니, 나윤(羅倫)이 논박하였다. 신종(神宗) 때에 태학사 장거정(張居正)[126]을 기복하니 편수 오중행(吳中行)[127]·검토 조용현(趙用賢)[128]·원외랑 애목(艾穆)[129]·주사 심사효(沈思孝)·진사 추원표(鄒元標)가 서로 이어 논박하여 아뢰니, 장거정이 크게 노하여 대궐 아래에서 5인에게 곤장을 쳤다. 오중행과 조용현은 삭적(削籍)되고 애목·심사효·추원표는 함께 변방 수자리로 유배되고, 장거정은 끝내 남았다. ○숭정(崇禎)[130]시대에 양사창(楊嗣昌)을 병부상서로 기복하였는데, 수찬 유

---

125) 사숭지(史嵩之): 송나라 사람. 자는 자유(子由). 가정(嘉定) 연간에 진사가 되고, 우승상 겸 추밀(樞密)을 지낸 뒤 영국공(永國公)에 봉해졌다.

126) 장거정(張居正): 명나라 사람. 자는 숙대(叔大), 호는 태악(太岳), 시호는 문충(文忠). 가정(嘉靖) 연간에 진사에 합격. 신종(神宗) 때 재상의 지위에 10년간 있었고, 황제에게 원보장소사선생(元輔張少師先生)이라는 호칭을 받았다. 『서경직해(書經直解)』·『태악집(太岳集)』·『태악잡저(太岳雜著)』·『제감도설(帝鑑圖說)』을 저술했다.

127) 오중행(吳中行): 명나라 사람. 자는 자도(子道), 호는 복암(復菴). 융경(隆慶) 연간에 진사가 되어 시강학사(侍講學士)가 되었다. 그의 서실을 사여당(賜餘堂)이라 하며, 『사여당집(賜餘堂集)』을 저술하였다.

128) 조용현(趙用賢): 명나라 사람. 자는 여사(汝師), 호는 송석재(松石齋), 시호는 문의(文毅). 융경(隆慶) 연간에 진사에 합격, 만력(萬曆) 연간에 검토(檢討)가 되었다. 장거정(張居正)의 폭정에 반대하는 상소를 올렸다가 유배되었지만, 장거정 사후 관직에 복귀되어 이부시랑(吏部侍郎)이 되었다. 『송석재집(松石齋集)』·『삼오문헌지(三吳文獻志)』·『국조전장(國朝典章)』·『인혁록(因革錄)』을 저술했다.

129) 애목(艾穆): 명나라 사람. 자는 화보(和父), 호는 종태산인(終太山人). 형부원외랑(刑部員外郎)을 지내고, 후일 첨도어사(僉都御使)가 되어 사천(四川)을 순무했다.

130) 숭정(崇禎): 명나라 세종(世宗)의 연호. 1628~1644년.

동승(劉同升) 등이 모두 그것을 논박하였다. ○송나라 효종(孝宗) 때 유공(劉珙)[131]을 기복하여 형양선무사로 삼으니, 유공은 6번이나 소를 올려 사양했다. 최후에 "3년상을 통행하는 것은 삼대 이래로 고친 적이 없는데, 한유(漢儒)들에 이르러 처음으로 전쟁 때는 피하지 못한다는 설을 내었으니, 이는 진실로 선왕의 죄인입니다. 그러나 그래도 핑계할 것이 있어서 '일찍이 노공(魯公) 백금(伯禽)[132]이 이런 일을 했다'고 합니다. 이제 변방에는 다행히도 개 짖는 소리가 없는데, 신하로서 지금 군사 일이라는 명분을 덮어쓰고 이록(利祿)의 실속을 사사로이 챙기려 한다면 또한 한유(漢儒)의 죄인이 되지 않겠습니까?" 하였다. ○【성재안설】송나라 때는 집정(執政)이 상을 당하여 기복하지 않는 자가 없었는데, 대개 조보(趙普)[133]로부터 시작되었다. 조보는 어머니 상을 당하여 21일 만에 기복되었다. 그 뒤 부필(富弼)이 비로소 능히 상을 마쳤는데, 그 말에 이르기를 "기복하는 것은 군사 일의 변고에 처한 예이니, 평온한 시대에는 시행해서는 안 된다" 하였다.

奪情起復 後世之失也.

【春秋公羊傳】服金革之事 君使之 非也 臣行之 禮也. 禮記 閔子腰絰 而服事 旣而曰 若此乎 古之道 不卽人心 退而致仕 孔子盖善之.【註】旣事 言古者 不敢斥君. 卽 近也. ○漢趙憙行太尉事 遭母喪 上疏乞行喪禮 明帝不許 遣使者爲釋服 賞賜甚渥. ○唐武后長安三年 制三年之喪 非從軍更籍者 不得起復. ○唐 甘露二年 中書舍人 歐陽通 起復本官 每入朝必徒跣 至城門外 着鞋襪而朝 直宿在省 則席地藉藁 非公事不言 未嘗啓齒 歸必衰絰號慟. ○【沈括 筆談】唐末 文臣給事以上 武臣刺史以上 喪父母者 往往以墨衰從事 號曰起復. 國朝慶曆中 田元均 況帥秦州 乞終喪解官 許之 帥臣終喪自況始. 其後富弼丁母憂 仁宗詔

---

131) 유공(劉珙): 송나라 사람. 자우(子羽)의 아들. 자는 공보(共父), 시호는 충숙(忠肅). 진사에 급제하여 관문전 학사(觀文殿學士)가 되었다.

132) 백금(伯禽): 주나라 주공(周公)의 아들. 노(魯)나라에 봉해진 주공을 대신해서 노나라를 46년간 다스렸다.

133) 조보(趙普): 송나라 사람. 자는 칙평(則平), 시호는 충헌(忠獻). 과단성 있는 기개로 태조(太祖)를 도와 천하를 도모하게 하였다. 승상(丞相)과 태사(太師)를 거쳐 위국공(魏國公)에 봉해졌다.

數十 竟終喪 大臣終喪 自弼始. ○唐昭宗時 韋貽範 母喪 詔還 兵部侍
郎韓渥 不草制 上疏論之 卒使姚洎代草.
○宋慶曆中 歐陽脩 論楊察請終喪乞 不奪情. ○徽宗時 左正言任伯雨
論李諴奪服 御史劉漢弼論馬光祖奪情. ○宋史嵩之起復右丞相 太學生
黃愷伯等 武學生翁日善等 京學生劉時擧等 宗學生興襄等 敎授盧鉞皆
上書不報 劉漢弼論罷相. ○明憲宗時 太學士李賢起復 羅倫論之. 神宗
時 起復太學士張居正 編修吳中行 檢討趙用賢 員外郎艾穆 主事沈思
孝 進士鄒元標 相繼論奏 居正大怒杖五人於闕下. 中行用賢削籍 穆思
孝元標俱謫戍而居正竟留也. ○崇禎時 起復楊嗣昌爲兵部尙書 修撰劉
同升等 皆論之. ○宋孝宗時 起復劉珙 爲荊襄宣撫使 珙六疏辭之. 最
後言曰 三年通喪 三代以來未之有改 至於漢儒 乃有金革無避之說 此
固先王之罪人也. 然尙有可諉者曰 魯公伯禽有爲爲之也. 今邊陲幸無
犬吠之警 臣乃冒金革之名 以私利祿之實 又不爲漢儒之罪人乎. ○
【按】宋時執政遭喪 無不起復者 盖自趙普始. 普丁母憂二十一日而起
復 其後富弼 始克終喪 其言曰 起復金革之變禮 不可施於平世.

사의(士儀) 권13
-이척편(易戚篇) 8-

1. 길제(吉祭)

【『의례』소】 28개월 이후에 길제(吉祭)를 지낸다. ○【「사우례」기】 이 달에 길제를 지내나 아직 배위를 모시지는 않는다. 【주】 이 달은 담제를 지내는 달이다. 사시(四時)의 제사를 지내는 달이 되면 제사지내더라도 아직 모비(某妣)를 모씨(某氏)에 배위하여 모시지 않음은, 슬픔이 아직 가시지 않았기 때문이다. 【소】 마치 상중(喪中)과 같이 한다. ○【「상대기」소】 사시제(四時祭)의 달에 해당하지 않으면 달을 넘겨 기다린다. ○【『비요』】 달을 넘겨 제사지내는 것이 평상시의 제도인데, 만약 사시(四時) 정제(正祭)의 달에 해당하면, 곧 이 달에 제사를 지낸다. 대개 3년 동안 제사를 폐한 끝이라 정제(正祭)가 급하기 때문이다. ○명재(明齋)는 "길제가 비록 3년 뒤의 별제(別祭)지만, 사실은 사시제(四時祭)이다. 따로 마련하기 때문에 맹월(孟月)에도 지낼 수 있으나, 시제(時祭)이기 때문에 중월(仲月)에는 다시 지낼 수는 없다" 하였다. ○【『유편』】 협제(祫祭)는 길제(吉祭)이고, 사시(四時)의 정제(正祭)이다. 3년 동안 제사를 폐하였기 때문에 제사를 지내는 것이 급하여 이 달에 제사지내는 예가 있는 것이다. 예에 또 '달을 넘겨 제사한다'는 조문이 있으니, 반드시 중월(仲月)에 구애될 필요 없이 비록 맹월(孟月)이나 계월(季月)이라도 제사지낼 수 있다. ○【성재안설】 이 길제는 사시의 평상시 제사가 아니고 곧 상(喪)을 끝내는 특별한 제사이다. 만약 정제(正祭)의

달이 해당되면 사시(四時)의 제사를 겸한다. ○【『문해』】 아버지가 먼저 죽어 사당에 들어갔으면, 어머니 상을 마친 뒤의 길제 역시 달을 넘겨서 지낸다. ○【『국조보감』】 숙종 20년 7월 인현왕후(仁顯王后)[134]의 재기(再期)에 왕세자(王世子)가 길사(吉事)로 나가는 절목(節目)에 대해, 상감이 말하기를 "부모의 상에 27개월이 되어 상복을 벗는 것은 귀천 없이 한 가지인데, 어찌 꼭 재기(再期)를 겨우 지나 곧장 순수한 길복[純吉]을 쓰겠느냐? 진실로 인정에 편안하지 아니하다. 그대로 심상(心喪)의 제도를 지키다가 10월이 되면 평길(平吉)로 감이 거의 예경(禮經)의 뜻에 어긋나지 않고, 인정에도 유감이 없을 것이다" 하였다.

【儀禮 疏】二十八月後 吉祭. ○【士虞 記】是月也 吉祭 猶未配.【註】是月 禫月也. 當四時之祭月 則祭猶未以某妣配某氏 哀未忘也.【疏】若喪中然也. ○【喪大記 疏】不當四時祭月 則待踰月也. ○【備要】踰月而祭 是爲常制 而若當四時正祭之月 則卽於是月行之. 盖三年廢祭之餘 正祭爲急故也. ○明齋曰 吉祭 雖云三年後別祭 實則四時之祭也. 以別設 故可行於孟月 以時祭 故不可再行於仲月. ○【類編】祫者吉祭 四時正祭也. 三年廢祭 急於行事 而有是月祭之禮. 禮又有踰月祭之文 則不必拘於仲月 雖孟季亦可祭也. ○【按】此吉祭 非四時之常祭 乃終喪之別祭也. 若當正祭之月 則兼四時之祭也. ○【問解】父先死入祠堂 則母喪畢後 吉祭亦待踰月. ○【國朝寶鑑】肅宗二十年七月 仁顯王后 再朞 王世子 卽吉節目 上曰 父母之喪 二十七月而除 無貴賤一也 何必 再朞纔過遽用純吉. 實非人情所安 仍持心制 至十月而卽吉 庶不悖於 禮經 無憾於人情.

1-1. 담제 뒤 달을 넘겨 길제(吉祭)를 지낸다.

만약 담제가 중월(仲月)[135]에 있으면, 이 달에 길제를 지내지만,

---

134) 인현왕후(仁顯王后, 1667~1701): 조선 숙종(肅宗)의 계비(繼妃). 여양부원군 민유중(閔維重)의 딸. 1689년 기사환국(己巳換局)으로 폐위되었다가 1694년 갑술옥사(甲戌獄事)로 복위되었다.

135) 중월(仲月): 음력 2월·5월·8월·11월. 중삭(仲朔)이라고도 한다.

아직 배위를 모시지는 않는다.

> 【『비요』】 제사 때에 고(考)와 비(妣)의 신위(神位)를 달리하고, 축(祝)은 축판(祝版)을 달리하며, 제사지낸 뒤에 독(櫝)을 합한다. ○【『유편』】 담월(禫月)의 길제(吉祭)에 이미 배위를 모실 수 없다면 갑자기 합독(合櫝)하는 예는 쓸 수 없을 듯하니, 다음달 삭참(朔參)에 고하고 행한다.

禫後踰月吉祭.

> 若禫在仲月 則是月行吉祭 猶未配.

> 【備要】祭時考妣異位 祝用異版 祭後合櫝. ○【類編】禫月吉祭 旣不得配 則恐不可遽用合櫝之禮 當於次月朔參告而行.

1-2. 담제 다음날로 날을 점쳐 잡되, 정일(丁日)이나 해일(亥日)을 택한다.

담제가 중월에 있으면 상순에 담제를 지내고, 담제 다음날에 중순을 점치되 불길하면 하순을 쓴다.◉ 하순의 날짜는 점치지 않는다. 예는 시제(時祭)의 날을 점치는 것과 같다. 만약 중월에 해당하지 않으면 달을 넘겨 다음달에 제사하는데, 역시 상순의 정일(丁日)이나 해일(亥日)을 쓴다.◉ 지금 풍속은 점을 치지 않고 모두 다음달[踰月] 길일에 행한다.

禫之明日 卜日 或丁或亥.

> 禫祭仲月則上旬行禫 禫之明日卜中旬 不吉則用下旬. 下旬則不卜.
> 禮與時祭卜日同. 若不當仲月則 踰月而祭 亦用上旬 或丁或亥日. 今俗不用卜 皆於踰月 吉日行之.

1-3. 기일(期日) 3일 전에 재계한다.

이 다음부터는 『가례』의 시제(時祭) 의식을 쓴다.

前期三日 齊戒.

　　以下用家禮時祭之儀.

1-4. 기일 하루 전에 사당에 고하고, 신주를 고쳐 쓴다.

　　주자(朱子)는 "횡거(橫渠)의 설은 3년이 된 뒤 태묘(太廟)에 협제(祫祭)하고, 그 길제(吉祭)를 마치고 신주를 옮길 때, 조주(祧主)는 도로 받들어 협실(夾室)에 돌려놓고, 체천할 신주와 새 신주는 각기 그 사당으로 돌려놓는 것이다. 아마도 예에 맞을 것 같다"고 하였다. ○길제 전날 저녁에 조천(祧遷)과 개제(改題)를 고하고, 다음날 합제(合祭)를 마치고는, 조주(祧主)는 받들어 묘소에 매안하고 천주(遷主)와 새 신주는 각기 사당으로 들여간다.

술과 과일로 고하되, 삭참(朔參)의 의식과 같다. 다만 향안(香案) 동쪽에 별도로 한 탁자를 설치하여 개제(改題)의 도구를 놓는다. ●벼루, 붓, 먹, 백분 대접〔粉楪〕, 대나무 칼〔竹刀〕, 속새풀〔木賊〕, 닦는 수건〔拭巾〕, 사슴 뿔로 만든 아교즙〔鹿角膠汁〕, 솔〔刷子〕, 손 닦는 수건〔帨巾〕, 세수대야〔盥盆〕 주인이 술을 따라 재배를 하고 향안 남쪽에 꿇어앉으면, 축이 주인의 좌측에 꿇어앉아 동향하여 축문을 읽는다. 독축을 마치고 일어서면, 주인이 재배하고 나아가 개제해야 할 가장 높은 신주를 받들어 탁자 위에 놓고, 집사가 이에 신주 받침을 제거해 눕혀 놓고는, 우선 백지에 물을 적셔 분면(粉面)을 축축하게 한다. 조금 기다렸다가 죽도로 예전 글자와 예전 분칠을 긁어 제거하고, 솔로 쓸어 내고 닦는 수건으로 닦는다. 또 속새풀로 연마하고, 다시 새로 분칠을 하여 마르기를 기다렸다가, 글씨를 잘 쓰는 자에게 명하여 손을 씻고 닦고 서향하여 고쳐 쓴다. 다만 함중(陷中)의 내용은 고치지 않는다. 개제(改題)가 끝나면 축이 신주와 신주받침을 합체하여 독(櫝)에 넣는다. 주인은 신주를 받들고 다시 예전 있었던 곳에 안치한다. 차례대로 나머지 여러 신위들도 처음과 같이 고쳐 쓴다. 증조고비(曾祖考妣)는 고조고비(高祖考妣)로 고쳐 쓰고, 여러 신위의 속칭(屬稱)은 세대의 차례대로 고쳐 쓴다. 방제(旁題)도 또한 각기 그 소속에 따라 고쳐 쓴다.◉부모나 조부모가 먼저 죽어 부위(祔位)에 있으면 개제하고, 그 나머지 부위는 개제하지 않는다. 일을 마치면 내려와 처음 자리로 돌아가서 재배하고, 사신하고, 문을 닫고 물러난다.

친분이 끝나서 매안해야 할 신주는 다시 개제하지 않고, 장방(長房)으로 옮겨야 할 신주도 개제하지 않는다. 만약 옮기지 않는 신위[不遷之位]가 있으면 개제한다.

前期一日 告廟 改題神主.

朱子曰 橫渠說 三年後 祫祭於太廟 因其吉祭畢 遷主之時 還奉祧主 歸於夾室 遷主新主 各歸于其廟 似爲得禮. ○吉祭前一夕 告遷改題 厥明 合祭畢 奉祧主 埋于墓 遷主新主 各歸于廟.

以酒果告如朔參儀. 但別設一卓於香案東 置改題之具.硯筆墨粉楪竹刀木賊拭巾鹿角膠汁刷子帨巾盥盆 主人斟酒再拜訖 跪於香案之南 祝跪於主人之左東向. 讀祝畢興 主人再拜 進奉所當改題最尊之主 就卓上 執事者 乃去趺臥置 先以白紙漬水 沾潤粉面. 有頃以竹刀 刮去舊字及舊粉 以刷子刷之 又以拭巾拭之. 又以木賊磨之 更塗新粉 俟乾 命善書者 盥帨西向改題之 惟陷中不改. 題畢 祝合主植趺 納于櫝. 主人奉主 還安故處. 以次改題諸位如初. 曾祖考妣改書高祖考妣 諸位屬稱 隨世次而改之. 旁題亦各以其屬書之.父母祖父母先亡 在祔位則改題 其餘祔位 不改. 事畢降復位 再拜辭神 闔門而退.

親盡當埋之主 不復改題 當遷長房之主亦不改. 而若有不遷之位 改題.

개제 고사(改題告詞)

유 연호 세차 간지 모월간지삭 모일간지, 5대손●승중은 6대손이라 하고
증조를 계승한 이하의 종(宗)은 친속의 호칭을 따른다. 모는 감히 현5대조고(顯五
代祖考) 모관 봉시 부군, 현5대조비 모봉 모관 모씨,●승중했다면 6대
조고비를 먼저 쓰고, 나머지는 같다. 현고조고 운운, 현고조비 운운●증조고비
이하는 나란히 쓴다.께 밝게 고합니다. 이제 선고●승중했다면 선조고(先祖考)라
한다.의 담사(禫事)를 이미 마치고 길제(吉祭)의 날을 받아, 현5대
조고·현5대조비의 신주를 예법에 따라 장차 조천(祧遷)하고, 현
고조고·현고조비●증조고비, 조고비는 함께 나란히 쓴다. ○승중한 조부상을 마친
경우에는 조모를 개제하고, 고위(考位)를 개제하되, 모두 나란히 쓴다. ○『유편』어머니가
먼저 죽었으면 아울러 고하여 개제한다. 만약 먼저 죽은 처가 있거나 며느리를 시아버지 이름
으로 쓴 것이 있으면, 또한 개제함이 마땅하고 신주 위에 첨가하여 써도 무방하다.의 신주
를 지금 바야흐로 개제(改題)하려 하오니, 세대가 바뀜에 감창함
을 이기지 못하옵고, 삼가 주과로 정성을 펴서 경건한 고유를 삼
가 고합니다.

【고씨 축】죄가 쌓여 없어지지 않으나 세월이 흘러 상복을 벗게 되었
고, 세대의 순서가 바뀌어 소목(昭穆)[136]의 차례를 이어가야 하니, 선
왕이 제정한 예에 감히 맞추지 않을 수 없습니다. ○【성재안설】처의
신주를 개제하면 '감창(感愴)' 아래에 '망처(亡妻)'라는 말을 첨가해 쓰
는 것이 마땅하고, 모봉모씨 또한 개제해야 한다. ○【성재안설】구준의
『가례의절』에는 '고(高)' '증(曾)'이라 칭하지 않고, 다만 '모관 모봉'이

---

136) 소목(昭穆): 종묘(宗廟)에 신주를 모시는 차례. 천자(天子)는 태묘(太廟)를 중앙에 모
　시고 2세·4세·6세는 소(昭)라 하여 왼편에, 3세·5세·7세는 목(穆)이라 하여 오른
　편에 모시어 3소·3목의 칠묘(七廟)이고, 제후는 2소·2목의 오묘(五廟)이다.

라 칭했는데, 어디에 근거했는지 모르겠다. 부제(祔祭)의 축문에 이미 증조(曾祖)라 칭했으면, 개제하기 전이라고 혐의할 것은 아니다. 대상을 지낸 뒤에 도리어 속칭을 빠뜨림은 아마 예의 본뜻이 아닌 듯하다. 그러므로 사계(沙溪)도 구준의 『가례의절』이 편치 않다 하여 고치려고 하였다.

維年號歲次 干支 某月干支朔 某日干支 五代孫承重云 六代孫 繼曾祖以下之宗 隨屬稱. 某 敢昭告于 顯五代祖考某官封諡府君 顯五代祖妣某封某貫某氏承重 則先書六代祖考妣 下同. 顯高祖考云云 顯高祖妣云云. 曾祖考妣 以下列書. 茲以先考承重云 先祖考. 禫事已畢 吉祭卜日 顯五代祖考 顯五代祖妣神主 禮將遷祧 顯高祖考 顯高祖妣曾祖考妣 祖考妣 並列書. ○承重祖父喪畢 祖母改題 考位改題 皆當列書. ○【類編】母先亡 並告改題 若先有先亡之妻 婦名舅題者 亦當改題 添書於神主之上 無妨. 神主 今方改題 世次迭代 不勝感愴 謹以酒果用伸 虔告謹告.

【高氏 祝】罪積不滅 歲及免喪 世次迭遷 昭穆繼序 先王制禮 不敢不至. ○【按】妻主改題 則當於感愴下添書云亡妻 某封某氏亦將改題. ○【按】丘儀不稱高曾 只稱某官某封 未知何據也 祔祭之祝 旣稱曾祖 則不以改題前爲嫌矣. 大祥後 反闕屬稱 恐非禮意 故沙溪亦以丘儀爲未安 欲改.

【성재안설】『가례』에는 대상 하루 전에 체천(遞遷)·개제(改題)하고, 친분이 끝난 조상은 고유를 마치고 즉시 묘소나 장방(長房)으로 옮기며, 상제(祥祭)를 지내는 날 새 신주를 동쪽의 한 감실에 들인다. 그런즉 그 고사(告詞)에는 "5대조고비는 친분이 끝나 조천함이 마땅하다"고 하지 않을 수 없다. 세상에서는 이미 주자가 뒤에 정한 논의에 따라 협제(祫祭) 이후에 옮긴다.◉주자가 이계선(李繼善)에게 답한 서찰에서 "협제를 마친 뒤에 옮긴다" 하였다. ○한강(寒岡)은 "주자의 만년 정론은 『가례』〈주〉의 '길제를 마치고 조주(祧主)를 체천한다'에 있다" 하였다. 그러므

로 협제를 지내기 하루 전에는 단지 친분이 끝나지 않은 신주만 개제하고, 친분이 끝난 신주에는 다시 일이 없으니, '친분이 끝나 조천함이 마땅하다'는 말은 아마 적합하지 않을 듯하다. 하물며 협제(祫祭)의 고사(告詞)가 있는데, 중복하여 조천(祧遷)을 고함은 더욱 번거롭고 외람된다. 또한 개제(改題)하는 여러 신위를 예전 있던 곳에 그대로 안치하면, '세대가 바뀌어 번갈아 옮긴다[世次迭遷]'의 '천(遷)'자도 사실이 아니게 되어버린다. 새 신주가 이미 대상의 제사를 지내면서 사당에 들어갔고 협제 전날 예전 자리에 그대로 있다면, '신주를 옮겨 사당에 들어간다'는 구절은 아마 온당치 못한 듯하다. 그러므로 이제 고사를 위와 같이 고쳐 정한다. ○양복(楊復)은 "길제 하루 전날 저녁 천(薦)으로써 천주(遷主)의 사유를 고하고, 마치면 이에 신주를 쓰고, 다음날 합제를 마친 뒤 조주(祧主)는 받들어 묘소에다 매안하고, 옮길 신주는 받들어서 각각 사당으로 돌려놓는다" 하였다.

按【家禮】大祥前一日 遞遷改題 而親盡之祖 告畢則遷于墓與長房 祥之日 神主入于東一龕. 則其告詞不可不云 五代祖考妣親盡當祧. 而世旣從朱子後定之論 祫祭而後遷.朱子答李繼善書曰 俟祫畢 然後遷. ○寒岡曰 朱子晚年定論 在家禮註 吉祭畢 祧主遞遷. 故祫祭前一日 只改題於親未盡之主 更無事乎親盡之主 則親盡當祧之語 恐未的合. 況有祫祭之告 則重複告祧 尤涉煩瀆. 且改題之諸位 仍安故處 則世次迭遷之遷字 亦歸無實. 且新主已於大祥入廟 而祫祭前日 依舊在故位 則遷主入廟之句 恐似未穩. 故今改定告詞如右. ○楊氏復曰 吉祭前一夕 以薦告遷主 畢乃題主 厥明合祭畢 奉祧主埋于墓所 奉遷主 各歸于廟.

1-5. 자리를 설치한다.

주인이 여러 장부(丈夫)와 집사들을 거느리고 정침(正寢)◉ 혹은 청사(廳事)을 청소하고, 교의(交椅)와 탁자를 씻고 닦아 깨끗하게 하고는, 이에 5대조고비의 신위를 당의 서북쪽 벽 아래에 남향으로 설치하되 서쪽을 상석으로 하고,◉고(考)는 서쪽, 비(妣)는 동쪽 **고조고비**와 증조고비의 신위를 차례에 따라 동쪽으로 설치한다. 고비(考妣)의 신위 역시 정위(正位)에 한 줄로 설치한다.◉담월에 제사를 지내면 고비(考妣)는 자리를 달리한다. 비(妣)가 둘 이상이면, 부모가 먼저 죽어 이미 배향하였으니 계비(繼妣)의 상이 끝나면 다만 계비(繼妣)만 자리를 달리한다. ○『요의』 "『가례』에는 모비(某妣) 배위를 말하지 않았다." 부위(祔位)가 있으면 모두 동서(東序)에서 서향으로 북쪽을 상석으로 하거나, 혹 동서(東序)와 서서(西序) 양편에서 서로 마주하되 존자(尊者)는 서쪽에 두며, 처(妻) 이하의 자리는 계단 아래로 한다. 만약 증조(曾祖) 이하를 계승한 소종(小宗)이라면 세대 수를 계산하여 자리를 설치하되, 모두 의식대로 새 신주와 나란히 남향으로 한다. 만약 처음으로 녜(禰)를 계승한 소종이라면 새 신주만 당의 가운데 북쪽 벽 아래 남향으로 자리를 설치한다. 만약 승중했다면 조고(祖考) 및 고(考)의 위치는 모두 동쪽 벽 아래에 설치함이 마땅하다.

設位.

主人 帥衆丈夫及執事者 灑掃正寢或廳事 洗拭椅卓 務令蠲潔 乃設五代祖考妣位於堂西北壁下南向 西上考西妣東 高祖考妣曾祖考妣以次而東設 考妣位亦於正位一行.禰月行祭 則考妣異位. 有二妣以上 父母先亡已配享 而繼妣喪畢 則只繼妣異位. ○【要儀】曰 家禮不言 以某妣配. 有祔位 則皆於東序西向 北上 或兩序相向 尊者居西 妻以下則於階下. 若繼曾祖以下之宗 則計世數設位 並新主皆南向如儀. 若始爲繼禰之宗

則只設新主位於堂中北壁下南向. 若承重 則祖考及考位 皆當設
於東壁下.

1-6. 제기를 진설하고, 희생물을 살피고, 제기를 씻고, 찬을 갖춘다.

모두 시제(時祭)의 의식과 같다.

陳器 省牲 滌器 具饌.
　並同時祭儀.

1-7. 머물 곳을 설치하여 길복(吉服)을 진설한다.

　　진씨(陳氏)는 "길제(吉祭)가 되면 평상시 착용하던 물건을 모두 착용
할 수 있다"고 하였다.

주인 이하는 성대한 복장을 차려입는다.

　　【『유편』】 심상(心喪)에는 소복(素服)만 있고 27개월에 다시 변경할 만
한 복장은 없다. 길제가 되면 다만 초하루 아침에 복장을 바꾸어 새벽
문안[晨謁]만 하고, 제사는 행하지 않는다.

設次 陳吉服.
　陳氏曰 至吉祭 平常所服之物 無所不佩.

主人以下 盛服.
　【類編】心喪只有素服 二十七月更無可變之服. 至吉祭 只於朔朝變服
晨謁無行祭.

1-8. 다음날 일찍 일어나 채소·과일·술·찬을 마련한다.

시제의 의식과 같다.

厥明夙興 設蔬果酒饌.

　同時祭儀.

1-9. 날이 밝을 무렵 신주를 받들고 자리로 간다.

주인 이하는 각각 자리로 가서 성대한 복장으로 갈아입고, 손 씻고 세수하고 사당 앞으로 간다. 나머지는 시제의 의식과 같다.

質明 奉主就位.

　主人以下 各就次 易盛服盥帨 詣祠堂前 餘同時祭儀.

신주를 내올 때의 고사[出主告詞]

【『유편』】 바로 시제의 출주(出主) 고사를 쓴다.

5대손◉현손·증손 등 속칭대로 한다. 승중했다면 6대손이라고 한다. **모는 이제 체천(遞遷)**◉만약 아버지가 먼저 죽고 어머니 상을 당했다면 '체천(遞遷)'을 '면상(免喪)'이라 고친다. **으로 현5대조고 모관봉시부군과 현5대조비 모봉모관모씨**◉고조고·비 이하는 차례대로 쓴다. 승중했다면 6대조고·비 이하부터 차례로 쓴다. 만약 고조나 증조 이하를 계승한 소종이라면 호칭대로 한다. 만약 어머니가 먼저 죽고 아버지 상을 마쳤으면, 또한 고비를 차례로 쓴다. 만약 처음으로 녜(禰)의 소종이 되었다면 '현고(顯考)'라고 쓰고, 모두 죽었다면 '현비'를 차례로 쓴다. 만약 먼저 죽은 처가 있으면 축 끝에 또 '부식(祔食)'이라 쓴다. 부위가 있으면 또 '모친모관부군 모봉모관모씨 부식'이라 쓴다. 어리고 낮으면 '부군(府君)' 두 글자를 제거한다. **께 일이 있어, 감히 신주께서 정침**◉혹은 청사(廳事) **으로 나가시길 청하오며, 공손히 정성을 펴서 전(奠)을 올립니다.**

　【類編】 直用時祭出主告詞.

　五代孫玄曾孫隨稱 承重則云六代孫. 某 今以遞遷若父先亡母喪 則改遞遷爲免喪. 有

事于 顯五代祖考 某官封諡府君 顯五代祖妣 某封某貫某氏高祖考
妣以下列書. 承重則 自六代祖考妣以下 列書. 若繼高曾祖以下之宗 則隨稱. 若母先亡父喪畢 考妣
亦列書. 若始爲禰宗 則止書顯考 俱亡則顯妣列書. 若有先亡之妻 祝末亦書祔食. 有祔位則亦書 以
某親某官府君 某封某貫某氏祔食. 卑幼則去府君二字. 敢請 神主出就正寢或廳事 恭
伸奠獻.

1-10. 참신(參神)하고 강신(降神)하며, 진찬(進饌)한다.

모두 시제의 의식과 같다.

參神 降神 進饌.
　並同時祭儀.

1-11. 초헌(初獻)

시제의 의식과 같다.

　如時祭儀.

조주에 합제하는 축문[合祭祧主祝]

유 연호 세차 간지 모월간지삭 모일간지 5대손 모는 감히 현5대
조고 모관봉시부군과 현5대조비 모봉모관모씨께 밝게 고합니다.
이제 선고 모관부군의 상례 기한이 다했습니다. 옛사람이 지은
예법에 제사는 4대에 그치니●『유편』 선왕의 제례(制禮)에 제사는 3대에 그친
다고 했다. 만약 4대를 제사하면 마땅히 "고인의 제례(制禮)에 제사는 4대에 그친다"라고 해야
한다. 마음은 비록 무궁하나 명분에는 한계가 있어 신주를 옮겨야
마땅하기에●만약 장방(長房)에 옮기면 당조(當祧) 아래에 "모손 모의 방 본감(本龕)에

옮긴다" 한다. 부위(祔位)가 있으면 "모친모관부군과 모봉모관모씨의 신주는 함께 조천한다"고 한다. 만약 정위(正位)가 장방으로 옮기면 부위는 따라 옮기지 않고 묘소에 묻는다. ○『비요편람』에도 모두 "부위는 묘소에 묻는다" 하였다. **감창함을 이기지 못하옵고, 삼가 맑은 술과 음식으로 세사(歲事)를 올리오니 부디 흠향하소서.**

維年號歲次 干支 某月干支朔 某日干支 五代孫某 敢昭告于 顯 五代祖考 某官封諡府君 顯五代祖妣 某封某貫某氏. 玆以先考 某官府君 喪期已盡. 古人制禮 祀止四代【類編】先王制禮 祀止三代. 若祭 四代 則當曰 古人制禮 祀止四代. 心雖無窮 分則有限 神主當祧若遷于長房 則當 祧下云 遷于某孫某之房本龕. 有祔位則云 某親某官府君 某封某貫某氏神主並祧. 若正位遷于長房 則祔位不隨遷 而埋于墓所. ○備要便覽 皆云祔位埋墓. 不勝感愴 謹以淸酌庶羞 祗 薦歲事 尙饗.

고조 이하 각 신위의 축문[高祖以下各位祝文]

세대마다 각각 다른 축판을 쓴다.

'모일간지' 이상은 앞과 같다. "**효현손●**효증손. 효손은 따라 고친다. **모는 감히 현고조고 모관봉시부군과 현고조비 모봉모관모씨●**증조고비, 조고비는 칭호에 따른다.**께 밝게 고합니다. 세대의 순서가 바뀌기에 삼가 전례(典禮)를 준수하고자 하오니, 계절의 바뀜에 느낌이 있어서 추모의 영원한 감회를 이기지 못하고**"라 하며, '삼가[謹]' 이하는 앞과 같다.

부위(祔位)가 있으면 '세사(歲事)' 아래에 '모친모관부군 모봉모관모씨 부식(祔食)'이라 하고, 낮고 어린 자에게는 '부군(府君)' 두 글자를 제거한다. 뒤에도 이대로 한다.

代各異版.

某日干支　以上同前. 孝玄孫孝曾孫孝孫　隨改.某　敢昭告于　顯高祖考
某官封諡府君　顯高祖妣　某封某貫某氏.曾祖考妣祖考妣　隨稱.　世次迭
遷　式遵典禮　追感時序　不勝永慕　謹以以下同前.

有祔位　則歲事下云　以某親某官府君　某封某貫某氏祔食　卑幼去府君二
字. 後倣此.

네위에 대한 축문[祔位祝文]

모일간지 이상은 앞과 같다. "효자 모는 감히 현고 모관봉시부군
께 고합니다. 소목의 차례를 계승함에 전례를 준수하고, 계절의
바뀜에 따라 추모의 감회 하늘에까지 망극하오며" 하고, '삼가
[謹]' 이하는 앞과 같다.

어머니가 먼저 죽어 이미 사당에 계시면 '부군(府君)' 아래에 '현비(顯
妣)'를 차례로 쓴다.

某日干支　以上同前　孝子某　敢昭告于　顯考　某官封諡府君. 昭穆
繼序　式遵典禮　追感時序　昊天罔極　謹以以下同前.

母先亡已在廟　則府君下　列書顯妣.

아버지가 먼저 죽어 어머니 상을 마치고 고비의 신위를
합제하는 축문
[父先亡　母喪畢　考妣位合祭　祝文]

할아버지가 먼저 죽어 승중의 조모상을 마치고 조고비위를 합제하는
축문은 같다. 다만 속칭(屬稱)은 고친다. ○제사 때 고비는 합하여 진
설한다.

‘밝게 고합니다’ 이상은 앞과 같다. “현고 모관봉시부군과 현비 모봉모관모씨께 밝게 고합니다. 이제 선비(先妣)의 상례 기한이 이미 끝났으니, 예법으로는 배향함이 마땅하고, 계절의 바뀜에 추모의 감회가 하늘에까지 망극하여”◉승중했다면 '호천망극(昊天罔極)'을 고쳐 '불승영모(不勝永慕)'라 한다. 라고 한다. ‘삼가’ 이하는 앞과 같다.

祖先亡 承重祖母喪畢 祖考妣位 合祭祝同 但改屬稱. ○祭時考妣合設.
昭告于 以上同前. 顯考某官封諡府君 顯妣某封某貫某氏. 玆以 先妣 喪期已盡 禮當配享 追感時序 昊天罔極承重 則改昊天罔極 云不勝永慕. 謹以以下同前.

아버지가 먼저 죽고 어머니 상을 마친 다음 담월에 배위로 모시지 않고 고위에 제사하는 축문 [父先亡 母喪畢 禫月未配 祭考位 祝文]

할아버지가 먼저 죽고, 승중의 조모상을 마친 조고위의 축문도 같으나, 다만 속칭(屬稱)만 고친다. ○고위(考位)와 비위(妣位)는 각기 진설하고, 축문도 각각 축판을 달리하며, 다음달 초하루에 배위로 모신다.

‘밝게 고합니다’ 이상은 앞과 같다. “현고 모관 봉시 부군께 밝게 고합니다. 절기가 흘러 바뀌어, 때가 중춘(仲春)◉계절은 따라 고친다. 이 되었습니다. 세월의 바뀜에 추모의 감회가 하늘같이 끝이 없 사옵니다.” 이하는 앞과 같다.

祖先亡 承重祖母喪畢 祖考位祝同 但改屬稱. ○考妣位各設 祝文各版 次月 朔配.
昭告于 以上同前. 顯考 某官封諡府君. 氣序流易 時維仲春四時隨改. 追感歲時 昊天罔極 以下同前.

아버지가 먼저 죽고 어머니 상을 마친 다음 담월에
배위로 모시지 않고 비위에 제사하는 축문
[父先亡 母喪畢 禫月未配 祭妣位祝文]

승중의 조비상에도 동일하다.

'밝게 고합니다' 이상은 앞과 같다. "현비 모봉모관모씨께 밝게 고합니다. 상례의 제도는 기한이 있어 삼가 전례를 준수하려 하오니, 때는 오직 중춘◉ 때에 따라 고친다.인지라, 추모의 감회가 망극합니다." 이하는 앞과 같다.◉ 승중상에는 '현비(顯妣)'를 '현조비(顯祖妣)'로 고치고, '망극(罔極)'은 '불승영모(不勝永慕)'로 고친다.

承重祖妣同.

昭告于 以上同前. 顯妣某封某貫某氏. 喪制有期 式遵典禮 時維 仲春隨時改之. 追感罔極 以下同前.承重 改顯妣爲顯祖妣 改罔極爲不勝永慕.

【『유편』】 '이 달에 길제를 지내면서 배위로 모시지 않는' 경우는 아마도 그 달 초하루에 고유하는 절차가 있을 것이다. 또 '어머니가 먼저 죽었는데 아버지 상에 배위로 모셔 제사하지 않는' 경우는 고비(考妣)가 모두 같다. 어머니가 비록 먼저 죽었더라도 아버지 상의 담월(禫月)에 고사를 쓸 수는 없다. ○【성재안설】 예에 이른바 '모비(某妣)를 배위로 한다'는 것은 후세의 '합설하여 제사하는' 것과 같다. 독(櫝)을 합하는 것은 사마씨로부터 시작되었지만, 『가례』에도 독을 합한다는 조문은 없다. 다만 '독(櫝)에는 신주 하나만 용납한다'고 하였다. 그러므로 세상에는 독을 합하지 않는 자도 많다. 그런즉 비록 독을 합하는 집이라도 반드시 앞서 독을 합한다는 뜻을 고할 필요는 없고, 다만 축문 속에 "예에는 배향함이 마땅한지라"라고 하는 것이 옳겠다. 독을 합하지 않는 자는 축문도 이렇게 하면 된다. 대개 배식(配食)은 독을 함께 하느냐 아니냐에 매이지 않는다.

【類編】是月吉祭 而未配者 月朔恐更有告. 又曰母先亡父喪不配祭者
考妣皆同. 母雖先亡父喪禫月 不可用告詞. ○【按】禮所謂以某妣配者
猶後世之合設而祭也. 合櫝自司馬氏始 而【家禮】亦無合櫝之文. 但云
櫝容一主. 故世不合櫝者亦多. 然則雖合櫝之家 不必先告合櫝之意 但
於祝中 云禮當配享可也. 其不合櫝者 祝亦如是而已. 盖配食 不繫於櫝
之共不共也.

1-12. 아헌, 종헌, 유식, 합문, 계문, 수조, 사신한다.

모두 시제의 의식과 같다.

亞獻 終獻 侑食 闔門 啓門 受胙 辭神.
　　並同時祭儀.

1-13. 신주를 들인다.

주인이 올라가 먼저 조주(祧主)를 받들어 협실(夾室)에 안치한
다.◉장차 묘소에 매안하려 함이다. 최장방(最長房)이 있으면 장차 받들어 옮기기 위해서이
다. 다음은 고조 이하의 신주를 받들고 사당에 들어가 차례대로
교체해 올리고, 새 신주를 비로소 정위(正位)에 들인다. ○고비
(考妣) 중에 먼저 죽은 자가 있으면, 이에 이르러 같은 감실에 합
하여 받든다.

納主.
　　主人升 先奉祧主 安于夾室.將埋于墓所 有最長房則 將遷奉. 次奉高祖以下
　　之主 入祠 以次遞升 新主始入正位. ○考妣有先亡者 至是合奉
　　于同龕.

1-14. 남은 음식을 치운다.

모두 시제와 같다.

徹餕.

並同時祭.

1-15. 제사를 마치면 조주(祧主)를 묘소에 묻는다.

친분이 이미 다하면 매안한다. 친족 중에 친분이 미진한 자가 있으면 최장방(最長房)으로 옮겨 그 제사를 주관하게 한다.

【성재안설】『가례』에 이미 "최장방으로 옮겨 그 제사를 주관하게 하고, 그 나머지는 고쳐 쓴다" 하였으니, 장방이 제사를 주관하더라도 제주(題主)는 고치지 않는다.

【성재안설】 자식이 비록 어리더라도 친분이 다한 신주는 조천(祧遷)하지 않을 수 없다.◉ 퇴계는 "어머니가 계신다고 친분이 다한 조상을 조천하지 않는 것은 예를 모른 잘못이다" 하였다. ○주자는 "한(漢)나라와 당나라 사람들은 두 층계 사이에 묻었는데,◉『당원릉의주』 북쪽 계단 양쪽 사이에 묻었다. 요즘 사람들의 가묘에는 또 이른바 '두 층계'라는 것이 없다. 당나라 사람들 또한 침원(寢園)에 묻는 자가 많았다. 다만 요즘 사람들 중에는 분묘가 너무 먼 자가 있어서 아마 사용하기 어려울 듯하다" 하였다. 또 "묘소에 묻는다"고 하였다.

祭畢祧主 埋于墓所.

親已盡則埋. 族人有親未盡者 則遷于最長之房 使主其祭.

【按】家禮旣云 遷于最長房 使主其祭 其餘改題 則長房雖主祭 而題主則不改矣.

按 子雖幼 親盡之主 不可不祧.退溪曰 有母而不遷親盡之祖 不知禮之失. ○朱

子曰 漢唐人 瘞于兩階間【唐元陵儀註】埋于北階之兩間. 今人家廟 亦無
所謂兩階者. 唐人亦多瘞于寢園者. 但今人有墳墓太遠者 恐難
用耳. 又曰埋于墓所.

조주를 묻는 의식[埋祧主式]

먼저 묘소의 왼편에 장막을 설치하여 탁자를 놓고, 탁자 위에 신
주의 독을 남향으로 안치한다. 그런 다음 묘소 뒤편에 구덩이를
판다. 만약 봉분이 둘이면 두 봉분 사이를 판다. 축(祝)이 독을
열면, 자리에 있는 후손들은 모두 재배한다. 축이 신주를 가져다
신주받침을 제거하고 신주 몸체를 상자 안에 눕혀 안치하는데,●
남계는 "눕혀 둔다가 옳다"고 하였다. 서쪽을 위로 하여 신주받침을 신주몸
체의 발 부분에 놓고, 구덩이 속에 넣는다. 여러 후손들은 모두
곡하고 재배한다. 그리고 상자 뚜껑을 닫고, 석회와 사토를 채워
서 견고하게 다지고 떼를 입힌 다음, 주과(酒果)를 차려 놓고 묘
소에 고한다.

預先設幄於墓左 置卓 奉安主櫝南面. 乃掘坎于墓後. 若雙墳則
兩墓間掘之. 祝開櫝 在位諸孫皆再拜. 祝取神主 去趺主身臥安
南溪曰 臥置爲是. 于匱中 西上 置趺于主身之足 納于坎中. 諸孫皆哭
再拜. 乃閉匱盖 實以石灰沙土堅築 被以莎草 訖以酒果告于墓.

친분이 다한 신주의 매안 때 묘에 고하는 축문
[親盡主埋安告墓祝文]

'모일간지' 이상은 앞과 같다. "5대손● 친속의 호칭게 따라 고친다. 모는

감히 현5대조고 모관봉시부군과 현5대조비 모봉모관모씨께 친분이 다해 조천함을 밝게 고합니다. 예의 제도는 한정이 있어 이제 신주를 받들어 무덤에 매안하오니, 먼 조상을 추모하는 정성이 미치지 못하는지라 감창함을 이기지 못하옵고, 삼가 주과로 정성을 펴서 경건한 고유를 삼가 고합니다."

某日干支 以上同前. 五代孫屬稱隨改.某 敢昭告于 顯五代祖考 某官封諡府君 顯五代祖妣 某封某貫某氏 親盡祧遷. 禮制有限 今奉神主 埋于塋域 追遠靡逮 不勝感愴 謹以酒果用伸 虔告謹告.

조주를 장방으로 옮겨 받든 뒤의 고사
[祧主長房遷奉後告詞]

【『대대례』】 사당에 옮기는 일이 끝나고서, 날을 받아 제사한다. 【주】 신을 안정시키기 위함이다. ○적자(適子)의 아우 중에 녜묘(禰廟)가 없는 자도 이 예를 사용한다.

'모일간지' 이상은 앞과 같다. "몇대 손● 세대에 따라 호칭한다. 모는 감히 현 몇대 조고 모관부군과 현 몇대 조비 모봉모관모씨● 속칭에 따라 쓴다.께 밝게 고합니다. 종자(宗子)가 친분이 다한 신주를 조천(祧遷)함에 이제 여기에 받들어 모셨으니, 추모하는 감회를 이기지 못하고 삼가 주과(酒果)로 정성을 펴서 경건한 고유를 삼가 고합니다."

한강은 "신주를 옮겨간 사람은 '효(孝)'자를 쓰지 못한다" 하였다.

【大戴禮】 遷廟事畢 擇日而祭. 【註】 所以安神. ○適子之弟 無禰廟者 用此禮.

某日干支 以上同前. 幾代孫^{世代隨稱}. 某 敢昭告于 顯幾代祖考 某
官府君 顯幾代祖妣 某封某貫某氏.^{屬稱隨書}. 宗子親盡神主祧遷
今玆奉安 不勝感慕 謹以酒果用伸 虔告謹告.

寒岡曰 遷主之人 不得書孝字.

조주를 장방으로 옮겨 봉안한 후에 합제하는 고사
[祧主長房遷奉後合祭告詞]

장방(長房)으로 계녜(繼禰) 이상의 소종(小宗)에서 이를 사용한다.
'모일간지' 이상은 앞과 같다. "증손●손(孫)과 자(子)는 경우에 따라 고친다.
모는 감히 현증조고 모관부군과 현증조비 모봉모관모씨●계조는 '조
고비'라 하고 계녜는 '고비'라 한다.께 밝게 고합니다. 이제 현고조고 모관부
군과 현고조비 모봉모관모씨●친속의 호칭도 따라 고친다.께서 종자에게
친분이 다하여 신주를 조천했기에 같은 당에 봉안하오며, 추모의
감회를 이기지 못하여"라 한다. '삼가' 이하는 앞과 같다.

長房繼禰以上 用此.

某日干支 以上同前. 曾孫^{孫與子隨改}. 某 敢昭告于 顯曾祖考 某官府
君 顯曾祖妣 某封某貫某氏.^{繼祖則曰祖考妣 繼禰則曰考妣}. 今以 顯高祖
考某官府君 顯高祖妣某封某貫某氏^{屬稱 亦隨改}. 宗子親盡 神主祧
遷 奉安同堂 不勝感慕. 謹以以下同前.

【성재안설】 장방(長房)이 비록 부득이 하여 조주(祧主)를 임시
로 봉안했더라도, 신주에 곧장 종자의 이름을 제거하고 자기의
이름을 고쳐 씀은 불가하다.

【『유편』】『가례』에는 조주(祧主) 이외에 네 감실의 개제만 허락하였으니, 조주에는 개제하지 않는다는 것이 변론하지 않아도 분명하다. 퇴계는 "개제는 종자(宗子)·종손(宗孫)의 존망을 볼 따름이지, 중자(衆子)·중손(衆孫)은 그 사이에 간여할 수 없다" 하였다. 주자와 퇴계의 뜻이 세상에 통행하는 규범이 되었다. ○우복은 "종손의 이름을 변경함이 없이 임시로 제사를 받드는 것이 마땅하다" 하였다. ○퇴계는 "남편은 아내의 하늘이다. 남편이 살아 있으면 아내가 비록 죽었더라도 세대가 바뀌지 않고, 남편이 죽었으면 아내가 비록 살아 있더라도 세대가 바뀐다. 성인이 예를 제정함에 의로써 재단하여 효자의 정이 빼앗기게 되는 까닭이다. 증조부의 처가 아직 살아 있는데 그 증조의 신주를 묻고, 제사를 받드는 자의 조모가 아직 살아 있는데 그 할아버지의 신주를 묻는 것이 비록 모두 미안하나, 예로 제한하여 의리로 빼앗지 않을 수가 없을 듯하다" 하였다. 또 "『가례』에는 조모나 어머니가 계신지의 여부는 논하지 않고 바로 개제(改題)와 체천(遞遷)의 예를 행한다"고 하였다.

按 長房雖不得已 權奉祧主 而神主則不可輒去宗子之名 而改題己名也.

【類編】曰 家禮祧主外 只許改題四龕 則祧主不改題 不待辨而明矣. 退溪曰 改題視宗子宗孫之存亡而已 衆子衆孫 不得與於其間也. 朱子退溪之意 爲世通行之規. ○愚伏曰 無變宗孫之名 權宜奉祀. ○退溪曰 夫者婦之天 夫存則婦雖亡不易代 夫亡則婦雖存易代. 聖人制禮 以義裁之 而孝子之情 所奪焉故也. 曾祖之妻尙在 埋其曾祖之主 奉祀者之祖母尙在 埋其祖之主 雖皆未安 恐不得不限於禮 而奪於義也. 又曰 家禮不論祖母或母之存否 而直行改題遞遷之禮.

2. 길제변의(吉祭辨疑)

2-1. 아버지 상에 길제를 지내려 할 때 어머니 상을 당한 자는, 졸

곡 뒤에 술과 과일로 개제(改題)와 천주(遷主)를 고하고, 길제는 행하지 못한다.

【『유편』】 어떤 사람이 승중상의 담제를 지낸 뒤에 또 증조모상의 상례 기간 내에 있으면서 개제하고 길제를 지내는 절차를 물으니, 답하기를 "할아버지 상을 비록 마쳤더라도 증조모의 상례 기간 내에 있다면, 비록 다른 집에 살더라도 곧장 길제를 거행하는 것은 옳지 않다. 그러나 최장방(最長房)이 선대의 신주를 받들고 있으면서 그대로 주과를 받들어 조천(祧遷)을 고하고 개제(改題)하거나 천주(遷主)해서는 안 된다" 하였다.

【성재안설】 상례에는 3년 동안 제사를 지내지 않음이 예이다. 어머니 상중에 길제를 행하지 않는 것은 확고하다. 그러나 아버지 상을 이미 마쳤다면 사당에 들이지 않아서는 안 되고, 사당에 들이면 개제(改題)와 체천(遞遷)을 아니할 수 없다. 또한 친분이 다한 조상은 분수에 넘치게 그대로 받들 수가 없다. 그런즉 뒤에 당한 상의 졸곡 이후에 예를 줄여서 행하는 것이 아마도 '예에는 없는 예'에 합당할 것 같다. 이는 부제(祔祭)를 반드시 졸곡 후에 행하면서도 최복으로 행사하는 것이 혐의가 되지 않음과 같다. 지금은 방립(方笠)·포심의(布深衣)·포대(布帶)로 송나라 때의 묵최(墨衰)를 대신한다.

父喪將吉祭 而有母喪者 卒哭後 以酒果告改題遷主 不得行吉祭.

【類編】 或問 承重喪禫後 又在曾祖母喪內 改題吉祭節次 答曰 祖喪雖畢 而方在曾祖母喪內 則雖曰異宮 不當輕擧吉祭. 然其最長房奉先世之主 不可因奉酒果告遷 改題遷主.

按 喪 三年不祭 禮也. 則母喪中 不行吉祭 固也. 然父喪旣畢 則不可不入廟　入廟則不可不改題遞遷.　且親盡之祖　僭不可仍奉

也. 然則後喪卒哭後 殺禮行之 恐合於無於禮之禮也. 此猶祔祭
之必行於卒哭後 而無嫌於衰服將事也. 今則以方笠 布深衣 布
帶 以代宋時之墨衰也.

2-2. 장방이 조주(祧主)를 받들다가 죽으면, 역시 반드시 3년을 기다려 옮긴다.

최장방(最長房)이 죽으면 차장방(次長房)에게 옮긴다. 사계는 "3년을
기다려야 마땅하다" 하였고, 남계도 "3년을 기다린다" 하였다. 성호는
"비록 장방이 죽어도 반드시 3년을 기다린 다음 옮긴다"고 하였다.

長房奉祧主而死 亦必待三年而遷.

最長死移次長. 沙溪曰 當待三年. ○南溪曰 當待三年. ○星湖曰 雖長
房亡 必待三年而遷.

2-3. 심상(心喪) 중에는 길제를 행한다.

【성재안설】 심상은 복이 없는 복이다. 그러므로 도암은 "본생(本生)에
대한 심상 도중에 길제 하루 정도를 임시로 차용하는 것은 의심할 것
이 없다. 그러나 순길(純吉)로 처신할 수는 없으니, 담색(淡色)을 쓰면
거의 해롭지 않을 것이다" 하였다. 명재와 남계는 모두 "본생(本生)의
심상 도중에는 길제를 행함이 마땅하다"고 하였다.

心喪中行吉祭.

【按】 心喪者 無服之服也. 故陶庵謂本生心喪中 吉祭一日借吉 無可疑.
然恐不可純吉 用淡色 庶或無害. 明齋南溪皆云 本生心喪中 當行吉祭.

2-4. 면복(緬服)[137] 중이라도 길제를 행한다.

옛 무덤에서 널을 꺼내어 아직 장사를 치르기 전이면, 장사를 치르고
나서 길제를 행하고, 일을 마치면 시마복으로 돌아간다.

緬服中吉祭.

舊墓出柩未及葬 則待葬後行吉祭 卒事反緦服.

2-5. 장방으로 신주를 옮기는 것은 선왕(先王)의 예가 아니다.

【『주자대전』】 호백량(胡伯量)이 묻기를 "선형(先兄)이 죽어 형을 위해
입후(立後)하여 제사를 주관하게 하면, 저의 고조는 마땅히 조천해 내
어야 합니까?" 하니, 답하기를 "고조를 조천해 내는 것은 비록 인정으
로는 편치 않으나 달리 처리할 방법이 없다" 하였다 이요경(李堯卿)이
묻기를 "저와 선형(先兄)이 다른 집에 살고 있는데 시속에 따라 집에다
가 선조의 감자(龕子)를 세우고 속절(俗節)의 제사를 따져 지내며, 선
형의 집에서 하는 시제(時祭)와 녜제(禰祭)를 모두 제가 형을 모시고
지냈습니다. 조카가 제사를 이어받으면서부터는 고조를 조천하고 선형
을 녜(禰)로 하여 제사를 지냅니다. 저의 집에는 이미 가선(家先)의 감
실이 있으나 위로는 고조의 제사를 빠뜨리고, 아래로는 아버지의 제사
가 없어 마음이 불안합니다. 시제를 마치고 찬(饌)의 일부를 옮겨 저희
집에서 제가 주관하여 고조를 제사지내고, 녜제(禰祭)의 날짜가 되면
사사로이 녜제를 거행하려 합니다. 이와 같이 하면 지자(支子)에게 제
사가 있게 되니, 예에 합치하지 않겠지요?" 하였다. 답하기를 "이 일은
다만 삼가 예문을 지킴이 합당하지, 갑자기 의리로 일으킴은 옳지 못하
다" 하였다. ○【『어류』】 묻기를 "적손이 제사를 맡으면 곧 모름지기 6
세·7세의 사당 신주는 조천해야 하는데, 적손으로 말하자면 조천함이
마땅하나, 숙조(叔祖)가 아직 살아 있다면 이는 곧 고조와 증조를 조천
하는 것이니 마음이 편하겠습니까?" 하니, 답하기를 "그래도 이렇게만

---

137) 면복(緬服): 부모의 묘를 이장(移葬)할 때 입는 시마복.

할 수 있다. 성인의 법은 일정하여 바뀌지 않는다"고 하였다.

【성재안설】 주자가 호백량(胡伯量)·이요경(李堯卿)·심한(沈僩)에게 답한 세 가지 설(說)은 옮겨 받드는 것을 단단히 허락하지 않았다. 『주자어류』의 목록에 심한(沈僩)이 기록한 바는 무오년 이후에 들은 것으로, 그 뒤 2년 만에 선생이 몰했으니, 이는 후일에 확정한 논의이다. 대개 장방으로 체천하는 일은 고례에 근거가 없고, 오직 『가례』의 한 마디 말은 온공(溫公)의 『서의』를 따라 하면서 미처 윤색하지 못한 것이다. 아마도 초년에 확정되지 않은 한 마디 말 때문에 만년의 또렷하게 확정한 여러 설을 폐해서는 불가할 듯하다.

長房遷主 非先王之禮也.

【朱子大全】胡伯量問 先兄死 爲之立後 使之主祭 則某之高祖 當祧去否. 答曰 高祖祧去 雖人情不安 然別未有以處也. 李堯卿問 某與先兄異居 從俗立家先龕子 講俗節之祭 先兄之家 時祭禰祭 某皆陪祭. 自舍姪承祀 祧高祖而祀先兄爲禰. 某家中旣有家先 上闕高祖之祭 下無禰祭 於心不安. 欲於時祭畢 移饌一分 祭高祖於某家某主之 遇禰祭之日 私擧禰祭. 若此 又成支子有祭 於禮不合. 答曰 此事只合謹守禮文 未可遽以義起也. ○【語類】問適孫主祭 則便須祧六世七世廟主 自適孫言之則當祧 若叔祖尙在 則乃是祧其高曾祖於心安乎. 答曰 也只得如此. 聖人之法 一定而不易.

按 朱子答胡伯量 李堯卿 沈僩三說 斷斷不許遷奉矣. 語類目錄 沈所記 戊午以後所聞 而後二年先生沒 則此爲後定之論也. 盖長房遞遷之事 古禮無據 而惟家禮一言 因溫公書儀而爲之 未及修潤者也 恐不可以初年未定之一言 廢晚年的定之諸說也.

3. 개장(改葬)

『가례』의 글에는 개장(改葬)이 없다. 그러므로 고금의 예설을 채록하여 드러낸다.

【「상복」 <기> '개장' 주】 분묘가 다른 사고로 붕괴되어 장차 시구(屍柩)를 잃게 됨이다. '개장'이라 한 것은 관(棺)과 기물이 훼손되어, 장사를 치를 때처럼 고쳐 설치함을 밝힌 것이다. ○한문공(韓文公)은 "개장은 산이 무너지고 물이 솟아나 그 무덤을 훼손하거나, 또는 장사를 치를 적에 예를 갖추지 못한 경우에 한다. 마치 문왕(文王)이 왕계(王季)를 개장한 것은 큰 물이 그 묘소를 할퀴었기 때문이고, 노나라 은공(隱公)이 혜공(惠公)을 개장한 것은 송나라 군사가 들어오고 태자가 어렸기에 장사를 치를 적에 빠뜨림이 있었던 것과 같은 따위이다. ○『주자대전』 천장(遷葬)은 중대한 일이니 쉽사리 거행해서는 안 된다.

【성재안설】 『춘추』의 개장을 살펴보면, 노(魯)나라 혜공(惠公)·진(晉)나라 공태자(共太子)·정(鄭)나라 유공(幽公)·제(齊)나라 장공(莊公)·초(楚)나라 영왕(靈王)과 같은 이는 모두 재앙과 변고로 죽어서 예를 갖추어 장사지내지 못했고 좋은 시호(諡號)를 얻지 못했기에 개장하였다. 대개 개장을 하면 반드시 시호를 고쳤고, 옛날의 개장은 또한 예전 있던 땅에 그대로 하였다. 다만 주나라 환왕(桓王)의 개장은 연고가 없어서 나무람을 받았다. 왕계(王季)를 활산(滑山)의 난수(灤水)에 장사지낸 것도 물 때문에 깎여나가 그 봉분을 고친 것일 뿐이다. 후세가 길흉화복의 설에 구애받아 함부로 옮기는 것은 잘못이다. ○【성재안설】 또 패사(稗史)에 "채원정(蔡元定)[138]이 풍수지리학을 좋아하여 매번 다

---

138) 채원정(蔡元定, 1135~1198): 남송(南宋)의 성리학자. 자는 계통(季通). 복건성(福建省) 건양(建陽) 사람. 주자의 절친한 친구요 제자이다. 『황극경세지요(皇極經世指要)』·『율려신서(律呂新書)』가 대표적인 저술이다. 『서경집주』를 편찬한 채침은 그의 셋째 아들이다.

른 사람과 더불어 장지를 잡아서 개장했기에, 사람들이 시를 지어서 '남의 집 좋은 무덤을 모조리 파헤치니, 원혼이 하소연하려 해도 방법이 없네. 선생께서 만약 소요부(邵堯夫)[139]의 기술을 가졌다면 어찌하여 먼저 도주(道州) 땅을 떠나라고 하지 않았나?' 하였다. 대개 채씨는 술수에 정통했는데도 오히려 이런 비방을 받았다. 하물며 후세 사람으로서 함부로 풍수설을 믿고 걸핏하면 화복 때문에 천장하는 자랴!" 하였다.

家禮文無改葬. 故採古今禮說 以著焉.
【喪服 記 改葬 註】墳墓以他故崩壞 將亡尸柩也. 言改葬者 明棺物毀敗 改設之如葬時也. ○韓文公曰 改葬者 爲山崩水湧 毀其墓 及葬而禮不備. 若文王之葬王季 以水齧其墓 魯隱公之葬惠公 以有宋師大子少葬故有闕之類是也. ○【朱子大全】遷葬重事 不宜容易舉動.

按 春秋改葬 如魯惠公 晉共太子 鄭幽公 齊莊公 楚靈王 皆死於禍變 葬 不以禮不得美諡 故改葬. 盖改葬則必改諡 而古之改葬 亦因故地. 惟周桓王之改葬 以無故取譏. 至於王季滑山變水之葬 因水齧而改封而已. 後世之拘於禍福之說 而妄遷者非矣. ○又按 稗史云 蔡元定喜地理學 每與人卜葬改窆 人爲詩曰 掘盡人家好壟丘 冤魂欲訴更無由 先生若有堯夫術 何不先言去道州. 盖以蔡氏之精通術數 而猶有此譏 況後人妄信風水之說 動輒爲禍福而遷葬者乎.

---

139) 소요부(邵堯夫): 북송의 사상가 소옹(邵雍, 1011~1077)의 자가 요부. 시호(諡號)는 강절(康節).

개장도구[改葬之具]

[집사자] 개장에 익숙하고 일을 주간한 경력이 있는 사람.

[묘소 위의 각집] 장막을 설치할 여러 도구인데, 모두 처음 장사할 때
와 같다.

[염하는 평상] [자리]

[이불] 홑이불

[효포] [상의(上衣)] [산의(散衣)]

[신면(新綿)] 곧 광이다. 시속에서는 '설면자'라 하는데, 장차 해골 위에
펼친다.

[새 솜] 시속에서는 "씨를 빼고 빈곳을 채운다"고 한다. ○돈계는 "씨를
뺀 면화를 넉넉히 준비하여 관을 채울 때 쓴다. 절대로 포백의 딱딱한
것은 쓸 수 없다" 하였다.

[청주] 솜 위에 뿌린다. 혹 소주를 해골 위에 뿌려서 더러운 잡티를 제
거한다.

[백지] 해골을 덮는 데 쓴다.

[관] 새 관으로 얇은 판자를 사용한다. 다만 칠성판(七星板)으로 길이
와 너비를 정하고, 높이는 염을 한 뒤에 재량한다.

[편죽(片竹)] 큰 대나무를 쪼개어 조각을 내어 다듬어 매끄럽게 한다.
너비는 큰 손가락만 하고, 길이는 칠성판 좌우로 3·4치 나오도록 법도
를 삼는다. 대나무가 없는 고을에서는 싸리나무를 쓰는테, 곧고 단단한
것으로 대신한다. 한 쪽 머리를 조금 뾰족하게 하여 칠성판의 아래, 출
회(秫灰)[140] 위의 양쪽 사이에 가로로 꽂는데, 혹은 좌로부터 꽂고 혹
은 우로부터 꽂아, 머리부터 발까지 촘촘하게 연달아 이어지도록 한다.
그리고는 평평하고 좁은 작은 판자를 편죽의 튀어나온 양 끝에 놓고
가는 줄로 엮으면 바로 하나의 대자리가 된다. 그래야 들어서 받들어
옮길 때 흔들림이 없다.

[가는 줄] 편죽을 엮는 것이다.

[작은 나무 판] 속칭의 전판(剪板)과 같은 것이다. 좁고 긴데, 길이는

---

140) 출회(秫灰): 찰기장 짚을 불에 태운 재. 이것을 관(棺) 밑바닥에 깐다.

칠성판의 아래 위를 넘는데 아울러 편죽으로 엮는다.

[執事者]經歷幹事習於改葬之人.

[墓上閣]設幄諸具皆如始葬.

[斂狀] [席]

[衾] 單衾

[絞布] [上衣] [散衣]

[新綿]卽纊也 俗云雪綿子 將以鋪於骸上.

[新絮]俗云 去核補空. ○遯溪曰 去核綿花優備以待實棺之用. 絶不可用布帛之硬者.

[淸酒]灑於綿上. 或以燒酒灑骸上以去雜穢.

[白紙]用以掩骸.

[棺] 新棺用薄板. 但用七星板 以爲長廣而高則斂後量之.

[片竹]刳大竹爲片 治之使滑. 廣如大指 長則出於七星板左右三四寸爲度. 無竹之鄕用杻 直而堅者代之. 稍銳其一頭 橫揷於七星板之下 秫灰之上 兩間. 或自左而揷 或自右而揷 自首至足 密密聯接. 乃用小板 平而狹者 置於片竹所出之兩端 以細繩編之 則便成壹簣. 乃擧而移奉 無所撓動.

[細繩] 編片竹者.

[小木板]如俗稱剪板者. 狹而長 長出七星板上下 並以編片竹.

【성재안설】 개장의 여러 도구는 대부분 햇수가 오래된 경우를 위해서 마련한다. 햇수가 가까운 데는 꼭 쓸 필요가 없으나, 다만 햇수가 가깝다고 해서 미리 준비하지 않을 수는 없다.

장사지낼 도구는 모두 처음의 장사 의식과 같다.

【『대명회전』】 '개장'조에는 조전(祖奠)을 진설하지 않고, 방상(方相)·기두(魌頭)가 없으며, 나머지는 평상시 장례 의식과 같다.

시마복을 지어 입는다.

‘초상 성복(初喪成服)’[141]에 보인다.

按 改葬諸具 多爲年久者設也. 年近者不必用之 而但不可以年
近而不爲豫備也.
葬具 皆如始葬儀.

【大明會典】改葬條 不設祖奠 無方相魌頭 餘如常葬儀.
制服緦麻.

見初喪成服.

3-1. 장차 개장하려 하면 처음 장사지내는 의식과 같이 묘터를 잡는다. 『개원례』

將改葬卜宅兆 如始葬儀. 開元禮

3-2. 관을 다듬고, 상복을 만들고, 염상(斂床)과 포효(布絞)와 금(衾)을 구비하고, 장사지낼 도구를 준비한다.

【구준『가례의절』】 대렴의 의식과 같다.

治棺制服 具斂牀布絞衾 治葬具.

【丘儀】如大斂儀

3-3. 날을 가려 무덤을 열고, 후토(后土)에 제사하고, 광을 뚫고 회격(灰隔)을 하는 것은 모두 처음의 장례 의식과 같다. 구준『가례

---

141) 이 책 권7 성복장(成服章) 참조.

의절』

擇日開塋域 祠后土 穿壙 作灰隔 皆如始葬儀. 丘儀

3-4. 선영(先塋)에 부장(祔葬)하거나 합장하였으면 선묘(先墓)에 고하고 선장(先葬)에 고하는데, 모두 처음의 장사지낼 때와 같다.

祔葬於先塋或合葬 則告先墓 告先葬 並如始葬.

선묘에 고하는 축문[告先墓祝文]

위의 '치장(治葬)'조[142]에 보인다.

모두 처음 장사지낼 때와 같다. 다만 '개서택(改筮宅)'을 '개서택조(改筮宅兆)'로 고친다.

見上治葬條.

並同始葬. 但改筮宅爲改筮宅兆.

선장에 고하는 축문[告先葬祝文]

위의 '치장(治葬)'조에 보인다.

모두 처음 장사지낼 때와 같고, 다만 '합폄(合窆)' 위에 '개조(改兆)' 두 글자를 더한다.

見上治葬條.

---

142) 이 책 권10 치장장(治葬章) 참조.

並同始葬 但合窆上加改兆二字.

후토에 제사하는 축문[祠后土祝文]

위의 '치장(治葬)'조에 보인다.

모두 처음 장사지낼 때와 같고 다만 '영건(營建)' 두 글자를 '개서(改筮)'로 고친다.

만약 합폄(合窆)했다면 또한 '영건택조(營建宅兆)' 네 글자를 "모관모공 혹은 모봉모씨의 묘에 개조합폄(改兆合窆)한다"고 고친다.

見上治葬條.

並同始葬 但改營建二字爲改筮.

若合窆 則又改營建宅兆四字 爲改兆合窆于某官某公或某封某氏之墓.

3-5. 하루 전에 사당에 고한다.

천장(遷葬)할 신주에게만 고한다. 묘소가 멀면 주인이 미리 사당에 고하고 간다. 『문해』 본감(本龕)에만 전을 올린다.

주과(酒果)로 고하는데, 그 의식은 일이 있을 때 고하는 것과 같다.

사당장(祠堂章)143)에 상세히 보인다.

前一日告于祠堂.

只告遷葬之主. ○墓遠則主人預告于廟而行. 【問解】 只奠本龕.

以酒果告 其儀如有事則告.

詳見祠堂章.

---

143) 이 책 권14 참조.

사당 고사(祠堂告詞)

3년 내에 개장하면 영좌(靈座)에 고하고, 장사를 치르고 돌아와 고하는 것은 상식(上食) 때 고하는 것과 같다.

'감히 ~께 밝게 고합니다' 이상은 앞과 같다. "현모친모관부군● 혹 모봉모씨를 합장했다면 차례대로 쓴다. ○나머지는 친분에 따라 호칭한다.의 묘소 자리가 이롭지 못하여 체백(體魄)이 편치 못하고, 또 다시 뜻밖의 우환이 있을까 두려워 걱정과 두려움을 이기지 못하기에, 이제 어느 곳 땅을 점쳐서 장차 모월모일 개장하려고 감히 고합니다."

선장(先葬)에 합장하면 '택조' 이하 '개장'까지를 고쳐서 "모친의 묘에 개조 합폄한다"고 한다.

三年內改葬 則告于靈座 葬畢而歸告 同告因上食.

敢昭告于以上同前. 顯某親某官府君或某封某氏合葬 則列書. ○餘親隨稱. 宅兆不利 體魄靡安 恐復有意外之患 不勝憂懼 今卜某地 將以某月某日 改葬敢告.

合窆於先葬 則改宅兆以下至改葬 爲改兆合窆于某親之墓.

3-6. 새 광중(壙中)에 장막을 설치한다.

처음 장사지낼 때와 같다. ○【구준 『가례의절』】 묘도(墓道)의 서편에 남향으로 영좌(靈座)를 설치하되 교의(交椅)와 탁자를 둔다. ○퇴계는 "영좌만 설치한다"고 하였고, 한강은 "자리만 마련한다"고 하였다.

新壙設幄.

同始葬. 【丘儀】設靈座於墓道西南向 有椅卓. ○退溪曰 只設靈座 寒岡曰 只設位.

3-7. 예전 묘소에 장막을 설치한다.

舊墓設幄.

3-8. 예전 묘소에 선묘(先墓)가 있으면 고한다.

舊墓有先墓則告.

선묘에 고하는 말[先墓告詞]

모두 처음 장사지낼 때와 같다. 다만 '서택(筮宅)' 이하 17자를 "여기에 부장(祔葬)했으나 다른 근심이 있을까 염려되어 이제 장차 무덤을 열어 다른 곳으로 옮기려 합니다"로 고친다. 나머지는 같다.

並同始葬 但改筮宅 以下十七字 爲祔葬于此 慮有他患 今將啓窆 遷于他所. 餘同.

3-9. 예전 묘소의 후토(后土)에 제사한다.

舊墓祠后土.

후토에 제사하는 축문[祠后土祝文]

모두 앞과 같으나, '금위(今爲)' 이하는 "이에 모친모관●호칭에 따른다.이 이 땅에 자리를 잡았으나, 다른 근심이 있을까 두려워●선장

(先葬)에 합폄되어 있으면 '공유타환(恐有他患)' 네 글자를 고쳐 '금위합부(今爲合祔)'라고 한
다. 이제 장차 무덤을 열어 다른 곳으로 옮기려 합니다"로 고친다.
'삼가' 이하는 앞과 같다.

혹자는 "같은 산 안이면 별도로 예전 토지의 의리가 없으니, 무덤을 여
는 축문에 합하여 고함이 마땅할 듯하다"고 하였다.

並同前 但改今爲以下云 玆有某親某官^{隨稱}. 卜宅玆地 恐有他患_合
_{窆於先葬則改恐有他患四字} 云今爲合祔. 今將啓窆 遷于他所. 謹以以下同前.

或曰 一山之內 別無舊土地之義 合告於開塋域之祝 似當.

3-10. 묘소에 알린다.

【『통전』】 이장(移葬)하는 자는 반드시 먼저 제사를 진설하여 묘에 고
한다.

주인 이하는 차례로 서서◉남자는 묘소 서쪽에서 동향으로 서고, 부인들은 묘소
동쪽에서 서향으로 선다. 모두 북쪽이 상석이다. 곡하다가 그치고 재배한다. 묘
소 앞에 주과(酒果)와 포혜(脯醯)를 진설하고, 주인이 꿇어앉아
분향하고 술을 올린다. 축이 '희희(嘻噫)' 세 번 소리를 내고서 고
사(告詞)를 읽고, 주인 이하는 슬픔을 다해 곡하다가 재배하고
그친다.

告墓.

【通典】移葬者 必先設祭告墓.

主人以下序立_{男子墓西東向 婦人墓東西向} 俱北上. 擧哀止再拜 設酒果脯醯
於墓前 主人跪焚香奠酒 祝嘻噫三聲讀告詞 主人以下哭盡哀再
拜止.

고사(告詞)

'고우(告于)' 이상은 앞과 같다. '모친모관부군'◉호칭에 따른다. 이하는 "이 곳에 장사지내고 세월이 오래되어 체백(體魄)이 편치 않아, 이제 장차 개장하려고 합니다. 엎드려 생각건대 존령(尊靈)께서는 두려워하지 마시고 놀라지 마옵소서"로 고친다.

> 선장(先葬)에 합폄하는 경우에는 '장우(葬于)' 이하 16자를 "장차 모월 모일 모친의 묘에 합봉(合封)하려고 이제 막 묘소를 엽니다"로 고친다.

告于以上同前 某親某官府君隨稱. 以下改云 葬于茲地 歲月滋久 體魄不寧 今將改葬. 伏惟 奠靈不震不驚.

> 合窆於先葬 則改葬于以下十六字 爲將以某月某日 合窆于某親之墓 今方啓墓.

3-11. 묘소를 열면 주인 이하는 슬픔을 다하여 곡하고 그친다.

일꾼이 광(壙)을 열고◉곧 분묘를 파냄이다. 천회(天灰)[144] 위에 이르러, 또 사방에 회격을 한 바깥의 흙을 파헤쳐 넓힌 다음, 날카로운 기구◉톱이나 도끼같은 것로 광의 안쪽이 진동하지 않도록 조심조심 회를 파내고, 조금씩 쪼개어 열어서 광의 안쪽을 살펴본 후에 먼저 천회를 제거하거나, 혹은 나무 받침대로 지탱하여 받들거나, 혹은 판자로 광의 안쪽을 막아서 차단하여 물려낸다. 주인 이하는 각기 자리에 나아가 슬픔을 다하여 곡하고 그친다. 또 옆의 회격을 열어 물려낸다.

啓墓主人以下哭盡哀止.

---

144) 천회(天灰): 무덤을 만들 때 외곽(外廓)의 위로 회격(灰隔)을 하여 다진 부분.

役夫開壙^{卽破墳也.} 至天灰上 又開拓四方灰隔外土 使之寬廣 乃以
利器^{或錯或斧之屬} 輕輕鑿灰 勿令震動壙內 漸次劈開 窺察壙內 然
後先去天灰 或以木杠撐擧 或以板木防遮壙內 而退出之. 主人
以下 各就位哭盡哀止. 又劈開旁灰而退之.

3-12. 주인은 시마복(總麻服)을 입고, 나머지 친족은 모두 소복(素服)이다.

【「상복」 <기> 주】 친히 시구(屍柩)를 봄에 복을 입지 않을 수 없다.
○『곡량전』 개장의 예에 하복의 시마복을 입음[擧下]은 멀어졌기
[緬] 때문이다.[145] ○한강은 "시마복은 묘소를 열기 전에 입음이 마땅
하다" 하였다.
자사(子思)는 "부모의 개장에 시마복을 입는다"고 하였다. ○「상복」
<기> '개장시(改葬總)' 주】 신하가 임금을 위해, 자식이 아버지를 위
해, 처가 지아비를 위해서이다. 【소】 아버지가 장자를 위해, 아들이 어
머니를 위해서도 동일하다. ○『개원례』 주인, 중주인(衆主人), 처첩
(妻妾), 딸자식도 모두 시마복을 입는다. ○『통전』 한(漢)나라 대덕
(戴德)[146]은 "자식이 부모를 위해, 처첩이 지아비를 위해, 신하가 임금
을 위해, 손자로서 할아버지의 후사가 된 자가 시마복을 입는다" 하였
다. 또 "나머지 친족들은 모두 조복(弔服)을 입는다"고 하였다. ○【성
재안설】 정씨(鄭氏)의 <주>에 첩을 말하지 않은 것은 첩이 주군을 위
한 것과 처가 지아비를 위한 것이 같기 때문이다. 가공언(賈公彦)의
<소>에 이른바 '첩은 주군의 체(體)를 받지 않는다'고 한 것은 잘못이
다. ○『통전』 진(晉)나라 호제(胡濟)의 '전모(前母)를 개장할 때의
복'에 대한 글에 "예에는 그 문장이 없으니 계모(繼母)에 대한 복을 취
해 준거로 삼아서 전모를 개장하되, 중자(衆子)의 제도를 따름이 적합
하다" 하였다. ○허맹(許猛)은 "아버지가 죽어 손자가 할아버지의 후사

---

145) 『춘추곡량전』 장공(莊公) 3년 5월조 참조.
146) 대덕(戴德): 전한(前漢)의 경학자. 자는 연군(延君). 『대대례기(大戴禮記)』를 저술했다.

가 되어 조부를 장사지냈다면, 비록 일찍이 할아버지를 위해 참최복을 입지 않았더라도 시마복을 입고 개장한다"147) 하였다. ○진(晉)나라 왕기(王冀)는 "상례의 개장에는 시마복인데, 정씨(鄭氏)는 '신하와 자식과 첩이 해당된다'고 하였다. 이 사례로 미루어보면 딸자식이 비록 강복하더라도 부모에게는 또한 자식이니, 남녀 모두 시마복을 입는 것이 의리에 절로 통한다" 하였다. ○진(晉)나라 유약(庚禴)이 처를 개장했는데, 그 자식이 시마를 입었다.【성재안설】이는 아버지가 계실 때 어머니를 개장한 것이다. ○진(晉)나라 유진(劉鎭)이 묻기를 "아버지가 아직 살아 계시는데 어머니가 출가했다가 죽고 이제 개장한다면 복이 있습니까?" 하자, 서광(徐廣)이 답하기를 "출가에 복이 있다는 말은 듣지 못했다. 그러나 받들어 임할 적에는 무거운 복을 따른다는 의리로 복을 입어야 한다" 하였다.【성재안설】아버지가 계실 때에 어머니가 출가한 자에게도 오히려 무거운 복을 따른다는 논의가 있으니, 또한 아버지가 계실 때에 어머니를 개장하면 시마복을 입는다는 것이 증거될 수 있겠다. ○밀암(密庵)148)은 "아버지가 계실 때 어머니에 대하여 시마복을 입는 데는 눌러 굽히는 도리가 없다" 하였다. ○『유편』에 "후하게 하여 시마복을 입는다" 하였고, 또 "아버지가 계실 때 어머니를 위해서 입는 복은 자녀로서 출가한 자와 구별이 있다" 하였다. ○도암(陶庵)은 "아버지가 계시면 어머니의 개장에 시마를 입어야 마땅하다" 하였다. ○『수서(隋書)』형자재(邢子才)가 "적증손(適曾孫)으로 승중한 자는 증조부모·조부모에게 이미 모두 3년의 복을 입었으니 개장에 모두 시마복을 입어야 마땅하다" 하였다. ○『문해』승중한 자는 비록 증손·현손이라도 시마복을 입어야 마땅하고, 구고(舅姑)에게는 3년으로 올려 입으니 개장에 시마복을 입는다.【성재안설】진(晉)나라 강제(康帝)149) 때 무제(武帝)150) 이하 여러 왕릉이 발굴되어 지존과 황후가 개장복으로 시마를 입었으니, 이는 곧 며느리가 시아버지·시어머니를 위해 시마복을 입는 증거이다.

---

147) 『통전』권102, '개장전모급출모복의(改葬前母及出母服議)' 참조.
148) 밀암(密庵): 조선후기 학자 이재(李栽, 1657~1730)의 호. 자는 우재(幼材). 판서 현일(玄逸)의 아들이다.
149) 강제(康帝): 진(晉) 황제 사마악(司馬岳)의 시호. 재위 342~344년.
150) 무제(武帝): 진(晉)나라 황제 사마염(司馬炎)의 시호. 재위 265~290년.

主人服緦麻 餘親皆素服.

【喪服 記註】親見尸柩 不可以無服. ○【穀梁傳】改葬之禮 擧下 緬也.
○寒岡曰 緦服當於啓墓之初.
子思曰 父母改葬緦. ○【喪服 記 改葬緦 註】臣爲君 子爲父 妻爲夫也.
【疏】父爲長子 子爲母同. ○【開元禮】主人衆主人妻妾女子子 俱緦麻.
○【通典】漢 戴德云 子爲父母 妻妾爲夫 臣爲君 孫爲祖後者 緦. 又云
餘親皆弔服. ○【按】鄭氏註 不言妾者 妾之爲君與妻之爲夫同故也. 賈
疏所云 妾不體君者謬矣. ○【通典】晉胡濟 改葬前母服記云 禮無其章
取繼母服準 事爲前母改葬宜從衆子之制. ○許猛云 父卒 孫爲祖後而
葬祖 雖不曾爲祖服斬亦制緦以葬. ○晉王翼曰 喪禮改葬緦 鄭氏以爲
臣子妻. 以例推之 女子雖降 父母卽亦子也 男女皆緦 於義自通. ○晉
庾龢改葬妻 其子服緦. 【按】此父在母改葬也. ○晉劉鎭之問父尙在 母
出嫁亡 今改葬有服否. 徐廣答曰 未聞出嫁有服. 然制服奉臨從重之義.
【按】父在而母出者 猶有從重之論 則亦可爲父在母改葬緦之證. ○密
庵曰 父在母緦無壓屈之道. ○【類編】從厚而緦 又曰父在爲母 與子女
出者有別. ○陶庵曰 父在母當服緦. ○【隋書】邢子才曰 適曾孫承重者
曾祖父母 祖父母改葬 旣並三年之服 皆應緦. ○【問解】承重者 雖曾玄
孫當服緦 舅姑陛爲三年 則改葬服緦. ○【按】晉 康帝時 武帝以下諸陵
遭發掘 至尊及皇后以改葬之服服緦 則此乃婦爲舅姑之證也.

상중에 개장할 때의 복장[喪中改葬服][151]

[아버지 장사를 치르기 전에 어머니를 개장함]

퇴계는 "상을 당해 개장하는 자는 해상(偕喪)의 예로 처신하고, 개장할
때는 참최복을 그대로 입는 것이 바로 감히 복을 바꾸지 않는다는 의
미에 맞다"고 하였다. 소재(蘇齋)[152]는 "이미 최복을 입고 있는데, 또

---

151) 이 항목은 「사의목록」에는 '개장(改葬)'항목과 동일하게 병렬되어 있으나, 여기서는
'개장(改葬)'항목에 부기되어 있는 항목으로 설정하였다.
152) 소재(蘇齋): 조선중기 문신 노수신(盧守愼, 1515~1590)의 호. 자는 과회(寡悔), 시호
는 문의(文懿)·문간(文簡).

어찌 시마복을 입겠는가?" 하였다.

[父葬前 改葬母]
退溪曰 當喪改葬者 處以偕喪之禮 改葬時 仍服斬衰 正得不敢變服之
意. 蘇齋曰 旣衰矣 又何緦乎.

[어머니 장사를 치르기 전에 아버지를 개장함]
【『유편』】 어머니의 장사를 치르기 전이면, 재최의 무거운 복을 입고 아
버지의 개장에 임함이 마땅하다. 만약 이미 장사를 치렀다면, 반드시
그 복을 지어 입고, 일이 끝나면 무거운 복으로 돌아간다.

[母葬前 改葬父]
【類編】 母之未葬 宜以齊衰之重 臨父之改葬. 若旣葬 則必制其服 卒事
反重服.

[어머니 상중에 아버지를 옮겨 합장함]
우복은 "재최복을 입고 개장할 것이지, 가장 가벼운 복으로 바꾸는 것
은 합당치 않다"고 하였다. 미수(眉叟)는 "개장이 비록 중대하나 그 복
은 시마이고, 어머니 상이 비록 가벼우나 재최는 무겁다. 그 장사에 개
장의 시마복으로 바꾸지 않는 것은 미안하다"고 하였다.

[母喪中 遷父合葬]
愚伏曰 以齊衰服改葬 不當以最輕之服易之也. 眉叟曰 改葬雖重 其服
緦麻 母喪雖輕 齊衰爲重. 其葬不變改葬之緦 未安.

[아버지 상의 장사를 치른 뒤에 어머니를 개장함]
【『비요』】 무거운 상복을 벗기 전에 가벼운 상을 당한 사례에 의거하여
어머니의 개장에 시마복을 입는다. 【문해』】 장사를 치른 뒤와 장사를
치르기 전은 다름이 있으니 개장의 시마복을 입는다.

[父喪葬後 改葬母]
【備要】 依重喪未除 遭輕喪之禮 服母改葬緦. 【問解】 旣葬與未葬有異

改葬服緦.

[아버지 상의 연제를 지내기 전에 조부를 개장함]
순눌(荀訥)은 "무거운 상의 복을 입고 개장에 임한다" 하였고, 허맹(許猛)은 "시마복을 입고 개장을 한다"고 하였다.

[父喪未練 改葬祖]
荀訥曰 服重臨葬 許猛曰 制緦以葬.

[기년복이나 공복을 입고 있는 중에 부모를 개장함]
왕숙(王肅)은 "개장의 시마복을 입고, 일을 마치면 예전 복으로 돌아간다"고 했다.

[期功服中 改葬父母]
王肅以爲服改葬緦 卒事反故服.

[출후자(出後者)가 본생 재최상 중에 소후부모(所後父母)를 개장함]
『통전』에서 진(晉)나라 단응(段凝)이 묻기를 "양자(養子)로 나간 자가 소생부모(所生父母)에 대해 재최의 상복을 입고 있는데, 개장에는 무슨 복을 입습니까?" 하자, 순눌(荀訥)이 "재최복을 입음이 마땅하다" 하였다. 성호는 "소후부모를 개장하는 것이다. 그러나 이는 장사를 치르기 전을 논한 것임이 분명하다" 하였다. ○명재(明齋)는 "개장의 복은 참최와 재최가 같은 복으로 입을 수 없는 것과는 다르며 둘 다 사용해도 무방하다" 하였다. 【성재안설】 여러 세대를 개장하는 자도 이 사례를 사용함이 가할 듯하다.
○【성재안설】 시마는 가볍고 참최는 무겁다. 부모의 시구(屍柩)에 친히 임하면 무거운 복을 입고 장사를 치르는 것이 정과 예에 합당할 듯하다. 또한 새로 당한 상의 장사를 치르기 전이면, 시구(尸柩)가 아직도 있는데 어찌 최복을 벗고 시마를 입겠는가? 또 어머니의 장사를 치를 때 아버지를 옮겨 합장한다면 해상(偕喪)에 무거운 복으로 장사를 치르는 예를 사용함이 마땅하다. 조부모에 있어서도 부모와 존귀함이 같으니, 조부의 상중에 부모를 개장하는 데도 이 사례를 사용할 듯하

여, 장사를 치르기 전에는 최복을 입고, 장사를 치른 뒤에는 시마복을 입는 것이 또한 각기 적합하다. 그러므로 선유(先儒)의 논의가 모두 그러하지 않음이 없다. 채집하여 드러내어 참고에 대비한다. ○『유편』 연제를 지낸 뒤의 개장에는 시마의 질을 착용함이 마땅하다. 【성재안설】 소상을 지낸 뒤에 수질(首経)을 제거한다. 그러므르 시마의 질(経)을 착용한다.

[出後者本生齊衰中 改葬所後父母]
【通典】 晉 段凝問 出養子 居所生父母喪齊衰 改葬何服. 荀訥曰 亦當着齊衰. 星湖云 改葬所後父母也. 然此當以未葬者論. ○明齋曰 改葬服非如斬衰之 不可同一服 兩用無妨. 【按】 改葬累世者 用此例似 可矣. ○【按】 總麻輕而斬衰重 親臨父母之尸柩 服重以葬 似合情禮. 且新喪葬前 尸柩尚在 何可脫衰而服總乎. 且母葬時 遷父合葬 則當用偕喪葬以重服之禮也. 至於祖父母與父母同尊 則祖喪中 改葬父母 亦似用此例 而葬前服衰 葬後服總 亦各合宜. 故先儒之論 無不皆然. 採以著之以備參考. ○【類編】 練後改葬 當服總之経. 【按】 小祥後去首経 故服總麻之経也.

3-13. 널[柩]을 들어낸다.

집사는 베 2폭●광의 깊이를 헤아려 구(柩) 아래에 끼워 넣는 것까지를 길이로 한다.을 사용하여 구(柩)의 바닥에 밀어 넣어 양쪽 머리를 일제히 힘을 합하여 들어낸다.●오래되었으면 편죽을 사용한다. 주인 이하는 곡을 하며 따른다. 널을 받들어 장막 아래 자리 위에 남쪽으로 머리를 놓는다. 축이 공포(功布)로 관을 닦고 이불을 덮는다.

한강은 "비록 백 세가 되도록 오래되어 거의 형태가 없어져 백 개로 분리되었더라도, 삼가 조심하여 편죽을 사용하여 받들어 옮기고, 염습을 하여 안돈하게 하되 털끝만큼도 착오가 없도록 한다"고 하였다. ○ 여헌은 "세월이 오래된 뒤에 묘를 이장하면 해골뿐이지만, 피부가 닿았다고 해서 그 흙을 아울러 취하여서는 안 된다"고 하였다.

出柩.

執事用布二幅量擴深及兜柩之下 爲長. 兜柩底 兩頭齊力擧出年久 則用片竹.
主人 以下 哭從. 奉柩 置幕下席上南首. 祝以功布拭棺 覆以衾.

寒岡曰 雖百世之久 無形之甚 若百分 謹愼用片竹 移奉斂襲安頓 不差
毫釐. ○旅軒曰 移墓於歲久之後 則骸骨而已 不可以親膚而並取其土.

3-14. 영좌를 설치한다.

위의 ‘설악(設幄)’에 보인다. ○『개원례』 널 동쪽에 궤석(几席)을 설
치하고, 자리 앞에 찬을 진설한다.

허위(虛位)만 진설하고 지방(紙牓)은 없다. 고비(考妣)를 합장하
면 두 자리를 각기 설치한다.

設靈座.

見上設幄. ○【開元禮】 設几席於柩東 設饌於席前.

只設虛位 亦無紙牓. 考妣合葬 則兩位各設.

3-15. 전을 진설한다.

【『개원례』】 널 동쪽에 전을 진설하고, 자리 위에 계전(啓奠)을 진설한
다. 주인은 재배하고, 내외의 낮고 어린 자들도 모두 재배한다. 조금 있
다가 전을 거둔다. ○【구준 『가례의절』】 축이 널 앞에 전을 진설한다.

주・과・포・혜를 진설하는데, 그 의식은 초상 때와 같다.

設奠.

【開元禮】 設奠於柩東 設啓奠於席上. 主人再拜 內外卑幼皆再拜 少頃
徹奠. ○【丘儀】 祝設奠于柩前.

設酒果脯醢 其儀如初喪.

3-16. 식사 때 상식(上食)하고, 조석(朝夕)에 곡을 하는데, 모두 초상 때와 같다.

퇴계와 한강의 말이 같고, 『비요』도 역시 이와 같다.

食時上食及朝夕哭 皆如初喪時.

退溪寒岡之言同 而【備要】亦如此.

상기 안에 개장할 때의 조석전과 상식
[喪內改葬朝夕奠上食]153)

【『유편』】 상기(喪期) 안에 천장(遷葬)한 자는, 이미 출구(出柩)했으니 한결같이 초상과 같이하여 구(柩) 앞에서 궤전(饋奠)을 함께 행할 듯하지만, 옛날에 궤(饋)와 전(奠)은 장소를 달리했으니, 후대에 와서 비록 간략함을 좇아 하나로 합하여 모두 빈궁(殯宮)에서 헷하더라도 고례가 아니다. 이제 널이 나왔으니 빈궁의 예로써 전을 진설하지만, 집안의 신위에는 상생(象生)154)의 예에 의거하여 궤(饋)를 진설해야 양쪽에 다 거리끼는 바가 없을 것이다. ○【성재안설】 남계(南溪)와 명재(明齋)가 모두 "묘소 아래서나 집안에서나 함께 상식을 올림이 마땅하다" 하였는데, 이는 혹 여기에서 하는가 저기에서 하는가 하는 의미인가?

【類編】 喪內遷葬者 旣出柩一如初喪 則疑若竝行饋奠於柩前 而古者饋與奠異所 後來雖從簡合一而俱行於殯宮非古也. 今柩出則以殯宮之禮而設奠 至於家中神位 則依象生之禮而設饋 可以兩無所礙. ○【按】南

---

153) 이 항목은 「사의목록」에는 '개장(改葬)'항목과 동일하게 병렬되어 있으나, 여기서는 '개장(改葬)'항목에 부기되어 있는 항목으로 설정하였다.

154) 상생(象生): 형상이 실제로 살아 있는 듯함.

溪明齋 皆云 墓下家內 當並行上食 此或爲於此乎於彼乎之義耶.

3-17. 관이 훼손되었으면 다시 고쳐 염을 하고, 아주 심하게 훼손되지 않았으면 가벼이 고쳐서는 안 된다.

【『개원례』】 장막 동쪽 휘장 안에 의복을 진설하고, 널이 이르면 시신을 들어내어 평상에다 머리를 남쪽으로 하여 놓는다. 그리고 염을 하고, 이불로 덮는다. 주인 남녀가 빙시(憑屍)하여 곡을 한다. 염을 마치면 관에 넣어 시신을 들고 관 속에서 염한다. 이에 덮개를 올리고 이불로 덮고, 내외 사람들이 각자 자리로 가서 처음같이 곡한다. ○구준의 『가례의절』에는 평상 위에 깔 요를 받쳐놓고, 요 위에 효(絞)를 펴고, 효 위에 홑이불을 더하고, 이불 위에 옷을 깐다. 집사는 관을 열고 시신을 들어 염상(斂床)에 놓고, 그대로 대렴의 의식과 같이 한다.◉새 솜으로 빈 곳을 채운다.

삼가 살펴보면 우리 원종대왕(元宗大王)[155] 개장 때에 인조께서 하교하기를 "지금 비록 부득이하여 천봉(薦奉)의 거사가 있었으나, 어찌 재궁(梓宮)을 아울러 고쳐서 더욱 놀라게 해서야 되겠는가?" 하고는 특별히 명하여 바꾸지 말도록 하였다. 성조(聖朝)께서 남기신 가르침은 진실로 만세의 법이 되지만, 다만 관을 비록 고치지 않더라도, 길이 멀면 흔들릴 우려가 있으니, 관을 열어 자세히 살펴보고 만약 비거나 이지러진 곳이 있으면 새 솜으로 보충하는 것이 옳다. 관에 혹시 약간 썩은 곳이 있으면 칠포(漆布)◉베를 옻칠에 적신 것로 사방을 바르고 또 그 밖을 옻칠하여 더욱

---

155) 원종(元宗, 1580~1619): 조선 인조(仁祖)의 아버지. 이름은 부(琈). 선조의 5남으로 정원군(定遠君)에 봉해지고, 인조반정 후 대원군에 봉해졌다가 후일 왕으로 추존되었다.

좋게 한다.

棺毁則改斂 非甚不得已 則不可輕改.

　【開元禮】陳衣服於幕東帷內 柩至擧尸出 置於牀南首. 遂斂覆
　以衾. 主人男女憑哭. 斂訖入棺 擧尸斂於棺. 乃加盖覆以衾 內外
　就位 哭如初. ○丘儀 牀上施薦褥 褥上布絞 絞上加單被 被上加
　衣. 執事者 開棺擧尸 置于斂牀 遂如大斂之儀.^{新綿補空.}
　謹按我 元宗大王改葬時 仁祖下敎曰 今雖不得已 有遷奉之擧
　豈宜並改梓宮 以益驚動乎 特令勿改. 聖朝有訓 實爲萬世之法
　而但棺雖不改 道遠則恐有撓動之慮 開棺審視 若有空缺 則用新
　綿補充而已可也. 棺或有略朽處 則以漆布^{浸布於漆} 塗其四方 而又
　漆其外尤好.

3-18. 개렴(改殮) 때는 대렴(大斂)의 전을 진설한다.

　　【「상대기」 주】그 전(奠)은 대렴과 같다. ○마융(馬融)은 "개장 때에
　　관 속의 물건이 손상된 것은 처음과 같이 마련하고, 그 전도 대렴 때와
　　같이 한다"고 하였다. ○『통전』 유울지(庾蔚之)는 "관이 훼손되어
　　고쳐 염을 하면 대렴의 전이 있어야 마땅하다"고 하였다. ○여헌(旅軒)
　　은 "이미 그 널을 새로 했으면 명정(銘旌)이 없을 수 있는가? 개렴(改
　　斂), 개관(改棺)한 뒤에는 새로 마련해야 그 의리에 맞다"고 하였다.

改斂 則設大斂奠.

　【喪大記 註】其奠如大斂. ○馬融曰 改葬 棺物敗者 設之如初 其奠如
　大斂時. ○【通典】庾蔚之曰 若棺毁改斂 則宜有大斂之奠. ○旅軒曰
　旣新其柩 則銘旌其可無乎 改斂改棺之後 改設爲得其義.

3-19. 조상의 묘소가 있으면, 조상의 묘소에 알현한다.

【『유편』】 사당에 조조(朝祖)의 절차가 있으니 무덤에서 하는 말도 그만 두지 못한다. 널이 선조의 무덤 앞을 지나가면서 널을 돌려 앞을 향하면, 주인 이하가 차례로 서서 곡을 한다.

有祖墓 朝于祖墓.

【類編】 廟有朝祖 則塋墓之辭 恐不可已. 柩過先祖塋前 旋柩向前 主人以下 序立哭.

3-20. 조전(祖奠), 견전(遣奠), 발인(發引)은 모두 처음 장례 의식과 같게 한다.

유울지(庾蔚之)는 "관을 멀리 옮겨 장사지내면 또한 조전(祖奠)과 견전(遣奠)이 있다"고 하였다.

만약 같은 언덕에 개장하면 조전과 견전이 없다.

【성재안설】 대덕(戴德)은 "개장에는 견전이 없다"고 하였으나, 『개원례』에는 조전이 없고 견전이 있으며, 구준의 『가례의절』에도 견전만 있다. 이는 필시 연고 있는 곳이나 같은 산 안에서 개장하는 경우일 것이고, 먼 곳으로 옮겨 개장하는 것은 아니기 때문일 것이다. 참작하여 시행해야 한다. ○개장의 견전고사(遣奠告詞)는 『의절』에서 '유택(幽宅)'을 '신택(新宅)'으로 고친다고 하였다. ○【『유편』】 개장할 때 집에 와서 하루를 묵고 가는 것과, 예전 산에서 바로 가는 것은 다를 것이 없다. 옛날에는 조전(祖奠)은 사당 안에 진설하였는데, 상사(喪事)에는 나아감은 있고 물러남은 없으니, 아마 견전을 거행하고 가는 것은 불가한 듯하다.

祖奠遣奠發引 皆如始葬之儀.

庾蔚之曰 若移喪遠葬 則又有祖奠遣奠.

若改葬同壟　則無祖遣奠.

【按】戴德云　改葬無遣奠,【開元禮】無祖奠有遣奠, 丘儀　亦只有遣奠.
此必以改葬於故地　或一山之內　而非遷移於遠處故也　宜參酌行之. ○改
葬遣奠告詞【儀節】幽宅改以新宅. ○【類編】改葬至家經宿行者　與舊
山直行者　無異　古者祖奠設於廟中　喪事有進無退　恐不可擧遣奠行之.

3-21. 광에 다다르면 전을 진설한다.

【「상복」 <기> 주】 그 전은 예전 묘소에서 새 묘소로 간다고 올리는 것
이다.

나머지는 모두 처음 장사지낼 때와 같다.

及壙設奠.

【喪服 記註】其奠從墓之墓.

餘皆同始葬.

3-22. 이에 하관하고 현훈(玄纁)을 바친다.

【『개원례』】 현훈(玄纁)은 묶은 비단이다. ○【성재안설】 신구(新舊) 장
사를 합하여 하관하면, 바치는 것은 무거운 상을 우선하고 가벼운 상을
뒤로 한다.

乃窆贈玄纁.

【開元禮】玄纁束帛. ○【按】新舊葬合窆　則贈宜先重後輕.

3-23. 명정을 펼친다.

施銘旌.

3-24. 광의 입구 안쪽에 지석(誌石)을 내린다.

지석(誌石)에는 “모년월일에 모읍리 모산 모좌의 언덕에 개장한다”고 첨가하여 새긴다. 만약 예전 지석이 부족하면, 별도로 한 개의 돌을 더 사용한다.

下誌石於壙戶內.

誌石添刻 某年日月 改葬某邑里某山某坐之原. 若舊石不足別用一石.

3-25. 후토(后土)에 제사지낸다.

모두 장사를 처음 치를 때와 같다.

祠后土.

並同始葬.

3-26. 장사를 마치면 전을 올리고 돌아간다. 『어류』

왕숙(王肅)은 “개장에 우제(虞祭)를 지낸다”고 하였다. ○부순(傅純)은 “개장할 때 신주가 사당에 있은 지 오래되었는데, 어찌 정침으로 물러 내어서 우제를 지낼 수 있겠는가?” 하였다. ○순눌(荀訥)은 “개장에 다시 우제를 지내지 않아야 한다”고 했다. ○하순(賀循)은 “묘소에 전을 진설하고 그 일을 마치는데, 비록 바른 우제는 아니더라도 우제의 한 구석과 비슷하다. 다만 평상시의 우제가 빈궁으로 돌아와서 제사지내는 것과 같지 않다”고 하였다. ○『개원례』 영좌에 찬을 올리고, 축이 축문을 읽고, 곡을 하고 재배하고, 영좌를 거둔다. ○사자(射慈)는 “빈궁이 남아 있지 않고, 또한 자리도 만들지 않았는데, 어찌 반우(返虞)가 있겠는가?” 하였다. ○유울지(庾蔚之)는 “신이 이미 사당에 있으니 다시 우제를 지낼 것이 없다. 일이 끝나면 영연(靈筵)에 제사하고, 그대로 영좌를 헐어버린다”고 하였다. ○【구준『가례의절』】묘소에서 우제를 행한다. ○『유편』 개장에 우제는 폐할 수 없을 듯하다.

【성재안설】 선유(先儒)들의 논의는 개장에 우제(虞祭)가 없는 것을 옳게 여겼다. 주자는 "개장을 마치고 전(奠)을 올리고 돌아온다" 하였으니, 필시 전만 있을 따름이다. 그러나 하순(賀循)은 이르기를 "전을 진설하는 것이 비록 바른 우제는 아니라도 우제의 한 구석과 비슷하다" 하였다. 이제 여러 설을 참작하여, 성찬(盛饌)을 쓰지 않고 정식의 우제와는 조금 다르게 분별함이 옳겠다. 그러므로 축문 형식을 아래와 같이 고친다.

葬畢奠而歸. 語類

王肅云 改葬虞. ○傳純曰 改葬之時 神在廟久矣 安得退之寢 而虞之乎. ○荀訥曰 改葬不應復虞. ○賀循曰 設奠於墓 所以終其事 雖非正虞 亦似虞之一隅也. 但不若常虞還祭殯宮. ○【開元禮】 進饌於靈座 祝讀祝文 哭再拜徹靈座. ○射慈曰 不在殯宮 又不爲位 何返虞之有. ○庾蔚之曰 神已在廟 無所復虞. 事畢而祭靈筵 遂毀靈座. ○【丘儀】 行虞於墓. ○【類編】 改葬虞恐不可廢.

按 先儒之論 皆以改葬無虞爲可 而朱子曰 葬畢奠而歸 則必是有奠而已. 然賀循云 設奠雖非正虞 亦似虞之一隅. 今參酌諸說 不用盛饌 稍別於正虞 爲可. 故改定祝文式如左.

축문(祝文)

모두 처음 장례와 같고, 다만 '부군 혹은 모씨' 아래에, "무덤을 새로 옮겼으니●만약 신장(新葬)에 구장(舊葬)을 옮겨 합폄하면 '개조합폄(改兆合窆)'이라 하여 옮길 신위에만 고한다. 체백이 영원히 편안할 것이나, 소리쳐 울부짖어도 미치지 못하고, 애통하여 사모하는 마음 끝이 없어●여러 친척들은 이 여덟 글자를 고쳐 다른 말로 한다. 삼가 주과로 경건히 고합니다"

라고 한다.

並同始葬 但府君或某氏下云 宅兆新遷若新葬遷舊葬合窆 則云改兆合窆 只告
所遷之位. 體魄永安 叫號靡逮 痛慕罔極諸親改此八字以他詞. 謹以酒果用
伸虔告.

3-27. 만약 아버지 초상인 신장(新葬)에 어머니를 개장하여 합폄하
거나, 어머니 초상인 신장에 아버지를 개장하여 합폄하면, 신장의
신주를 쓴 뒤에 술을 따르는 예를 행하고,◉ 시속에서는 '제주전(題主奠)'이라 한
다. 곧장 개장의 전(奠)을 올린다.

【성재안설】 개장 때의 우제는 정식의 우제가 아니다. 그러므로
묘소 앞의 영좌에 제사를 지내고, 집으로 돌아와 사당 안에서는
다시 우제를 지내지 않는 것은, 빈궁(殯宮)이 없기 때문이다. 혹
자는 '신장(新葬)의 우제는 반곡 뒤에 행하고, 개장의 우제는 다
음날 행한다' 하고, 또 혹은 '머무는 곳에서 함께 행한다'고 하나,
모두 근거가 없다. 예에 이르기를 "먼저 장사를 치른 자는 우제
와 부제를 지내지 않고, 뒤의 일을 기다렸다가 그 전을 올릴 때가
되어서는 무거운 상을 먼저하고 가벼운 상을 뒤로 한다"고 하였
는데, 해상(偕喪)의 장사를 치름에 빈궁에 반곡(反哭)하고 정제
(正祭)를 행하는 예를 가리킨 것이다. 이제 개장의 전은 전(奠)이
지 우제(虞祭)가 아니다. 만약 묘소에서 행하지 않는다면 영좌를
연고 없이 철거할 수가 없다. 또 반곡할 빈궁이 없으니 신을 안정
시키는 우제를 행할 곳이 없다. 또한 길가는 도중에 지내는 것은
더욱 의미가 없다. 퇴계(退溪)는 "아버지의 개장에 우제는 묘소
에서 지냄이 마땅하고, 어머니의 신장(新葬)에는 반곡을 하고 우

제를 지낸다"고 하였다. 나는 "부모는 아마 차이가 없을 듯하다"
고 하겠다.

조부 초상의 장사를 치르기 전에 개장한 어머니 우제는 또한 일개 전
(奠)일 뿐이니 행하여도 혐의가 없다. ○한강은 "개장에는 묘소에서만
한번의 우제를 지낼 뿐이다. 선비(先妣)의 우제는 반곡 뒤에 있어야 마
땅하다"고 하였다. ○수암은 "천장(遷葬)에는 반곡하는 일이 없고, 막
차(幕次)에서 아버지 우제를 지내고, 반곡하여 어머니 우제를 지낸다"
고 하였다. ○우암은 "먼저 개장한 아버지의 우제는 묘소에서 지내고,
곧바로 어머니 우제를 지내며, 집에 돌아오기를 기다리지 않는다" 하
였다. ○남계는 "먼저 개장의 우제를 막차(幕次)에서 지내고, 신상(新
喪)은 집에 도착하여 우제를 지낸다" 하였다.

若父喪新葬改葬母合窆　或母喪新葬改葬父合窆　則新葬題主後
行斟酒之禮俗云題主奠.　卽行改葬之奠.

按　改葬之虞　非正虞也. 故行奠於墓前靈座　而不復歸虞於廟中
以無殯宮故也. 或以爲新葬之虞　反哭後行之　改葬之虞　翌日行
之　又或以爲竝行於所館　皆無所據也. 禮所云先葬者不虞祔　以
待後事　及其奠也　先重後輕者　指偕喪之葬　反哭於殯宮　而行正
祭之禮也. 今改葬之奠　奠也　非虞也. 若不行於墓所　則靈座不可
無故而徹去也. 又無反哭之殯宮　則安神之虞　無所行也. 且行之
於中路　尤無義意矣. 退溪曰　父之改葬　虞當於墓所　母之新葬　反
哭而虞. 愚謂父母恐無異矣.

祖喪葬前改葬母虞　亦一奠而已　行之無嫌. ○寒岡曰　改葬只用一虞祭
于墓所. 先妣之虞　當在反哭後. ○遂庵曰　遷葬無反哭之事　幕次行父虞
反哭行母虞. ○尤庵曰　先行改葬父虞於墓所　卽行母虞　不待還家. ○南
溪曰　先行改葬虞於幕次　新喪到家行虞祭.

3-28. 집에 돌아와 사당에 고하고 곡한 뒤에 일을 마친다.

주자는 "장사를 치르고 전을 올리고 돌아와서 또 사당에 고하고 곡한 뒤에 일을 마치는데, 제사지내고 고할 때는 신주를 정침에 낸다"고 하였다. ○『의절』 돌아와 사당에 고한다. ○【성재안설】 3년 안에 개장하면, 상식할 때 영좌에 고함이 마땅하다.

歸告廟 哭而後畢事.

朱子曰 葬畢奠而歸 又告廟 哭而後畢事 祭告時 出主于寢. ○【儀節】 還告于祠堂. ○【按】 三年內改葬 當因上食告靈座.

고사(告詞)

앞의 사당고사와 같다. 다만 '부군 혹은 모씨' 아래에 "무덤을 받들어 옮기는 예를 마치고 반곡하여, 삼가 주과(酒果)로 정성을 펴서, 경건한 고유를 삼가 고합니다" 한다.

同前祠堂告詞. 但府君或某氏下云 遷奉幽宅禮畢反哭 謹以酒果用伸 虔告謹告.

3-29. 3개월이 되어 복을 벗는다.

【「상복」 <기> 주】 시마복은 3개월이 되어 벗는다. ○유울지(庾蔚之)는 "만약 열흘이나 달포에 장사를 치르면 시마복이 끝나는 시한인 3개월에 복을 벗고, 만약 장사를 석달 넘겨 치뤘으면 모름지기 장사를 마치고서 복을 벗는다" 하였다. ○『통전』 후한(後漢) 때 조상(趙商)은 "경전에는 개장에 시마복이라 하였으니 3개월이 되어 복을 벗어 시마복의 개월 수를 따른다"고 하였다. ○한문공(韓文公)은 "묘소를 열면서부터 장사를 치르기까지가 3개월이 되었으면 복을 벗고, 3개월이 되지

않았으면 복을 입고 3개월이 되어서 마친다"고 하였다. ○돈계는 "제4
개월 초하루에 벗는다"고 하였다. ○미수는 "요즘 이른바 '임시로 둔다
[權厝]'는 것은 옛날의 이른바 '빈(殯)'을 말함이다. 어찌 어버이의 널이
빈소에 있는데 갑자기 길복을 할 수 있겠는가? 만약 개장이 늦어질지
빨리 끝날지 점칠 수 없어 임시로 땅에 이장하여 부득이 연월을 계산
하는 자는, 개장하는 경우와 같이 3개월이 되어 복을 벗음이 마땅하다.
○『유편』묘소가 가까이 있으면 묘소에 가서 벗고, 그렇지 않으면
신위를 마련하는 것 이외에는 다른 방법이 없다.

【성재안설】 정현(鄭玄)은 "시마복의 달 수를 마친다"고 하였고,
왕숙(王肅)은 "장사를 치르고 나면 복은 벗는다"고 하였고, 주자
(朱子)는 "예는 두터움을 따름이 마땅하니, 정현을 쫓아야 한다"
고 하였다. 정우복(鄭愚伏)은 "이는 정론이다. 구경산(丘瓊山)은
어찌하여 곧 왕숙의 설을 따랐는지 모르겠다"고 하였다. 나는 말
한다. "시마는 3개월의 복이고, 장사를 치르는 것도 3개월의 예이
다. 그러므로 '3개월이 되어 복을 벗는다'고 하는데, 3개월을 마
치는 것이 고례이다. 대덕(戴德)이 이른바 '시마는 장사를 치르
고서 벗는다'는 것 또한 이 뜻이다."

三月而服除.

【喪服 記註】緦三月而除. ○庚蔚之曰 若旬月而葬 則卒緦之限三月而
除 若葬過三月 須葬畢釋服. ○【通典】後漢趙商曰 經云改葬緦 三月而
除 以順緦之數. ○韓文公曰 自啓至于旣葬 而三月則除之 未三月則服
而終三月. ○遜溪曰 第四月初一日除之. ○眉叟曰 今之所謂權厝者 古
之所謂殯也. 豈有親柩在殯 而遽爲吉服耶. 若改葬運速未卜 假地移葬
不得已 爲年月計者 與改葬同 當三月而除. ○【類編】墓近則之墓除 不
然設位之外 無他道.

按　鄭玄曰終緦之月數　王肅曰葬畢除　朱子曰禮宜從厚當從鄭.
鄭愚伏曰此定論　不知瓊山如何便從王說. 愚謂　緦者三月之服也

葬亦三月之禮也. 故曰 三月而除之, 終三月 古禮也. 戴德所云 緦麻葬而除, 亦此意也.

4. 개장변의(改葬辨疑)

4-1. 부모 묘소에 개장을 함께 행하면, 무덤을 열면서부터 장사를 치르고, 전(奠)을 올리는 데 이르기까지 모두 무거운 것을 우선하고 가벼운 것은 뒤에 한다.

【성재안설】 부모가 만약 일시에 같이 죽었다면,◉비록 1일 안에라도 죽음에 선후가 있으면 죽음의 선후로써 차례를 삼고 만약 일시에 죽어 선후가 없으면 무겁고 가벼운 것으로 차례를 삼는다. 염(斂)이나 빈(殯)은 모두 아버지를 먼저하고 어머니를 뒤로 함이 마땅한데, 어찌 유독 개장에서만 어머니를 먼저하고 아버지를 뒤로 하겠는가? 동유(東儒)들이 간혹 '묘소를 열 적에 어머니 묘소를 먼저 열고, 개렴할 때에 어머니를 먼저 염한다'는 설이 있기는 하지만, 이는 아마 「증자문」의 '선경후중(先輕後重)'의 뜻을 궁구하지 못하여 그러함일 것이다. 대개 「증자문」에서 이른바 '가벼운 것을 우선 한다'는 것은 어머니 상이 필시 앞서 있었기 때문에 '가볍지마는 먼저 장사지낸다'고 한 것이다. 그러나 그 발인에는 무거운 것을 우선하고, 그 전(奠)에도 무거운 것을 우선한 데는 극히 의의가 있는 것이다.

父母墓竝行改葬 則自啓至葬奠 皆先重後輕.

按 父母若一時同死雖一日之內 死有先後 則以死之先後爲序 若一時而無先後 則以重輕爲序. 則斂也殯也 皆宜先父而後母 何獨於改葬先母後父哉. 東儒

雖或有啓墓時先啓母 改斂時先斂母之說 此恐未究曾子問 先輕
之義而然也. 盖曾子問所謂先輕者 母喪必在先 改雖輕而先葬云
爾也. 然其引則先重 其奠則亦先重 極有意義也.

4-2. 예전 묘소를 파묘(破墓)하고 나서 시일이 늘어져서 장사를 치
르지 못한 자는 오래도록 장사를 치르지 못한 예◉ ˙상복소기˹로 추단
한다.

> 장례 후에 바로 벗는다.

破舊墓而延時未葬者 以久不葬禮小記 推之.

> 葬後卽除.

4-3. 예전 묘소에서 널을 꺼내어 미처 장사를 치르지 못하고 만약
연제와 상제를 당했다면, 역시 오래도록 장사를 치르지 못한 사례
에 비추어 연제와 상제를 행한다.

舊墓出柩未及葬 若値練祥 亦照久未葬例 追行練祥.

5. 수묘(修墓)

5-1. 묘소가 무너지면 수리하고, 재해를 만나면 수리하고, 변고를
만나면 고친다.

> 정자(程子)는 "옛날에 '묘소를 고치지 아니한다'는 것은, 처음 묘

소를 만들 때 반드시 견고하게 하고자 함이다. 비가 와 묘소가 무너져서 고치는 것이 무슨 잘못이랴? 성인이 고치지 아니한다고 말한 것은, 제자들을 깊이 책망하려 함이다.

> 공자(孔子)가 먼저 돌아가고, 제자들의 정성과 공경이 지극하지 않아, 잠시 비가 오자 무너졌다. ○【성재안설】 「단궁」에 "공자가 어려서 아버지를 여의고 그 묘소를 알지 못하여, 어머니가 죽음에 추만보(鄒曼父)[156]의 어머니에게 물어, 이에 방산(防山)[157]에다 합장했다"고 하였다. 장화(張華)[158]의 『박물지(博物誌)』에 "장제(蔣濟)·하안(何晏)·하후현(夏侯玄)·왕숙(王肅)이 모두 '이런 일은 없었다'고 했다" 하는데, 이것이 실로 정론이다. ○방정학(方正學)[159]은 "부모의 관(棺)이 흉칙하게 사람들에게 노출되어도 고치지 않는다면 인정에 합당하고 이치에 마땅하겠는가? 공자를 업신여김이 심하다"라고 했다. ○『남사』 유표(劉彪)가 제(齊)나라 건원(建元)[160] 초에 강등되어 남강현후(南康縣侯)로 책봉되었다가, 사당과 묘가 훼손되었음에도 고치지 않은 일로 연좌되어 삭탈되었다.

墓崩則修之　遇灾則修之　遇變則修之.

程子曰　古不修墓者　欲初爲墓時　必使堅固. 雨而墓崩修之　何害.

---

156) 추만보(鄒曼父): 공자의 어머니와 이웃해서 살았다.
157) 방산(防山): 춘추시대 노(魯)나라 국도(國都) 근처에 있는 산 이름.
158) 장화(張華): 진(晉)나라 방성(方城) 사람. 자는 무선(茂先). 박학하여 방기(方技)의 서적까지 두루 공부했다. 무제(武帝) 때 중서령, 혜제(惠帝) 때 태자소윤을 역임했다. 졸년 69세. 『박물지』를 저술했다.
159) 방정학(方正學): 명나라 초기의 학자 방효유(方孝孺, 1357~1402). 자는 희직(希直)·희고(希古), 호는 손지(遜志). 방정학(方正學)이라고도 한다. 절강성(浙江省) 영해현(寧海縣) 출생. 송염(宋濂)의 문하에 들어가 뛰어난 재주로 이름을 떨쳤다. 혜제(惠帝)를 섬겨 시강학사(侍講學士)로서 두터운 신임을 받았다. 1402년 연왕(燕王:永樂帝)이 황위(皇位)를 찬탈한 뒤, 그에게 즉위의 조서를 기초하도록 명했는데, 이를 거부하여 극형에 처해졌다. 저술에 『주례변정(周禮辨正)』 등 몇 가지가 있었으나 모두 영락제에 의해 소각되고, 『손지재집(遜志齋集)』(24권)과 『방정학문집(方正學文集)』(7권)이 전할 뿐이다.
160) 건원(建元): 남북조시대 남조(南朝) 제(齊)나라 고제(高帝)의 연호. 479~482년.

聖人言不修者 所以深責弟子也.

孔子先反 弟子誠敬不至 纔雨而崩. ○【按】檀弓云 孔子少孤不知父墓 母亡問於鄹曼父之母 乃合葬於防. 張華博物誌曰 蔣濟 何晏 夏侯玄 王肅皆云 無此事 此實正論. ○方正學曰 父母之棺 曉然暴于人而不修 合於情當於理哉. 其誣孔子甚矣. ○【南史】劉彪 齊建元初 降封南康縣侯 坐廟墓毀不修 削奪.

5-2. 묘소가 훼손되면 시마복을 입는다.

【『통전』】 진(晉)나라 순조(荀組)가 "묘소가 훼손되었을 때의 복제는 개장의 시마복으로 포괄된다"고 하였다. 정강성(鄭康成)과 왕자옹(王子雍)이 모두 말하기를 "관이 훼손되어 시신이 보이면 애통함이 지극하다. 이제 도적을 만나 훼손당하였다면 이치로는 경중이 없다"고 하였다. ○강연(江淵)은 "묘소가 발굴되면 개장의 사례에 따라 시마복을 입는다" 하였다. ○강계표(江啓表)와 정현은 "몸소 시구(屍柩)를 보았다면 복이 없이 드러난 모습에 임할 수가 없다. 분묘가 훼손되면 개장의 예에 따라 시마복을 입고, 달려가지 못하고 이미 수리하여 복구하였다면, 심상으로 흰 심의(深衣)와 흰 책(幘)을 3개월 동안 곡하여 임한다"고 하였다. ○유울지(庾蔚之)는 "그 어버이의 시구(屍柩)가 훼손되어 노출되면 다시 장사를 치를 때까지 곧장 복을 입고 달려가야 하고, 이미 수리하여 복구하였더라도 달려 가 보아야 한다. 구태여 도로가 막혔다 하더라도 오히려 시마복을 입고 3개월에 벗음이 마땅하다. 어찌 장사에 참여하지 못한다고 해서 태연하게 복을 입지 않을 수 있겠는가?" 하였다. ○양하동(梁何佟)의 의논에는 "분묘의 흙에만 침범하다 그치고 덧널에 미치지 않았다면, 새 사당에 불이 난 사례에 의거하여 3일 동안 곡을 하고 그친다"고 하였다.

墓毀則服緦.

【通典】晉荀組 言墓毀之制 改葬緦麻包之矣. 鄭康成 王子雍皆云 棺毀見尸 痛之極也. 今遇賊見毀. 理無輕重. ○江淵曰 發墓依改葬服緦. ○

江啓表鄭玄云 親見尸柩 不可無服臨穎表. 墳墓毁 依改葬服緦 其不得
奔赴 已修復者 惟心喪縞素深衣白幘 哭臨三月. ○庚蔚之日 其親尸柩
毁露 及更葬 便應制服奔往 縱已修復亦應臨赴. 苟道路阻礙 猶宜服緦
三月而除. 豈可以不及葬 晏然不服乎. ○梁何佟之議 侵止墳土 不及於
椁 可依新宮火 三日哭而已.

【성재안설】 우리나라에는 도적에게 발굴되는 변고는 드물게 있
지만, 산송(山訟)으로 다투어 사사로이 발굴하는 우려는 종종 일
어난다. 이는 도적의 변고와 다름이 없다. 만약 널이 보이는 지경
이면 시마복을 입고, 만약 다만 묘소만 훼손되고 널에까지 미치
지 아니하였으면 소복을 하고 사흘 동안 곡을 하고 묘소를 고친
다. 만약 화재를 만나 사초만 탔으면, 또한 소복을 하고 사흘 동
안 곡을 하고 사초가 다시 소생하기를 기다린다. 만약 불이 흙을
태웠다면 부득이 흙을 바꾸고 잔디도 다시 한다.

　【『남사』】 강비(江泌)는 어머니의 묘소가 불에 타자 사흘 동안 곡을 하
였다. ○한강은 "검게 그을린 곳은 몇 달 내로 푸르게 될 텐데 어찌 마
른 풀로 덮기까지 하겠는가? 단지 깨끗이 청소만 하면 된다. 위안하는
제사는 곡을 하고 행한다"고 하였다. ○【『유편』】 구목(丘木)[161]의 설
을 요즘 사람들은 묘소가 있는 언덕에 널려 있는 모든 나무를 다 해당
시킨다. 매번 의심하기를 옛날에는 질박하고 간략하여 귀한 사람이나
천한 사람이나 함께 같은 언덕에 장사를 지냈으니, 지금 사람들처럼 널
리 땅을 점거하여 나무가 많은 것과는 필시 같지 않았을 것이라고 생
각하였다. 『역(易)』에 이르기를 "옛날에 장사를 치르는 자는 봉분도 하
지 않고, 나무도 심지 않았다"고 하였다. 방묘(防墓)의 일로 미루어보
건대 봉분은 그 묘역을 알리는 것이니, 나무 또한 묘소 앞에 세운 표기
에 불과하였을 것이다. 총인(冢人)이 작위의 등급으로 다섯 가지 봉분
의 도수와 그 나무의 수를 정하였던 것으로 징험할 수 있다. 만약 온

---

161) 구목(丘木): 무덤을 수호하고 표시하기 위해 무덤 가에 심는 나무. 『예기』「곡례하」
　　"爲宮室 不斬於丘木."

언덕의 나무를 가리킨다면 그 나무들의 등급을 매길 수 있겠는가? 다만 '왕공(王公)의 구원(丘原)의 나무는 베지 않는다'고 한 것은 그렇지 않다. 왕공의 구목을 어찌 베는 자가 있어서 그리 하였겠는가? 정씨(鄭氏)가 이른바 "왕공의 묘소를 구(丘)라고 한다" 하는 것도 경문(經文)이 아니니, 의리에 있어서 반드시 맞는 것도 아니다. ○묘소 근처에는 1치의 작은 나무도 남겨 두어서는 안 된다. 나무 뿌리는 멀리 가는 것은 30보 20보까지 뻗고, 깊이는 실 같고 줄 같아서 아무리 단단한 것도 뚫고 들어가서 혹은 8자나 10자를 넘으며, 아래로 낮은 것은 위로 달리고, 높게 솟는 것은 아래로 내려가서 마치 어지러운 실로 뚫고 맨 것 같다. 【성재안설】 이는 곧 선생이 처의 장사를 치르면서 무덤자리를 개척하고 광중을 팔 때 본 것으로 훈계한 것이다.

○「수묘기(修墓記)」162)에 "무덤자리에 나무나 잔디를 심는 것은 옛날에는 상고할 수 없다. 묘소에는 반드시 풀이 있는데, 오직 잔디만 좋다" 하였는데, 잔디라는 것은 지금 길가에 잎이 짧고 줄기가 뻗어나가며 자라는 것이다. 시속에서는 '금잔디[金莎]'라고 한다. 가을과 겨울에는 마르고, 봄에는 다시 푸르게 되는데 사벽(莎薜)163)의 사(莎)와는 같지 않다. 원헌공(元獻公) 안수(晏殊)의 「정사기(庭莎記)」는 아마도 이 풀인 듯하다.164) 근래에 들으니 북사(北使)가 금잔디 종자를 구한다고 하는데, 또한 혹 무덤 자리에 심으려고 하는 것이리라. 다만 바람을 맞으면 죽고, 또 풀뿌리가 자라는 것을 꺼리니, 풀뿌리가 뿌리 근처에 만연하면 잔디가 시들고 흙도 따라서 무너져 내린다. 묘소를 다듬는 법은 모름지기 잡초를 제거하고 풀뿌리를 뽑아내고, 그늘을 제거해야 하고, 또 금잔디 종자를 더욱 많이 채집하여 빽빽이 파종하는 것 이것뿐이다. 혹시 붕괴되어 무너지면 부득이 전(奠)을 올리고 고유하여 봉분을 고친다. 이제 축문 형식을 만들어 "무덤을 만든 지 세월이 오래되어, 잔디가 훼손되고 무너졌기에, 이제 손질하여 고쳐야 하겠기에, 감히 정성을 펴서 경건히 고합니다" 한다. 또 들으니 동래정씨(東萊鄭氏) 집안에서

---

162) 「수묘기(修墓記)」: 성호(星湖) 이익(李瀷)의 글이다.

163) 사벽(莎薜): 줄사철나무.

164) 이 구절의 원문은 성호(星湖) 이익(李瀷)의 「수묘기(修墓記)」에 '疑卽此草也'라는 다섯 글자가 더 있으나, 『사의(士儀)』 본문에서는 누락되어 있다.

는 매 절기마다 산소에 갈 적에 반드시 먼저 준비하였다가 결손된 곳이 있으면 곧장 고친다고 하는데, 이것도 법으로 삼을 만하다. ○묘소 가까이에 잔디를 취할 곳이 없거나 있더라도 아름답지 않으면, 좋은 잔디가 있는 곳에서 파내어서 그 흙을 모두 털어버리고 다만 그 뿌리만 취하여, 묵은 잔디는 제거하고 새 뿌리를 심고, 새 흙을 더하여 견고하게 쌓는다. ○잔디는 모래 위의 짧은 풀이다. 잎이 많고 줄기가 적은데, 잎은 길이가 두어 치면서 빽빽이 번식하고 잘 자라니, 묘소에 심기에 가장 적합하다. 옛날에는 묘소에 잔디를 심는다는 글이 없었다. 『가례』에도 말하지 않았다. 어느 때부터 시작되었는지 모르지만, 『예기』에 "붕우의 묘소에 묵은 풀이 있으면 곡하지 않는다"[165]고 했으니, 묘소에 일찍이 풀이 없었던 것은 아니나, 다만 지금 말하는 잔디는 아니었으리라!

按 我東雖罕有寇賊發掘之變 而爭山私掘之患 種種相隨. 此與賊變無異矣. 若至見柩則服緦 若但毀墓而不及柩 則素服哭三日而修墓. 若遇火災只燒莎草 則亦素服哭三日 以待莎草之再甦. 而若火至焦土 則不得不易土改莎也.

【南史】江泌母墓火燒三日哭. ○寒岡曰 燒黑處 當蒔蒨於數月之內 何至藁草之盖. 只當淨掃而已. 慰安祭哭行. ○【類編】丘木之說 今人以墳山遍原之木當之. 每疑古者 質略貴賤同原以葬 必不如今人之廣占而多樹也. 易曰 古之葬者 不封不樹. 以防墓事推之 封是識其兆域 則樹亦不過爲墓前所樹表記也. 冢人以爵等 爲五封之度 與其樹數者 可驗矣. 若指遍原之樹 則其可等其樹耶. 但謂不斬於王公之丘 則未然. 王公之丘木 豈有斬伐者 而云爾耶. 鄭氏所謂王公曰 丘者 亦非經文 於義未必得. ○近墓不宜留寸木在也. 木根 遠者延於三二十步 深者如縷如繩 無堅不入 或過尋丈之下 低者上走 高者下達 如亂絲穿結. 【按】此乃先生葬妻 開塋穿壙時 所見而垂戒也.
○又【修墓記】曰 塋封樹莎 於古未有考. 墓必有草 而惟莎爲良 莎者今路傍葉短蔓生者是也. 俗謂之金莎. 秋冬黃枯 至春復靑 與莎薜之莎

---

165) 『예기』「단궁상」 "曾子曰 朋友之墓有宿草, 而不哭焉."

不同. 晏獻庭莎記 近聞北使必求金莎種子 亦或爲塋封之樹也. 但風射
則死 又忌荄生 荄根蔓延根莖之際 莎則衰落 土隨而崩壞矣. 修墓之法
須去衆草刮荄根 除陰翳 又盍採金莎種子 密播之 如斯而已. 或至崩頹
不得已奠告改封. 今爲祝式云 塋封歲久 莎草毁崩 今當修改 敢伸虔告.
又聞東萊鄭氏家 每於節月上墓 必先準備 隨缺輒補 此亦可法. ○近墓
無取莎處 雖有而不佳 則就好莎處掘起 盡去其土 只取其根 除其舊莎
種其新根 加新土堅築之. ○莎者 沙上短草也. 多葉少莖 葉可數寸 繁
密易生 最宜樹墓. 古無樹墓以莎之文. 家禮亦不言. 未知刱自何時 而禮
言朋友之墓 宿草不哭 則墓未嘗無草矣 而但非今所謂莎草耶.

수묘고사(修墓告詞)

유세차 운운● 모관부군, 모관모씨 이상은 앞과 같다. 봉분을 축조하고 삼가
지 못하여 세월이 오래됨에 무너지고 허물어져 장차 고치고 손질
을 더하려 합니다. 엎드려 생각건대 존령께서는 두려워하지 마시
고 놀라지 마옵소서. 감히 주과로 경건한 고사를 삼가 고합니다.

주자(朱子)가 먼 조상인 8대조 환(環)에게 고하는 축문에 "유 연월일에
먼 후손 모 등은 주과로 먼 조상인 21공 제치부군(制置府君)과 조비
두씨(杜氏) 부인의 묘소에 고합니다. 생각건대 옛적 현조께서 이 지방
을 지키면서 우리 후인을 열어주셨습니다. 세월이 오래됨에 무덤자리
를 맡은 자가 받들어 지키기를 경건하게 못하여 다른 사람이 소유하니
능히 관리를 할 수 없었습니다. 이에 두렵고 놀라워서 일을 맡은 자에
게 호소했더니, 고을의 평론도 공정하여 마침내 예전대로 복구하게 되
었습니다. 그래서 돌을 깎고, 흙을 높이 쌓아 후손으로 하여금 미혹되
지 않게 하려고 일을 처음 시작하면서 감히 그 나무람을 사양하겠습니
까? 삼가 고합니다" 하였다.

維歲次云云某官府君某官某氏以上　同前.　封築不謹　歲久頹圮　將加修改.

伏惟　尊靈不震不驚. 敢用酒果虔告謹告.

朱子告遠祖八代祖環　祝文曰　維年月日　遠孫某等　以酒果告于遠祖　二十一公制置府君　祖妣杜氏夫人之墓. 惟昔顯祖　作鎭玆邦　開我後人. 載祀久遠　封塋所寄　奉守不虔　他人有之　莫克伸理. 玆用震怛　籲于有事　鄕評亦公　遂復其舊. 伐石崇土　俾後不迷　卽事之初　敢謝其譴謹告.

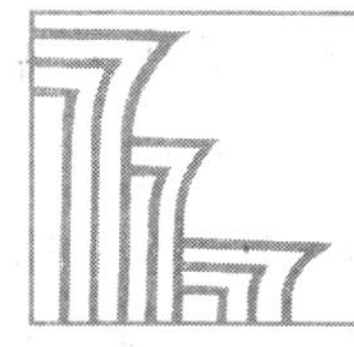

사의(士儀) 권14

- 여재편(如在篇) 1-

제사의 예는 성인이 못 다한 봉양을 행하고 못 다한 효도를 계속하기 위한 것으로, 천성에 근본을 둔 것이다. 대체로 아들과 손자는 그 할아버지와 아버지에 대하여 은혜가 무겁고 친분이 지극하다. 형기(形氣)가 이어지고 혈맥이 관통되는데다, 거처하는 곳이 서로 접촉되고, 웃고 말하면서 서로 흡족해 하며, 먹고 마시면서 서로 즐기기에, 하루아침에 돌아가시면 차마 이미 죽었다고 모른 채 곧장 잊어버릴 수가 없다. 이것이 자연의 이치[天理]이고 사람의 정[人情]이다.

그렇기에 비록 고복(皐復)을 하여 혼백이 돌아오지 않더라도, 방금 전에 자시고 마시던 부모에게 차마 그 음식을 끊을 수가 없으니, 자시던 음식을 올려 두는 것[餘閣之奠]으로써 살아 계신다는 생각을 나타내지 않을 수 없다. 비록 신체를 영원히 땅으로 옮겨 체백(體魄)이 이미 흩어졌어도, 예전에 음식을 갖추어 올리던 부모에게 차마 그 음식을 곧장 폐할 수 없으니, 하실(下室)에 음식을 올리는 예로써 살아 계신다는 생각을 나타내지 않을 수 없다. 그러나 슬픔과 곡은 줄어든다.

3년의 세월이 흘렀음에도 살아 계신다고 여기는 것은 또한 지혜롭지 못하다. 이에 궤전(饋奠)을 철거하고 신(神)으로 모신다. 신으로 모시는 것은 참으로 차마 못할 일이다. 음식을 차려 올리는 일도 차마 끊지 못하지만 절로 끊어지고, 차마 폐하지 못하지만 절로 폐지된다. 신으로 모시는 것은 참으로 차마 못할 일이다. 그렇지만 신(神)이란 천지의 기운이다. 천지의 기운이 없어지지 않는다면, 할아버지와 아버지의 신은 없어지지 않고 자손의 기운과 더불어 서로 감응할 수 있다. 그렇기 때문에 주자(朱子)는 "천지로 말하자면 다만 하나의 기운이요, 한 몸으로 말하자면 나의 기운이 곧 할아버지와 아버지의 기운이니, 역시 다만 하나의 기운인지라, 느끼자마자 반드시 감응한다" 하였다. 그런즉 자손의 기운이 남아 있을 때면 할아버지와 아버지의 기운이 혹시라도 있지 않음이 없는 것이다. 따라서 종묘를 지어 제향을 올리니, 이는 자연의 이치이며 사람의 정이다.

그러나 그 흠향하는 것이 어찌 참으로 살아 있는 사람이 거처하고 웃고 말하며 먹고 마시는 것과 같겠는가? 오직 나의 정성과 공경을 다함에 있을 뿐이다. 혹 그 신이 형체도 없고 소리도 없음을 의심하여 제사하는 것은 아무런 유익(有益)이 없다고 말하는데, 이는 다만 성실하지 않고 경건하지 않아서일 따름이다. 참으로 나의 정성과 공경을 다한다면, 그 거처하심을 생각할 적에 그 자리에 어렴풋이 보일 것이니 어버이가 계신 듯하지 않겠는가? 그 웃음과 말소리를 생각할 적에 숙연히 그 소리가 들릴 것이니 어버이가 계신 듯하지 않겠는가? 그 즐기시던 바를 생각할 적에 어렴풋이 그 자시고 마시던 것이 방불할 것이니 어버이가 계신 듯하지 않겠는가? 공자는 "제사는 계신 듯이 지낸다[祭如在]" 하였고, 또 "넘실넘실 그 위에 계신 듯하며 그 좌우에 계신 듯하다"
하였으니, 효자의 정성과 공경에 있을 뿐이다.

祭祀之禮 聖人所以追養繼孝 本天性者也. 盖子孫之於祖考 恩
重矣 親至矣. 形氣之相屬也 血脈之相貫也 居處之相接也 笑語
之相洽也 飲食之相樂也 一朝而沒焉 則不忍謂已死無知 遽然相
忘. 是天理也 人情也.
然則雖皐復而魂不返矣 俄者飲食之親 不忍遽絶其飲食 餘閣之
奠 不能不象其生也. 雖永遷而魄已散矣 昔者供養之親 不忍遽
廢其供養 下室之饋 不能不象其生也. 然而哀哭殺矣.
日月三年矣 致生之 亦不智矣. 乃徹饋奠 而神之. 神之 誠不忍
也. 飲食供養 不忍絶而自絶 不忍廢而自廢. 神之 誠不忍也. 然
神也者 天地之氣也. 天地之氣不死 則祖考之神不死 而子孫之
氣得與之相感. 故朱子曰 自天地言之 只是一箇氣, 自一身言之
我之氣卽祖考之氣 亦只是一箇氣, 所以纔感必應. 然則子孫之
氣存時 祖考之氣 未或不在矣. 所以宗廟以饗之, 是天理也 人
情也.
然基所饗之者 豈眞如生人之居處笑語飲食爲哉. 惟在致吾之誠
敬而已矣. 或疑其神之無形無聲而謂祭無益 則直不誠不敬而已
矣. 苟致吾之誠敬 思其居處 優然見乎其位 則親不如在乎. 思其
笑語 肅然聞乎其聲 則親不如在乎. 思其所嗜 依依然彷彿乎其
飲食 則親不如在乎. 孔子曰 祭如在. 又曰 洋洋乎如在其上 如
在其左右 在乎孝子之誠敬而已矣.

【「제통」】몸소 그 정성과 믿음[誠信]을 바침이다. 정성스럽고 미덥게
함을 '극진하다' 하고, 극진함을 '경건하다'고 한다. 경건하고 극진해야
만 신명(神明)을 섬길 수 있는 것이니, 이것이 제사의 도리이다. ○【「교

특생」】 제사에 신이 흠향하는지를 어찌 알겠는가? 스스로 공경을 다할 뿐이다. ○무릇 제사에서 용모와 안색은 제사 받는 분을 뵙듯이 한다. ○진덕수(眞德秀)는 "사랑하고 사모함이 지극하면 엄연히 마치 계신 듯하며, 정성이 지극하면 환하게 보이는 듯하다. 경건하면 계시고 경건하지 않으면 안 계신다" 하였다. ○【『대전』】 오백풍(吳伯豊)이 「태극도의」에 대해 묻자, 이렇게 말한 것이 있다. 사람이나 사물은 처음에 기운의 변화로 생겨나는 것이다. 기(氣)가 모여 형상을 이루면, 형상이 서로 얽히고 기운이 감응하여 마침내 형상이 바뀌어 사람이나 물건을 낳고 낳아서 변화가 무궁하다. 이로써 본다면 천지간에 있는 사람이나 사물을 끊임없이 생성하는 것은 본디 이(理)요, 그것이 모여 생겨나고 흩어져 죽는 것은 기(氣)이다. 이런 이(理)가 있으면 이런 기(氣)가 있는 법이니, 여기에 기(氣)가 모이면 그 이(理)도 여기에 부여된다. 이제 이른바 '기(氣)'라는 것이 이미 변화하여 없어지면, 이른바 '이(理)'라는 것이 어디에 붙을 것인가? 그런데 나의 이 몸은 바로 할아버지와 아버지가 남긴 형체이다. 할아버지와 아버지가 갖추어서 할아버지와 아버지가 되었던 그것이 대개 나에게 갖추어져서 일찍이 없어지지 않았다. 이는 그 혼(魂)은 위로 올라가고 백(魄)은 아래로 내려가 비록 이미 변화하여 없어졌지만, 거기에 뿌리를 둔 이(理)는 멈추거나 쉬지 않고, 나에게 구비된 기(氣)도 다시는 중간에 끊어짐이 없다. 내가 정성을 기울여 찾아서 이 기(氣)가 순일(純一)하게 되어 뒤섞임이 없으면, 이 이(理)가 저절로 환하게 나타나서 가릴 수 없게 된다. 이것이 그 단서 중에서도 뚜렷이 알 수 있는 것이다. 사상채(謝上蔡)는 이르기를 "사흘을 재(齊)하고 이레를 계(戒)하여 음양(陰陽)과 상하(上下)에서 구하는 것은 단지 스스로의 정신을 모으는 것일 따름이다. 대개 나의 정신은 할아버지와 아버지의 정신이니, 나에게 있는 정신이 모이면 이것이 곧 할아버지와 아버지가 오신 것이다. 그런데 옛날 사람은 제사에 반드시 시(尸)를 세웠으니, 그 뜻이 아주 정밀하다. 대개 이 또한 할아버지와 아버지께서 물려주신 몸으로 인하여 할아버지와 아버지의 기(氣)를 응결하여 모은 것이니, 기(氣)와 질(質)이 합하면 그 흩어진 것은 거의 다시 모여들 것이다. 이는 지극한 가르침이다. 그렇기 때문에 '신(神)은 동류(同類) 아닌 자의 제사를 흠향하지 않고, 백성은 다른 종족에게 제사지내지 않는다'고 한다" 하였다. 비유한 바의 귀신에 대한 말은 아주 정밀하다. 우리 사람의 기(氣)가 자손에게 전해지는 것은 마치 나무의 기운이 열매에게 전해지는 것과 같다. 이 열매로 전하는 것이 사라지지 않는다면, 그 살아 있는 나무가 비록 남김없이 말라죽고 훼손되더라도 여기에 있는 기(氣)는 오히려 그대로인 것이다.

○【『어류』】채모[蔡謨]가 묻기를 "성인이 무릇 귀신이라고 한 것은 모두 이(理)의 굴신(屈伸)으로써 말한 것입니까?" 하였다. 대답하기를 "귀신은 본디 이(理)로써 말한 것이지만, 그러나 또한 기(氣)가 없다고 할 수는 없다. 선왕(先王)이 제사에 혹은 화톳불을 놓고 혹은 울창주를 따르기도 한 것은 그 기(氣)가 있기 때문에 같은 류(類)로써 구했던 것이다" 하였다. ○진후지(陳後之)가 묻기를 "조종(祖宗)은 천지 사이에 있는 하나의 통기(統氣)인데, 자손의 제향으로 말미암아 모이고 흩어집니까?" 하였다. 대답하기를 "그것은 곧 상채[謝上蔡]가 이른바 '만약 있어야 할 때면 있고, 없어야 할 때면 없다'고 말한 것이니, 모두 사람에게서 말미암는다. 귀신은 본래 있는 사물이다. 조종(祖宗)은 또한 이와 동일한 한 기운이지만, 다만 어떤 총괄하는 곳이 있으니, 자손의 몸이 여기에 있으면 조종의 기운도 곧 여기에 있는데, 여기에는 어떤 혈맥이 관통한다. 그러므로 '신은 동류 아닌 자의 제사를 받지 않고 백성은 다른 종족에게 제사지내지 않는다'고 했으니, 다만 그 기운이 서로 상관하지 않기 때문이다. 천자가 천지에 제사지내고 제후가 산천에 제사지내며 대부가 오사(五祀)에 제사지내는 것은, 비록 나의 조종(祖宗)이 아니지만, 천자는 천지의 주관자이고 제후는 산천의 주관자이며 대부는 오사의 주관자로서, 내가 그 기운을 주관할 수 있고 또한 통괄하는 것이 내 자신의 몸에 있으니, 여기에는 곧 서로 관련되는 곳이 있다" 하였다. ○왕덕보(汪德輔)가 묻기를 "할아버지와 아버지의 정신은 곧 나의 정신이므로, 재계하고 제사지내면 할아버지와 아버지가 다가와서 이릅니다. 방계 친족과 그 자손에게 제사를 지내는 경우도 역시 동일한 기운임을 추리할 수 있습니다. 아내와 외친(外親)에게 제사지내는 경우는 그 정신이 곧 친족의 정신이 아니니, 어찌 여기에서는 다만 마음으로만 감응하고 기운으로는 감응하지 않을까요?" 하였다. 대답하기를 "단지 제사를 지내는 대상의 정신과 혼백은 감통하지 않음이 없다. 대개 본디 하나의 근원에서 흘러 나왔으니 처음부터 간격이 없는 것이다. 비록 천지와 산천의 귀신이라도 또한 그렇다" 하였다.

【祭統】曰 身致其誠信. 誠信之謂盡 盡之謂敬. 敬盡然後 可以事神明
此祭之道也. ○【效特牲】曰 祭豈知神之所饗也. 自盡其敬而已. ○凡祭
容貌顔色 如見所祭者. ○眞德秀曰 愛慕之極 儼乎其若存 誠愨之極 昭
乎其有見. 敬則有 不敬則無矣. ○【大全】吳伯豊問太極圖義 有云人物
之始 以氣化而生者也. 氣聚成形 則形交氣感 遂以形化 而人物生生變
化無窮. 是知人物在天地間 其生生不窮者 固理也. 其聚而生散而死者
則氣也. 有是理 則有是氣, 氣聚於此 則其理亦命於此. 今所謂氣者 旣
已化而無有矣 則所謂理者 抑於何而寓耶. 然吾之此身 卽祖考之遺體.
祖考之所具以爲祖考者 盖具於我而未嘗亡也. 是其魂升魄降 雖已化而
無有, 然理之根於彼者 旣無止息, 氣之具於我者 復無間斷. 吾能致精竭
誠而求之 此氣旣純一而無所雜 則此理自昭著 而不可揜. 此其苗脈之
較然可睹者也. 上蔡云 三日齊七日戒 求諸陰陽上下 只是要集自家精
神. 盖我之精神 卽祖考之精神, 在我者旣集 卽是祖考之來格也. 然古人
於祭祀 必立之尸 其義精甚. 盖又是因祖考遺體 以凝聚祖考之氣, 氣與
質合 則其散者 庶乎復聚. 此敎之至也. 故曰 神不歆非類 民不祀非族
云云. 曰所謏鬼神之說 甚精密大. 我人之氣 傳於子孫 猶木之氣 傳於
實也. 此實之傳不泯 則其生木 雖枯毀無餘 氣之在此者 猶自若也.
○【語類】謨問聖人凡言鬼神 皆只是以理之屈伸者. 言曰鬼神 固是以
理言 然亦不可謂無氣. 所以先王祭祀 或以燔燎 或以鬱鬯 以其有氣 故
以類求之耳. ○陳後之問 祖宗是天地間一箇統氣 因子孫祭享 而聚散
否. 曰這便是上蔡 所謂若要有時便有 若要無時便無 皆由乎人矣. 鬼神
是本有底物事. 祖宗亦只是同此一氣 但有箇總腦處, 子孫這身在此 祖
宗之氣便在此 他是有箇血脈貫通. 所以神不歆非類 民不祀非族, 只爲
這氣不相關. 如天子祭天地 諸侯祭山川 大夫祭五祀 雖不是我祖宗 然
天子者 天地之主 諸侯者 山川之主 大夫者 五祀之主 我主得他氣 又總
統在我身上 如此 便有箇相關處. ○汪德輔問. 祖考精神 便是自家精神
故齊戒祭祀 則祖考來格. 若祭旁親及子 亦是一氣 猶可推也. 至於祭妻
及外親 則其精神非親之精神矣. 豈於此但以心感之 而不以氣乎. 曰 但
所祭者 其精神魂魄 無不感通. 盖本後一源中流出 初無間隔. 雖天地山
川鬼神亦然.

1. 사당(祠堂)

【『가례』 주】 옛날의 묘(廟)의 제도는 경전에 나타나 있지 않다. 또 요즘의 사·서인 중 천한 사람들도 만들 수 없다. 때문에 특별히 '사당(祠堂)'이라 이름하고, 그 제도 또한 대부분 속례(俗禮)를 따른다고 하였다. ○유해손(劉垓孫)이 "이천은 '옛날 서인들은 묘(廟)가 없었고 영당(影堂)은 세울 수가 있었다' 했으나, 제사 때 영정을 쓸 수 없기 때문에 주문공이 '영당'을 고쳐서 '사당'이라 했다" 하였다.

【家禮 註】 古之廟制 不見於經. 且今士庶人之賤 亦有所不得爲者. 故特以祠堂名之 而其制度 多用俗禮云. ○劉氏垓孫曰 伊川云 古者庶人無廟可立影堂, 祭時不可用影 故文公改影堂曰祠堂.

1-1. 옛날의 묘제[古廟制] 부: 단·선[壇墠 附][166]

【『이아』】 실(室)의 동서에 곁채가 있는 것을 묘(廟)라고 하며, 동서의 곁채가 없고 실(室)만 있는 것을 침(寢)이라고 한다. 【「월령」】 '침묘(寢廟)' <주> 앞에 있는 것은 묘(廟)라고 하고 뒤에 있는 것은 침(寢)이라고 한다. 묘는 신령을 접하는 곳이며, 침은 의관을 간직하는 곳이다. ○【「왕제」】 천자는 7묘(七廟)이다. 3소(三昭) 3목(三穆)과 태조(太祖)의 묘(廟)로서 일곱이 된다. 제후는 5묘이다. 2소 2목과 태조의 묘로서 다섯이 된다. 대부는 3묘이다. 1소 1목과 태조의 묘로서 셋이 된다. 사(士)는 1묘이다. 서인은 침(寢)에서 제사지낸다. <주> 사(士)는 제후의 중사(中士)와 하사(下士)이다. 관사(官師)라고 이름하는 자는 상사(上士)이니, 2묘(二廟)이다. ○【「제법」】 왕은 7묘를 세우고 단(壇) 하나와 선(墠) 하나가 있다. 고묘(考廟)라 하고, 왕고묘(王考廟)라 하고, 황고묘(皇考廟)라 하고, 현고묘(顯考廟)라 하고, 조고묘(祖考廟)라 하여, 모두 달마다 제사지낸다. 먼 조상의 묘(廟)를 조(祧)라고 하는데,

---

166) 「사의목록」에는 '부: 단·선[壇墠 附]'이 없다. 「국역 사의 목차」도 「사의목록」을 따랐다.

조(祧)는 둘이 있고, 향상(享嘗)의 제사만 지낸다. 조(祧)에서 나가면 단(壇)을 하고,● 흙을 쌓는다. 단에서 나가면 선(墠)을 한다.● 흙을 제거한다. 단과 선에서는 기도할 일이 있어야만 제사지내고, 기도할 일이 없으면 그만둔다. 선에서 나가면 귀(鬼)가 된다. 제후는 5묘를 세우고 단 하나와 선 하나가 있다. 고묘라 하고, 왕고묘라 하고, 황고묘라 하는데, 모두 달마다 제사를 지낸다. 현고묘·조고묘에는 향상의 제사만 지낸다. 조(祧)에서 나가면 단을 하고, 단에서 나가면 선을 한다. 단과 선에는 기도할 일이 있으면 제사지내고, 기도할 일이 없으면 그만둔다. 선에서 나가면 귀가 된다. 대부는 3묘와 2단을 세운다. 고묘라 하고, 왕고묘라 하고, 황고묘라 하는데, 향상의 제사를 지내고 그만둔다. 현고(顯考)·조고(祖考)에는 묘가 없고, 기도할 일이 있으면 단을 하여 제사지낸다. 단에서 나가면 귀가 된다. 적사(適士)는 2묘와 1단이다. 고묘라 하고, 왕고묘라 하는데, 향상의 제사만 지낸다. 황고에게는 묘가 없고, 기도할 일이 있으면 단을 하여 제사지낸다. 단을 나가면 귀가 된다. 관사(官師)는 1묘인데 고묘(考廟)라 한다. 왕고(王考)에게는 묘 없이 제사지낸다. 왕고(王考)에서 나가면 귀가 된다. 서사(庶士)와 서인(庶人)은 묘가 없고, 죽으면 '귀'라 한다. <주> 왕(王)과 황(皇)은 모두 군주이며, 현(顯)은 밝음이고, 조(祖)는 시작이다. 선인(先人)의 명칭을 군(君), 명(明), 시(始)로써 한 것은 근본을 존중하는 뜻이다. 적사(適士)는 상사(上士)이다. 관사(官師)는 중사(中士)와 하사(下士)이며, 서사(庶士)는 부사(府史)의 무리이다. <소> 부묘(父廟)를 고(考)라 하는데, 고는 이룸[成]이니, 아버지에게 덕을 이룬 아름다움이 있음을 말함이다. 왕고묘는 조묘인데, 왕은 군주이니, 조부에게 군주가 되는 덕이 있음을 말함이다. 조부는 아버지보다 높기 때문에 군(君)이라는 이름을 더하였다. 황고묘는 증조인데, 황은 대(大)이며, 군(君)이다. 증조는 더욱 높기에 또한 대군(大君)의 칭호를 더한 것이다. 현고(顯考)는 고조(高祖)이다. 현은 밝음이니, 4묘 가운데 가장 위를 차지하기 때문에 고조라고 지목한다. 조고에서 조(祖)는 시작이다. 이 묘는 왕가(王家)의 시작이 되기 때문에 조고라고 한다.

○『주례』「소종백」 묘(廟)와 조(祧)의 소목(昭穆)을 분별한다. <주> 조(祧)는 옮겨간 신주를 간직하는 묘(廟)이다. 시조의 뒤로부터 아버지를 소(昭)라 하고 자식을 목(穆)이라 한다. 제후는 두 개의 조(祧)가 없

으니 처음으로 책봉된 태조묘를 조(祧)로 칭한다. 주나라에서는 문왕
과 무왕을 2조(二祧)로 하여, 문왕을 목(穆)이라 하고 무왕을 소(昭)라
하였다. 문왕과 무왕 뒤로는 목의 목주(木主)는 문왕의 조(祧)에 넣었
고 소의 목주는 무왕의 조(祧)에 넣었다. ○장자(張子)는 "종자(宗子)
가 사(士)가 되면 2묘(二廟)를 세우고, 지자(支子)가 대부가 되면 3묘
(三廟)를 세운다. 이때 증조묘(曾祖廟)는 대부를 위하여 세우지만, 그
러나 종자의 집에 세운다" 하였다. ○주자는 "관사(官師)는 여러 유사
(有司)의 우두머리를 말함이니, 녜(禰)에만 묘를 세워, 도리어 녜묘(禰
廟)에서 할아버지를 아울러 제사하되 증·고조까지는 미치지 않는다"
하였다. ○사(士)와 서인(庶人)은 비록 3대까지 제사하더라도 도리어
묘(廟)가 없으니 또한 참람하다고 말할 수 없다. 옛날에 이른바 묘(廟)
의 규모는 매우 커서 문(門)·당(堂)·침(寢)·실(室)을 모두 갖추었으
니, 요즘 사람들이 실(室) 하나로 하는 것과는 같지 않다. ○천자가 두
공(枓栱)에 산을 새기고[山節], 동자기둥에 마름을 그리며[藻梲], 묘의
지붕을 겹으로 하고[複廟], 처마를 이중으로[重檐] 하는 종묘의 장식을
제후가 할 수는 없다. 제후는 검푸르게 칠할 곳은 검푸르게 칠하고[黝],
흰 것을 바를 데는 흰 흙으로 바르며[堊], 서까래를 깎고 다듬는[斲礱]
종묘의 장식을 대부가 할 수는 없다. 대부가 기둥을 푸르게 하고[蒼楹],
서까래를 깎는[斲桷] 종묘의 장식을 사(士)가 할 수는 없다. 오직 문·
당·침·실이 법도에 합당하게 한 뒤에야 묘궁(廟宮)이라 이름할 수
있다.【『지봉유설』】선조조[宣廟朝]에 종묘를 중건할 때 옛 제도를 모
방하고자 했지만 대신들이 불가하다고 주장하여 마침내 종전의 제도를
따르니, 의논하는 사람들이 애석하게 여겼다.

【爾雅】室有東西廂曰廟　無東西廂有室曰寢.【月令】寢廟　註　前曰廟
後曰寢. 廟接神之處　寢衣冠所藏. ○【王制】天子七廟　三昭三穆與太祖
之廟而七. 諸侯五廟　二昭二穆與太祖之廟而五. 大夫三廟　一昭一穆與
太祖之廟而三. 士一廟. 庶人祭於寢. 註　士　諸侯之中士下士. 名曰官師
者　上士　二廟. ○【祭法】王立七廟一壇一墠. 曰考廟　曰王考廟　曰皇考
廟　曰顯考廟　曰祖考廟　皆月祭之. 遠廟爲祧　有二祧, 享嘗乃止. 去祧爲
壇築土　去壇爲墠除地. 壇墠　有禱焉祭之　無禱乃止. 去墠爲鬼. 諸侯立五
廟一壇一墠. 曰考廟　曰王考廟　曰皇考廟　皆月祭之. 顯考廟　祖考廟　享

嘗乃止. 去祧爲壇 去壇爲墠. 壇墠 有禱焉祭之 無禱乃止. 去墠爲鬼. 大夫立三廟二壇. 曰考廟 曰王考廟 曰皇考廟 享嘗乃止. 顯考祖考無廟 有禱焉 爲壇祭之. 去壇爲鬼. 適士二廟一壇. 曰考廟 曰王考廟 享嘗乃止. 皇考無廟 有禱焉 爲壇祭之. 去壇爲鬼. 官師一廟 曰考廟. 王考無廟而祭之. 去王考爲鬼. 庶士庶人無廟 死曰鬼. 註 王皇 皆君也, 顯 明也, 祖 始也. 名先人以君明始者 尊本之意也. 適士 上士也, 官師 中士下士, 庶士 府史之屬. 疏 父廟曰考, 考 成也 謂父有成德之美也. 王考廟 祖廟也, 王 君也 謂祖有君成之德也. 祖尊於父 故加君名也. 皇考廟者 曾祖也, 皇 大也 君也, 曾祖 轉尊又加大君之稱也. 顯考 高祖也, 顯 明, 居四廟最上 故以高祖目之. 祖考者 祖始也, 此廟爲王家之始 故云祖考. ○【周禮 小宗伯】辨廟祧之昭穆. 註 祧遷主所藏之廟. 自始祖之後 父曰昭 子曰穆. 諸侯無二祧 謂始封太祖廟爲祧. 周以文武爲二祧 文王稱穆 武王稱昭. 文武後 穆之木主 入文王祧 昭之木主 入武王祧. ○張子曰 宗子爲士 立二廟 支子爲大夫 當三廟. 是曾祖廟爲大夫立 然立於宗子之家. ○朱子曰 官師 謂諸有司之長 只及禰却於禰廟並祭祖 不及曾高. ○士庶人 雖祭三代 却無廟 亦不可謂僭. 古所謂廟體面甚大 皆具門堂寢室 非如今人但以一室爲之. ○天子之山節藻梲 複廟重檐 諸侯不得爲矣. 諸侯之黝堊斲礱 大夫不得爲矣. 大夫之蒼楹斲桷 士又不得爲矣. 獨門堂寢室之合度 然後可名於宮. ○【芝峯類說】曰 宣廟朝 建宗廟時 欲倣古制 大臣執不可 遂依前制 議者惜之.

2. 묘주(廟主)

신주를 만드는 제도는 치장장(治葬章)에 보인다.

【「사상례」】중(重)은 나무를 깎고 파서 마당 가운데 놓아둔다. <주> 나무이다. 물건을 매달아 놓는 것을 중(重)이라 한다. 간(刊)은 깎아서 파내는 것이다. 사(士)의 중(重) 나무는 길이가 3자이다. <소> 사(士)의 중 나무는 3자, 대부는 5자, 제후는 7자, 천자는 9자인데, 가로는 그 반으로 한다. ○「단궁」 중은 신주의 도리[主道]이다. 은나라에서는

신주를 만들면 중을 엮어두고, 주나라에서는 신주를 만들면 중을 철거했다. 진씨의 <주> 은나라에서는 처음 빈(殯)을 할 때 중을 빈묘(殯廟)의 뜰에 두었다가, 우주(虞主)를 만들게 되면 중을 엮어서 빈묘(殯廟)에 매달아 두었다. 주나라 사람들은 반우(返虞)를 하고 신주를 만들면 중을 철거하여 묻었다. 방씨(方氏)는 "초상에는 영구가 있음에도 또 중을 설치하니, 그래서 중(重)이라 하는 것이요, 이미 묘가 있으면 신주를 세우서 이를 위주로 한다" 하였다. 【기】 부제(祔祭)를 하고 신주를 만든다. ○『곡량전』 우주(右主)는 8치, 좌주(左主)는 7치이다. 우주(右主)는 아버지를 말하고, 좌주(左主)는 어머니를 말함이다. ○『좌전』 문공(文公) 2년에 희공(僖公)의 신주를 만들었다. 하휴(何休)는 "신주의 형상은 정사각형으로, 가운데를 뚫어서 사방을 통하게 한다. 천자는 길이가 1자 2치, 제후는 1자이다. 이는 목주(木主)의 제도이다" 하였다. 【성재안설】 지금 태묘(太廟)의 신주제도는 이것을 모방하여 만든 듯하다. 한(漢)나라의 의제(儀制)에 "고제(高帝)의 묘주(廟主)는 9치인데, 앞은 네모나고 뒤는 둥글며 둘레가 1자이고, 황후의 신주는 7치이다" 하였으니, 이는 『곡량전』과 다르다. 「제법」 <소>에 상세하다.
○진(晉)나라 서막(徐邈)은 "『좌전』에 '공리(孔悝)가 석(祏)을 가져오게 하였다' 했다. 또 『공양전』에 '대부가 임금의 상(喪)을 듣고 임시로 신주를 만들어 갔다' 하였고, 그 <주>에 '임시로 만든 신주를 거두어 제사를 기다릴 겨를이 없었다'고 하였다. 모두 대부에게 신주가 있었다는 글이다. 천자로부터 사(士)에 이르기까지 모두 그 예가 있지만, 제도가 등급에 따라 줄어들었다. 『예기』에 '중(重)은 신주(神主)의 도리이다. 중을 묻으면 신주를 세운다'고 하였다. 지금 대부와 사에게는 중이 있는데 또한 신주를 두어 별도의 자리를 표시해야 마땅하다. 신위에 시(尸)는 있는데 신주가 없으면 어떻게 구별하겠는가?" 하였다. ○후위(後魏)의 청하왕(淸河王)은 "신주를 만드는 것은 본래 신을 의지하게 하려는 것이다. 효자의 마음은 신주가 아니면 펼 수가 없다. 지금은 명정(銘旌)을 영구에 적고, 중을 세워 신을 의빙하게 하며, 제사에는 반드시 시동을 두고, 신에게는 반드시 묘(廟)를 두는데, 위로 천자로부터 사에 이르기까지 신주를 만들어 신위(神位)를 새긴다" 하였다. ○『개원례』 4품 이하로는 신주가 없다. ○『서의』 정현(鄭玄)은 "경대부와 사에게는 신주가 없다" 하였고, 서막(徐邈)은 "대부와 사는 중(重)

이 있고 신주도 있다” 하였다. 지금 대부와 사는 사판(祠版)을 사용하는 경우가 있으니, 신주의 도리이다. ○정자(程子)는 “가난한 집에서는 단지 패자(牌子)만 사용해도 좋다. 아무개 집의 신주제도는 제후의 예를 줄인 것이다” 하였다. ○【한위공(韓魏公)『제식(祭式)』】위판(位版)은 길이가 1자 2치, 너비가 4치, 두께가 8치이다. 머리는 규(圭) 모양이고, 판(版)은 흰색이며, 글씨는 검정색이다. ○주자는 “초혼(招魂)하여 혼백을 돌아오게 하고 중을 세우며 신주를 설치하는 것은, 항상 접속하여 조금이나마 정신이 그 속에 존재하기를 바라는 것이다” 하였다.

作主之制 見治葬章.
【士喪禮】重 木刊鑿 置干中庭. 註 木也. 縣物曰重. 刊 斲治鑿之. 士重木長三尺. 疏 士重木三尺 大夫五尺 諸侯七尺 天子九尺, 橫半之. ○【壇弓】重 主道也. 殷主 徹167)重焉. 周主 重徹焉. 陳氏 註 殷始殯時置重于殯廟之庭 暨成虞主 則綴重縣於殯之廟. 周人 虞而作主 徹重而埋之. 方氏曰 始死有柩而又設重 所以爲重也. 旣有廟矣而立主 是爲主. ○【記】祔而作主. ○【穀梁傳】右主 八寸 左主 七寸. 右主 謂父也 左主 謂母也. ○【左傳】文公二年 作僖公主. 何休云 主狀 正方 穿中央 達四方. 天子長一尺二寸 諸侯長一尺 此是木主之制也. 【按】今太廟主制 似倣此爲之. 漢儀 高帝廟主 九寸 前方後圓 圍一尺, 后主 七寸云, 則又與穀梁傳不同矣. 詳祭法疏.
○晉徐邈曰 左傳 孔悝反祏. 又公羊傳 大夫聞君喪 攝主而往, 註 斂攝神主 而不暇待祭也. 皆大夫有主之文. 自天子及士 並有其禮 但制度降殺. 禮言 重 主道也. 埋重則立主. 今大夫士 有重 亦宜有主 以記別座. 位有尸無主 何以爲別. ○後魏 淸河王曰 作主 本以依神. 孝子之心 非主莫展. 今銘旌記柩 設重憑神 祭必有尸 神必有廟, 上自天子達于士 爲主 以銘神位. ○【開元禮】四品以下 無主. ○【書儀】鄭玄 以爲卿大夫士 無神主. 徐邈 以爲大夫士 有重 亦有主. 今大夫士 有用祠版 主道也. ○程子曰 白屋之家 只用牌子可矣. 某家主式 是殺諸侯之禮. ○【韓魏公 祭式】位版 長尺二寸 廣四寸 厚八寸. 圭首 素版 墨書. ○朱子曰 自招魂復魄 立重設主 便是常要接續 些子精神在這裏.

---

167) 『예기』에는 ‘철(徹)’이 ‘철(綴)’로 되어 있어, 이제 바로잡아 해석하였다.

3. 시의 의미〔尸義〕

【「단궁」】 반우(返虞)를 하고서 시(尸)를 세운다. ○【「제통」】 제사의
도리로는 손자가 할아버지의 시(尸)가 된다. 시(尸)로 삼는 자는 제사
지내는 사람의 아들 항렬이다. 아비가 북면하고 섬기는 것은 자식이 아
비를 섬기는 도리를 밝히려는 것이다. 이것이 부자의 인륜이다. <주>
할아버지의 제사에 손자를 쓰는데, 모두 동성(同姓)의 적손(嫡孫)에서
취한다. <소> 성인과 어린이를 따지지 않고, 모두 시(尸)가 될 수 있
다. 석림섭씨(石林葉氏)는 “자기 자식에게서 취하면 분별이 없기 때문
에, 시(尸)가 되는 자는 자식의 항렬이다” 하였다. ○【「사우례」기】 남
자는 남시(男尸)로 한다. 여자는 여시(女尸)로 하는데, 반드시 이성(異
姓)을 시키지, 천한 자를 시키지 않는다. <주> 이성(異姓)은 며느리
[婦]이다. 천한 자는 서손(庶孫)의 첩(妾)이다. <소> 남시(男尸)는 우
선 적손(適孫)을 시키고, 적손이 없으면 서손(庶孫)을 시킨다. 여시(女
尸)는 우선 적손의 처를 시키고, 적손의 처가 없으면 적손의 첩을 시키
며, 첩이 없으면 서손의 처를 시키지, 서손의 첩을 시킬 수는 없다. 상
중의 제사에는 모두 남녀의 시(尸)를 분별한다. 비록 동시에 빈소(殯
所)에 있더라도 모두 궤(几)를 달리한다. 묘(廟)에서 제사할 때는 궤를
같이 한다. ○【「특생궤식례」】 시를 가린다.[筮尸] <주> 손자의 무리를
시(尸)로 삼는다. ○【「증자문」】 공자는 “성인(成人)의 상에 제사지낼
적엔 반드시 시(尸)가 있어야 하고, 시는 반드시 손자로써 한다. 손자가
어리면 사람을 시켜 안고 있게 한다. 손자가 없으면 동성(同姓)에서 취
해도 좋다” 하였다. <주> 사람은 자손이 있는 자를 성인(成人)으로 여
긴다. 자식이 아버지를 상(殤)으로 여기지 않는 의리는 여기에서 나온
다. <소> 성인(成人)은 아버지가 된 도리가 있다. ○【「사우례」기】 시
(尸)의 복장은 죽은 자의 웃옷이다. <주> 사(士)는 현단(玄端)이고, 사
의 처는 소의(宵衣)이다. ○【「교특생」】 시(尸)는 신(神)의 상징이다.
○『통전』 나무 신주는 시(尸)의 남쪽에 둔다. ○주나라 이전부터 천
지(天地)·종묘(宗廟)·사직(社稷) 등 일체의 제향에 모두 시(尸)를 세
웠다. 진·한(秦漢) 이후로 중국에서는 없어졌다. <주> 옛날에 시(尸)
를 세우는 것은 중화(中華)와 이적(夷狄)이 같았다. ○정자(程子)는

"옛날 사람들이 제사에 시(尸)를 사용한 데는 지극히 깊은 뜻이 있다. 혼기(魂氣)는 반드시 그 동류를 구하여서 의지한다" 하였다. ○주자(朱子)는 "주공(周公)이 태산에 제사지낼 적에 소공(召公)이 시(尸)가 되었고, 묘제(墓祭)에는 총인(冢人)[168]이 시(尸)가 되었다" 했다.

【檀弓】虞而立尸. ○【祭統】祭之道 孫爲王父尸. 所使爲尸者 於祭者 子行也. 父北面而事之 所以明子事父之道也. 此父子之倫也. 註 祭祖則 用孫 皆取於同姓之適孫. 疏 無問成人與幼 皆得爲之. 石林葉氏曰 取 於己子 則無別 故爲尸者 子行也. ○【士虞 記】男 男尸. 女 女尸 必使 異姓 不使賤者. 註 異姓 婦也. 賤者 庶孫之妾也. 疏 男尸先使適孫 無 適孫 乃使庶孫. 女尸 先使適孫妻 無適孫妻 乃使適孫妾 無妾 乃使庶 孫妻 卽不得使庶孫妾. 喪中之祭 皆男女別尸. 雖同時在殯 皆異几. 祭 於廟 同几. ○【特特饋食禮】筮尸. 註 以孫之倫 爲尸. ○【曾子問】孔 子曰 祭成喪者 必有尸 尸必以孫. 孫幼 則使人抱之, 無孫 則取於同姓 可也. 註 人以有子孫 爲成人. 子不殤父義由此也. 疏 成人 有爲人父之 道. ○【士虞 記】尸服 卒者之上服. 註 士玄端 士之妻宵衣. ○【郊特 牲】尸 神象也. ○【通典】木主 在尸之南. ○自周以前 天地宗廟社稷 一切祭享 凡皆立尸. 秦漢以降 中華則無矣. 註 古之立尸 中華與夷狄 同. ○程子曰 古人祭祀 用尸 極有深意. 魂氣 必求其類而依之. ○朱子 曰 周公祭泰山 召公爲尸 墓祭則冢人爲尸.

【성재안설】옛날에는 죽은 처음에 중(重)을 만들어 신(神)이 머물게 하고, 빈(殯)을 하고서는 사(柩)에다 두며, 반우(返虞)를 하면 묻어버리고는 이에 목주(木主)를 만들어서 신이 의지하게 하고, 또 시(尸)를 두어 유의(遺衣)를 입혀 목주(木主)의 뒤에 앉혀서 신의 형상을 하였다. 시(尸)를 반드시 손자의 항렬로 하는 것은 그 혈기가 서로 감응함을 취함이고, 그 소목(昭穆)을 밝혀서

---

168) 총인(冢人): 묘지를 관리하는 벼슬이다.

자식에게 어버이를 섬기는 도리를 가르치기 위함이다. 산천의 제사에도 또한 모두 시(尸)가 있었다. 그러므로 소공(召公)은 태산의 시(尸)가 되었다. 『예기』에 "오악(五嶽)은 삼공(三公)에 준한다" 하였으니, 소공은 삼공의 위치에 있었기 때문에, 동류로써 형상을 하였던 것이다. 정자(程子)가 이른바 "혼기(魂氣)는 반드시 그 동류를 구하여 의지한다" 한 것은 참으로 이치에 통달한 의논이지만, 이 예가 폐한 지 이미 오래되어 성인의 지극한 뜻이 다시 시행되지 못하였다. 심지어는 시(尸)의 명칭과 의의를 알지도 못해 '시동(尸童)이 되었다'고 지목하니, 시(尸)가 어찌 어린아이겠는가? 『예기』에 이른바 "손자를 안는다"는 것은, 장손이 없고 어린 손자만 있다면 사람에게 안게 하는 것을 말함이지, 시(尸)를 반드시 어린아이로써 한다는 것은 아니다. ○【성재안설】 또 『상서대전』에 "13년에 제(帝)●순(舜)이다.가 왕이라 일컫고 당(唐)에 들어갔지만, 교제(郊祭)에는 오히려 단주(丹朱)를 시(尸)로 삼았다" 하였으니, 이는 곧 요순(堯舜)시대에 이미 시(尸)가 있었음이다. 『개원례』에는 헌시(獻尸)·헌작(獻酌) 등의 절차가 있었지만, 송(宋)나라에서는 알려진 바가 없으니, 이는 곧 송나라 이전에는 여전히 시(尸)가 있었음이다.

> 정자는 "옛사람이 제사에 시(尸)를 쓴 데는 아주 깊은 뜻이 있다. 대개 사람의 혼기(魂氣)가 이미 흩어졌으니, 시(尸)가 없으면 먹일 수가 없고, 신주가 없으면 의지하지 못한다" 하였고, 또 "제사에 시를 세우는 것은 옛사람들의 질박함이다" 하였다. 또 "옛적에 남자는 남시(男尸)로 했고, 여자는 여시(女尸)로 했는데, 주(周)나라 이후로 여자는 시(尸)를 삼을 수 있는 경우가 없어 여시가 없어졌고, 후세에는 마침내 시가 없어지게 되었다. 능히 시(尸)를 하는 자도 있었지만, 보통 사람은 아니었다" 하였다. ○『어류』 시(尸)는 부모가 없는 자로써 한다. 이 때문에

"제사에 시(尸)가 되지 않는다" 하였다. ○『예기의소』예는 가까우면 혐의가 있고, 멀면 혐의가 없다. 이 때문에 천자는 공(公)으로써 시(尸)를 하지 않고, 경(卿)으로써 시를 한다. 제후는 경(卿)으로써 시를 하지 않고, 대부(大夫)로써 시를 한다. 그런즉 자식으로써 시를 하지 않고 손자로써 시를 하는 것도 이 뜻이다. 시(尸)는 반드시 정적(正嫡) 소생이어야 하며, 반드시 아비가 없어야 하고, 또한 작위가 없어야 한다. 이 세 가지를 겸한 자라도 또한 길(吉)한가를 가려서 쓰니, 그런 사람은 구하기가 매우 어렵기 때문에 혹 아주 어린아이에게까지도 파급되었던 것이다.

按 古者 始死 作重平聲以主神 殯而置之殣 虞而埋之 乃作木主以依神 又有尸衣以遺衣 坐於木主之後 爲神象. 尸必以孫行者 取其血氣之相感而且明其昭穆 敎子以事親之道也. 至於山川之祭 亦皆有尸. 故召公爲泰山之尸. 禮曰 五嶽視三公 召公位三公 故以類象之也. 程子所云 魂氣求其類而依之者 誠達理之論而此禮之廢已久 聖人至意不可復行. 至有不識尸之名義而目爲尸童者 尸豈童也哉. 禮所云 抱孫者 謂若無長孫而有幼孫 則使人抱之 非尸必以童也. ○又按 尙書大傳曰 維十有三祀帝舜也. 乃稱王而入唐 郊猶以丹朱 爲尸云 則堯舜之時 已有尸也. 開元禮有獻尸酌等節而至宋無聞 則宋以前猶有尸矣.

程子曰 古人 祭祀用尸 極有深意. 盖人之魂氣旣散 無尸則不饗 無主則不依 又曰祭而立尸 古人質矣. 又曰古者 男爲男尸 女爲女尸 自周以來 女無可以爲尸者 故無女尸 後世遂無尸. 能爲尸者 亦非尋常人. ○【語類】尸用無父母者 爲之. 故曰祭祀 不爲尸. ○【禮記義疏】曰 禮近則有嫌 遠則無嫌. 故天子 不以公爲尸 以卿爲尸. 諸侯不以卿爲尸 以大夫爲尸. 則不以子爲尸 以孫爲尸 亦此義. 尸必正嫡所生 必無父 又必無爵. 兼此三者而又卜之吉 乃用則其人 甚難 故或及至幼耳.

4. 사판(祠版)

판(版)은 패자(牌子)라고도 한다.

【『통전』】 채모(蔡謨)는 "지금 시대의 사판(祠版)은 곧 예경(禮經)의 '묘주(廟主)'이다. 지금 판(版)에 이름과 호칭을 쓰는 것은 또한 제주(題主)의 뜻이다" 하였고, 안창공(安昌公) 순욱(荀勗)의 사제(祠制)에 "신판(神版)은 모두 반듯한데, 길이가 1자 1치, 너비가 4치 5푼, 두께가 5치 8푼이며, '모조고모봉지신좌(某祖考某封之神座)', '부인모씨지신좌(夫人某氏之神座)'라고 크게 써서 비단 주머니에 간직하고, 흰 비단으로 싸서 담는데, 혼례의 낭판(囊版)과 같다. 판(版)과 주머니를 대나무 상자에 담아 비단으로 묶어 봉인한 것을 '제판(祭版)'이라 한다" 하였다. ○주자가 반립지(潘立之)에게 답한 글에 "종자(宗子)의 집에 신주를 세운다. 그 지자(支子)는 단지 패자(牌子)를 쓸 뿐이다. 그 형태는 목주(木主)와 같으나 앞뒤를 나누지 않고, 함중(陷中)과 두 구멍을 만들지 않고, 독(櫝)도 만들지 않는다" 하였다. ○주자는 "사인(士人)의 집에서는 패자를 쓴다. 온공(溫公)은 큰 판자(版子)를 썼다" 하였고, 또 "이천의 제도에 사 · 서인은 신주를 쓰지 않고 다만 패자를 쓸 뿐이다. 패자는 모름지기 두 조각을 서로 합칠 것도 없고, 신주 몸통 곁에 구멍을 내어 가운데를 통하게 할 것도 없다" 하였다. 또 "패자는 정해진 제도가 없으나, 모름지기 신주의 크기와 비슷하되, 다만 나누어 합치거나 함중을 하지는 않는다" 하였다.

版 一名牌子.
【通典】蔡謨曰 今代祠版 乃禮之廟主也. 今版書名號 亦是題主之意. 安昌公荀勗祠制 神版皆正 長一尺一寸 博四寸五分 厚五寸八分, 大書 某祖考某封之神座 夫人某氏之神座 藏以帛囊 白縑裏盛 如昏禮囊版. 版與囊 合於竹箱中 以帛緘之 檢封曰 祭版. ○朱子答潘立之書 宗子之家立主. 其支子 則只用牌子. 其形如木主 而不判前後 不爲陷中 及兩竅 不爲櫝. ○朱子曰 士人家用牌子. 溫公用大版子. 又曰 伊川制 士庶不用主 只用牌子. 牌子 不須二片相合及竅身旁以通中. 又曰 牌子 無定制 須似主之大小 但不爲判合陷中.

5. 신축(神軸)

명나라 문안공(文安公) 유기(劉基)는 목주(木主)를 사용하지 않고, 화상(畫像)도 사용하지 않았으며, 단지 하나의 축(軸)에 '삼대고비지령'이라고 크게 썼다.

明文安公劉基 不用木主 不用畫像 止用一軸 大書三代考妣之靈.

6. 신좌(神座)

황장준(黃長濬)의 『동관여론(東觀餘論)』에 "근세에 상오(商於)의 농부가 한(漢)나라 때의 석각(石刻)을 얻었는데, '원공신좌(園公神座), 기리신좌(綺里神座), 녹리신좌(甪里神座)' 되어 있었으며, 또한 각기 신의 조궤(祚机)도 있었는데, 모두 한(漢)나라의 예서(隷書)로 되어 있었다. 『삼보구사(三輔舊事)』에 '한(漢)나라 혜제(惠帝)는 사호(四皓)를 위하여 그들이 은거하던 곳에 비(碑)를 만들었다' 하였으니, 이 신좌(神座)와 조궤(祚机)는 아마도 당시에 세운 것이리라" 하였다.

黃長濬 【東觀餘論】 曰 近世商於耕夫 得漢世石刻 有云 園公神座 綺里神座 甪里神座, 又各有神祚机 皆漢隷. 三輔舊事云 漢惠帝 爲四皓作碑於其所隱處, 此神座及祚机 豈亦當時所立耶.

7. 소상(塑象)

한문옹(漢文翁)이 성도(成都)의 석실(石室)에 공자상과 72명의 제자 소상(塑像)을 설치하였다. ○【고염무 『일지록』】 "옛적의 상(喪)에는

중(重)이 있었고, 부(祔)에는 신주(神主)가 있었고, 제사에는 시(尸)는
있었지만, 이른바 상(像)은 없었다. 송옥(宋玉)의 「초혼부(招魂賦)」에
처음으로 ‘상(像)을 군주의 실(室)에 설치한다’는 글이 있다. 시(尸)의
예가 폐지되고 상(像)을 설치하는 일이 일어난 것은 아마도 전국시대
에 있었으리라.”

漢文翁 成都石室 設孔子像及七十二弟子像塑. ○【顧炎武 日知錄】日
古之喪也 有重, 祔也 有主, 祭也 有尸, 無所謂像也. 宋王 招魂賦 始有
像設君室之文. 尸禮廢而像事興 盖在戰國之時矣.

8. 신백(神帛)

【허신 『오경이의(五經異義)』】“경과 대부에게는 신주(神主)가 없고,
궤연(几筵)에 신을 의지한다. 이 때문에 소뢰(少牢)의 제사에는 단지
시(尸)만 있고 신주(神主)는 없다.” 또 말하기를 “대부(大夫)는 비단을
묶어서 신을 의지하고, 사(士)는 띠를 묶어 찬(菆)을 한다.”고 하였다.
『좌전』 “종석(宗祏)을 관장한다” 하였고, 또 “공회(孔悝)가 서포(西
圃)에 석(祏)을 돌려놓았다” 하였다. 두예(杜預)는 “종묘 안에 신주를
보관하는 석실(祏室)”이라 하였고, 공영달(孔穎達)은 “석(祏)은 묘의
북쪽 벽안에 만든 석실인데, 거기에 목주(木主)를 간직하고, 일이 있으
면 내어서 제사하고, 제사를 지내고 나면 석실에 들인다. 석(祏)자는 시
(示)변에 썼으니 신(神)으로 여김이다. 허신(許愼)은 처음에 ‘석을 서포
에서 돌려놓는다’는 문장에 근거하여 석을 ‘석주(石主)’라고 하면서,
‘대부는 돌로써 신주를 만들었다’고 하였다가, 뒤에 다시 ‘신주가 없다’
고 했다. 정강성(鄭康成:鄭玄)이 논박하여 ‘「소뢰궤식례」는 대부의 제
사이니, 비단을 묶어 신을 의지하고, 「특생궤식례」는 사(士)의 제사이
니, 띠풀을 묶어 찬(菆)을 만든다’고 했다” 하였다. 공영달은 유독 “신
주가 있게 된 것은 혹 말세의 군주가 하사한 것으로 그 소자출(所自出)
의 군주를 제사하게 한 것이다. 제후는 하늘에 제사하지 않는데 노나라

에서는 교사(郊祀)를 지냈고, 제후는 천자를 시조로 하지 않는데 정나
라에서는 여왕(厲王)을 시조로 하였으니, 이는 모두 당시의 군주가 하
사한 것이다” 하였다. ○【「사우례」】 ‘그 반열에 신위를 붙인다[班祔]’
는 구절의 가공언(賈公彦)의 <소>에 “대부와 사에게는 신주가 없고,
폐백으로 그 신을 주장한다” 하였다. ○서건학(徐乾學)은 “옛날 예에는
신백(神帛)이 없었다. 허신과 정현이 잘못하여 ‘사(士)와 대부에게 목
주(木主)가 없다’고 했기 때문에 드디어 ‘대부는 비단을 묶어서 신을
의지하고, 사는 띠풀을 묶어 찬[菆]을 만든다’고 하였다. 위·진(魏晉)
으로부터 당·송(唐宋)에 이르기까지 사대부들은 허신과 정현의 설을
지켜서 감히 신주를 세우지 못하고 사판(祠版)으로 바꾸었는데, 신백
(神帛)의 제도를 모조리 사용하지는 않았다. 정자(程子)로부터 목주(木
主)를 만드는 법식을 제정하였다. 『가례』에서의 초상의 신백(神帛)은
중(重)을 대신한 것이지, 허신과 정현이 말했던 ‘신백’은 아니다” 하였
다. ○사계(沙溪)는 “경전에는 대부와 사에게 신주가 없다는 글은 보이
지 않는다” 하였다.

【許愼 五經異義】曰 卿大夫無主 依神以几筵. 故少牢之祭 但有尸無
主. 又曰 大夫 束帛依神, 士 結茅爲菆[音贊]. 【左傳】典司宗祏. 又曰
孔悝反祏于西圃. 杜預曰 宗廟中 藏主祏室. 孔穎達曰 祏者 於廟之北
壁內 爲石室 以藏木主, 有事 則出而祭之 旣祭 納於石室. 祏字 從示
神之也. 許愼 初据反祏于西圃之文 謂祏石主也, 言大夫以石爲主, 後更
言無主. 鄭康成駁云 少牢饋食禮 大夫祭也 束帛依神, 特牲饋食禮 士
祭也 結茅爲菆. 孔獨有主者 或時末代之君 賜之 使祀其所出之君也.
諸侯不祀天 而魯郊 諸侯不祖天子 而鄭祖厲王 皆時君之賜也. ○【士虞
禮】以其班祔賣疏 大夫士無主 以幣主其神. ○徐乾學曰 古禮 無神帛.
自許愼鄭玄 誤以大夫士無木主 遂謂大夫束帛依神 士結茅爲菆. 自魏
晉以迄唐宋 士大夫 守許鄭之說 不敢立主 易之以祠版 未盡用神帛之
制. 自程子 定爲木主之制式. 家禮 初喪神帛 所以代重 非許鄭所謂神
帛. ○沙溪曰 經傳 未見大夫士無主之文.

9. 소목(昭穆)

【『설문』】 묘의 소목(昭穆)은 아버지는 소(昭)가 되어 남면하고, 아들은 목(穆)이 되어 북면한다.

【『주례』「소종백」】 묘(廟)와 조(祧)의 소목(昭穆)을 분별한다. <주> 시조의 뒤로부터 아버지를 소(昭)라 하고 아들을 목(穆)이라 한다. ○ 【『공양전』】 '대협(大祫)' <주> 태조(太祖)는 동향하고, 소(昭)는 남향, 목(穆)은 북향이다. 그 나머지 자손은 왕부(王父)를 따라 아버지를 소라 하고 아들을 목이라 한다. ○주자는 "『주례』에 '나라를 세운 신위인 태조는 북쪽에 있고, 2소 2목은 차례대로 남쪽으로 한다' 하였으니, 대개 태조의 묘는 처음 봉한 군주가 차지하고, 소(昭)의 북묘(北廟)는 2세의 군주가 차지하고, 목(穆)의 북묘는 3세의 군주가 차지하고, 소의 남묘(南廟)는 4세의 군주가 차지하고, 목의 남묘는 5세의 군주가 차지함이다. 묘는 모두 남향이고, 신주는 모두 동향이다. 그 태묘(太廟)의 실에 협제(祫祭)를 하게 되면 오직 태조만 동향 그대로 하고, 여러 소(昭)의 신위는 남향, 여러 목(穆)의 신위는 북향이다. 남향은 밝음을 향하기 때문에 소(昭)라 하고, 북향은 깊고 멀기 때문에 목(穆)이라 한다" 하였다. ○소(昭)는 항상 소가 되고, 목(穆)은 항상 목이 된다. 소(昭)에 부(祔)하면 목은 움직이지 않고, 목(穆)에 부하면 소는 움직이지 않는다. 이것이 부(祔)를 반드시 그 반열에 하고 시(尸)를 반드시 손자로써 하는 까닭이며, 자손의 서열 또한 이것으로 차례를 삼는다. 다만 좌우를 소와 목으로 하는 것이지, 소목을 존비(尊卑)로 여기지는 않는다. 그러므로 5묘를 같은 데 모아 궁(宮)을 지으면, 소는 항상 왼편에 있고, 목은 항상 오른편에 있어서, 밖으로 그 순서를 잃지 않는다. 1세는 각기 1묘가 되니, 소는 목을 보지 않고 목은 소를 보지 않으며, 안으로 각기 제 존귀함을 차지한다. 반드시 대협(大祫)을 하면서 한 실(室)에 모인 연후에야 그 존비의 차례대로 한다.

【說文】 廟佋穆 父爲佋 南面 子爲穆 北面.
【周禮 小宗伯】 辨廟祧之昭穆. 註 自始祖之後 父曰昭 子曰穆. ○【公羊傳】 大祫 註 太祖東鄕 昭南鄕 穆北鄕. 其餘孫 從王父 父曰昭 子曰穆.

○朱子曰 【周禮】 建國之神位太祖 在北 二昭二穆 以次而南. 盖太祖之
廟 始封之君 居之, 昭之北廟 二世之君 居之, 穆之北廟 三世之君 居
之, 昭之南廟 四世之君 居之, 穆之南廟 五世之君 居之. 廟皆南向 主
皆東向. 及其祫于太廟之室中 則惟太祖東向自如 而群昭南向 群穆北
向. 南向者 向明 故謂之昭, 北向者 深遠 故謂之穆. ○昭常爲昭 穆常爲
穆. 昭者祔 則穆者不遷 穆者祔 則昭者不動. 此所以祔必以班 尸必以
孫 而子孫之列 亦以爲序. 但以左右爲昭穆 而不以昭穆爲尊卑. 故五廟
同爲都宮 則昭常在左 穆常在右 而外有以不失其序. 一世 自爲一廟 則
昭不見穆 穆不見昭 而內有以各專其尊. 必大祫而會於一室 然後序其
尊卑之次.

9-1. 먼저 사당을 정침의 동쪽에 세운다. 『가례』

【「곡례」】 군자가 장차 집[宮室]을 지을 때 종묘(宗廟)를 먼저 만든다.
＜주＞ 선조를 소중하게 여김이다. ○【『주례』】 '왼편이 종묘이다'는 구
절에서 왕씨(王氏)가 "왼편은 양(陽)이다. 사람의 도리가 향하는 곳이
니, 그 어버이를 죽었다고 여기지 않는 뜻이다" 하였다.

先立祠堂於正寢之東. 家禮

【曲禮】 君子將營宮室 宗廟爲先. 註 重先祖. ○【周禮】 左宗廟 王氏曰
左陽也. 人道之所鄉 不死其親之義也.

사당의 제도는 당(堂)을 같이 하고, 실(室)은 다르게 한다.◉주자는
"한(漢)나라 명제(明帝) 때부터 당을 같이 하고 실을 달리하여〔同堂異室〕, 다시는 좌소우목(左
昭右穆)의 제도가 없었다" 하였다. 5가(五架)[169]의 집을 만들되, 대(代)마다

---

169) 5가(五架): 지붕의 중심선에 위치한 용마루 아래의 종도리를 기준으로 지붕을 받치기
    위하여 용마루의 앞뒤로 용마루와 평행하게 놓은 도리의 줄 수를 가리킨다. 앞뒤로 각
    기 한 줄씩 도리를 올리고 그 위에 서까래를 걸쳐 처마를 만들면 3가이고, 앞뒤로 각
    기 두 줄씩 도리를 올리고 그 위에 서까래를 걸쳐 처마를 만들면 5가이다.

각기 한 칸이다.◉ 4대는 곧 4칸이다. 뒷면의 다섯 기둥 사이를 4칸으로 하여 네 개의 감실을 만든다. 앞면은 네 기둥으로 세 칸이 되는데 공히 하나의 당으로 한다. 당 가운데에 중문을 만든다. 만약 3대이거나, 혹 조(祖)와 녜(禰)만 모신다면, 적합하게 실을 만든다. ○송나라 제도에 평장사(平章事) 이상에게는 1당 4묘(一堂四廟)의 제도가 있었기 때문에 문로공(文潞公)은 1당 4묘를 만들었다. 기와로 덮는데, 힘이 없으면 띠로 덮는다.◉『좌씨전』 청묘(清廟)는 띠풀로 지붕을 이었는데, 검소함을 나타냄이다. ○【성재안설】 천자의 묘도 오히려 띠풀로 꾸민다면, 제후 이하는 미루어 알 수 있다. 「명당위(明堂位)」에 이른바 "두공(枓栱)에 산을 새기고, 동자기둥에 마름풀을 그리는 것〔山節藻梲〕"은 아마 천자가 거처하는 명당(明堂)이거나 태묘(太廟)이지, 향사(享祀)하는 종묘는 아닌 듯하다. 또한 『곡량전』에 이른바 "서까래를 깎아 아로새기고 기둥을 푸르고 누렇게 단청하는" 제도는 필시 전국시대 이후의 일이지 선왕의 제도가 아닐 것이다. 안에는 벽돌을 깔거나 혹은 나무판자로 청을 깐다.◉ 요즘은 "청판(廳板)"이라고 한다. 세속에서 통용된다. 매 칸마다 북쪽에 가까운 첫째 도리[一架] 아래에 감실(龕室)을 만들고, 앞쪽으로 둘째 도리 아래에 매 칸마다 각기 두 개의 선문(扇門)◉ 요즘은 "분합문(分閤門)"이라 한다. 을 설치하고, 문 바깥에는 동서로 두 계단을 만들어 동쪽을 "조계(阼階)", 서쪽을 "서계(西階)"라 하는데, 모두 세층계이다.◉【성재안설】 문 바깥은 곧 묘문(廟門)의 바깥이니, 바로 첫째 도리[一架]의 안쪽이다. 세속에 이른바 "퇴간(退間)"이고, 『가례』에 이른바 "중문 바깥"이다. 묘는 세 칸으로 하는데, 세 칸의 중간에 있는 문을 "중문(中門)"이라 한다. 계단 아래로는 지붕을 덮어 집안 사람들이 순서대로 설 수 있도록 하고, 또 남긴 책과 의복 등◉ 주자는 "옛적에 선왕(先王)의 의복은 사당 안에 간직하고, 제사에 임하여서 꺼내 시(尸)에게 입혔다. 후직(后稷)의 옷도 주나라 때 와서는 아마 이미 남아 있지 않았을 것이지만, 또한 알 수는 없다" 하였다. 을 보관하게 한다. 제기고(祭器庫) 및 신주(神廚)를 그 동편에 만들고, 둘레에 담장을 두르며, 별도로 외문(外門)을 설치하여 항상 빗장을 걸어 닫아둔다. 만약 집이 가난하고 땅이 협소하면, 문을 하나만 세우고 창고와 부엌은 세우지 않고, 동쪽과 서쪽 벽 아래에 두 개의 궤를 두어 서쪽에는 남긴 책과 의복 등을 간직하고, 동쪽에는 제기를 간직하는 것도 좋다. 정침

(正寢)은 전당(前堂)을 말함이다. 땅이 협소하면 청사(廳事)의 동편에 해도 좋다. ○무릇 가옥의 제도는 어떤 방향이든 불문하고, 다만 앞을 남쪽으로 하고 뒤를 북쪽으로 하며, 왼편을 동쪽으로 하고 오른편을 서쪽으로 한다.

【『가례』】 무릇 사당이 있는 집은 종자(宗子)가 대대로 지키고 나누지 못한다. ○주자는 "하나의 가묘를 5가(五架)의 집으로 자그맣게 만들고, 뒤편의 도리에 하나의 긴 감당(龕堂)을 얽어 판자로 막아 네 개의 감당으로 나누고, 위패를 두고자 한다. 소소한 제사 때만 직접 그곳에서 하고, 큰 제사에는 혹 당(堂)이나 혹 청(廳)에 나가기를 청하여 하면 모두 괜찮을 것이다" 하였다. ○『사설(僿說)』에 "무릇 궁묘(宮廟)의 제도는 반드시 남면이니, 유(牖)는 서쪽, 호(戶)는 동쪽이며, 오(奧)는 주인이 거처하는 곳이니 곧 서남쪽 모퉁이다. 사당 안의 신좌(神座) 또한 이러하다. 서쪽에 거처하는 자는 남쪽을 상석으로 하고, 동쪽에 거처하여 마주하는 자도 남쪽을 상석으로 한다. 북쪽에 거처하는 자는 서쪽을 상석으로 하고, 남쪽에 거처하여 마주하는 자도 서쪽을 상석으로 한다. 여기에는 의의가 있어서가 아니라, 형편상 그렇게 하지 않을 수가 없어서이다. 주자가 여정보(呂正甫)에게 답한 글에 이르기를 '남향 북향은 서쪽을 상석으로 하고, 동향 서향은 남쪽을 상석으로 하니, 동향과 남향에는 모두 오른쪽을 상석으로 하고, 서향과 북향에는 모두 왼쪽을 상석으로 하게 되어, 그 뜻이 분명하다'고 하였다. 무릇 자리의 차례를 정하는 사람들은 참고함이 합당하다" 하였다.

祠堂之制 同堂異室.朱子曰 自漢明帝 同堂異室 無復左昭右穆之制. 爲五架屋 代各一間.四代則四間. 後面五楹 爲四間 作四龕. 前面四楹 爲三間 共之爲一堂. 堂中作中門 若三代或祖禰 則隨宜作室. ○宋制 平章事以上 有一堂四廟之制 故文潞公 爲一堂四廟. 覆盖以瓦 無力則以茅.【左氏傳】淸廟茅屋 昭其儉也. ○【按】天子之廟 尙以茅飾 則諸侯以下 可以推知矣. 明堂位所云 山節藻梲 恐是天子所居之明堂太廟 而非享祀之宗廟也. 且穀梁所謂斲礱蒼黈之制 必是戰國以後之事 非先王之法. 內鋪瓴甓 或架以板木.今云廳板 世俗通用. 每間 近北一架爲龕 前二架下 每間各設兩扇門今云分閤. 門外爲東

西兩階 東曰阼階 西曰西階 皆三級.【按】門外 卽廟門外也 乃第一架之內也. 俗所云退間也 家禮所云中門外也. 廟爲三間 門在三間之中間者 曰中門. 階下爲屋 令容家衆序立 又爲遺書衣物.朱子曰 古者 先王衣服 藏之廟中 臨祭 出以衣尸. 如后稷之衣 到周時 恐已不在 亦不可曉. 祭器庫及神廚於其東 繚以周墻 別爲外門 常加扃閉. 若家貧地狹 則止立一門 不立庫廚 而東西壁下 置兩櫃 西藏遺書衣物 東藏祭器 亦可. 正寢 謂前堂也. 地狹 則於廳事之東 亦可. ○凡屋之制 不問何向 但以前爲南 後爲北 左爲東 右爲西.

【家禮】凡祠堂所在之宅 宗子世守之 不得分析. ○朱子曰 欲立一家廟 小五架屋 以後架作一長龕堂 以板隔截 作四龕堂 置位牌. 小小祭祀時 只親[170]其處 大祭祀 則請出或堂或廳上 皆可. ○儀說曰 凡宮廟之制 必南面 則牖西戶東, 奧者 主之所居 卽西南隅也. 廟中神座 亦如此. 居西者 以南爲上而 居東相對者 亦南上. 居北者 以西爲上 而居南相對者 亦西上. 此非有義意 勢之不得不然. 朱子答呂正甫書云 南向北向 以西爲上 東向西向 以南爲上 則東向南向 皆上右 西向北向 皆上左 其義明矣. 凡爲座次者 宜考焉.

9-2. 네 개의 감실을 만들어 선세(先世)의 신주를 받든다. 『가례』 감실마다 안에 하나의 탁자를 둔다. 대종(大宗)과 고조를 계승한 소종(小宗)에서는 고조를 서쪽에 모시고,● 한(漢)나라 명제(明帝)로부터 당나라에 이르기까지 태묘(太廟) 및 여러 신위는 모두 서쪽을 상석으로 하였고, 호칭할 적에는 "동묘(東廟)"라 하였다. ○『예소』 귀신은 음(陰)이므로 오른쪽을 숭상한다. ○온공(溫公)은 "서쪽을 상석으로 한다. 신도(神道)는 오른쪽을 숭상한다" 하였다. ○주자는 "옛적에는 오른쪽을 존중하였다" 하였다. 증조를 다음으로 하고, 할아버지를 그 다음으로 하고, 아버지를 그 다음으로 한다. 증조를 계승한 소종에서는 감히 고조를 제사하지 못하고 그 서쪽 감실 하나를 비워둔다. 할아

---

170) 『가례』에는 '친(親)'이 '취(就)'로 되어 있어, 이제 바로잡아 해석하였다.

버지를 계승한 소종에서는 감히 증조를 제사하지 못하고 그 서쪽 감실 둘을 비워둔다. 녜(禰)를 계승한 소종은 감히 할아버지를 제사하지 못하고 그 서쪽 감실 셋을 비워둔다. 만약 대종이 세대 수가 차지 않았으면 또한 그 서쪽 감실을 비워둔다. 만약 적장자(適長子)가 아니라면 감히 아버지를 제사하지 못한다. 만약 적장자와 동거한다면 죽은 이후에 그 자손들은 사실(私室)에 사당을 세우고, 또한 그 계승한 바의 세대 수에 따라 감실을 만들었다가, 나가서 따로 살게 되면 그제서야 체제를 갖춘다. 만약 살아서 거처를 달리하였다면, 미리 그 곳에 재실(齋室)을 세워서 사당의 체제처럼 하여 거처하다가, 죽으면 그대로 사당으로 한다. ○신주는 모두 독(櫝) 안에 갈무리하여 탁자 위에 남향으로 놓고, 감실 밖에는 각각 작은 발을 드리우고,● 요즘 풍속에는 감실 밖에 작은 휘장을 드리우고, 문 밖에 큰 발을 드리우는 사람이 많다. 발 밖에는 탁자를 설치하고,● 세속에서 "제상(祭床)"이라고 하는데, 제찬(祭饌)을 놓는 곳이다. 탁자 아래에 향안(香案)을 설치하여 향로와 향합(香盒)을 그 위에 놓는다. ● 합은 동쪽에, 향로는 서쪽에 놓는다. 또 향안 하나를 문 밖의 가운데 지점에 설치한다.●【성재안설】『가례』에는 향안을 양쪽 계단 사이에 설치한다. 대개 옛적에는 청판(廳板)이 없었기 때문에 문 밖에 양쪽 계단을 설치하고 계단 사이에 향안을 설치하였으나, 우리나라 풍속에는 사당 안과 문 밖에 모두 청판을 만드니 향안을 문 밖의 가운데에 두어야 마땅하다.

○【성재안설】 옛적에 신주를 석함(石函)에 간직하여 '종석(宗祏)'이라고 하였는데, 그윽하게 숨기는 것을 숭상했기 때문이다. 그러나 묘(廟)의 제도가 폐지된 지 오래되었으니, 감실의 제도를 따라야 하는데, 감실의 제도 또한 그윽하게 숨김을 숭상함이 옳다.●『좌전』 주】석함에 간직한다.【곡량전』 소】서쪽 벽장〔壁墻〕 속에 간직하는데, 바닥과의 거리는 1자 6치이다. ○『통전』】진(晉)나라 우지(虞摯)는 "묘주(廟主)를 석함에 간직하

고 '종석(宗祏)'이라 한다" 하였다. 하순(賀循)은 "신주를 서쪽 담벽 속에 간직하고, 제사에는 곧 신좌(神座)를 벽장 아래에 설치한다" 하였다.　○【성재안설】또 유해손(劉垓孫)이 이른바 "부위(祔位)가 위패의 동쪽과 서쪽에 있다"◉『가례』〈소주(小註)〉는 설은 지극히 의심스럽다. 신위는 서쪽을 상석으로 하니 부위(祔位)가 조부의 정위(正位) 윗자리를 차지하는 것은 아마도 옳지 못한 듯하다. 동쪽은 아래 자리가 되니 혹 부위로 할 수 있겠지만, 정위와 같은 반열에 있게 되니 역시 미안하다. 또한 부위가 혹 하나 둘에 그치지 않기도 하는데, 장차 어떻게 한 감실 안에 서로 용납하겠는가? 또한 손자가 할아버지 신위 서쪽에 있고, 손부가 할머니 신위 동쪽에 있으면, 부위(祔位)의 부부는 영원히 배합할 방도가 없으니 어찌 일마다 불편하지 않겠는가? ◉『문해』에도 "부부의 신주는 서로 나누면 편안하지 못하다" 하였다. 만약 매 칸마다 벽으로 막되 북쪽에서부터 세 번째 도리[三架]◉제 5량(五樑)이니, 즉 가장 가운데이다.가 있는 곳에 그치고, 그대로 그 앞의 남은 곳은 틔워 놓으면, 동당이실(同堂異室)의 의리에 부합하고 동쪽 벽의 신위 또한 분별할 수가 있을 것이다. 그렇다면 부위의 자리를 동쪽 벽으로 하는 것이 사실상의 예이다.◉아래의 '반부(班祔)'조에 "부위(祔位)는 모두 서향"이라 했으니, 동벽(東壁) 아래에 있음이 분명하다. 유씨(劉氏)의 설은 공격하지 않아도 저절로 깨진다.

爲四龕 以奉先世神主. 家禮

每龕內 置一卓. 大宗及繼高祖之小宗 則高祖居西自漢明帝至唐 太廟及 群神 悉以西爲上 至稱處謂之東廟. ○【禮疏】鬼神陰 故尙右. ○溫公曰 西上. 神道尙右. ○宋子 曰 古者 以右爲尊. 曾祖次之 祖次之 父次之. 繼曾祖之小宗 則不敢祭 高祖 虛其西龕一. 繼祖之小宗 則不敢祭曾祖 虛其西龕二. 繼禰 之小宗 則不敢祭祖 虛其西龕三. 若大宗世數未滿 則亦虛其西 龕. 若非適長子 則不敢祭其父. 若與適長同居 則死而後 其子孫

爲立祠堂於私室, 且隨所繼世數爲龕 俟其出而異居 乃備其制. 若生而異居 則預於其地 立齋以居 如祠堂之制 死則因以爲祠堂. ○神主 皆藏於櫝中 置於卓上南向, 龕外 各垂小簾今俗 龕外 垂小帷, 門外 垂大簾者多. 簾外 設卓,俗云祭床 所以陳饌. 卓下 設香案 置香爐香盒於其上.盒東爐西. 又設一香案於門外當中.【按】家禮 設香案於兩階間. 蓋古無廳板 故門外設兩階 階間設香案 而東俗 則廟內及門外 皆作廳板 則宜置香案於門外當中處也. ○按 古者 藏主於石函 謂之宗祏 所以尙幽隱也. 然廟制之廢久矣 當從龕制 而龕制 亦尙幽隱 可也.【左傳 註】藏石函.【穀梁 疏】納於西壁堵中 去地一尺六寸. ○【通典】晉虞摯曰 廟主藏於石函 名曰宗祏. 賀循曰 藏主於西墻壁中 當祀則設座於堵下. ○又按 劉氏[垓孫] 所謂祔在位牌東西之說【家禮】小註極爲可疑. 神位 以西爲上 則祔位 恐不可以居祖父正位之上. 東則爲下 似或可祔 而與正位同列 亦涉未安. 且祔位 或不止一二則又將何以相容於一龕之內. 且孫在祖位之西 孫婦在祖姚之東則祔位之夫婦 永無配合之道 豈不事事難便哉.問解亦云 夫婦神主相分未穩. 若於每間 以壁隔之 自北至三架第五樑 卽最中處也.之際而止 仍通其前餘處 則合於同堂異室之義 而東壁之位 亦將有分別矣. 然則祔位之位於東壁 實禮也.下班祔條云 祔皆西向 則在東壁下 明矣. 劉說 不攻自破.

○【성재안설】 또 국제(國制)에 3대까지만 제사지내게 한 것은 고례를 따른 것이다. 그러나 정자(程子)는 "고조는 복이 있는 친족이니 제사지내지 않을 수 없다" 하였고, 『가례』에도 "제사는 고조까지 미친다" 하였다. 그러므로 세상에 따르는 자가 많다. 그러나 주자(朱子) 또한 4대를 제사지내는 것을 분수에 넘치는 것으로 여겼다. 그렇다면 『가례』가 아직 확정되지 못한 책이기 때문에 그러한가?

주자는 "옛적에 대부 이하는 3묘에 한정되었지만, 협제(祫祭)와 관계하여서는 고조에까지 이를 수가 있었다. 이제 선유(先儒)의 설을 사용하여 모두 고조까지 제사지낸다면 너무 지나치다” 하였다. ○정자의 말을 살펴보면, 고조에게는 복이 있어서 제사지내지 않을 수 없다. 비록 7묘나 5묘라도 또한 고조에까지 그치고, 비록 3묘나 1묘, 정침에서 제사하는 자도 반드시 고조에까지 미치되, 단지 드물거나 자주 하는 횟수[疎數]가 같지 않음이 있을 뿐이다. 아마 이것이 제사의 본뜻을 가장 잘 얻었다고 하겠다. 이제 「제법(祭法)」을 살펴보면 비록 제사에 반드시 고조까지 지낸다는 글은 없지만, 그러나 월제(月祭)와 향상(享嘗)의 구별이 있으니, 옛적에 제사는 멀고 가까움에 따라 드물거나 자주 지냈음을 볼 수 있다. 예가(禮家)들도 또 “대부에게 일이 있으면 그 군주에게 알리고 협제(祫祭)에 관련하여 고조까지 제사한다” 하니, 3묘를 세우고도 고조까지 제사하는 증거가 될 수 있다. ○『서의』 3대까지만 제사지낸다. ○고려시대 묘제(廟制)에는 6품 이상은 3대까지 제사하고, 7품 이하는 2대까지 제사하며, 서인은 고비(考妣)만 제사한다. 국제(國制)가 그것을 그대로 따르되, 종자(宗子)가 관직이 낮고 지자(支子)가 관직이 높으면 대수는 지자를 따른다. ○회재(晦齋)는 “예에 대부(大夫)는 3묘이고, 사(士)는 2묘이며, 고조까지 제사한다는 글은 없다. 때문에 주자 또한 고조에게 제사하는 것을 분에 넘친다고 여겼다. 또 지금 우리 조정에서도 6품 이상이 3대까지 제사하니, 어길 수가 없다. 고조에 대하여는 봄·가을의 시속 명절에 묘소에 가서 제사하여도 또한 근본을 잊기까지는 않을 것이다” 하였다. ○퇴계(退溪)는 “『가례』는 정자의 말로 인하여 4대까지 제사하는 예를 세웠고, 요즘 사람들이 3대까지 제사하는 것은 시왕(時王)의 제도이다. 힘이 미칠 수 있다면 통행해도 혐의가 없다” 하였다. ○시왕(時王)의 제도는 본래 준수해야 마땅하지만, 4대까지 제사지내는 것은 또한 대현(大賢)이 의리로 일으킨 예이다. 단지 드물거나 자주 하는 횟수가 같지 않다는 설은, 옛적에 묘(廟)를 각각 하나씩 세웠기 때문에 이같이 할 수 있었다. 이제 한 당(堂) 안에 같이 받들면서 유독 고조에게만 드물게 거행하는 것은 이치에 장애가 많다.

○又按 國制 只祭三代 從古禮也. 然程子曰 高祖有服之親 不可不祭, 家禮 亦祭及高祖. 故世多從之 而朱子 亦以祭四代 爲涉

僭分 然則家禮爲未定之書 而然耶.

> 朱子曰 古者 大夫以下 極於三廟 而干祫可以及其高祖. 今用先儒之說
> 通祭高祖 已爲過矣. ○考程子之言 則高祖有服 不可不祭. 雖七廟五廟
> 亦止於高祖, 雖三廟一廟 以至祭寢 亦必及於高祖, 但有疎數之不同耳.
> 疑此最得祭祀之本意. 今以祭法考之 雖未見祭必及高祖之文, 然月祭
> 享嘗之別 則古者祭祀以遠近疎數 亦可見矣. 禮家又言 大夫有事 省於
> 其君 干祫及其高祖 則可爲立三廟祭及高祖之驗. ○【書儀】只祭三代.
> ○高麗廟制 六品以上 祭三世 七品以下 祭二世 庶人考妣. 國制因之,
> 宗子秩卑 支子秩高 則代數從支子. ○晦齋曰 禮大夫三廟 士二廟 無祭
> 及高祖之文 故朱子亦以祭高祖爲僭. 且今國朝 六品以上 祭三代 不可
> 違也. 高祖 春秋俗節 詣墓祭之 亦不至忘本也. ○退溪曰 家禮 因程子
> 說 而立爲祭四代之禮, 今人祭三代 時王之制也. 力可及 則通行無妨.
> ○時王之制 本當遵守, 而祭四代 亦大賢義起之禮. 但其疎數不同之說
> 古者廟各爲一 故可如此. 今同奉一堂之內 而獨疎擧於高祖 事多礙理.

9-3. 전취(前娶)와 후취(後娶) 부인은 같은 감실에 함께 배향한다.

> 【『주자대전』】 "『통전』 <주>에 '부인의 신주는 오른쪽에 놓는다'는 설
> 은 아마도 글자가 잘못된 듯하다."

【성재안설】 이천(伊川)이 비록 "배향은 종자(宗子)를 낳은 사람
으로 한다"는 설을 내었고, 횡거(橫渠) 또한 "같은 실내에 어찌
두 처를 용납할 수 있겠는가? 수실(首室)을 부(祔)하면 계실(繼
室)은 다른 곳에 한다"는 설이 있지만, 그러나 주자는 "옛적에는
잉첩(媵妾)으로 계실을 했기 때문에, 적처와 함께 배향하는 것은
용납될 수 없었다. 후세의 계실은 예로써 장가들었으니 절로 정
실이 된다. 그러므로 『당회요』에 안노공(顔魯公) 집안의 제사에
전처와 후처를 함께 배향하는 의식이 실려 있다" 하였다. 또 "요
즘 사람들의 재취는 모두가 정실인데, 별실에서 제사하면 미안할

듯하다. 이천이 일렀듯이 '봉사(奉祀)하는 사람이 재취 소생이면 소생모(所生母)를 배향한다'고 하면, 이처럼 하면 적모(嫡母)는 제사할 수 없다. 이천의 예문에 대한 상고는 도리어 자세하지가 않다."고 하였다. 면재황씨(勉齋黃氏)는 "「상복소기」에 '며느리는 시할머니에게 부(祔)하는데, 시할머니가 세 사람이라면 친한 자에게 부한다' 하였다. 시할머니가 셋이라도 모두 사당에 부할 수 있다면, 재취한 처는 절로 부묘(祔廟)할 수 있다" 하였다. 정자와 장횡거는 단지 상세히 상고하지 못했고, 주선생이 변론한 바는 예경(禮經)에 딱 합치된다.◉『당회요』에는 "무릇 적모는 선후가 없으니 모두 당연히 함께 부제한다" 하였고, 『주자대전』도 같다. 이제 그것을 따름이 마땅함에는 의심이 없다.

前後娶 並配一龕.

　　【朱子大全】曰 通典 註中 夫人主居右之說 恐字誤耳.

按 伊川 雖有配享用宗子所出之說, 橫渠 亦有一室豈容二妻 祔以首室 繼室 則別所之說, 然朱子曰 古者 以媵妾繼 故不容與嫡並配 後世繼室 以禮聘娶 自得爲正 故唐會要中 載顔魯公家祭前後妻並配之儀. 又曰 今人再娶 皆正室也, 祭於別室 恐未安. 如伊川云 奉祀之人 是再娶所生 則以所生母配. 如此 則是嫡母不得祭矣, 伊川考禮文 却不仔細. 勉齋黃氏曰 喪服小說[171]云 婦祔於祖姑, 祖姑有三人 則祔於親者. 祖姑有三人 皆得祔於廟 則再娶之妻 自可祔廟. 程張特考之未詳, 朱先生所辨 正合禮經.

　　【唐會妻】凡嫡母無先後 皆當並祔合祭. 朱子大全 同. 今當從之 無疑.

---

171) '설(說)'은 '기(記)'의 오기이므로 이제 바로잡아 해석하였다.

9-4. 방친(旁親)으로 후사가 없는 자는 반부(班祔)한다. 『가례』

> 양복(楊復)은 "부위(祔位)는 방친으로서 후손이 없는 자 및 어려서 일찍 죽은 자를 말한다" 하였다.

백숙조부모(伯叔祖父母)는 고조에게 부하고, 백숙부모는 증조에게 부하며, 처와 형제와 형제의 처는 할아버지에게 부하고, 자질(子姪)◉ 자부(子婦)와 질부(姪婦)도 동일하다. 은 아버지에게 부하는데, 모두 서향이다. 조카의 아버지 사당이 따로 서면 옮겨서 따라간다.

> 【성재안설】 조카의 아버지 사당이 따로 선다는 데 대한 학설은 분분하다. 갑(甲)은 "조카의 아버지는 사당이 없었는데, 죽어서 사당을 세우면 조카는 그 아버지의 사당으로 돌려가서 부한다" 한다. 을(乙)은 "조카의 아버지는 종형제나 재종형제이다. 그 할아버지가 아직 살아 계시면 부할 수 없기 때문에 종가의 조위(祖位)에 부하고, 할아버지가 죽어서 그 아버지가 스스로 사당을 세우면, 바로 옮겨서 친할아버지를 따른다" 한다. 병(丙)은 "조카의 아버지는 스스로 그 자식 제사를 지내야 마땅하나, 혹은 사당이 꼭 있는 것이 아니라면 짐짓 종가에 부하였다가, 그 아버지가 따로 자식을 제사지낼 곳을 가지면 옮겨간다"고 한다. 만약 갑의 설대로 그 아버지가 죽고 나서 사당을 세운다면, 세우는 사람은 곧 조카의 형제이므로 "조카의 아버지가 스스로 사당을 세운다"고 할 수 없다. 을의 설대로 종형제나 재종형제의 아들이라면, 그 종백숙이나 재종백숙, 종형제나 재종형제 또한 이런 사례가 있어야 마땅하지, 어찌 유독 조카만 그러하겠는가? 하물며 예에 "할아버지가 살아 계시면 한 대를 걸러 위로 부한다" 하였으니, 종조(從祖)나 족종조(族從祖)에 부하는 것은 합당하지 않다. 또한 어찌 종형제와 재종형제의 아들이 방친의 열에 있다고 하여 『가례』에서 그렇게 하였겠는가? 나는 갑과 을의 논의가 참으로 이미 본뜻을 잃었다고 말하겠다. 병의 논의도 역시 미진한 곳이 있다. 어째서인가? 대개 조카의 아버지는 나의 아우이다. 아우가 만약에 함께 살다가 죽었다면, 형이 그의 신주를 만들어 사당에 부하였다가, 그 조카가 만약 달리 살면서 스스로 그 아버지의 사당을 만들면 옮겨서 따른다. "조카의 아버지가 스스로 사당을 세운

다"는 것은 조카 아버지의 사당을 조카 스스로 세운 것을 말한다. "따른다" 한 것은 그 아들을 따름을 말한다. 윗글에 이른바 "만약에 적장(適長)과 함께 살다가 죽은 이후에, 그 자손들이 사실(私室)에 사당을 세운다"는 것이 곧 그 증거이다. 주자는 또 "형제가 동거하다가 서제(庶弟)가 죽은 후에 그 자손들이 스스로 사당을 세운다" 하였으니, 이것도 또 하나의 증거이다. 또 "종형제와 백숙이 함께 거처하면, 적장(適長)이 제사를 주관한다. 종형제는 각자 그 부모를 위하여 죽은 뒤에 바야흐로 사당을 세운다" 한 것도 하나의 증거이다. 또한 '묘'란 존친(尊親)을 위하여 세우는 것이지, 낮고 아래인 사람을 위하여 세우는 것이 아니다. 예에 이른바 "7묘, 5묘, 3묘, 1묘"는 모두 아버지와 할아버지 이상을 말함이다. 어찌 일찍이 자손을 위하여 사당을 세으는 예가 있었겠는가? 만약에 자손을 위하여 사당을 세운다면, 지자(支子)를 종가의 사당에 부하는 것은 또 무슨 의미인가? 이에 조카가 그 아버지를 위하여 사당을 세우는 것임이 더욱 분명하다.

旁親無後者 以其班祔. 家禮

楊氏復曰 祔位 謂旁親無後及卑幼先亡者.

伯叔祖父母 祔于高祖, 伯叔父母 祔于曾祖, 妻若兄弟若兄弟之妻 祔于祖, 子姪^{子婦姪婦 同.} 祔于父, 皆西向. 姪之父自立祠堂 則遷而從之.

【按】姪之父 自立祠堂 諸說紛紜. 甲者曰 姪之父 則無廟亡 而立祠堂 則姪歸祔於其父之祠堂. 乙者曰 姪之父 從兄弟再從兄弟也. 其祖尚在 不得祔 故祔於宗家祖位 及祖死而其父自立祠堂 乃遷從親祖也. 丙者曰 姪之婦¹⁷²⁾當自祭其子 而或未必有廟 姑祔於宗家 及其父自有祭子之所 則遷而就之也. 若如甲說 其父亡而立祠堂 則立之者 卽姪之兄弟也 不應曰 姪之父自立祠堂也. 若如乙說 從兄弟再從兄弟之子 則其從伯叔再從伯叔 從兄弟再從兄弟 亦當有此例 何獨姪爲然哉. 況禮祖未亡 則中一以上而祔, 不當祔於從祖從族祖. 且從兄弟再從兄弟之子 豈

---

172) '부(婦)'는 '부(父)'의 오기이므로 이제 바로잡아 해석하였다.

合在旁親之列 而家禮云然乎. 愚謂 甲乙之論 固已失旨矣 而丙之論 亦
有所未盡處. 何也. 盖姪之父 是己之弟也. 弟若同居而死 則兄爲之主而
祔於廟, 其姪若異居而自立其父之祠堂 則遷而從之也. 姪之父自立祠
堂云者 謂姪之父之祠堂 姪自立之也. 從之云者 謂從其子也. 上文所謂
若與適長同居 則死而後 其子孫爲立祠堂于私室者 即其證也. 朱子又
曰 兄弟同居 庶弟死後 其子孫自立祠堂, 此又一證也. 又曰 從兄弟伯
叔同居 適長主祭, 從兄弟 各自爲其父母 死後方立祠堂, 又一證也. 且
廟者 爲尊親立者也 未有爲卑下立者也. 禮所云 七廟五廟三廟一廟者
皆謂父祖以上也. 何嘗有爲子孫立廟之禮乎. 若爲子孫立廟 則支子之
祔於宗家之廟 抑何義也. 於此焉 姪之爲其父立廟 益明矣.

○정자는 "복이 없는 상(殤)은 제사하지 않는다. 하상(下殤)의
제사는 부모에서 끝내고, 중상(中殤)의 제사는 형제에서 끝내며,
장상(長殤)의 제사는 형제의 자식에서 끝낸다. 성인(成人)으로서
후사가 없는 자의 제사는 형제의 손자에서 끝낸다" 하였다.◉【「상
복소기」】서자는 제사하지 않는다. 상(殤)과 후사가 없는 자는 할아버지를 따라서 부식(祔食)
한다. 또 "서모 또한 마땅히 신주를 만들어야 하지만, 다만 사당에
들일 수 없기에 자식이 사실(私室)에서 제사함이 마땅하다" 하였
다.◉【「상복소기」】'첩모는 대대로 제사하지 않는다'〈주〉자식 세대에서는 제사지내고, 손자
세대에서는 그친다. ○『전록통고』에는 첩자(妾子)로서 승중한 사람은
그 어머니를 사실(私室)에서 제사지내고 자신에게서 그친다. ○
주자가 "쫓겨난 아내를 사당에 들이는 것은 결단코 불가하다. 자
손된 사람은 단지 그 집의 사당에 나아가 절함이 합당하다" 하였
다. ○【성재안설】『문해』에 "장자가 후사 없이 죽고 차자가 승중
하면, 장자는 비록 일찍이 승중하였더라도 반부해야 마땅하다"
했는데, 이것은 도리어 증거할 곳이 없다. 대개 반부(班祔)하는
것은 방친과 낮고 어린 자이다. 예에 어찌 종통(宗統)을 이은 적

장(適長)을 반부하는 자가 있겠는가? 예컨대 은나라 소을(小乙)이 서면, 양갑(陽甲)·반경(盤庚)·소신(小辛)을 모두 반부하고, 당나라 무종(武宗)이 서면, 경종(敬宗)과 문종(文宗)을 모두 반부하고, 한(漢)나라 문제(文帝)가 혜제(惠帝)를, 송나라의 태종(太宗)이 태조(太祖)를 또한 반드시 정위(正位)에서 축출해야 옳단 말인가? 그 예를 두루 상고하면 모두 소목(昭穆)을 같이 하고 자리를 함께 한다. 우리 인종과 명종의 묘도 또한 자리를 같이 하여 차례대로 앉았다. 국통(國統)이 오히려 이러한데, 하물며 사가(私家)에서랴? 이것이 바로 '형이 죽으면 아우에게 미치는 것'이나, 아우가 형을 계승한 것은 아니다. 그렇다면 이미 승중한 적장은 본디 정위에 있는 것이다. ○주자는 "만약 적모(嫡母)에게 아들이 없어 서모(庶母)의 아들이 제사를 주관하고 종통을 계승하여 일을 잘 처리해 가문을 전하였다면, 서모의 신주는 또한 사당의 제사드리는 반열에 들여서 그 제사를 지내게 할 수 있는데, 이 또한 예의 권변(權變)에 맞는 것이다" 하였다. 【성재안설】이는 승중한 서자의 소생모를 사당에 반부(班祔)하여 제사 지냄이 마땅함을 말한 것이다. 그러므로 구씨(丘氏) 또한 「상복소기」의 "첩은 첩조고(妾祖姑)에게 부한다"는 것과 "희생[牲]을 바꾸어서 여군(女君)에 부한다"는 조문을 인용하여 증거하였다. 그렇다면 본디 적모가 없고 낳은 서모(庶母)만 있는 자가 신주를 사당에 들이는 일은 어찌해야 할지 모르겠다. 예학에 깊은 연구가 있는 사람에게 질의함이 마땅하다.◉아래 단락의 재초 3년변의(齊衰三年辨疑)장의 '장가들지 않고 죽어 첩자가 승중한 경우〔未娶而死妾子承重〕'조에 상세히 보인다.

○程子曰 無服之殤 不祭. 下殤之祭 終父母之身, 中殤之祭 終兄弟之身, 長殤之祭 終兄弟之子之身. 成人而無後者 其祭終兄弟之孫之身.【小記】庶子 不祭. 殤與無後者 從祖祔食. ○又曰 庶母 亦當爲主 但不可入廟 子當祀於私室.【小記】妾母 不世祭. 註 於子祭 於孫止. ○典錄通考 凡妾子承重者 祭其母於私室 止其身. ○朱子曰 出妻入廟 決然不可. 爲子孫者 只合就其家之廟 拜之. ○按 問解 長子無後而死 次子承重 則長子雖嘗承重 當班祔, 此却無所据也. 蓋班祔者 旁親及卑幼也. 禮豈有承統之適長而班祔者耶. 如殷之小乙立 則陽甲盤庚小辛 皆班祔, 唐之武宗立 則敬宗文宗 皆班祔, 漢文之於惠帝 宋太宗之於大祖 亦必黜諸正位 而可耶. 歷考其禮 皆同昭穆共一位. 至於我仁明之廟 亦同位而序坐. 國統猶如此 況私家乎. 此乃兄亡弟及 非以弟繼兄. 然則旣承重之適長 自在正位也. ○朱子曰 若嫡母無子 而庶母之子主祀 又能承宗 幹蠱傳家, 庶母之主 亦可請入祠堂列祀之班 以享其祭, 此亦得禮之權變也. 按 此言承重庶子之所生母 當班祔于廟 以祀之也. 故丘氏 亦引小記 妾祔于妾祖姑 及易牲祔于女君之文 以證之. 然則其本無嫡母 而但有所生庶母者 主入于廟 未知如何. 當質于深於禮者.下段詳見齊衰三年辨疑章 未娶而死妾子承重條.

9-5. 제전(祭田)을 둔다. 『가례』

정자는 "당나라 때처럼 묘원(廟院)을 세우면, 선조의 가산을 분할하지 못하니, 한 사람이 주관하게 한다" 하였다.

현재 남아 있는 전답을 계산하여 매 감실마다 그 20분의 1을 취하여 제전(祭田)으로 하고, 친분이 끝나면 묘전(墓田)으로 한다. ●만약에 장방(長房)으로 체천(遞遷)하면, 전답은 따라서 장방으로 옮긴다. 친분이 끝나면 그대로 묘전(墓田)으로 한다. 부위(祔位)도 이대로 하여, 종자가 주관하면서 제사 비용을 공급한다. 윗대에서 애초에 제전을 두지 않았다면, 묘소 아래에 있는 자손의 전답을 합하여 계산하고 분할하여,

모두 약속하고 관청에 알려서 전당하거나 매매할 수 없게 한다.

置祭田. 家禮

　　程子曰 且如唐時 立廟院 仍不得分割祖業 使一人主之.

　　計見田 每龕取其二十之一 以爲祭田, 親盡 則以爲墓田.若遞遷于長房 則田隨而遷長房. 親盡 則因以爲墓田. 祔位倣此, 宗子主之 以給祭用. 上世初未置田 則合墓下子孫之田 計數而割之, 皆立約聞官 不得典賣.

9-6. 제기를 갖춘다.[173] 『가례』

그 용도에 합당한 수량에 따라 모두 마련하여 창고에 저장하고, 봉함하여 자물쇠를 잠그고 다른 데에 쓰지 않는다. 창고가 없으면 궤(匱) 안에 보관하되, 보관할 수 없는 것은 외문(外門)의 안쪽에 벌여 놓는다.

　　【「왕제」】 대부는 제기를 빌리지 않고, 제기가 만들어지지 않았으면 평상시의 그릇[燕器]은 만들지 않는다. ○【「곡례」】 “전답이나 봉록이 없는 자는 제기를 두지 않는다.” 또 “군자는 비록 가난하더라도 제기를 팔지 않는다” 하였다. 【『서의』】 보·궤·변·두·정·조·뢰·세(簠簋籩豆鼎俎罍洗)는 모두 사가(私家)에서 소유하는 것이 아니다. 다만 별도로 사발[梡]이나 대접[楪] 등의 그릇을 두어 오로지 제사에만 제공하고 다른 데 쓰지 않는 것은 좋다. ○주자는 “변·두·보·궤의 그릇은 옛날 사람들이 쓰던 것이었다. 그러므로 당시의 제사에는 모두 이를 사용하였다. 이제 평상시의 그릇으로 제기를 대신하고 평상시의 찬(饌)으로 조육(俎肉)을 대신하여 평소에 쓰는 것으로 함이 적합하다” 하였다.

---

173) 「사의목록」에는 ‘제기(祭器)’와 ‘제복(祭服)’항목도 ‘소목(昭穆)’ 등의 항목과 나란히 병렬되어 있으나, 「국역 사의 목차」는 목판본 『사의』 본문에 의거해 ‘소목’항목 밑에 ‘제기’와 ‘제복’항목을 부기하였다. 이 부분이 바로 ‘제기’항목이다.

具祭器. 家禮

隨其合用之數 皆具貯於庫中 而封鎖之 不得他用. 無庫 則貯於
匱中, 不可貯者 列於外門之內.

【王制】大夫 祭器不假, 祭器未成 不造燕器. ○【曲禮】無田祿者 不設
祭器. 又曰 君子雖貧不粥祭器.【書儀】簠簋籩豆鼎俎罍洗 皆非私家所
有. 但別置梡楪等器 專供祭祀 勿他用已 善矣. ○朱子曰 籩豆簠簋之
器 古人所用 故當時祭享 皆用之. 今以燕器代祭器 常饌代俎肉 以平生
所用 從宜也.

[의자] 시속에서는 "교의(交椅)"라고 한다. 신주를 받들기 위한 것인데,
나무로 만든다. 검은 칠한 것이 상품이고, 붉은 색이 그 다음이다.

[탁자] 시속에서는 "제상(祭牀)"이라 하는데, 찬을 진설하는 것이다. ○
칠은 위와 같다. ○『가례』 주】 밥상[食牀]은 판자로 면을 만들되, 길
이는 5자, 너비는 3자 남짓이다. 사방의 둘레 또한 판자로서 하는데, 높
이는 1자 2치이며, 2치 아래에 판자를 깐다. 모두 검은 칠을 한다. ○
【성재안설】 송나라 때는 의자가 높지 않았고 신주를 자리에 놓는 것도
낮았기 때문에, 상의 높이가 지금 사용하는 것과 같지 않다. 지금에는
의자가 예기척(禮記尺)으로 꼭 5자 남짓이니, 상 또한 참작하여 높임이
마땅하다.

[자면지(藉面紙)] 탁자 면에 깔아서 찬을 받치는 도구이니, 곧 두꺼운
종이에 기름을 먹인 것이다.

[소탁] 요즘의 소반(小盤) 따위로서 주탁(酒卓)이나 찬탁(饌卓)인데,
먼저 문[戶] 밖에다 놓는다. ○칠은 위와 같다.

[향안] [향로] [향합]

[향숟가락] 송나라 때 향은 반드시 가루로 만들었기 때문에 숟가락을
사용했다. 우리나라 풍속에는 가늘게 자르기 때문에 숟가락을 사용하
지 않는다.

[모사 사발] 강신(降神) 및 삼헌(三獻)에서 좨주(祭酒)에 각기 하나씩
이므로 모두 두 개이다. ○【한위공『제식』】 모반(茅盤)은 자기로 된 납

작한 사발[瓷扁盂]이나 혹은 검은 칠한 소반을 쓴다. 띠풀을 8치로 잘라 붉은 실로 묶어 소반 안에 세운다. ○이천(伊川)은 제사에 모축(茅縮)을 두었다. ○주자는 "「사우례」에 '띠풀 5치를 베어 묶고, 그 위에 음식을 덜어 놓는다[祭食]' 하였고, 『주례』에 '남자 무당은 망사(望祀)를 관장하는데 띠풀로 두루 불러 강신한다' 하였으니, 옛사람들이 띠풀로 신명과 교접한 것이 오래되었다. 띠풀을 묶어서 강신하는 것 또한 그것의 남은 뜻인가?" 하였다. ○【성재안설】 정자는 "강신에 뇌주(酹酒)는 반드시 땅에다 따른다" 하였고, 『가례』에도 동일하여, 소반이 있다는 말을 듣지 못했는데, 유씨(劉氏)의 『보주(補註)』에 와서 '초조(初祖)' 조목에 비로소 모반(茅盤)이 있다.

[축판] 길이는 1자, 높이는 5치이며, 종이에 글을 써서 판면에 붙이고, 제사가 끝나면 들어내어 축문을 태운다. ○『회성(會成)』 축판에는 정해진 모양이 없어서, 조금 높거나 커도 괜찮다. 너무 작으면 글자가 많은 글은 다 쓰지 못한다. ○『오례의』 판은 소나무로 만든다. 길이는 1자 2치, 너비는 8치, 두께는 6푼이다.● 예기척(禮器尺)으로 만든다.

[청주병] [현주병] [술주전자]

[잔반] 매 위마다 각각 세 개씩 갖춘다. ○『오례의』 대부와 사와 서인은 모두 매 신주마다 작(爵)이 셋이다.

[시저] [시저 접시] [초접] [소금 접시] [과일 그릇] [포 그릇] [육장 그릇] [소채 그릇] [육기] [어기] [미식 그릇] [면식 그릇] [반기] [국 그릇] [적간 그릇]

[숙수 그릇] 찻잔 쟁반으로 대신한다.

[대반] [소반] [수조반]

[장막] 반찬을 덮는 도구로, 대나무로써 배롱을 만들고, 베로 싸거나 혹은 종이를 사용한다.

[단(匰)] 신주를 받들어 들이고 내는 것이니, 『가례』에 이른바 "사(笥)"이다. 【『주례』춘관】 "제사에 단·주를 받든다"는 구절의 <주>에 "신주는 신이 의지하는 곳이다. 단은 신주를 담는 그릇이다" 하였다.

[홑자리]『예기』「예기(禮器)」에 "귀신의 제사는 단석(單席)"이라 하였다. 또 주인 이하 모든 위치에 자리가 있다.

[병풍, 차일, 휘장, 장막]

[식건(拭巾)] 제탁과 제기를 닦는 것이다.

[세건(帨巾)] 손을 씻는 것이다.

[관분(盥盆)] 안과 밖에 각기 따로 갖춘다.

[촉경(燭檠)] 요즘은 "촛대[燭臺]"라 한다.

[등롱(燈籠)] 대나무로 배롱을 만들고 종이로 옷을 만든다. ○퇴계(退溪)는 "가난한 집에서는 밀랍의 초를 갖추기가 실로 어려우니, 유등(油燈)을 대신 쓴다" 하였다. ○성호(星湖)는 "유등은 등롱으로 찬을 비추는 것이다" 하였다.

[무릇 솥, 시루, 광주리, 도마, 궐도(劂刀), 화로, 적철(炙鐵), 부젓가락 및 빗자루 따위] [횃불]

[다선(茶筅)] 【『가례』】 "주부는 다선을 잡고 집사는 끓인 물병을 잡고, 차를 따른다." ○다선(茶筅)은 끓는 물을 부을 때 차를 조절하는 것이다. 우리나라 풍속에는 차를 쓰지 않기에 다선은 쓸 곳이 없다.

[椅子]俗云交椅 所以奉主 以木爲之. 黑漆爲上 朱色次之.

[卓子]俗云祭牀 所以陳饌. ○漆同上. ○【家禮 註】食牀 以版爲面 長五尺 闊三尺餘, 四圍亦以板 高一尺二寸 二寸之下 乃施板, 面皆黑漆. ○【按】宋時 椅子不高 而神主就座亦卑 故床高不似今所用, 而今則椅子恰爲[禮器尺]五尺餘矣 床亦當參酌而高之.

[藉面紙]鋪於卓面 以承饌器 卽厚紙加油者.

[小卓]今小盤之類 爲酒卓饌卓, 先陳於戶外者. ○漆同上.

[香案] [香爐] [香盒]

[香匙]宋時 香必作屑 故用匙, 東俗 細㧡 不用匙.

[茅沙碗]降神及三獻 祭酒各一 故具二. ○【韓魏公 祭式】茅盤 用瓷匾盂 或黑漆小盤. 截茅八寸 束以紅絲 立于盤內. ○伊川 祭設茅縮. ○朱子曰 士虞禮 刈茅五寸而束之 祭食于其上, 周禮 男巫掌望祀 用茅旁招 以降神, 古人 以茅交神明 尙矣. 束茅降神 抑其遺意歟. ○【按】程子曰 降神酹酒 必澆於地, 家禮亦同, 未聞有盤. 至劉氏補註 初祖條 始有茅盤.

[祝版]長一尺 高五寸 以紙書文 黏於版面, 祭畢 揭而焚祝. ○【會成】

祝板 非有法象 稍高大不妨. 太小 則字多之書不盡矣. ○【五禮儀】版以松木爲之. 長一尺二寸 廣八寸厚六分.^{造禮器尺.}

[淸酒甁] [玄酒甁] [酒注]

[盞盤]每位 各具三. ○【五禮儀】大夫士庶人 皆每主三爵.

[匕筯] [匕筯楪] [醋楪] [鹽楪] [果器] [脯器] [醢器] [蔬菜器] [肉器]

[魚器] [米食器] [麪食器] [飯器] [羹器] [炙肝器]

[熟水器]以代茶盞托.

[大盤] [小盤] [受胙盤]

[羃]覆饌器者 以竹爲籚 裹以布或用紙.

[匱]所以奉主出納者 家禮所云笥也. ○【周禮 春官】祭祀供匱主. 註 主神所依也. 匱盛主之器.

[單席]禮器 鬼神之祭 單席. ○又有主人以下 諸位之席.

[屛幄帷帳]

[拭巾]所以拭祭卓祭器.

[帨巾]洗手者.

[盥盆]內外 各具.

[燭檠]今云燭臺.

[燈籠]以竹爲籚 以紙爲衣. ○退溪曰 貧家 蠟燭實難 代用油燈. 星湖曰 油燈 以燈籠照饌.

[凡釜甒筐筥梡橛刀爐炙鐵火筯及箒之類] [炬]

[茶筅]【家禮】主婦 執茶筅, 執事 執湯甁 點茶. ○筅用調茶於點湯之時者. 東俗不用茶 茶筅無所用.

【「예운」】"제기를 빌리지 않으면 예가 아니다"는 구절의 <소>에 "대부는 책봉된 땅이 없으면 제기를 만들 수 없고, 봉지(封地)가 있어서 만들더라도 빠짐없이 갖출 수는 없으니, 두 경우 다 반드시 빌려야 한다. 빌리지 않는 사람은 오직 공(公)과 고(孤) 이상의 신분이니, 갖추어 만들 수 있다. 그러므로 『주례』에 '네 번 명(命)을 받아¹⁷⁴ 제기를 받는다'고 했다" 하였다. ○성호(星湖)는 "변·두(籩豆)는 대나무와 나무로

하면 쉽게 더러워지기 때문에 혹 옻칠을 하기도 하나 끝내 깨끗하지
못하기에 후세에 백자(白磁)로써 하니 실로 공경하는 일에 합당하다"
하였다. 또 "자기(磁器)는 옛날에는 없었는데 요즘에는 있다. 깨끗함도
옻칠한 그릇보다 낫다" 하였다.

【禮運】祭器不假 非禮也, 疏 大夫 無地 則不得造祭器, 有地 雖造 而
不得具足, 並須假借. 若不假者 惟公孤以上 得備造. 故周禮 四命受器.
○星湖曰 籩豆 用竹木 易以染汚 或用髹漆 終欠淨潔 後世白瓷 實合敬
事. 又曰 磁器 古無而今有, 潔淨 又愈於髹器.

9-7. 제복을 갖춘다. 『가례』

무릇 관과 의복을 각 일마다 아울러 적은 것은 단지 법식을 보존하기
위함이니, 있는 대로 사용해도 좋다.

具祭服. 家禮

凡冠服幷書各件者 只存法式 隨所有用之 可也.

[입자] 제도는 「관의」에 보인다.

[笠子]制見冠儀.

[도포] 제도는 「관의」에 보인다. ○길제(吉祭)에는 청색을 쓰고, 기제
(忌祭)에는 흰색을 쓴다. ○띠 또한 따라서 색깔을 다르게 한다.

[道袍]制見冠儀. ○吉祭用靑 忌祭用白. ○帶 亦隨而殊其色.

[심의] <성인편>에 상세히 보인다. ○입자(笠子)와 도포는 우리나라

---

174) 네 번 명을 받아[四命]: 관직에 임용하는 명을 네 번 받으면 대부(大夫)가 된다. 여기
서는 대부 이상의 관직에 임용된 자를 가리킨다.

풍속에 관직이 있는 자나 없는 자나 통용한다. 심의(深衣)가 없으면 도
포로 대신한다.

[深衣]詳見成人篇. ○笠子道袍 東俗 有官無官者之通用. 無深衣 則以
道袍代之.

[복두]『가례』<주>. ○【『통전』】복건(幅巾)은 온폭을 사용하여 뒤를
향하여 머리카락을 감싸는 것이니, 속인들이 '복두'라 하는데, 후주(後
周)의 무제(武帝)가 이를 재단하여 사각(四脚)으로 만들었다. ○『자곡
자(炙轂子)』에는 "옛날에는 3자의 검은 비단으로 머리카락을 감싸고
이름을 '절상건(折上巾)'이라 하였다. 후주의 무제가 재단하여 사각을
만들어 머리만 감쌌을 따름인데, 수나라 대업(大業)[175] 연간에 오동나
무로 만들어 안과 밖을 모두 검게 칠하여 복두의 안쪽에서 감쌌다" 하
였다. ○주자는 "당나라 사람들의 복두는 처음에 깁으로 만들었다. 뒤
에는 그게 연약하다고 나무를 깎아 하나의 산 모양을 만들어 앞에다
붙여 세우고는 '군용두(軍容頭)'라 하였다. 그에 앞서 복두의 네 모서리
에 다리가 있어서, 두 다리는 매어서 앞을 향하게 하고, 두 다리는 매어
서 뒤를 향하게 하였다. 후세에는 마침내 가로로 뻗는 두 다리를 철선
(鐵線)으로 하여 펼쳤다. 본조(本朝)에 와서는 등나무 얽은 것으로 바
꾸어 깁을 씌웠는데, 요즘에는 칠을 한 깁으로 바꾸었다" 하였다.

[幞頭]家禮 註. ○【通典】幅巾 用全幅 向後幞髮, 俗人 謂之幞頭, 後周
武帝 因裁爲四脚. ○炙轂子 古者 以三尺皂絹 裹髮 名折上巾. 周武 裁
爲四脚 裹髻而已, 隋大業中 以桐木爲之 內外皆漆 裹於幞頭之內. ○
朱子曰 唐人幞頭 初以紗爲之. 後以其軟斫木 作一山子 在前襯起 名軍
容頭. 其先幞頭四角有脚, 兩脚係向前 兩脚係向後. 後來 遂橫兩脚 以
鐵線張之. 至本朝 易以藤織者 以紗冒之, 近世 方易以漆紗.

[모자]【『통전』】모(冒)란 뜻은 머리를 덮는 데서 취하였으니, 본래 머
리싸개[纚]이다. 옛적에는 관 아래에 머리싸개가 있었는데 증(繒)으로

---

175) 대업(大業): 수나라 양제(煬帝)의 연호. 605~617년.

만들었다. 후세에는 머리싸개를 그대로 재단하여 모자를 만들어서, 귀한 신분의 사람의 평소 거처에서부터 아래로 서인에 이르기까지 모두 이를 착용한다. 송나라 제도에는 흑모(黑帽)에 붉은 표[紫標]를 매다는데, 표는 증(繒)으로 하되, 길이가 4치이며 너비가 1치였다. 뒤에는 덮개가 높은 백사모(白紗帽)를 만들었는데, 진(陳)나라에서 그대로 하여 '고정모(高頂帽)'라 하였다. 당나라에서는 또 오사모(烏紗帽)를 만들었다. ○주자는 "통정모자(桶頂帽子)는 곧 은사(隱士)의 관이다" 하였다. ○【구준『가례의절』】모자는 깁으로 만든다. 온공(溫公) 때는 여전히 부드러운 베폭으로 머리를 감쌌고, 문공(文公) 때 처음으로 높고 고정된 형태로 만들었으나 그 형태를 상고할 수 없다. 하지만 이는 옛 제도가 아니고 지금 사용할 수도 없다. 요즘 세상의 모자에는 두 가지 등급이 있다. 큰 모자는 삿갯[笠子]이니, 비와 해를 가리는 데 사용한다. 작은 모자는 혹은 깁[紗]으로 혹은 얇은 비단[羅]으로 혹은 두꺼운 비단[緞]으로 만든다. ○【성재안설】명나라 때의 큰 모자는 곧 우리나라의 삿갓이다.

[帽子]【通典】帽 義取覆首, 本纚也. 古者 冠下有纚 以繒爲之. 後世因裁纚爲帽 自乘輿燕居下至庶人 皆服之. 宋制 黑帽綴紫標, 標以繒爲之 長四寸廣一寸. 後制高屋白紗帽, 陳因之 名高頂帽. 唐又制烏紗帽. ○朱子曰 桶頂帽子 乃隱士之冠. ○【丘儀】帽子 以紗爲之. 溫公時 猶以軟幅裹頭, 文公時 始爲高梗之制 其制不可考. 然此非古制 今不可用. 今世帽子 有二等, 大帽子 是笠子 用蔽雨日, 小帽子 或紗或羅或緞 爲之. ○【按】明時 大帽子 卽我東笠子.

[공복(公服)]『통전』】수나라 문제(文帝)의 제도를 고치는 조칙에 "제사의 의복은 반드시 예경(禮經)에 합당해야 하고, 기타 공적인 일에는 모두 공복을 입는다" 하였다. ○【당나라 정관(貞觀)의 제도】3품 이상은 자색(紫色), 5품 이상은 비색(緋色), 7품 이상은 녹색(綠色), 9품 이상은 청색(靑色)을 입는다. ○주자는 "수나라 양제(煬帝)는 백관에게 융복(戎服)을 입으라 명하였고, 당나라에서는 '편복(便服)'이라 일컬었고, 또 '줄인 복장[從省服]'이라 일컬었으니, 바로 지금의 공복(公服)이

다” 하였다. 또 “고금의 조회하고 제사하는 복장은 모두 직령(直領)을 사용하니, 지금 상령(上領)의 공복(公服)은 곧 이적(夷狄)의 융복(戎服)이다. 수나라 양제는 융복을 자색과 비색과 녹색으로 9품의 품계를 구별했으니, 선왕의 법복이 아니다. 일체 바꾸어 버리면 거의 한 시대 왕자(王者)의 제도에 가까워질 것이다” 하였다. ○【성재안설】 우리나라의 공복(公服)은 사모(紗帽), 단령(團領), 품대(品帶), 흑화(黑靴)가 평상시의 복장이고, 융복(戎服)은 평상시 사용하는 것이 아니다.

[公服]【通典】隋文帝 改制度 詔曰 祭祀之服 須合禮經 自餘公事 皆從公服. ○【唐貞觀制】三品以上服紫 五品以上緋 七品以上綠 九品以上靑. ○朱子曰 隋煬帝 令百官戎服, 唐謂便服 又謂從省服 乃今之公服也. ○又曰 古今朝祭之服 皆用直領, 今之上領公服 乃夷狄之戎服. 隋煬帝 戎服 以紫緋綠爲九品之別 非先王法服. 一切革去 則庶乎一王之制. ○【按】我東 公服 紗帽團領品帶黑靴 爲平時之服 而戎服 則非常用.

[난삼(襴衫)] 주자는 “저고리[衣]와 치마[裳]가 서로 연결된 것을 ‘난(襴)’이라 한다” 하였다. ○구씨는 “난삼은 생원의 옷이었지만, 지금은 단지 사(士)의 옷이다” 하였다. ○【성재안설】 난(襴)은 치마의 아래를 펼친[襴] 것이다. 이 역시 옛날 심의(深衣)가 남긴 제도이다.

[襴衫]朱子曰 衣與裳相連 曰襴. ○丘氏曰 襴衫 爲生員之服 今但爲士人之服. ○【按】襴者 裳之襴下者也. 此亦古深衣之遺制也.

[조삼(皂衫), 양삼(凉衫)] 주자는 “선배들이 집에 거처할 적에 조삼(皂衫)을 입었다. 장강을 건너면서 변하여 백량삼(白凉衫)이 되었고, 뒤에 또 변하여 자삼(紫衫)이 되었다” 하였다. ○『사물기원』 근세의 사인(士人)들은 조복(朝服)으로 말을 탈 때 참사(黲紗)를 자삼(紫衫)으로 바꾼다.

[皂衫凉衫]朱子曰 前輩居家 服皂衫. 至渡江 變爲白凉衫, 後又變爲紫衫. ○【事物記原】近世士人 朝服乘馬 以黲紗變爲紫衫.

[배자(背子)] 『사물기원』 진(秦)나라 2세의 조칙에 "삼자(衫子) 위에 조복을 입고 배자(背子)를 더한다" 하였다. 그 제도는 소매가 적삼보다 짧고, 몸체는 적삼과 가지런하다. 수나라 대업(大業) 연간에 내관(內官)들은 장수(長袖)를 많이 입었는데, 당나라 고조(高祖)가 그 소매를 줄여 이를 '반비(半臂)'라 하고 혹은 '작자(綽子)'라 하여 사인들이 다투어 입었으니, 수나라 제도이다. 요즘 풍속에는 "답호(褡護)"라 한다. ○【성재안설】『가례』 초종의 '복(復)'조에 대수배자(大袖背子)가 있으니, 배자에도 또한 큰소매가 있음이다. ○『오례의』 답호(褡護)는 곧 반비(半臂)이다.

[背子]【事物記原】秦二世詔 衫子上朝服加背子. 其制 袖短于衫, 身與衫齊. 隋大業中 內官多服長袖, 唐高祖 減其袖 謂之半臂 或曰綽子 士人競服, 隋制也. 今俗名褡護. ○【按】家禮初終復條 有大袖背子 則背子亦有大袖. ○【五禮儀】褡護 卽半臂也.

[홀]【「옥조」】 상아홀이다. ○제후는 상아로 하고, 대부는 상어 수염에 무늬를 장식한 대나무로 하고, 사는 대나무에다 손잡이는 상아로 한다. ○【성재안설】 대부는 상어 수염과 무늬를 장식한 대나무로 하며, 사는 대나무로 하되 손잡이는 혹 상아홀을 사용하는 것도 가하다. 그러므로 최씨(崔氏)·노씨(盧氏)·육씨(陸氏)가 모두 이렇게 해석하였다. ○주자는 "홀(笏)은 홀(忽)이니, 갑자기 잊어버리는 것에 대비하는 것이다. 『한서』에 '홀을 잡고 일을 아뢴다'고 했다" 하였다. 또 "'부(簿)'를 잡는다'는 것도 역시 홀의 종류이다. 손으로 지니고 있다가 보고 입으로 외며, 간혹 군주 앞에서 가리킬 것이 있으면, 감히 손으로 하지 않고 홀로써 가리킨다" 하였다. ○홀은 옛날 사람들이 일을 기록하는 수판(手板)이다. 모름지기 종이를 홀 위에 붙여서 그 일의 두서(頭緒)를 기록한다. ○【성재안설】『가례』에는 관례나 혼례 및 삭참(朔參)과 시제(時祭)에 모두 집홀(執笏)·진홀(搢笏)·출홀(出笏)의 문장이 있으니, 무릇 공경하고 삼갈 일에는 일을 기록하는 수판(手板)을 쓰지 않음이 없다. 요즘 풍속에 이른바 '홀기(笏記)'가 이것이다.

[笏]【王藻】象笏. ○諸侯以象, 大夫以魚須文竹, 士竹本象. ○【按】大

夫則用魚須及文竹, 士則用竹 本或用象笏 亦可也. 故崔氏盧氏陵氏皆
如此解之. ○朱子曰 笏者 忽也, 所以備忽忘. 漢書 執笏奏事. 又曰 執
簿亦笏之類. 手執服觀口誦, 或於君前 有所指畫 不敢用手以笏指畫.
○笏 是古人記事手板. 須以紙黏笏上 記其頭緖. ○【按】家禮 冠昏及
朔參時祭 皆有執笏搢笏出笏之文, 則凡敬謹之事 無不用記事手板. 今
俗所云笏記 是也.

【『가례』 사당장 '삭참' 주】 무릇 '성대하게 의복을 차려입는다[盛服]'는
것은, 관직이 있으면 복두(幞頭)를 쓰고 공복(公服)을 입고 대(帶)를
띠고 화(靴)를 신고 홀(笏)을 드는 것이다. 진사(進士)는 복두를 쓰고
난삼을 입고 대를 띠며, 처사(處士)는 복두를 쓰고 조삼을 입고 대를
띤다. 관직이 없는 사람은 모자에 삼을 입고 대를 띠는 것을 통용하며,
또한 갖출 수 없으면 간혹 심의(深衣)나 양삼(凉衫)을 입는다. 관직이
있는 사람도 모자 이하를 통용하나, 다만 성복(盛服)으로 하지는 않는
다. 부인은 가계(假髻)를 올리고 대의(大衣) 장군(長裙)을 입고, 여자
로서 시집가지 않은 자 중 관례를 한 자는 배자를 입으며, 여러 첩은
가계를 올리고 배자를 입는다. ○『서의』 부인은 대수(大袖) 군피(裙
帔)를 입는다. ○「곡례」 전답과 봉록이 있는 자는 먼저 제복(祭服)을
만든다. <소> 의복은 빌릴 수 없다. ○군자는 비록 춥더라도 제복을
입지 않는다. ○제복이 해지면 태운다.

【家禮 祠堂章 朔參 註】凡言盛服者 有官 則幞頭公服帶靴笏. 進士 則
幞頭襴衫帶. 處士 則幞頭皂衫帶. 無官者 通用帽子衫帶, 又不能具 則
或深衣或凉衫. 有官者 亦通服帽子以下 但不爲盛服. 婦人 則假髻大衣
長裙, 女在室者 冠者 背子, 衆妾 假髻 背子. ○【書儀】婦人 大袖裙帔.
○【曲禮】有田祿者 先爲祭服. 疏 衣服不可假借. ○君子 雖寒 不衣祭
服. ○祭服蔽 則焚之.

9-8. 주인은 대문 안에서 신알(晨謁)한다. 『가례』

주인은 종자로서 제사를 주관하는 사람이다. 신알(晨謁)할 적에

는 심의를 입고 분향 재배한다.

주자는 날이 저물어 어두우면 다시 들어가지 않았다. 조승상(趙丞相)은 혼정(昏定)의 예를 행하거나 혹 잔치에 모임을 하고 난 뒤 미안하므로 신알했을 따름이다. ○한강(寒岡)이 "신알할 때 혹 깨끗하지 못하면 어찌합니까?" 물으니, 퇴계(退溪)는 "이러하면 다만 뜰에서 절[庭拜]을 올리는데, 천·헌(薦獻)이 없기 때문이다. 주택(周澤)[176]이 오랫동안 재계했다는데, 이런 이치는 없을 듯하다" 하였다. ○【성재안설】 초하루에는 신알례가 없을 수 없으니, 문에 들어가서 먼저 재배하는 것은 말하지 않아도 알 수 있다. 그러므로 『가례』에서는 이를 생략하였다. 또한 단지 주인에 대해서만 언급하고 주부(主婦)에 대해서는 언급하지 않은 데에도 뜻이 있다. 우리나라 유자들이 지자(支子)와 여러 부인들도 같이 뵙는다고 분분하게 말을 하는 것은 아마도 주자가 간략함을 따른 뜻이 아닌 듯하다. 복색은, 우리나라 풍속에는 검은 칠을 한 입자(笠子)를 통용하며, 심의(深衣)가 없으면 도포(道袍)를 입는다.

主人晨謁於大門之內. 家禮

主人 謂宗子主祭者. 晨謁 深衣 焚香 再拜.

朱子 昏暮 不再入. 趙丞相 行昏定之禮 或在宴集之後未安 故只晨謁而已. ○寒岡問 晨謁或未潔 則奈何. 退溪曰 如此 則是乃但行庭拜 非有薦獻故也. 周澤長齊 恐無是理. ○【按】 朔日不可無晨謁禮 則入門先再拜 不言可知 故家禮略之也. 又只言主人不及主婦 亦有意義. 東儒紛紛以支子諸婦同謁爲說者 恐非朱子從簡之意. 服色 則東俗通用黑漆笠, 無深衣則道袍.

9-9. 출입할 적엔 반드시 고한다. 『가례』

주인과 주부가 가까운데 출타하면 대문에 들어가서 간단히 쳐다

---

176) 주택(周澤): 후한(後漢) 때 사람으로, 태상(太常) 벼슬을 하면서 종묘에서 재계를 근실히 하여, 당시 속담에 "세상에 나서 태상의 처가 되지 마라. 1년 360일에 359일 동안 재계한다네"라는 말이 있었다고 한다.

보는 예[瞻禮]만 행하고 갔다가, 돌아와서도 또한 이렇게 한다. 하루 밤을 자고 돌아오면 분향하고 재배한다. 멀리 나가 열흘 이상을 지내면 재배하고 분향하며 고하고, 고하기를 마치면 또 재배하고 가며, 돌아와서도 또한 이와 같이 한다. 달을 지내고 돌아오면 중문◉곧 사당문을 가리킴을 열고 섬돌 아래에 서서 재배하고, 올라가서 조계(阼階)에서 분향하고, 고하기를 마치면◉이것은 곧 당(堂) 안에서 분향하는 것이다. 재배하고, 내려와 자리에 돌아와서 재배한다. 나머지 사람들도 또한 그렇게 하나, 다만 중문을 열지는 않는다. ○무릇 주부(主婦)는 주인의 처를 말한다. ○오르내릴 적에 오직 주인만이 조계로 다니고, 주부와 나머지 사람들은 비록 존장(尊長)이라도 서계(西階)로 다닌다. ○무릇 절은 남자는 재배를 하고, 여자는 4배를 하는데 이를 '협배(挾拜)'라 한다.

出入必告. 家禮

主人主婦 近出 則入大門 瞻禮而行, 歸亦如之. 經宿而歸 則焚香再拜. 遠出經旬以上 則再拜焚香告 告畢 又再拜而行, 歸亦如之. 經月而歸 則開中門即祠堂門 立于階下再拜 升自阼階焚香 告畢此則焚香於堂中. 再拜 降復位再拜. 餘人亦然 但不開中門. ○凡主婦 謂主人之妻. ○凡升降 惟主人由阼階, 主婦及餘人 雖尊長亦由西階. ○凡拜 男子再拜, 婦人四拜 謂之挾拜.

출입고사(出入告詞)

모가 장차 아무 곳에 가니 감히 고합니다.

　　　나갈 때 고한다.

모가 오늘 아무 곳에서 돌아왔기에 감히 뵙습니다.

돌아왔을 때 고한다.

某將適某所敢告.

出時 告.

某今日歸自某所敢見.

歸時 告.

9-10. 정월 초하루와 동지, 초하루와 보름에는 참례(參禮)를 한다. 『가례』

정월 초하루와 동지, 매월 초하루와 보름이다. ○「옥조」<소>에 "매월 초하루에 신에게 고한다" 하였다. ○정자(程子)가 처음으로 사당에 고하면서 차와 술을 썼고, 『서의』에는 보름에도 아울러 하였다.

正至朔望則參. 家禮

正朔冬至 每月朔望. ○玉藻 疏 每月以朔 告神. ○程子始有告廟茶酒, 書儀並及望日.

하루 전에 물 뿌리고 청소하고, 재숙(齊宿)한다. 새벽에 일찍 일어나서 사당에 나아가 문을 열고 발을 건다. 매 감실마다 햇과일 큰 쟁반 하나를 제탁 위에 진설한다. 매 신위 앞에는 잔반(盞盤) 하나를 진설한다.◉【성재안설】 과일은 모두 한 쟁반이고, 술은 각각 한 잔씩이다. 향안 앞에 띠풀을 묶고 모래를 모아 놓는다.◉【성재안설】 옛날의 묘(廟) 안에는 청판(廳板)이 없었기 때문에 땅에 모래를 모아 놓았다. 요즘은 청판은 있고 땅이 없으니, 세속에서는 모두 그릇에다 모래를 담는다. 별도로 탁자를 조계 위에 설치하고, 술 주전자와 잔반 하나를 그 위에 놓고, 술병 하나를 그 서쪽에 놓는다. 세수대야와 수건 각각 두 개를 조계 아래 동남쪽에 놓는다.◉ 부인은 서계 아래에서 씻고 닦는다.

주인 이하는 성복을 차려입고, 문에 들어가 자리로 나아간다. 주인은 조계 아래에서 북면하고, 주부는 서계 아래에서 북면한다. 주인에게 어머니가 있으면 특별히 주부의 앞에 자리한다. 주인에게 제부(諸父)와 제형(諸兄)이 있으면 특별히 주인의 오른쪽 조금 앞에 자리하여, 두 줄로 서되 서편을 상석으로 한다. 제모(諸母), 고모, 형수, 누나가 있으면 특별히 주부의 왼쪽 조금 앞에 자리하여, 두 줄로 서되 동편을 상석으로 한다. 아우들은 주인의 오른쪽에서 조금 뒤로 물러서고, 자손들과 외집사(外執事)는 주인 뒤에서 두 줄로 서되 서편을 상석으로 한다, 아우의 처와 여러 누이들은 주부의 왼쪽에서 조금 뒤로 물러서고, 자손이 되는 여자들과 내집사(內執事)는 주부의 뒤에서 두 줄로 서되 동편을 상석으로 한다. 자리가 정해지면 주인은 관세(盥帨)하고 올라가 홀을 꽂고[搢笏] 독을 열어[啓櫝] 여러 고(考)의 신주를 받들어 독 앞에 놓고,◉『통전』 그 독은 궤의 동쪽 뒤편 가까이에 놓는다. ○【성재안설】 송나라 때는 별도로 신좌(神座)가 있었기 때문에 신주를 독 앞에서 꺼내었다. 우리나라 풍속에는 단지 외갑(外匣)을 열 뿐이다. 그러므로 성호(星湖)의 『제식(祭式)』에 "갑(匣)만 제거할 뿐, 좌(座)를 벗기지는 않는다" 하였다. ○요즘 국가 종묘(宗廟)에는 신좌(神座)가 있지만, 대부와 사는 참람하여 사용하지 않는다. 주부는 관세하고 올라가 여러 비(妣)의 신주를 받들어 고위(考位)의 동쪽에 놓는다. 다음으로 부주(祔主)를 내는데, 또한 이같이 한다. 장자(長子)와 장부(長婦) 혹은 장녀에게 명하여 관세하고 올라가 부주(祔主) 가운데 낮은 이를 나누어 내게 하는데, 또한 이같이 한다. 모두 마치면 주부 이하는 먼저 내려와 자리로 돌아온다.

주인은 향안(香案) 앞에 가서 강신(降神)한다. 홀을 꽂고 향을 사르고 재배하고 조금 물러나 서면, 집사자가 관세하고 올라가

병을 개봉하여 주전자에 술을 채우는데, 한 사람은 주전자를 받들어 주인 오른편으로 가고, 한 사람은 잔반(盞盤)을 잡고 주인 왼편으로 간다. 주인이 꿇어앉으면 집사자도 모두 꿇어앉는다. 주인이 주전자를 받아 술을 따르고 주전자를 돌려준 다음, 잔반을 취해 받들어 왼손으로 반(盤)을 잡고 오른손으로 잔(盞)을 잡아 모사(茅沙)에 지우고, 잔반을 집사자에게 주며, 홀을 꺼내어 몸을 숙여[俛] 엎드렸다가[伏] 일어나서는[興], 조금 물러나 재배한다. 내려와 자리로 돌아와서 자리에 있는 사람들과 함께 모두 재배하여 참신(參神)한다.

주인이 올라가 홀을 꽂고 주전자를 잡아 술을 따르되● 퇴계(退溪)는 "참(參)의 절차는 간략하기 때문에 스스로 술을 따르지만, 제사에는 허다한 절차가 있으니 스스로 술을 따르지 않아도 된다" 하였다. 정위(正位)에 먼저하고, 부위(祔位)에 다음으로 하며, 다음으로 장자(長子)에게 명하여 부위의 낮은 이에게 술을 따르게 한다. 주부가 올라와서 앞과 같이 점다(點茶)하며, 장부(長婦) 혹은 장녀에게 명하여 또한 이같이 한다. 자·부(子婦)와 집사자는 먼저 내려와 자리로 돌아온다. 주인과 주부는 향안 앞에 동서로 나누어 서서 재배한다. 내려와 자리로 돌아와서 자리에 있는 사람들과 모두 재배하여 사신(辭神)하고 물러간다.

【성재안설】『가례』에는 단지 '재배하여 사신하고 물러난다'고만 하였지, 신주를 들이고[納主] 거두는[徹] 절차는 말하지 않았다. 그러므로 사람들이 혹 그 선후의 차례를 의심한다. 그러나 『가례』의 모든 제사는, 본 장소에서 제사지내는 경우는 납주(納主)한 뒤에 사신(辭神)하고, 사신을 한 뒤에 거둔다. 참례(參禮)의 철(徹)도 사신의 뒤에 있어야 마땅하다. 그러므로 단지 '사신하고 물러난다'고만 했으니, 사신한 뒤에 거두는 절차는 그 속에 들어 있다. 만약 사신하고서 마친다면, 또한 "신

주를 들이지 않고, 거두지 않고 물러난다” 해도 되겠는가? ○【성재안설】 또 온공(溫公)의 「영당잡의(影堂雜儀)」에는 “사판(祠版)을 두루 들이고 나와서 거둔다” 하였다. 『가례』는 『서의』를 따라 만든 것이니, 철이 납주 뒤에 있음이 분명하다. 『의절』에는 신주를 받들어 독에 넣는 것이 사신의 뒤에 있는데, 또한 『가례』의 뜻이 아니다. 성호(星湖)는 “신주를 들이고 철하는 것은 반드시 사신의 앞에 있다” 하였다. 그 납주(納主)가 사신(辭神)의 앞에 있는 것은 『가례』와 어긋남이 없지만, 그 철이 앞에 있는 것은 아마도 『가례』를 미처 살펴보지 못한 듯하다.

前一日　灑掃齊宿. 厥明夙興　詣祠堂　開門軸簾. 每龕　設新果一大盤於卓上　每位前設盞盤一.【按】果則共一盤　酒則各一盞. 束茅聚沙於香案前.【按】古之廟中　無廳板　故聚沙於地矣. 今有板而無地　則世俗皆以器盛沙. 別設卓於阼階上　置酒注盞盤一於其上　酒瓶一於其西. 盥盆帨巾　各二於阼階下東南.婦人 盥帨於西階下.

主人以下盛服　入門就位. 主人北面於阼階下, 主婦北面於西階下. 主人有母則特位於主婦之前. 主人有諸父諸兄　則特位於主人之右少前　重行西上. 有諸母姑嫂姊　則特位於主婦之左少前　重行東上. 諸弟　在主人之右　少退, 子孫外執事　在主人之後　重行西上. 弟之妻及諸妹　在主婦之左　少退, 子孫婦女內執事　在主婦之後　重行東上. 立定　主人盥帨升　搢笏啓櫝　奉諸考神主　置於櫝前,【通典】其櫝　置几東近後. ○【按】宋時　別有神座　故出主於櫝前, 東俗　則只啓外匣而已. 故星湖祭式云　但去匣不脫座. ○今國家宗廟　則有神座, 大夫士僭不可用. 主婦盥帨升　奉諸妣神主　置于考位東. 次出祔主　亦如之. 命長子長婦或長女　盥帨升　分出祔主之卑者　亦如之. 皆畢　主婦以下　先降復位.

主人　詣香案前　降神. 搢笏焚香再拜　少退, 立執事者　盥帨升　開瓶實酒于注, 一人奉注　詣主人之右, 一人執盞盤　詣主人之左. 主人跪　執事者皆跪. 主人受注　斟酒　反注, 取盞盤奉之　左執盤右

執盞 酌于茅上 以盞盤授執事者, 出笏俛伏興 少退再拜. 降復位 與在位者 皆再拜 參神. 主人升 搢笏 執注斟酒^{退溪曰 參 節文略 故自斟,} ^{祭 則有許多節文 雖非自斟 亦可.} 先正位, 次祔位, 次命長子 斟諸祔位之卑 者. 主婦升 點茶如前, 命長婦或長女 亦如之. 子婦執事者 先降 復位. 主人主婦 分立於香案前東西 再拜. 降復位 與在位者 皆 再拜 辭神而退.

> 【按】家禮 只言再拜辭神而退, 不言納主及徹之節次. 故人或疑其先後
> 之序. 然家禮 凡祭 祭於本所者 納主而後辭神, 辭神而後徹. 參禮之徹
> 亦當在辭神之後. 故只言辭神而退 辭後之徹在其中矣. 若以辭而已 則
> 亦可曰不納主不徹而退耶. ○又【按】溫公影堂雜儀徧 納祠版出徹云
> 而家禮 因書儀而爲之者 則徹在納主後 明矣. ○【儀節】奉主入櫝 在辭
> 神之後 亦非家禮之意. 星湖云 納主徹 必在辭神之前. 其納主之先於辭
> 神 無違於家禮 而其徹之先 於家禮 恐未及照考.

보름에는 술을 진설하지 않고 신주를 내지 않는다. 주인이 점다 (點茶)하고, 장자가 그것을 돕다가 먼저 내려온다. 주인은 향안 의 남쪽에 서서 재배하고, 내려온다. 나머지는 위의 절차와 같다. ◉『유편』 우리나라 풍속에는 차를 사용하지 않으니, 비록 보름에도 술을 사용하지 않을 수 없다. 탁자 위에 나아가 술을 따르되, 술을 제하는 절차는 없게 하여, 절차를 줄인다. ○『오 례의』에는 삭망이 혹 속절(俗節)과 겹치면 겸행하고, 시제와 만 나면 참례는 굳이 행하지 않는다.

> 【성재안설】정월 초하루의 제사를 주자(朱子)는 "관직이 있는 자는 조
> 알(朝謁)의 예가 있어서, 향리에서는 도리어 제석(除夕) 사나흘 전에
> 행사를 한다" 하였다. 그러나 이것은 향리의 풍속을 말하는데 지나지
> 않을 뿐이다. 그 아래에 "다시 짐작해보면 결단코 정론이 아니다" 하였
> 다. 구씨(丘氏)가 이른바 "정월 초하루[履端]의 제사를 해를 격하여 행
> 하기가 미안하기에 다음날에 행사한다" 한 것도 불가한 것은 아니리라.
> 우리나라는 관직 있는 사람에게 비단 정월 초하루의 조알례(朝謁禮)뿐

아니라, 매 명절날마다 종묘(宗廟) 및 능침(陵寢)의 향사도 있다. 그러므로 우리 집안에서는 이 일을 만나면 때때로 당일에 자제가 대행하기도 한다.

望日 不設酒 不出主. 主人點茶, 長子佐之 先降. 主人立於香案之南 再拜 乃降. 餘如上儀. 【類編】東俗不用茶 則雖望日不可不用酒. 卽於卓上斟之 無縮酒以殺節也. ○五禮儀 朔望或値俗節 則兼行, 與時祭相値 則參禮不必行.

【按】元朝之祭 朱子 謂在官者 有朝謁之禮, 鄕里 却於除夕前三四日行事. 然此不過言其鄕俗而已也. 其下云 更在斟酌 則斷非定論也. 丘氏所謂履端之祭 隔年行之未安 以次日行事者 未爲不可耶. ○我國有官者 非但元日有朝謁, 每節日 有宗廟及陵寢享祀. 故吾家 則遇此事 故時以子弟代行於當日.

【성재안설】 사당[廟]에 초하루를 고하고[告朔] 조회를 행함은 천자와 제후의 예이다. 윤달에는 천자도 초하루를 고하지 않으니, 윤달의 삭참(朔參)은 아마도 사·서인이 행할 바가 아닌 듯하다. 단지 묘(廟)에 배알만 하는 것은 어떨지 모르겠다. ○『춘추』 문공(文公) 6년에 "윤달에 묘에서 조회했다" 하였는데, 이는 필시 나무란 것이다.

按 告朔朝廟 天子諸侯之禮也. 閏月 天子亦不告朔 則閏月朔參 恐非士庶人所可行. 只謁廟 未知如何. ○春秋文公六年曰 閏月朝于廟, 此必譏之也.

10. 분향할 때 재배의 유무에 대한 논의〔焚香再拜有無義〕

【성재안설】 무릇 분향 및 재배의 절차에 대하여는 여러 설들이

갑론을박하여 확정된 것이 없다. 그러나 자세히 궁구하면 모두 의의가 있다. 『가례』 '신알(晨謁)'조에 "대문 안에서 새벽 문안을 하되, 분향하고 재배한다" 하였다. 그 뵙는 예는, 문에 들어가 먼저 재배하고, 조계에 올라가서 분향하며, 분향하고는 또 재배한다.◉ 분향은 신(神)에게 알리는 것이다. 그러므로 『어류』에 "선생께서 일찍 일어나 자제들을 거느리고 늘어서서 절하고, 향을 사르고 또 절을 한다" 하였다. 이는 먼저 재배하고 분향하며, 분향하고 또 재배한다는 증거이다. '드나들 적에 고한다'는 조목에서는 "하룻밤을 지나고 돌아오면 분향하고 재배한다" 하였다. 분향하기 전의 재배는 비록 언급하지 않았지만, 이미 사당에 들어가면 절을 하지 않을 수 없다. 이는 마땅히 신알을 예시로 삼아야 하기 때문에 생략한 것이다. 또 "열흘 이상을 지나면 재배하고 분향하며 고한다. 고하기를 마치면 또 재배한다" 하였다. 이는 멀리 가기 때문에 고하는 말이 있는 것이니, 그 절하는 예는 같다. 또 "달을 지내고 돌아오면 중문을 열고 계단 아래에 서서 재배하고, 올라가 분향하고 고하고 재배하며, 내려와 자리로 돌아와서 재배한다" 하였다. 먼저 재배하고 분향하며 고하고 재배하는 것은 앞과 같지만, 내려와 자리로 돌아와서 재배하는 것은, 한 달을 넘겼기 때문에 한 번 절하고 물러나는 절차를 첨가한 것이다. 여기에는 모두 품격에 따라 절제하는 의미가 있다. 신알의 분향과 하룻밤을 지냈을 때의 분향은 조계(阼階)에서 분향하고, 열흘을 지내거나 달을 지냈을 경우의 분향은 당(堂) 안에서 분향하는데, 당 안에서 하는 것은 고사가 있기 때문이다. '정지삭참(正至朔參)'조에는 "분향하고 재배하고, 띠풀 위에 지우고 재배하고, 내려와 자리로 돌아와 자리에 있는 사람들과 함께 모두 재배하여 참신한다" 하였다. 이 또한 분향 앞의 재배를 말하지 않은 것이다. 당일 신알하는 절에는 본디 전례가 있기 때문에 별도로 말하지 않았고, 또 장차 탁자 앞에서의 분향이 있으면 조계에서의 분향은 의당 겹쳐 행해서는 안 되기에 말하지 않았다. 술을 지우고 재배하는 것은 강신하는 절이다. 내려와 자리로 돌아와서 자리에 있는 사람들과 함께 모두 재배하여 참신하는 것은 참신하는 절이다. '재배(再拜)' 두 글자는 참신(參神)에 속하니, '참신하고 재배한다'는 말과 같다. 그러므로 '참신' 아래에 다시 '재배'를 말하지 않은 것이다. 대개 강신(降神)은 유독 주인의 일이지만, 참신은 곧 주인과 자리에 있는 사람들이 함께 참여하는 일이기 때문에 줄지어 절하는 것이다. '시제 때 신주를 받들고 자리에 나아간다[時祭奉主就位]'는 조목에서 분향만 말하고 재배를 말하지 않은 것도 사당 안에서 이미 거행한 사례가 있기 때문에 생략한 것이다. 그렇지 않다면 이미 대문 안에서의 절이 없고 또 분향한 뒤의 절도 없는 것이니, 어찌 이런 이치가 있겠는가? 만약 고연 절이 없다면 시제하는 날에 알묘(謁廟)의 예와 고사(告詞)할 때의 절을 모두 빠뜨린단 말인가? 그래서 성호(星湖)선생은 "신알례(晨謁禮)는 본디 예(禮)에 의거하여 폐하지 않는데, 제사하는 날에는 반드시 먼저 절이 있다" 하였고, 또 "분향하고 고사할 때도 아마 절이 있을 것이다" 하였으며, 또 "사당 안에서 혼(魂)에게 알릴 때는 절이 있어야 마땅할 듯하다" 하였다. 나 또한 말한다. "분향하고 고사한 뒤에 절이 있는 것은 의심할 것이 없다"고. '시제강신(時祭降神)'조에 "분향하고 조금 물러서서 띠풀에 술을 붓고 재배한다" 하였다. 그 분향에 절이 없는 것은 이미 사당 안에서 신주를 받들 때에 먼저 신에게 알리기 위해서 분향하는 절을 행하기 때문이다. 그러므로 자리로 간 뒤에 단지 다시 한 번 향을 살라서 향기를 접속할 뿐이다. 그러므로 다시 겹쳐 절하는 것이 없다. 성호의 의논도 이러하다. ‘우제강신(虞祭降神)’조에 “분향하고 재배하며, 띠풀 위에 술을 제하고 재배한다” 했으니, 이 또한 분향하고 술을 제하면서 각각 재배가 있는 것이다. 무릇 우제(虞祭)·졸곡(卒哭)·상제(祥祭)·담제(禫祭)가 모두 같은 것은, 궤연(几筵)의 제사가 비록 사당의 제사와 다르더라도 한 번의 분향이 없을 수 없고, 분향을 하면 또 한 번의 재배가 없을 수 없기 때문에, 그래서 분향의 절이 있는 것이다. 그 실체는 사당 안에서 분향하고 절하는 것과 같다.

【『문해』】 “『가례』에는 삭망의 분향과 관주(灌酒)에 각기 재배하는데, 시제(時祭)에는 관주하면서 한 번만 재배한다. 시제에 한 번만 재배하는 것은 아마도 빠지거나 잘못이 있는 듯하다. 그래서 『비요』에서는 두 번의 재배를 첨가하여 보충했는데, 옳은지는 모르겠다. ○남계(南溪)는 “퇴계(退溪)는 ‘환하게 알 수 없다’고 하였고, 사계(沙溪)는 『비요』에 첨가하여 넣었다. 그러나 『의절』 및 『요결』은 모두 『가례』를 따랐다. 나는 경솔하게 첨가하고자 않는다” 하였다. ○【『서의』】 상제(喪祭)와 길제(吉祭)에 모두 분향하고 재배하지만, 술을 지운 뒤에는 절을 하지 않는다. ○【성재안설】 ‘시제복일(時祭卜日)’조에 “중문을 열고 재배하고, 올라가 분향하고 재배하고, 고하고 재배하고, 내려와 자리로 돌아와서 자리에 있는 사람들과 함께 모두 재배한다” 하였다. ‘담복일(禫卜日)’조에는 “사당에 들어가서 재배하고, 분향하고 고하고 재배하고, 내려와 자리에 있는 사람들과 함께 모두 재배한다” 하였다. ‘유사즉고(有事則告)’조에는 정지삭일(正至朔日)의 의식과 같다. 이는 모두 참고할 것들이다. ○정자(程子)는 “집안 제사에서 무릇 절은 모두 두 번 절하는 것으로 예(禮)를 삼음이 마땅하다. 만약에 축문이 있고 신에게 고하는 말이 있으면 4배와 6배의 예가 있다” 하였다. 【성재안설】 4배는 두 번 재배하는 것이다. 6배는 세 번 재배하는 것이다.

按 凡焚香及再拜之節諸說 甲乙未有一定. 然細究 則皆有意義.
家禮 晨謁條曰 晨謁於大門之內 焚香再拜. 其謁之禮 入門而先
再拜 升阼階而焚香 焚香而又再拜也.^{焚香者 報神也.} 故語類云 先生
早起 率子弟 列拜炷香又拜. 此是先再拜而焚香 焚香而又再拜
之證也. 出入告條曰 經宿而歸 則焚香再拜. 其焚香之前 雖不言
再拜, 旣入廟 則不可不拜. 此當以晨謁例之 故略之也. 又曰 經
旬以上 則再拜焚香告 告畢又再拜. 此爲遠去 故有告詞 而其拜
禮 則同也. 又曰 經月而歸 則開中門 立階下再拜, 升焚香告再
拜 降復位再拜. 其先再拜焚香 告再拜者 與前同, 而其降復位再
拜者 爲經月 故添一拜辭之節也. 此皆有品節之義也. 而其晨謁
之焚香 經宿之焚香 焚香於阼階, 經旬經月之焚香 焚香於堂中
堂中爲有告詞也. 正至朔參條曰 焚香再拜 酹于茅上再拜 降復
位 與在位者 皆再拜參神. 此亦不言焚香前再拜者. 當日晨謁之
拜 自有前例 故不別言之, 而又將有卓前焚香 則阼階之焚香 不
宜疊行 故不言也. 其酹酒再拜者 降神之拜也. 其降復位 與在位
者 皆再拜參神者, 參神之拜也. 再拜二字 屬於參神 猶言參神再
拜也. 故參神之下 更不言再拜也. 盖降神 獨主人之事, 而參神
則乃主人與在位共參之事 故列拜也. 時祭奉主就位條 但言焚香
而不言再拜者, 此亦有廟中已行之例 故略之也. 不然 則旣無大
門內之拜 又無焚香後之拜者 豈有是理. 若果無拜 則時祭之日
都闕謁廟之禮告詞之拜耶. 所以星湖先生曰 晨謁禮 自依禮不
廢, 祭之日 必先有拜. 又曰 焚香告詞時 疑亦有拜. 又曰 廟中報
魂時 似當有拜. 愚亦曰 焚香告詞後 有拜無可疑也. 時祭降神條
曰 焚香少退 灌于茅再拜. 其焚香而無拜者 已於廟中奉主時 先
爲報神 行焚香之拜. 故就位後 只更一炷 以接續香氣而已. 故無
復疊拜. 星湖之論 亦如此矣. 虞祭降神條曰 焚香再拜 酹之茅上

再拜. 此又有焚香酹酒之各再拜. 凡虞卒祥禫皆同者　几筵之祭
雖與廟祀有異 亦不可無一焚香 焚香 則又不可無一再拜 故有焚
香之拜也. 其實　則同於廟中之焚香拜也.

【問解】曰 家禮 朔望 焚香灌酒各再拜, 時祭 只於灌酒一再拜. 時祭 一
再拜 恐闕誤, 故備要添補兩再拜 未知得否. ○南溪曰 退溪以爲不可曉,
沙溪於備要添入之, 然儀節及要訣 皆從家禮, 愚不欲輕添. ○【書儀】
喪祭與吉祭 皆有焚香再拜 而酹酒後無拜. ○【按】時祭卜日條 開中門
再拜 升焚香再拜 告再拜 降復位 與在位者 皆再拜. 禫卜日條 入祠當
再拜 焚香告再拜 降與在位者 皆再拜. 有事則告條 如正至朔日之儀.
此皆參考者. ○程子曰 家祭 凡拜 皆當以兩拜爲禮. 若有祝有告辭神
則有四拜六拜之禮. 【按】四拜 二再拜也. 六拜 三再拜也.

11. 참신과 강신의 선후 논의〔參神降神先後義〕

【성재안설】신주를 내지 않고 본 장소에서 제사지내는 경우는
강신을 먼저하고 참신을 뒤에 한다. 신주를 내어 다른 곳에서 제
사지내는 경우는 먼저 참신을 하고 뒤에 강신을 한다. 대개 참례
(參禮) 및 시조(始祖)와 선조(先祖)의 제사는 본 장소에서 지낸
다. 시제(時祭)와 기제(忌祭)와 녜제(禰祭) 따위는 다른 곳에서
지낸다. 그러므로 신주를 내지 않으면 고사(告詞)하기를 "감히
청하오니 존령께서는 강림하여 신위에 거처하소서" 하고, 신주를
내어가면 "감히 신주가 정침에 나아가기를 청하옵니다" 한다. 이
를 살펴보면 참신과 강신을 앞뒤로 하는 뜻을 알 수 있다.

신위를 마련하나 신주가 없는 경우 및 지방으로 행사하는 따위에는 강
신을 먼저 하고 참신을 뒤에 한다. 묘제(墓祭)에는 참신을 먼저 한다.

按 不出主而祭於本所者 先降後參. 出主而祭於他所者 先參後
降. 盖參禮及始祖先祖之祭 祭於本所. 時祭忌祭禰祭之類 祭於
他所. 故不出主 則告詞曰 敢請 尊靈降居神位, 出主 則曰 敢請
神主出就正寢. 觀此 則參降先後之義 可知矣.

設位 而無主及紙牓行事之類 先降後參. 墓祭先參.

12. 납주와 사신의 선후 논의〔納主辭神先後義〕

【성재안설】 본 장소에서 제사하면 납주(納主)를 먼저 하고 사신
(辭神)을 뒤에 한다. 다른 곳에서 제사하면 사신을 먼저 하고 납
주를 뒤에 한다. 어째서인가? 대개 송나라 때 시제와 기제 따위
는 다른 곳에서 거행되는 것인데, 신주를 받들어 서계(西階)에
와서 탁자 위에서 독(櫝)을 열고 신주 몸체만 꺼내어 자리에 나
가 제사하고, 제사를 마치면 돌아가 서계에 이르러 신주를 독에
넣으니, 서계는 배례(拜禮)하는 곳이 아니기 때문에 먼저 신주를
거두기 전에 사신한다. 우제(虞祭)·연제(練祭)·상제(祥祭) 등
의 제사는 본 장소에서 거행되는 것인데, 신주가 그 자리에 있고
독도 또한 함께 있으니, 신주를 거둔 후에 예전 자리에서 예를
행한다.

우리나라 풍속에는 비록 다른 곳에서 제사지내더라도 서계(西階)에서
독(櫝)을 여는 의식이 없다. 독을 함께 받들고 자리에 나아가 열되, 신
주 몸체를 꺼내지는 않고 독좌(櫝座)에 안치하여 두었다가, 제사를 마
치면 그 자리에서 독(櫝)의 덮개를 닫으니, 신주를 거둔 뒤에 사신을
하더라도 괜찮다.

按 祭於本所 則先納主後辭神, 祭於他所 則先辭神後納主, 何也. 盖宋時 如時祭忌祭之類 行於他所者, 奉主至西階 卓上開櫝 只出主身就位祭, 祭畢 還至西階櫝之, 則西階非拜禮之所 故先辭於斂主之前也. 如虞祭練祥等祭 行於本所者, 主在其位 櫝亦俱在 則斂主後行禮於故位也.

東俗 則雖祭於他所 無西階開櫝之儀. 並奉櫝 就位開之 不出主身 而安在櫝座, 祭畢 闔其櫝盖於其位 則雖神於斂主之後 可也.

13. 상제 후 삭망〔祥後朔望〕

상제(祥祭) 뒤의 삭망(朔望)은 당연히 별도로 행하지 않는다.

퇴계는 "평소에 삭망(朔望)의 예를 행하는 사람은 사당에서 행함이 합당하고, 평소에 행하지 않은 사람은 신주를 정침에 내어서 행한다" 하였다. ○한강(寒岡)은 "삭망에 전(奠)을 진설하는 것이 어려울 듯하면 내어서 별도로 행하기를 청한다. 『가례』에 삭망의 참(參)이 있으니, 이에 따라 사당 안에서 병행하여도 무방하다" 하였다. ○사계(沙溪)는 "정침에 내어서 전(奠)을 올리는 것은 너무 무거운 듯하다" 하였다. ○우복(愚伏)은 "홀로 새 신주를 내어와서 제사하는 것은 편치 못한 듯하다" 하였다. ○【문해속】 부묘(祔廟)한 뒤에 삭망을 별도로 설치함은 적합지 않고, 또한 사당 안에서 곡하는 것은 불가하다. ○【유집】 아버지가 계실 때의 어머니 상(喪)에서, 이미 사당에 들였다가 다시 청사로 받들어 와서 삭망전을 행함은 미안하다.

祥後朔望 不宜別行.

退溪曰 素行朔望者 合行於廟, 素不行者 出主正寢而行之. ○寒岡曰 朔望 設奠似難 請出別行. 家禮 有朔望之參 依此 並行於廟中 不妨. ○沙溪曰 出奠正寢 似爲過中. ○愚伏曰 獨出新主以祭 似未安. ○【問鮮

續】祔廟後朔望 不宜別設, 且不可廟中而哭. ○【類輯】父在母喪 旣已
入廟 還奉廳事 行朔望奠 未安.

13-1. 시속의 절기에는 그 때의 음식을 올린다. 『가례』

절기는 청명(淸明), 한식(寒食), 중오(重午:단오), 중원(中元:백
중), 중양(重陽) 따위로,● 우리나라 풍속에는 정조(正朝), 상원(上元), 추석, 납일
(臘日) 및 '유두(流頭)'라 하는 6월 15일이 절일(節日)이다. 무릇 향토 풍속[鄕俗]
에서 숭상하는 날이다. 음식으로는 각서(角黍)[177]와 같이 무릇
그 계절에 숭상하는 것을 큰 쟁반으로 올리고, 채소와 과일을 사
이에 놓는다. 예는 정월 초하루나 동지나 삭일의 의식과 같다.

> 주자는 "시속 명절은 옛적에는 없었는데, 요즘 사람들은 이를 중요하
> 게 여겨서 반드시 음식을 장만하여 서로 잔치하고 즐기며, 그 절기에
> 따른 물건 또한 각기 적합한 바가 있다. 그러므로 조고(祖考)를 생각하
> 지 않을 수 없어서 그 계절의 산물로 제향한다" 하였다. 또 "시속 명절
> 은 작은 제사이다. 단지 가묘에 나아가 두 가지 음식에 술은 한 번만
> 올리는데 그친다" 하였다. ○【성재안설】『가례』에는 '포혜(脯醯)'라는
> 글이 없으니, 곧 제철에 따른 음식을 올릴 뿐이다. 그러므로 단지 "떡
> [角黍] 같은 것"이라고 하였다. ○남헌(南軒)이 시속 명절의 제사를 폐
> 지하자, 주자는 "단오에 떡을 먹지 않고, 중양절에 수유주(茱萸酒)를
> 마시지 않는가? 제사를 지내지 않고 제 혼자 향유하는 것이 마음에 편
> 안한가? 대개 고미반(菰米飯)과 강낭수(絳囊茱)가 어찌 옛날부터 있었
> 던 것이겠는가?" 하였다. ○한강(寒岡)은 "동지 팥죽, 정월 대보름의
> 찰밥은 애초에 염병을 물리치려고 새에게 먹이던 것에서 나와 드디어
> 풍속을 이룬 것이다. 절기에 따른 물건은 각기 인정(人情)에 적합한데,
> 이 날에 조고(祖考)를 생각하지 않을 수 없어서 그 둘건을 올리는 것이
> 다" 하였다.

---

177) 각서(角黍): 식물의 잎사귀로 찹쌀가루를 싸서 찐 떡의 일종.

○시속의 절기에는 축문이 없다.『오례의』

『주자대전』에서는 속절(俗節)에 일헌(一獻)만 올리고 축문을 읽지 않
는다.

俗節 獻以時食. 家禮

節 如淸明寒食重午中元重陽之類^{東俗 正朝上元秋夕臘日及六月十五日名曰類頭} ^{爲節}. 凡鄕俗 所尙者. 食如角黍 凡其節之所尙者, 薦以大盤 間以
蔬果, 禮如正至朔日之儀.

朱子曰 俗節 古所無有, 今人 旣以此爲重 必具殽羞相宴樂 而其節物
亦各有宜. 故不能不思其祖考 以其物享之. 又曰 俗節小祭. 只就家廟
止二味 酒止一上. ○【按】家禮 無脯醢之文, 則隨其時食薦之而已. 故
但曰如角黍. ○南軒 廢俗節之祭, 朱子曰 端午能不食粽 重陽能不飮茱
萸酒乎. 不祭而自享 於心安乎. 盖菰米飯 絳囊茱 豈從古而有者乎. ○
寒岡曰 冬至豆粥 上元香飯 初出於辟瘟飼烏 而遂以成俗. 節物 各宜於
人情, 是日不能不思其祖考 以其物享之者.

○俗節無祝. 五禮儀

朱子大全 俗節 一獻 不讀祝.

14. 상중 행사의 절차〔喪中行祀之節〕

주자는 "천신(薦新)과 고삭(告朔)은 길사와 흉사가 서로 겹치면 행하
지 못할 듯하다. 장사를 치르지 않았으면 폐함이 가하고, 이미 장사를
치렀으면 복이 가벼운 자나 혹 이미 복을 벗은 자에게 예를 행하게 하
는 게 좋다. 절사(節祀) 역시 천신(薦新)과 같이 행한다" 하였다. ○시
제(時祭)는 예가 번거로워 상을 치르는 자가 행할 수 있는 것이 아니
다. 절사(節祀)는 그 예가 매우 간단하여 묵최(黑縗)를 입고 행사해도

불가할 것이 없다. ○성호(星湖)는 "사당에 들어가면 두건을 폐하고 포망건(布網巾), 방립(方笠), 포심의(布深衣), 포대(布帶)를 착용한다" 하였다.

朱子曰 薦新告朔 吉凶相襲 似不可行. 未葬 可廢, 旣葬 使服輕者 或已除服者 行禮 可也. 節祀 亦如薦新行之. ○時祭 禮繁 非居喪者所能行. 節祀 則其禮甚簡 以墨縗行事 亦無不可. ○星湖曰 入廟 則廢頭巾 而用布網巾方笠布深衣布帶.

14-1. 새로운 음식물이 있으면 올린다.

또 <이척편> '성복' 아래에 보인다. ○【성재안설】 위의 '정지삭망'조에 햇과일을 진설한다고 한 것은 필시 속절과 삭망의 절차에 따라 천신(薦新)하는 것이다.

삭망과 시속 명절의 절차에 따라 큰 쟁반에 담아 탁자 위에 올린다.

정자(程子)는 "천(薦)을 자주하면 모독이 되기에, 반드시 고삭(告朔)할 때 천을 한다" 하였다. ○『어류』 초하루마다 새로운 물건을 어떻게 얻을 수 있겠는가? 단지 새로운 것이 있으면 사당에 올린다. ○『요결』 오곡(五穀)은 밥으로 지어 찬(饌) 몇 가지를 갖추어 함께 진설하고, 생선·과일·콩·보리는 하나만 올린다. ○사계(沙溪)는 "오곡을 어찌 일일이 모두 올리겠는가? 보리와 밀과 햅쌀 같은 것은 밥으로 짓거나 혹은 떡으로 만들어 올린다" 하였다. ○성호(星湖)는 "천신의 예에는 필시 제 물건이 있는 것이니, 온갖 종류의 쓸데없이 자잘한 종류를 어찌 일일이 번잡하게 올리겠는가?" 하였다. ○『유설』 새로운 물건을 한 가지만 올리면 독(櫝)을 열지 않는다.

有新物則薦.

又見易戚篇成服下. ○【按】上正至朔望條 設新果云者 必是因俗節朔望 而薦新.

因朔望俗節 而盛以大盤 進于卓上.

程子曰 薦數 則瀆 必因告朔而薦. ○【語類】曰 朔新如何得合, 但有新
卽薦于廟. ○【要訣】五穀可作飯 具饌數品 同設, 魚果菽麥 則單獻. ○
沙溪曰 五穀何可一一皆薦. 如大小麥及新米 作飯或餠 上之. ○星湖曰
薦新之禮 必有其物百種冗鎖之類 何可一一雜薦. ○【類說】單薦新物
則不啓櫝.

14-2. 일이 있으면 고한다. 『가례』

원단(元旦)과 동지(冬至), 삭일(朔日)의 의식과 같이 한다. 술과
차만 올리고 재배하며,◉주부는 먼저 내려와 자리로 돌아오고 주인은 향탁(香卓) 남
쪽에 선다. 마치면 축(祝)이 축판(祝版)을 잡고 주인의 왼쪽에 꿇어
앉아 고사(告詞)를 읽고, 마치면 주인은 재배하고 내려와 자리로
돌아온다.◉주부는 먼저 내려왔다. 나머지는 모두 같다. ○일을 아뢰는
축문은 4대를 공히 한 판에 하고, 스스로의 호칭[自稱]은 그 중에
가장 높은 사람을 위주로 하여, 단지 정위(正位)에만 고하고 부
위(祔位)에는 고하지 않는다. 차와 술은 다 진설한다.

【성재안설】부위(祔位)에 유독 일이 있으면, 또한 고함이 마땅하다. 예
컨대 추증(追贈)이나 개제(改題)하는 따위가 그것이다.

有事 則告. 家禮

如正至朔日之儀. 但獻茶酒 再拜,主婦 先降復位 主人 立於香卓南. 訖 祝執
版 跪於主人之左 讀告詞, 畢 主人再拜 降復位.主婦 已先降. 餘並
同. ○告事之祝 四代共爲一版, 自稱以其最尊者爲主, 只告正位
不告祔位 茶酒則並設之.

【按】祔位獨有事 則亦當告之. 如追贈改題之類 是也.

14-3. 주인이 적장자(適長子)를 낳으면 고한다. 『가례』

아들을 낳아 달이 차면◉ 3개월 삭망(朔望) 행사를 할 적에 뵙는데, 축(祝)은 사용하지 않는다. 주인은 술을 올리고 재배하고 향안 앞에 서서 고하고, 마치면 향안의 동남편에서 서향으로 서고, 주부는 아들을 안고 나아가 양쪽 계단의 사이에 서서 아이를 유모에게 주고 재배한다.◉【성재안설】「증자문」〈주〉에 "아들을 받드는 사람이 절한다"고 하였으니. 대개 자식을 대신하여 절함이다. 주인은 그제서야 내려와 자리로 돌아온다.

主人 生適長子 則告. 家禮
　　生子 滿月三月 因朔望見, 不用祝. 主人獻酒再拜 立於香案前告
　　畢 立於香案東南西向. 主婦抱子 進立於兩階之間 以兒授乳母
　　再拜.【按】曾子問 註 奉子者拜 蓋代子而拜也. 主人乃降復位.

고사(告詞). 『가례』

모의 아내 모씨가 모월 모일에 아들 이름 모를 낳았기에 감히 뵙습니다.

　　某之婦 某氏 以某月某日 生子 名某 敢見.

14-4. 관직에 제수되면 고한다. 『가례』

　　授官 則告. 家禮

고사(告詞).『가례』

"유 연호" 이하는 앞과 같다.◉ 친속의 호칭은 따라서 고친다. 다만 부군과 모씨 아래에 "모가 모월 모일 모관직을 제수받는 은혜를 입었습니다. 선조의 훈계를 받들고 이어 녹과 지위를 얻었기에, 남긴 경사가 파급된 것이라 감동과 사모함을 이기지 못하고, 삼가 술과 과일로 정성을 펴고 경건한 고사를 삼가 고합니다" 한다. ○벼슬이 깎이거나 강등되면 "모 관직으로 강등되었습니다. 선조의 훈계를 황폐하게 추락시켜 두려워 몸둘 곳이 없습니다" 한다. 나머지는 같다. ○만약에 자제라면 "모의 모친 모"라 한다. 나머지는 같다.

> 【『요결』】 대과(大科) 급제를 고할 때는 "모과 제 몇 등 몇 인으로 급제하여 출신(出身)에 참가하게 되었습니다" 하고, 소과(小科) 합격을 고할 때는 "생원 혹은 진사 몇 등에 입격하여 상상(上庠)[178]에 오르게 되었습니다" 한다.

維年號以下　同前.屬稱隨改. 但於府君若某氏下云　某以某月某日蒙恩授某官. 奉承　先訓　獲霑祿位, 餘慶所及　不勝感慕, 謹以酒果　用伸虔告　謹告. ○貶降　則言貶某官　荒墜先訓　惶恐無地. 餘同. ○若子弟　則言某之某親某. 餘同.

> 【要訣】告大科　則曰　某科　第某等　幾人及第　獲參出身. 告小科　則曰　生員或進士　某等入格　獲升上庠.

14-5. 추증되면 고(告)하고 개제(改題)하고 분황(焚黃)한다.

> 【『요의』】 만약 종자(宗子)의 친분이 끝난 조주(祧主)를 이미 매안했는

---

178) 상상(上庠): 대학(大學)을 뜻하므로, 조선시대에는 성균관을 가리킨다.

데, 지손(支孫)이 귀하게 현달하여 조주(祧主)를 추증하게 되었다면 묘소에서 고한다.

추증된 감실에만 고하되,◉【성재안설】 비록 부위(祔位)라도 또한 그 위(位)에만 고함이 마땅하다. 술과 과일로 삭참(朔參)의 의식과 같이 고한다. 별도로 탁자 하나를 감실 앞에 설치하고, 교지(教旨)와 등서(謄書)한 황지(黃紙)를 그 위에 놓는다.◉【구준『가례의절』】 하루 전에 재숙(齊宿)하고 나서 글씨를 잘 쓰는 사람에게 명하여 황지로 제서(制書) 1통을 기록하게 하여. 소반에 담아서 향안 위에 둔다. 또 탁자 하나를 그 동쪽에 설치하고 개제(改題)하는 도구를 놓는다.◉'제주(題主)'조에 보인다. 주인이 술을 올리고, 마치면 향안 남쪽에 선다. 축이 축판을 잡고 주인 왼쪽에 꿇어앉아 고사를 읽고, 마치면 주인이 재배하고 내려와 자리에 있는 사람들과 함께 모두 꿇어앉는다. 축이 탁자 서쪽에 이르러 교지를 탁자 위에 펼치고 동향하여 서서 큰 소리로 읽는다. 읽기를 마치면 말아서 탁자 위에 놓고 내려와 자리로 돌아온다. 주인은 올라가 신주를 받들어 탁자 위에 놓고 추증된 관봉(官封)◉분면(粉面)은 고치고 함중(陷中)은 고치지 않는다.을 개제(改題)한다.◉'개제(改題)'조에 상세히 보인다. 개제를 마치면 주인은 신주를 받들고 돌아와 전에 있던 곳에 봉안해 둔다. 축이 등서한 황지(黃紙)와 축문을 가져다 태운다.◉교지(教旨)는 태우지 않는다. 내려가 자리로 돌아와서 사신(辭神)하고, 철(徹)하고 나서 물러간다.

주자는 "황지(黃紙)로 조칙을 베껴서 선언하여 읽기를 마치면 태운다" 하였다. ○성호(星湖)는 "지금은 고명(誥命)에 황마지(黃麻紙)를 사용하지 않으니 백지(白紙)를 사용해도 불가하지 않다" 하였다. ○『문해』에도 또한 "요즘 교지는 흰 것을 사용하니, 흰 것을 사용해도 무방하다" 하였다. ○당나라 상원(上元)[179]의 제칙(制敕)은 모두 백지(白紙)를 사

---

179) 상원(上元): 당나라 고종(高宗)의 연호. 674~676년. 이 제칙은 당나라 상원 3년(676)

용했는데 좀 먹은 것이 많았다. 이후로는 황지(黃紙)를 사용하였다.

追贈 則告改題焚黃.

【要儀】若宗子親盡祧主旣埋 支孫貴顯 追贈祧主 則告于墓.

止告所贈之龕【按】雖祔位 亦宜止告其位. 以酒果告 如朔參之儀. 別設一卓於龕前 置敎旨及黃紙謄書者於其上.【丘儀】前一日齊宿 命善書者 以黃紙錄制書一通 以盤盛置香案上. 又設一卓於其東 置改題之具.見題主條. 主人獻酒, 訖 立于香案南. 祝執版 跪於主人之左 讀告詞, 畢 主人再拜降 與在位者皆跪. 祝詣卓西 展敎旨於卓上東向 立宣讀. 讀畢 捲置卓上 降復位. 主人升奉主 置卓上 改題詳見改題條.所贈官封.改粉面 不改陷中. 題畢 主人奉主 還安故處. 祝取謄書黃紙及祝文焚之.敎旨不焚. 降復位 辭神徹乃退.

朱子曰 以黃紙謄詔命 宣畢 焚之. ○星湖曰 今誥命 不用黃麻 則用白米[180]爲不可. ○【問解】亦云 今敎旨用白 雖用白不妨. ○唐上元制勅 皆用白紙 多有蠹食 自後用黃紙.

고사(告詞). 『가례』

만약에 일로 인해 특별히 추증이 있으면 별도로 쓰는 말을 만든다. ○ 묘소에서 분황하면 마땅히 별도로 묘에서 고하는 말을 만든다.

모두 앞과 같다. 부군과 모씨 아래에 "모월 모일 제서(制書)◉지금은 '교서(敎書)'라 한다.를 받들고 보니,◉지금은 '고(故)'를 고쳐 현(顯)으로 한다. 고(故) 모친에게 모관을, 모친에게 모봉을 추증하였습니다. 모는 선조의 훈계를 받들어 외람되이 조정에 자리를 차지하였는데, 경건

윤3월에 내려졌다.
180) '미(米)'는 '미(未)'의 오기이므로 이제 바로잡아 해석하였다.

히 은혜로운 경사를 받들어 이러한 포증(襃贈)이 있었습니다마는, 녹으로 봉양하지 못하오니 안타깝고 목이 매여 견디기 어렵습니다. 추증한바 관직과 봉작으로 이제 장차 개제하려 하오니”라고 하고, 나머지는 모두 같다.

【성재안설】 이 고사는 자손에게 관직이 있음으로 인하여 조상에게 은혜가 파급된 것이다. 만약 선조의 충효(忠孝)와 학행(學行)과 공훈[勳勞]으로 관작이 추증되면, ‘모봉승(某奉承)’ 이하 25자를 빼고, 일에 따라서 할 말을 고친다. ○【성재안설】 또 적자(適子)가 참최상(斬衰喪)으로 미처 개제(改題)하지 못했는데 조부와 증조 이상의 증직이 있으면, 그 제사에는 증직을 적어야 한다. ○주자는 “분황(焚黃)을 근세에는 묘소의 막차에서 행한다고 하는데, 예에 무슨 근거가 있는지 모르겠다. 장위공(張魏公)이 추증된 시호(諡號)를 사당에만 고한 것이 대체(大體)를 얻은 것이다. 다만 요즘 세상에서는 모두 묘소에 고하니, 아마 속됨을 면치 못하리라” 하였다. ○양씨(楊氏)는 “선생의 문집 가운데는 분황(焚黃) 축문이 있는데, 가묘(家廟)에 고하였지 ‘묘소에 고한다’고는 하지 않았다” 하였다. ○성호(星湖)는 “묘소에서 분황하는 것은 시속을 따라도 무방하다” 하였다. ○서건학(徐乾學)은 “묘소에 올라가 분황하고 성대하게 잔치를 열어 음악을 베푸는 것은 아마도 예가 아닐 듯하니, 사당에 고하는 것을 바르게 여김이 마땅하다” 하였다. ○【성재안설】 우리나라에서는 이미 예속(禮俗)이 되었다. 나머지는 ‘묘제(墓祭)’에 보인다.

若人事特贈 別爲措辭. ○焚黃於墓所 則當別爲告墓之辭.

並同前. 府君若某氏下云 奉某月某日 制書^{今云敎旨}. 贈故^{今改故爲顯}. 某親某官某親某封. 某奉承先訓 竊位于朝, 祗奉恩慶 有此襃贈, 祿不及養 摧咽難勝. 所贈官封 今將改題. 餘並同.

【按】 此告詞 因子孫之有官 而推恩於祖先者也. 若以祖先之忠孝學行 勳勞追爵 則去某奉承以下二十五字 隨事改措語. ○又【按】 適子軒衰 未及改題, 祖曾以上有贈職, 則其祭祀 不可不書贈職. ○朱子曰 焚黃

近世 行之墓次, 不知於禮何據. 張魏公贈諡 只告于廟爲得體. 但今世皆
告墓, 恐未免俗耳. ○楊氏曰 先生文集中 有焚黃祝 告于家廟 不云告
墓. ○星湖曰 塋墓焚黃 從俗無妨. ○徐乾學曰 上墓焚黃 盛宴設樂 亦
恐非禮 當以告廟爲正. ○【按】我東 則已成禮俗. 餘見墓祭.

【성재안설】 실직(實職)과 증직(贈職)은 모두 국가의 은혜이다.
하물며 실직에는 간혹 선조(先朝)의 은명(恩命)이 많이 있으니,
직명(職命)의 선후에 따라 쓰는 것이 마땅하나, 지금의 풍속에는
증직을 먼저 쓰니 무슨 근거인지 알 수 없다. 국제(國制)가 아니
면 주자(朱子)를 따르는 것이 가하다.◉『대전』 고비(考妣)에게 고하는 축
문에 "황고태사이부증통의대부부군(皇考太史吏部贈通議大夫府君) 황비유인증석인축씨(皇妣孺
人贈碩人祝氏)"라 하였다. 선유들의 의논이 또한 모두 이러하다.

【한훤(寒暄)181) 「연보」】 먼저 임직(任職)을 쓰고 뒤에 증직을 언급하
였다. ○퇴계는 "우리나라 풍속에 증직을 먼저 쓰는 것은 국가의 은혜
를 우선으로 여기는 뜻이다. 그러나 관직의 고하와 일의 선후가 도치되
었다. 바꾸어 고례를 따르고자 하지만 실행하지 못했다" 하였다. ○우
암(尤庵)은 "『주자대전』에 근거하면 실직을 먼저 쓰고 증직은 뒤에 쓴
다. 우리 집안에서는 이 예를 준용한다" 하였다.

관・혼(冠婚) 등을 고하는 의식은 각기 본래의 조목에 보인다.

【按】實職贈職 均是國恩, 而況實職 則或多有先朝之恩命, 當以
職命之先後書之, 而今俗之 先書贈職 未知何據也. 非國制 則從
朱子可也.【大全】告考妣文皇考見史吏部贈通議大夫府君皇妣孺人贈碩人祝氏. 先儒之
論亦皆如此.

【寒暄 年譜】先書任職後 及贈職. ○退溪曰 東俗先書 贈職 先國恩之
義也 然官之高下事之先後 倒置欲變而從古 未果也. ○尤庵曰 據朱子

---

181) 한훤(寒暄): 조선전기 학자 한훤당(寒暄堂) 김굉필(金宏弼, 1454~1504)의 호.

大全 先實職 後書贈職 鄙家 遵用此例.

冠昏等 告儀 各見本條.

14-6. 세대가 바뀌면 신주를 개제(改題)하고, 체천(遞遷)한다.『가례』

개제와 체천은 길제(吉祭)장에 보인다. 대종(大宗)의 집에서 시조(始祖)의 친분이 끝나면 그 신주를 묘소에 간직하지만, 대종이 그대로 묘전(墓田)을 주관하여 그 묘제(墓祭)를 받들며, 대대로 종인(宗人)을 거느리고 한결같이 제사하여 백 세토록 바꾸지 않는다. 그 제2세 이하의 조상이 친분이 다하거나 소종의 집에서 고조의 친분이 끝나면, 그 신주는 조천하여 매안하고, 그 묘전(墓田)은 여러 사람이 번갈아 관장하면서 해마다 그 자손을 거느리고 한 번씩 제사하여 백 세토록 바꾸지 않는다.

> 【성재안설】 주자는 "제법(祭法)에는 세대 수에 명백한 차등이 있어서 갑자기 고치기 쉽지 않다. 옛사람이 조상을 잊어서는 안 된다는 것을 모르지는 않았으나 이렇게 법을 세웠다"고 하였으니, 또한 정밀한 뜻이 있다.

易世 則改題主而遞遷之. 家禮

> 改題遞遷 見吉祭章. 大宗之家 始祖親盡 則藏其主於墓所, 而大宗猶主墓田 以奉其墓祭 歲帥宗人一祭之 百世不改. 其第二世以下祖親盡, 及小宗之家 高祖親盡 則遷其主而埋之, 其墓田則諸位迭掌而歲帥其子孫 一祭之 百世不改.
>
> 【按】 朱子曰 祭法世數 明有差等 未易遽改. 古人 非不知祖不可忘 而立法如此 亦有精意.

15. 훈신은 조천하지 않음〔勳臣不祧〕

「제법」 마씨의 <주>에 "천자의 묘는 일곱이지만 그 공덕이 크면 수는 더할 수 있다. 제후는 5세일 뿐, 공덕이 있더라도 수는 더하지 않는다. 선왕의 예는 이와 같다" 하였다. 「왕제」에 "태조는 훼손할 이치가 없다" 한 것은 공덕이 있는 자를 위하여 말한 것이며, 「제법」에 "조(祖)는 훼손할 이치가 있다" 한 것은 공덕이 없는 자를 위하여 말한 것이다. ○『오례의』 만약 친분이 다한 조상이 처음으로 공신이 되어 백 세토록 옮기지 않을 분이 있다면, 대수 외에 별도로 하나의 감실을 세워서 제사한다. ○여헌(旅軒)은 "조천하지 않는 신위[不遷之位]를 어찌 4대에 포함하여 헤아리겠는가? 이미 국가의 법령이 있으니 5대를 제사하더라도 해로울 게 없다" 하였다. ○남계(南溪)는 "사계(沙溪)는 '고조를 내보내야 마땅하다'고 하였고, 여헌(旅軒)은 '이미 국가의 법령이 있으니 5대를 제사하더라도 해로울 게 없다'고 하였으며, 우암(尤庵)은 '고조의 사당을 묘소에 세운다'고 하였으나, 꼭 다 합당한 것은 아니다. 그 분수에 넘친다고 의심되는 것은 감실에 있지 세대 수에 있는 것이 아니다. 고례의 '관사(官師)는 1묘인데 조(祖)와 녜(禰)를 함께 제사한다'는 뜻을 본떠 조처하고자 한다" 하였다. ○우암이 이선(李選)에게 답하기를 "귀댁 종가의 두 대군(大君)과 공신(功臣) 한 분은 모두 불천위인데, 또 4친(四親)을 받든다면 7세를 제사하는 것이다. 만약에『가례』의 '사당에 보관한다[藏廟]'는 절차를 따른다면 모두 불천위가 되니, 열 분의 공신이 있더라도 또한 걸릴 것이 없다" 하였다. ○『유편』 요즘 사람들의 참람함은 4대를 제사하는 데 있다. 만약 이를 변혁하여 제사하지 않는다면, 제사를 지내야 마땅한 시조야 어찌 의심할 게 있겠는가? 비록 몇 대의 훈신(勳臣)이라도 국제(國制)가 본디 그러하니 제사를 지낼 따름이다.

○4개의 감실 이외에 또 처음 터를 잡은 할아버지[始基之祖]를 보태면 더욱 미안하다고 생각된다. 그러므로 주자는 '묘소에 옮기되 매안하지 않는다'는 설이 있다. 그러나 단지 산언덕에 사당을 세워 한 번 제사하는 이외에는, 청소하는 사람도 없고 혹 인가가 피폐하여 비호할 수 없게 되니 참으로 미안한 일이다. 지금의 제도는 제사에 3대까지만 허락

하고 그 별자(別子) 및 공훈이 있는 자는 비록 여러 세대를 거치더라도 모두 조천하지 않는 신주로 확정했으니, 만일 이 제도단 따른다면 고례에는 합치하지 않는 바가 있지마는, 요즘 세상에 살면서 요즘의 법을 행하는 것은 성인이라도 또한 수긍할 것이다. 동당이실(同堂異室)의 제도가 천자로부터 국가에까지 통용되니, 법을 세운 뜻이 필시 별도로 하나의 사당을 세우는 것만 용납하지는 않을 것임이 분명하다. 그렇다면 여러 세대에 걸쳐 공훈이 있는 자는 비록 6세, 7세로 많다 하더라도 한 사당에서 받드는 데에 혐의가 있지 않는다. 만약 여러 세대에 걸쳐 지내기가 참람하다면 제사하지 않음이 옳다. 이제 제사하지 않을 수 없다고 도리어 별도로 하나의 사당을 세우려고 하는데, 별도로 세우는 것과 동당(同堂)으로 하는 것에 과연 참람함과 참람하지 않은 차이가 있는가? 또 더구나 별도로 세우는 것은 더욱 분수에 넘친다고 생각되니, 해서는 안 된다. 옛적에 여러 신주에는 각각 사당이 있었는데, 오직 제후의 중사(中士)와 하사(下士)만이 조(祖)와 녜(禰)의 사당을 함께 했으니, 별도로 세우는 것이 동당으로 하는 것보다 무거운 것임을 알 수 있다. 태조를 별묘(別廟)로 하지 않는 것은 천하가 함께 아는 바인데, 대부(大夫)와 사(士)가 갑자기 홀로 시행하는 것이 옳겠는가? 요즘 사람들은 4대를 제사하고, 또 시조에 제사하니, 실로 국가와 다름이 없다. 이는 단지 4대를 제사하는 과오이지, 시조를 제사하는 잘못은 아니다. 법령 밖에 있는 4대를 움직이고 싶지 않아 도리어 마땅히 제사지내야 할 시조를 조천한다면 어찌 옳겠는가? 만약 "『주자가례』 역시 따르지 않아서는 안 된다" 하여 굳이 고조를 제사한다면, 국가와 구별이 없다는 혐의가 있더라도 이렇게만 하면 그만일 테니 다른 도리가 없다. 대개 천자는 3소 3목을 정하고, 제후는 2소 2목을 하니, 대부가 4대를 제사하는 것이 어찌 참람하지 않겠는가? 비록 대부라도 태조가 있어야 마땅한데, 이제 혹 그렇지 않은 것은 어찌 빠진 것이 아니겠는가? 평범한 인정으로 말하자면 참람한 것은 폐지하고 빠진 것은 거행함이 마땅하다. 주자가 그 참람한 것은 허락하면서 그 빠진 것을 비난한 데는 반드시 은미한 뜻이 있을 것이다. 혹 송나라 때 사당의 제도가 확정되지 않아 모두 4대를 제사하면서도 그 시조에게 제사하는 것은 허락되지 않아서, '4대는 이미 참람하니 묘소에 옮기되 매안하지 않는다'는 설을 부득이 하여 말한 것일까?

【祭法 馬氏 註】曰 天子之廟七 而其功德之大 則數有加焉. 諸侯五世 而已 雖有功德而數不增. 先王之禮 如此也. 王制 太祖無可毀之理 爲 有功德者 言之, 祭法 祖有可毀之理 爲無功德者 言之. ○【五禮儀】若 有親盡之祖 始爲功臣 而百世不遷者 則代數之外 別立一龕 祭之. ○旅 軒曰 不遷之位 豈可並數於四代乎. 旣有國令 雖祀五代無害. ○南溪曰 沙溪以爲高祖當出, 旅軒以爲旣有國令 雖祀五代無害, 尤庵以爲立高 祖廟於墓所, 未必皆當. 其疑於僭者 在龕而不在世. 欲倣古禮官師一廟 祖禰共享之義 以處之. ○尤庵答李選曰 貴宗兩大君一功臣 俱是不遷 之位 又奉四親 則祭七世也. 若從家禮藏廟之儀 則俱爲不遷之位 而雖 十功臣 亦無所礙矣. ○【類編】曰 今人之僭 在於祭四代. 若革此不祭 則其當祭之始祖 何疑之有. 雖有數世勳臣 自是國制然也 祭之而已. ○四龕之外 又添始基之祖 尤覺未安. 故朱子有遷于墓所 不埋之說. 然 只立廟於山原 一祭之外, 無人汎掃 或人家弊殘 至於不能庇護 則誠爲 未安. 今之時制 只許祭及三世 而其別子及有功勳者 雖累世 皆定爲不 遷之主, 若只遵此制 雖於古禮有所未合, 居今之世 行今之法 聖人亦且 肯之矣. 同堂異室之制 自天子達國家, 立法之意 必不獨容其別立一廟 也 審矣. 然則有累世功勳者 雖六世七世之多 未有嫌於一廟之奉. 如以 累世爲僭 則不祭 斯可矣. 今不能不祭 而反欲別立一廟, 別立與同堂 果有僭不僭之殊耶. 又況別立 尤覺犯分 不可爲也. 古者群主各廟 唯諸 侯之中下士 祖禰共廟 則別立之重於同堂 可知. 太祖之不別廟 天下之 所共 而大夫士猝然獨行 其可乎哉. 今人祭四代 而又祭始祖 誠與國家 無別. 此特祭四世之過也 非祭始祖之過也. 乃不欲動於法外之四世 反 遷當祭之始祖 奚可哉. 如曰朱子家禮亦不可不從 而必祭高祖 則雖有 與國家無別之嫌 只得如此而已 更無他道理也. 盖天子定爲三昭三穆 諸侯二昭二穆 則大夫之祭四世 豈非僭乎. 雖大夫亦當有太祖 而今或 不然者 豈非闕乎. 以凡情言之 僭者廢之 闕者擧之 當矣. 朱子許其僭 而難其闕 必有微意. 或者宋時廟制未定 皆祭四世 而不許其祭始祖 故 四世已僭 遷墓不埋之說 不得已云爾耶.

【성재안설】 조천되지 않는 사당에는 두 가지 뜻이 있는데, 각자 예(禮)가 된다. 시조로서 조천되지 않는 자는 자손이 그를 존중

함이다. 이는 「왕제」에 이른바 태조(太祖)의 사당이며,

> 대부(大夫)는 3묘이니, 1소(昭) 1목(穆)에 태조의 묘와 더불어 셋이다. ○【주】 태조와 별자(別子)와 처음으로 벼슬한 자이다. 「대전(大傳)」에는 '별자가 조(祖)가 된다' 하였는데, 여기서는 비록 별자가 아니라도 처음으로 벼슬한 자 역시 그러함을 말한 것이다. 여기에는 몇 가지 조목이 있다. 첫째, 별자가 처음에 비록 대부가 되었지만 중간에 폐하여 물러나, 그 먼 후세에 이르러 자손 중에 처음으로 작명(爵命)을 얻은 자가 태조가 되고, 별자는 태조가 되지 못하는 것이다. 둘째, 별자 및 자손이 작위의 이름을 얻지 못한 자가 후세에 비로소 작위의 이름을 얻어 스스로 태조가 되는 것이다. 셋째, 전혀 제후의 자손이 아니고 이성(異姓)으로서 대부가 된 자 및 다른 나라의 신하가 처음 와서 출사하여 대부가 된 자 또한 태조가 되는 것이다. 이는 모두 은나라의 제도이다. 주나라의 제도에서는 별자가 처음 벼슬한 뒤에 별자를 태조로 세울 수 있고, 만약 별자의 후손이 아니면 대부가 되었더라도 부·조·증조의 3묘만 세워서 때에 따라 옮길 뿐이지 처음으로 벼슬한 자를 태조로 세울 수는 없다. 그러므로 「제법」에 "대부는 3묘이니, '고묘(考廟)', '왕고묘(王考廟)', '황고묘(皇考廟)'이다" 하였고, <주>에 "별자가 아니다" 하였다.

「대전(大傳)」에 이른바 "별자가 조(祖)가 된다" 함이

> 【주】 제후의 서자(庶子)는 별도로 시조가 된다. 또 만약 처음 와서 이 나라에 있었던 자이면 후세가 또한 조(祖)로 삼는다. ○진씨(陳氏)는 "별자에는 셋이 있으니, 첫째는 제후의 적자의 아우로서 정적(正適)과 구별되는 자이고, 둘째는 이성(異姓)의 공자(公子)로서 다른 나라에서 와서 본국의 오지 않은 자와 구별되는 자이며, 셋째는 여러 성씨로서 이 나라에서 일어나 경대부가 되어 출사하지 않은 자와 구별되는 자이니, 모두 별자라고 칭한다" 하였다.

이것이다.

> 按 不遷之廟有二義 而各自爲禮. 始祖而不遷者 子孫尊之也. 此 王制所云 太祖之廟,

大夫三廟 一昭一穆與太祖之廟 而三. ○【註】太祖別子始爵者. 大傳曰
別子爲祖, 謂此 雖非別子始爵者 亦然. 凡有數條, 一是別子初雖爲大夫
中間廢退, 至其遠世 子孫始得爵命者 則以爲太祖, 別子不得爲太祖也.
二是別子及子孫不得爵命者 後世始得爵命 自得爲太祖. 三是全非諸侯
子孫 異姓爲大夫者 及他國之臣初來仕爲大夫者 亦得爲太祖. 此皆殷
制. 若其周制 別子始爵 其後得立 別子爲太祖. 若非別子之後 雖爲大
夫 但立父祖曾祖三廟而已 隨時而遷 不得立始爵者爲太祖. 故祭法云
大夫三廟 曰考廟 曰王考廟 曰皇考廟. 註 非別子.

大傳所云 別子爲祖

【註】諸侯之庶子 別爲始祖也. 又若始來在此國者 後世亦以爲祖. ○陳
氏曰 別子有三, 一是諸侯適者之弟 別於正適, 二是異姓公子 來自他
國 別於本國不來者, 三是庶姓之起於是邦 爲卿大夫 別於不仕者, 皆
稱別子.

是也.

공신(功臣)으로서 조천되지 않는 자는 국가에서 그를 총애함이
다. 이는 주자가 '조묘의(祧廟議)'에 이른바 "종(宗)은 예수(禮
數)의 바름에 있지 않다" 한 것이다. 시조는 묘제(廟制) 내에 한
정하여 조천하지 않고, 공신은 묘제(廟祭) 밖으로 구별하여 조천
하지 않는다. 그러므로 시조는 반드시 공신인 것은 아니며, 만약
혹 시조로서 공신이 된 자가 있다면 의논할 것이 없다. 대를 이
어 봉훈(封勳)된 자에게는 국가에서 공신을 후대하여 자손들에
게 특별히 제사하게 하였으니, 이미 법을 넘는 것이 아닌데다 또
예에 어긋나는 것이 아니니, 어찌 참람하다고 핍박할 혐의가 있
겠는가? 그러나 세상에서는 혹 "공신으로서 조천하지 않는 신위
가 있으면, 고조는 마땅히 체천해야 한다" 하고, 혹은 "고조는 내
보내서 별실에서 제사지낸다" 하며, 혹은 "신주를 묘소에 간직하

면 모두 조천하지 않는 신위가 되어 비록 열 분의 공신이라도 걸릴 것이 없다” 하기도 하고, 혹은 “조천하지 않는 신위는 별도로 사당을 만들어야 한다” 하기도 하며, 혹은 “시조는 별도로 사당을 세워야 한다” 하는 등 여러 설이 분분하지만 모두 충분하지 못한 듯하다. 대개 시조의 제사와 3세의 사당은 예경(禮經)에 드러난 것이니, 이 일정한 제도를 벗어나면 참람하다. 그러므로 주자는 “지금 같이 4대를 제사지내는 것은 이미 참람하다” 하였다. 그러나 『가례』에는 또 고조에게 제사를 지내니, 고조 또한 내보낼 수 없다. 고조를 내보낼 수 있다면, 만약 2세나 3세로서 봉훈된 증조와 조고가 있어도 장차 다 내보내겠는가? 고례(古禮)에는 세대마다 각기 사당을 달리하고, 둘로 줄였으니, 감히 제도를 넘지는 못한다. 동경(東京)[182] 이래로는 동당이실(同堂異室)로 하였을 뿐, 비록 천자나 제후라도 별도로 태조의 사당을 세우지 아니하였으니, 사당을 달리하는 것은 사당을 함께 하는 것보다 중대하여 더욱 참람하다는 혐의가 있다. 또한 동당(同堂)의 5세와 6세, 별묘의 5세와 6세에 무슨 줄이는 분별이 있겠는가? 옛적에는 묘사(墓祠)가 없었는데, 한(漢)나라에 이르러 처음 원침(園寢)이 세워져 공경(公卿)으로서 묘소에 사당을 세우는 자가 많았다.◉【『통전』】 옛날의 종묘는 앞에는 묘(廟), 뒤에는 침(寢)이었다. 묘에는 신주를 간직하고, 침에는 의관을 두었다. 진(秦)나라에서 처음으로 침(寢)을 꺼내어 묘소 곁에 세웠는데, 한(漢)나라에서 그대로 하여 고치지 않았다. 그러므로 능(陵) 위를 “침전(寢殿)”이라 칭한다.

그러나 이는 조천하지 않는 신위를 위하여 세운 것이 아니다. 『가례』의 “시조의 친분이 다하면 신주를 묘소에 간직한다”는 구절에서 “친분이 다한 조상이 별자이면 묘소에 옮기되 묻지는 않는

---

182) 동경(東京): 동한(東漢)을 가리킨다.

다” 하였는데, 이는 다만 별자로서 시조가 된 자를 말한 것이지, 공신으로서 조천하지 않는 신위를 가리킨 것은 아니니, 인용하여 증거로 삼음은 부당한 듯하다. 게다가 묘소에 사당을 세워 제사 지내면 비록 10세라도 참람하지 않다는 것은 무엇이냐?

功臣而不遷者 國家寵之也. 此朱子祧廟議所云 宗不在禮數之正 是也. 始祖限於廟制之內 而不遷, 功臣 別於廟祭之外 而不遷. 故始祖未必是功臣 而若或有始祖而爲功臣者 則無可議焉, 至若 繼世而封勳者 國家所以厚待功臣 而使子孫特祀之也, 則旣非越 法 又非違禮 有何僭逼之嫌乎. 然世或言有功臣不遷之位 則高 祖當遞遷, 或言高祖出祭于別室, 或言藏主墓所 俱爲不遷之位 雖十功臣無礙, 或言不遷位 別作祠堂, 或曰始祖別立廟, 諸說紛 紛 恐皆未允. 盖始祖之祭三世之廟 禮經所著, 過此常制 則僭也. 故朱子曰 如今祭四代 已爲僭然. 家禮 又祭高祖 則高祖亦不可 出也. 高祖而可出 則若有二三世封勳曾祖與祖考 又將盡出耶. 古禮 世各異廟 降殺以兩 不敢踰制. 東京以來 同堂異室而已, 雖天子諸侯 不別立太祖之廟 則異廟重於共廟 尤嫌於僭也. 且 同堂而五世六世 別廟而五世六世 有何降殺之別耶. 古無墓祠 至漢始起園寢 公卿多建祠堂於墓所【通典】古宗廟 前廟後寢. 廟以藏主 寢有 衣冠. 秦始出寢 起於墓側, 漢因而不改. 故陵上稱寢殿. 然此非爲不遷之位而設也. 家禮 始祖親盡 則藏主於墓所 云親盡之祖而別子也 則遷于墓所 不埋, 此只言別子而爲始祖者也 非指功臣不遷之位, 似不當引 以爲證. 且立祠於墓所 而祭之 則雖十世而非僭何也.

무릇 성인의 제도에 사당의 숫자를 정한 것은 비단 그 귀천의 품 격을 조절함일 뿐 아니라, 실로 또 그 빈부를 참작함이다. 천자로서 힘을 들여도 7묘일 뿐이고, 하사(下士)로서 전답이 없으면 1묘일 뿐이다. 그 5묘, 3묘, 2묘는 또 모두 그 가능함을 헤아려서 중도에 알맞게 한 것이다. 이를 지나치면 넘치고 참람한 것이다. 그러나 백성과 국가에 큰 공덕이 있어서 백 세토록 조천하지 않는 신주가 되는 것 또한 예에서 허락하는 바이다. 그러므로 작위와 식읍을 책봉하고 전답과 봉록을 하사하여 대대로 향사하게 하는 것은 총애하는 명령이다. 비록 자손에게 제사지내게 하지만, 그 실제는 국가가 그를 제사지내는 것이다. 자손된 자들이 이를 의심하여 혹 그 시조를 조천하거나 혹 그 고조와 증조를 조천한다면, 그 세대 수는 겨우 보통 사람과 같을 지라도 그 제사지내야 할 조상에게 제사지내지 못하는 것은 도리어 보통 사람만 같지 못하다. 이 어찌 국가에서 공신을 후대하는 본래의 뜻이며, 또 어찌 자손들이 추효(追孝)하는 도리이겠는가? 나는 말한다. 만약 고례와 국제를 따라서 3세를 제사하고 한 분의 공신이 있다면, 4감(龕)이 되니 참람하다는 혐의가 없다. 만약 『가례』를 따라서 4세를 제사지낸다면, 공신과 아울러서 5감(龕)이 된다. 이는 고례와 『가례』의 구별에 불과할 뿐, 그 참람함과 참람하지 않음은 말할 바가 아니다.

> 【『유편』】 4세는 참람하다. 참람한데도 오히려 제사를 지내는 것은 주자를 소중하게 여기는 것이지만, 국가의 사전(祀典) 또한 따르지 않을 수 없다. 조정의 법이 시행되게 하려면 반드시 4세에 제사지내는 집은 놓아두고 5세만을 금하지는 않을 것이다.

夫聖人之制爲廟數 非但品節其貴賤 實亦參酌其貧富也. 天子而用仿 則七廟而已, 下士而無田 則一廟而已. 其五三二廟 亦皆量其可而適於中也. 過此 則濫且僭也. 然其有大功德於民國 而爲

百世不遷之主 亦禮之所許也. 故封之爵邑錫之田祿 俾作世享者
寵命也. 雖使子孫祀之 其實國家祀之也. 爲子孫者 乃以爲疑, 或
祧其始祖 或遷其高曾 則其世代之數 僅如凡人 而不祭其當祭之
祖 反不如凡人. 是豈國家厚待功臣之本意 又豈子孫追孝之道
耶. 愚謂若從古禮與國制祭三世 而有一功臣 則爲四龕 無嫌於
僭矣. 若從家禮 而祭四世 則並功臣爲五龕. 此不過古禮家禮之
別 而其僭不僭非所言也.

【類編】曰 四世僭也. 僭而猶祭 得朱子爲重 而國之祀典 又不可不從
也. 使朝廷之法 得行 必不捨四世之家 而偏禁五世也.

여러 세대에 걸쳐 봉훈(封勳)된 자에 대하여는, 『문해』가 비록
『대전(大典)』의 '처음 공신이 된 자는 옮기지 않는다'는 조문을
인용하여 제2세 이하는 조천한다고 했지만, 그러나 '처음에 공신
이 된 자'라 한 것은 공신이 사람마다 대대로 되는 것이 아니기
에, 처음으로 된 자를 대충 말한 것이지, 반드시 대대로 이어서
공이 있는데 유독 최초인 자만 조천하지 않음을 말한 것은 아니
다. 이 때문에 매양 공신이 있으면 몇 대를 막론하고 각기 조천하
지 않는 은전을 시행하는 것이니, 이는 국가의 예가 자손으로 하
여금 그 조상을 내쳐 제사지내지 않는 일을 못하게 하는 것이다.
하지만 선왕의 묘제(廟制)를 살펴보면 끝내 분수를 범하는 혐의
가 있으니, 어찌 제왕의 세실(世室)과 견주어 동일시할 수 있겠
는가? 이는 대종백(大宗伯)이 조정에 품명(稟命)하여 세대의 수
를 확정하여 시행하면 그만이다.

마씨(馬氏)는 "천자의 묘(廟)는 그 수가 7묘에 그치지만, 큰 공덕이 있
는 자는 수를 더함이 있다. 제후는 5묘에 그칠 뿐이니, 공덕이 있어도

수를 더하지 않으며, 공덕이 없어도 수를 줄이지 않는다. 선왕의 예는
이와 같다.

至於累世封勳者, 問解 雖引大典始爲功臣不遷之文 以爲第二以
下祧遷之論. 然始爲功臣云者 功臣非人人世世而爲之者 則槪言
其始爲者也, 未必謂連世有功 而獨以最初者不遷也. 是以 每有
功臣 無論幾世 各施不祧之典 則此國家之禮 令子孫之不可以黜
其祖而不祀者也. 然稽之先王之廟制 終有犯分之嫌, 豈可與帝
王之世室比 而同之哉. 是在大宗伯 稟命于朝廷 定爲世代之數
而行之已矣.

> 馬氏曰 天子之廟 其數止於七 而其功德之大者 則數有加焉. 諸侯止五
> 廟而已, 雖有功德 數不增, 雖無功德 數不減. 先王之禮 如此.

【성재안설】 또 종묘와 문묘에 종향(從享)하거나 사원(祠院)에서
향사하는 충훈(忠勳)과 유현(儒賢)을 세상에서는 간혹 조천하지
않는 사례를 사용한다. 그러나 이미 선왕(先王)의 예가 없는데다
시왕(時王)의 제도도 없으니, 참람한 것이다. 감히 함부로 행해
서는 안 될 듯하다.

> 남계(南溪)는 "'종묘에 배향되고 문묘에 종사되는 사람의 신주를 조천
> 하지 않는다'고 하는 것은 아마 포은(圃隱)의 신판(神版)의 일로 말미
> 암아 와전된 듯하다. 대개 고금의 배향과 종사(從祀)가 매우 많지만,
> 과연 이와 같은 말이 있다는 것은 듣지 못했다" 하였다. ○명재(明齋)
> 는 "공신이 아니면 비록 사원(祠院)에 배향되어도 사당에서는 조천하
> 지 않을 수 없다. 자손들이 선조에게 덕업(德業)이 있다고 사사로이
> 조천하지 않는 것은 세실(世室)에 가까우니 참람함이 아니겠는가" 하
> 였다. 또 "문묘에 종사하면 감히 조천하지 않는다는 것은 예에도 근거
> 할 바 없고 법령에도 그런 조문이 없다" 하였다. ○【성재안설】『오례

통고』에 방관승(方觀承)이 "선대에 덕행과 도예(道藝)가 있으면 비록 작위가 현달하지는 않더라도, 이 또한 옛날 향선생(鄕先生)이 돌아가시면 사(社)에서 제사지낼 수 있다는 경우이니, 자손들이 조두로 제사지내어 고례를 따르는 것이 어찌 불가하겠는가?" 하였다. 그러나 이는 아마 억단(臆斷)인 듯, 근거할 만한 고례가 없다.

又按 宗廟文廟從享及祠院祀享之忠勳儒賢 世或用不遷之例. 然旣無先王之禮 又無時王之制 則是僭也. 恐不敢擅行.

南溪曰 宗廟配享文廟從祀之人 其主不遷云者 似因圃隱神版事 以致訛傳. 盖古今配從甚多 而未聞有果如此言者. ○明齋曰 非功臣 則雖享於祠院 不可不遷於廟也. 子孫以祖先之有德業 而私自不祧 近於世室 無乃僭耶. 又曰 如從祀文廟不敢遷 禮無所據 法無其文. ○【按】五禮通考 方氏觀承曰 先世有德行道藝 雖爵位不顯 是亦古之鄕先生沒 而可祭於社者 而子孫豈不可以俎豆終[183]古也耶. 然而此恐臆斷 而無古禮可據矣.

15-1. 혹 수재(水災)나 화재(火災)나 도적이 있으면, 먼저 사당의 신주와 유서, 다음으로 제기까지 구출한 뒤에 가재(家財)까지 구출해낸다. 『가례』

온공이 "먼저 선공(先公)의 유문(遺文)을 구하고, 다음에 사판(祠版), 다음에 영정(影幀)을 구한다" 하였다.

或有水火盜賊 則先救祠堂神主遺書 次及祭器 然後及家財. 家禮

溫公曰 先救先公遺文 次祠版 次影.

【성재안설】 사당 신주가 변을 당하면 소복(素服)으로 사흘 동안

---

183) '종(終)'은 '종(從)'의 오기이므로 이제 바로잡아 해석하였다.

곡한다.

【「단궁」】 선인(先人)의 집에 화재가 있으면 사흘 동안 곡한다. <주> 그 종묘에 불이 난 것이다. ○『공양전』 신궁(新宮)이 불탔다. <주> 군주와 신하가 소호(素縞)로 곡한다. <소> 소의(素衣)와 호관(縞冠)이다. ○한(漢)나라 선제(宣帝) 때 태종의 묘에 불이 나자, 황제가 5일 동안 소복을 입었다. ○【성재안설】 종묘에 불이 나서 종석(宗祏)이 아울러 불탔기 때문에 소복을 하고 곡하였다. 만약 다만 묘실(廟室)만 불탔다면 그렇지 않다.

按 廟主遇變 則素服哭三日.

【檀弓】 有焚先人之室 則三日哭. 註 燒其宗廟. ○【公羊傳】 新宮災. 註 君臣素縞哭. 疏 素衣縞冠也. ○漢宣帝時 太宗廟火 帝素服五日. ○【按】 宗廟火而宗祏並焚 故素服哭也. 若但燒廟室 則否.

심하면 신주를 만들고 개제(改題)한다.

【『퇴계언행록』】 신주가 불타면 귀신이 날려 흩어진다. 이전에 신위를 봉안했던 곳에다 허위(虛位)를 설치하고 신주를 개제 한다. ○퇴계는 "위안제(慰安祭)는 우례(虞禮)를 따라 소복으로 행한다. ○『유설』 허위(虛位)를 설치하고 전을 진설하여 모여서 곡한다. 와서 위로하는 자가 있으면 곡을 한다. 신주 고치기를 마치면 우례(虞禮)에 따라 제사한다. 도적이 들어 신주를 잃고 다시 만드는 자도 이에 따름이 마땅하다" 하였다. ○『유편』 목주(木主)가 귀신이나 도깨비에게 훔쳐 희롱당하면 불결함의 극치이니, 아마도 신이 편안하게 계실 수 없을 듯하다. 이미 귀신에게 더럽혀지고, 겹쳐서 화재로 검게 되었다면, 고쳐 만드는 것이 비록 무겁고 어렵지만 그대로 두기보다는 차리라 저렇게 하는 것이 낫다. 사당에 들어가서 분향하고는 이르기를 "일의 변고가 하늘에까지 이르러 재앙이 사판(祠版)에 미쳤으니, 창졸간에 그대로 두었지만 신께서 혹 편안치 못할 듯하기에, 다시 여러 의논을 모아서 감히 고치지 않을 수 없습니다. 그래서 정성을 펴서 경건히 고하오며, 슬픔에 목이 메어 견디기 어렵습니다" 한다. 또 청사(廳事)에 먼저 상탁

(牀卓)을 배치하고, 포과(脯果)를 상(喪)의 전(奠)과 같이 진설하여, 고하고는 받들고 나와 차례대로 서서 슬픔을 다해 곡을 한 다음, 신주를 써서 탁자 위에서 바꾸어 봉안하고, 주인이 분향하고, 술을 거르고[縮酒], 재배하고, 진찬(進饌)한다. 축을 읽는데 "유세차 운운. 불초가 무례하여 하늘이 혹독한 벌을 내리시어, 스스로 죽지도 못하고 재앙이 신위에 이르렀습니다. 이미 깨끗함에 흠이 있으니 감히 고치지 않을 수 없습니다. 엎드려 생각건대 존령께서는 이에 의지하고 기대소서. 이 참혹하고 혹독한 일을 생각함에 높은 하늘이 끝이 없습니다. 삼가 운운"이라 한다. 슬픔을 다해 곡을 하되, 한결같이 평상시의 제사와 같이 한다. 돌아와 사당에 들이고는 『춘추』의 사흘 곡을 하는 사례에 따라 날마다 사당에서 곡을 하고, 소복을 입고 그 달을 마친다. 예전 신판(神判)의 분면(粉面)과 함중(陷中)은 씻어버리고 땅에 묻는다.

甚則作主改題.

【退溪言行錄】神主火燒 則鬼神飄散. 即於前日安神之所 設虛位 改題神主. ○退溪曰慰安 則可倣虞禮素服行之. ○【類說】設虛位 設奠 會哭, 有人來慰者 哭之. 改神主 畢 倣虞禮祭之. 有盜賊亡失神主而改造者 宜亦倣此. ○【類編】木主 爲鬼魅偸羡 不潔極矣, 恐不得爲神之妥安. 既被鬼汚 重以突黔 改造 雖曰重難 仍舊猶覺彼善. 當入廟焚香云事變極天 禍及祠版 倉猝仍舊 神或未寧 更採群議 不敢不改. 用伸虔告悲咽難勝. 又於廳事 先排牀卓 設脯果若喪內之奠, 既告 而奉出序立哭盡哀 然後題神主 換奉於卓上, 主人焚香縮酒再拜進饌. 讀祝云 維歲云云 不肖無狀 天降酷罰 不自死滅 禍延神位. 既云欠潔 不敢不改. 伏惟尊靈 是憑是依. 念兹慘毒 昊天罔極. 謹以云云. 哭盡哀 一如常祭. 既還入廟 依春秋三日哭之例 日哭於廟 素服終其月. 舊版粉面及陷中 洗去 埋于地.

만약 상중에 변을 당했다면, 신주를 고치고 주상자(主喪者)의 이름을 쓴다.

죽은 자의 이름을 쓰는 것은 지극히 차마 못할 바가 있다. 대개 부제

(祔祭)에는 곧 증조 및 증손으로 축문에 호칭을 하는데, 이는 상중에 속칭(屬稱)을 고치는 증거가 될 수 있다. 또한 아버지 상의 장사를 치르기 전에 만약 할아버지의 장사를 먼저 치른다면, 손자의 이름으로 방제(旁題)를 하지 않을 수가 없다. 사당의 재앙에는 역시 상례(喪禮)와 같이 처신하는 듯하다.

若喪中遇變 改主 題以主喪者之名.

題以亡者之名 極有所不忍. 蓋祔祭 則以曾祖若曾孫 稱於祝文 則此可爲喪中改屬稱之證也. 且父喪未葬前 若先葬祖 則不得不以孫名旁題矣. 祠堂之災 似亦以喪禮處之.

친분이 다한 신주는 변을 만나더라도 다시 만드는 것은 적합하지 않다.

한강(寒岡)은 "지손(支孫)의 친분이 끝나지 않은 자가 비록 그를 위하여 임시로 받든다고 하더라도, 대가 끝난 신주를 추후로 만드는 것은 미안하다" 하였다. ○수암(遂庵)은 "분면(粉面)에 쓴 글자가 좀이 슬거나 이지러졌으면 개제하지 않을 수 없다" 하였다. ○도암(陶庵)은 "비록 좀이 슬었지만 신주의 몸체가 그대로라면, 신의 기운이 의지한 것이니 어찌 함부로 고치겠는가" 하였다. ○【성재안설】 사당의 신주를 잃어버리고 다시 만든 뒤에 도로 찾으면, 도암은 비록 '새것을 버리고 옛것을 되돌린다'라는 설이 있지만, 그러나 이는 불가하다. 난을 만나 손상되고 더러워진 것에는 신이 이미 놀라 흩어졌다. 다시 정결하게 만든 것에 신이 이미 의지하였으니, 옛것을 버리고 새것을 다르는 것이 실로 사리에 합당하다.

親盡神主 雖遇變 不宜改造.

寒岡曰 支孫之親未盡者 雖爲之權奉 而追造代盡之主 未安. ○遂庵曰 粉面寫字蠹缺 則不得不改題. ○陶庵曰 雖有蟲患 主身自如 神氣所依 何得妄改. ○【按】 失廟主 改造後還得, 陶庵 雖有舍新還舊之說, 然此

不可矣. 遭亂傷汚者 神已驚散. 改造精潔者 神已憑依, 捨舊從新 實合
事理.

15-2. 지자(支子)는 제사하지 않는다.

나머지는 시제장(時祭章)에 보인다.

【성재안설】 세상에서는 혹 주자(朱子)가 반립지(潘立之)에게 답
한 글의 "지자(支子)는 패자(牌子)를 사용한다"는 설로 지자도
제사할 수 있다는 증거를 삼는다. 그러나 대개 당시에는 종자로
서 사당을 세운 자가 드물었다. 그래서 주자가 "종자에게 사당이
없으면, 지자는 그 예를 줄여서 패자(牌子)를 만든다" 하였다. 이
때문에 그 서찰에 "종자의 집에서 신주를 세워 제사하면, 그 지
자는 패자를 쓴다" 한 것이다. 이는 분명 종자의 집에서 신주를
세워 제사함이 마땅한데, 만약 혹 세우지 않았으면 지자는 패자
만 만들어서 감히 종자의 신주 제도와 같이 할 수 없음을 이야기
한 것일 뿐이다. 이천(伊川)이 사당을 세운 것도 송나라 시대의
왕제(王制)였다.

支子不祭.

餘見時祭章.

按 世或以朱子答潘立之書 支子用牌子之說 爲支子亦可祭之證.
然盖當時宗子之立廟者 罕有 故朱子謂宗子無廟 則支子殺其禮
而作牌子也. 是以其書曰 宗子之家立主而祭 其支子則用牌子.
此分明說宗子之家 當立主而祭也, 如或未立 則支子但作牌子
而不敢同於宗子之主制云爾也. 伊川之立廟 亦宋時之王制也.

15-3. 종자가 벼슬이 낮고 지자가 벼슬이 높으면, 대수는 지자를 따른다.『국제』

대부는 3대이고, 사(士)는 조(祖)와 네(禰)이다. ○【성재안설】 사당은 종자의 집에 세우는 것이 예이다.

宗子秩卑　支子秩高　則代數從支子. 國制

大夫三代　士祖禰. ○【按】 立廟　則於宗子之家　禮也.

15-4. 제사를 주관하는 자는 관직에 있으면서 신주를 받든다.

남전여씨(藍田呂氏)는 "제사를 주관하는 자가 관직에 나가면 곧 사당에 고하고 독(櫝)에다 위판(位版)을 싣고, 관직 장소에 가서 임시로 사당을 세워 제사한다" 하였다.

主祭者　居官　奉主.

藍田呂氏曰　主祭者　出仕　卽告廟　以櫝載位版　而行於官所　權立祠堂　而祭之.

사의(士儀) 권15
- 여재편(如在篇) 2-

1. 사시제(四時祭)

【「왕제」】 대부와 사는 전토(田土)가 있으면 제사하고 전토가 없으면 천(薦)을 한다. <주> 제사는 수시(首時)184)에 하고 천은 중월(仲月)185)에 한다. ○【「증자문」】 군자는 철이 지나면 제사하지 않는다. 【성재안설】 석 달이 한 철인데, 만약 봄철 석 달이 지났다면 봄철의 제사를 여름철에 행하지 않는 따위이다. ○【『가어』】 서인(庶人)은 사철마다 정침에서 제사한다. 【성재안설】 서인은 묘(廟)가 없다. ○하휴(何休)는 "희생이 있으면 '제(祭)'라 하고 희생이 없으면 '천(薦)'이라 한다" 하였다. ○오징(吳澂)은 "천지 자연의 도[天道]는 석 달마다 한 차례 조금 변하여 한 철이 되고, 한 해에 네 계절이 있다. 그러므로 군자의 제사는 천도에서 법을 취하여 한 철에 한 번 제사한다" 하였다. ○【『서의』】 제사에는 중월(仲月)을 사용한다. 요즘 국가에서 태묘(太廟)의 제향을 첫 달[孟月]에 하기에 사가(私家)에서는 감히 첫 달에 하지 못한다. ○사계(沙溪)는 "중월에 연고가 있으면 끝 달[季月]186)에도 제사할 수 있다" 하였다. ○【『유편』】 옛적에 사(士)가 제사를 행하는 데

---

184) 수시(首時): 봄·여름·가을·겨울 네 계절은 각기 석 달인데, 각 계절의 첫 달을 가리킨다. 봄 1월, 여름 4월, 가을 7월, 겨울 10월.

185) 중월(仲月): 각 계절의 가운데 달.

186) 계월(季月): 각 계절의 마지막 달.

는 굳이 정한 달이 있지 않았다. 이제 「특생궤식례」를 보면 그러하다. 그러나 『가례』에는 중월을 사용하도록 정하여 다른 의논이 용납되지 않는다. 혹 연고가 있는 자는 고례에 의거하여 행하여도 무방하다. 또 중월에 연고가 있으면 맹월이나 계월에 해도 무방하다. 【성재안설】 '이 달에 길제를 지내면서 아직 배위는 하지 않는다'[187]는 설로 미루어 보면 아마도 정해진 달이 있는 듯하다. ○【『유편』】 우리나라에는 가난한 사람이 많다. 만약 사철 모두 제사를 지낸다면 뒤에 계속하기가 어렵다. 이제 춘분(春分)·추분(秋分) 두 날에 제사하기로 정한다. ○【성재안설】 『곡량전』에 "정월에서 3월까지는 교사(郊祀)를 지내는 때이다" 하였다. 교사는 계월(季月)에도 하니, 대부와 사의 시제(時祭) 또한 계월에 할 수 있다.

【王制】大夫士 有田則祭 無田則薦. 註 祭以首時 薦以仲月. ○【曾子問】君子 過時不祭. 【按】三月爲一時 若過春時三月 則春祭不行於夏時之類. ○【家語】庶人 四時祭於寢. 【按】庶人無廟. ○何休云 有牲曰祭 無牲曰薦. ○吳澂曰 天道 三月一小變 而爲一時 一歲有四時 故君子之祭 取法於天道 一時一祭. ○【書儀】祭用仲月. 今國家 享太廟用孟月, 私家 不敢用孟月. ○沙溪曰 仲月有故 季月 亦可祭. ○【類編】古者 士之行祭 非必有定月. 今見於特牲饋食禮. 然家禮定用仲月 無容更議. 其或有故者 依古行之 無妨. 又曰 仲月有故 孟季月無妨. 【按】以是月吉猶未配之說 推之 恐有定月. ○【類編】我東 多貧乏者. 若要四時皆祭 後難繼也. 今定以二分日 祭之. ○【按】穀梁傳 正月至三月郊之時也. 郊亦用季月 則大夫士之時祭 亦可用季月矣.

1-1. 시제는 중월(仲月)에 하되, 열흘 전에 날짜를 잡는다. 『가례』

맹춘(孟春) 하순의 첫머리에●맹하, 맹추, 맹동도 같다. 중월●2월, 5월, 8월, 11월의 삼순(三旬) 가운데 각기 하루를 택하되, 혹 정일(丁日)

---

187) 『의례』 「특생궤식례(特牲饋食禮)」. 3년상을 치르고서 담제(禫祭)를 지내고 또 길제 (吉祭)를 지내는데, 길제를 지내는 달에 시제(時祭)가 들면 배위를 하지 않는다는 의미이다.

이나 혹 해일(亥日)로 한다. 주인은 성복(盛服)을 차려입고 사당의 중문 밖에서 서향으로 서고, 주인 형제는 주인의 남쪽 편에서 조금 물러나 북쪽을 상석으로 하여 선다. 자손들은 주인 뒤에서 두 줄로 서향하여 서되 북쪽을 상석으로 한다. 탁자를 주인의 앞에 놓고, 향로와 향합과 배교(环珓)●【성재안설】 「특상례」의 서(筮)에 "점칠 적에는 반드시 시(蓍)를 사용한다"했기 때문에 『서의』〈주〉에서는 "시가 없으면 배교(环珓)로 대신한다" 하였다. 및 소반을 그 위에 놓는다. 주인이 분향하여 배교에 연기를 쐬고는 "상순의 날짜"라고 하면서 곧장 배교를 소반에 던진다. 한 개는 엎어지고 한 개가 뒤집히면 길하다. 불길하면 다시 중순의 날짜로 점을 치고, 또 불길하면 다시 가리지 않고 곧 하순의 날을 사용한다. 날을 잡고 나면 축(祝)이 중문을 열고, 주인 이하 북향으로 초하루와 보름 때 참배하는 자리처럼 서서 모두 재배한다. 주인이 올라가 분향하고 재배하면, 축이 축문을 가지고 주인의 왼쪽에 꿇어앉아 읽고 나서, 주인은 재배하고 내려와 제 자리로 돌아와서 자리에 있는 사람들과 함께 모두 재배한다. 축이 문을 닫으면, 주인 이하는 다시 서향으로 서고, 집사자(執事者)는 문 서편에서 모두 동쪽을 향하여 서되 북쪽을 상석으로 한다. 축이 주인의 오른쪽에 서서 집사자에 명하면, 집사자는 "예"라 하고 곧 물러간다.

【『오례의』】 2품 이상은 상순에, 6품 이상은 중순에, 7품 이하는 하순으로 날을 점쳐 정한다. ○온공(溫公)은 "맹선(孟詵)의 집에서는 제사 의식에 하지와 동지, 춘분과 추분 날을 사용하였다. 그러나 요즘 벼슬하는 사람들은 직업이 이미 번다하여 철이 되고 일이 한가해야만 제사지낼 수 있으니, 날을 잡는 것도 꼭 해일이나 춘분·추분·하지·동지로 할 것은 아니다. 만약 날 잡을 겨를이 없으면 춘분·추분·하지·동지로만 하는 것도 편하다. ○주자(朱子)는 "날을 점쳐 정하지 못하면, 춘

분·추분이나 하지·동지에 해도 괜찮다” 하였다. ○【한위공『제식』】 대체로 정제(正祭)는 사철의 중월에 하는데, 춘분과 하지, 추분과 동지에다 원일(元日)을 아울러 일년에 다섯 번이다. 그 날 일이 있으면 다시 잡는다. ○장자(張子)는 “제사를 춘분과 추분, 하지와 동지에 하는 것은 그 시기가 고른 것을 귀중하게 여겨서이다” 하였다. ○【정씨 사선의】 <주> 제사는 중월 안에 날을 잡는데, 혹 춘분·추분·하지·동지로 하는 것도 좋다.

時祭 用仲月, 前旬卜日. 家禮

孟春下旬之首孟夏孟秋孟冬 同. 擇仲月二月五月八月十一月 三旬各一日 或丁或亥. 主人盛服 立於祠堂中門外 西向, 兄弟立於主人之南少退 北上. 子孫立於主人之後重行 西向 北上. 置卓於主人之前 設香爐香盒环玟 【按】特牲禮 筮云 則筮必用蓍 故書儀 註 無蓍 則以环玟代之. 及盤 於其上. 主人焚香薰玟 命以上旬之日 卽以玟擲于盤 以一俯一仰爲吉. 不吉 更卜中旬之日, 又不吉 則不復卜 而直用下旬之日. 旣得日, 祝開中門 主人以下北向立 如朔望之位 皆再拜. 主人升 焚香再拜, 祝執詞 跪主人之左 讀之, 主人再拜 降復位 與在位者 皆再拜. 祝闔門, 主人以下 復西向立, 執事者立于門西 皆東面 北上. 祝立于主人之右 命執事者, 執事者 應曰諾 乃退.

【五禮儀】二品以上 上旬, 六品以上 中旬, 七品以下 下旬 卜日. ○溫公曰 孟詵家祭儀 用二至二分. 然今仕宦者 職業旣繁 但時至事暇可以祭 則卜筮 亦不必亥日及分至也. 若不暇卜 則止用分至 亦便. ○朱子曰 卜日無定 只用分至 亦可. ○【韓魏公 祭式】凡正祭 以四時之仲月, 春分夏至秋分冬至 幷元日 一歲而五. 其日有故 則改卜. ○張子曰 祭用分至 貴其時之均. ○【程氏 祀先儀】註 祭祀 仲月內選日, 或用分至 亦可.

명사(命詞)

『서의』와 『가례』가 같다.

모는 장차 내달 모일에 이번 세사(歲事)를 거행하러 조고(祖考)께● 녜(禰)를 계승한 소종(小宗)은 단지 "고(考)"라고만 한다. 가려고 묻사오니, 부디 흠향하옵소서.

書儀家禮 同.

某將以來月某日 諏此歲事 適其祖考繼禰之宗 但云考. 尙饗.

고사(告詞). 『가례』

속칭은 따라서 고친다.

효손 모가 장차 내달 모일에 조고(祖考)께 세사(歲事)를 삼가 올리려고 이미 길일을 잡았기에 감히 고하나이다.

단지 하순의 날짜를 쓴다면 '길일을 잡았기에[卜吉]'라는 구절은 뺀다.

屬稱隨改.

孝孫某將以來月某日 祗薦歲事于祖考 卜旣得吉 敢告.

直用下旬之日 則去卜吉之句.

축이 집사에게 하는 말[祝命執事詞]. 『가례』

효손 모가 장차 내달 모일에 조고께 세사를 삼가 올리려고 하니 유사는 준비하라.

孝孫某將以來月某日 祗薦歲事于祖考 有司具備.

1-2. 기일 사흘 전에 재계한다. 『가례』

【「제의」】 "군자가 재계할 적에는 그 정명(精明)한 덕을 전일하게 해야
한다. 그러므로 7일 동안 산재(散齊)하고 3일 동안 치재(致齊)한다." ○
재계하는 날에는 그 분이 거처하던 것을 생각하고, 웃고 말하던 것을
생각하며, 뜻하던 바를 생각하고, 좋아했던 것을 생각하며, 즐겼던 것
을 생각할 것이니, 재계한 지 3일에 재계하여 위하는 바 그 분을 본다.
○한위공(韓魏公)은 하루 동안 치재하였다.

前期三日 齊戒. 家禮

【祭義】 曰 君子之齊也 專致其精明之德也. 故散齊七日 致齊三日. ○
齊之日 思其居處 思其笑語 思其志意 思其所樂 思其所嗜, 齊三日 乃
見其所爲齊者. ○韓魏公 致齊一日.

주인은 여러 장부(丈夫)들을 거느리고 밖에서 치재하고, 주부는
여러 부녀들을 거느리고 안에서 치재한다. 목욕하고 옷을 갈아
입고, 술을 마시더라도 어지러운 데 이르러서는 안 되고, 고기를
먹되 냄새 짙은 채소는 먹지 아니하며, 조상(弔喪)하지 않고, 음
악을 듣지 않는다. 무릇 흉하고 더러운 일에는 모두 참여하지 않
는다.

『논어』에 "재계할 때는 반드시 음식을 바꾸시며, 거처를 반드시 옮겨
앉으셨다" 했는데, 주자가 "술을 마시지 않고, 냄새 짙은 채소는 자시
지 않고, 평상시의 거처를 바꾸셨다"고 하였다. ○【성재안설】 고려조에
서는 사가(私家)의 제사에 재계하면서 출입하거나 빈객을 접대하는 것
을 허락하지 않았고, 위반하는 자에게는 죄를 주었다. ○【성재안설】 또
예에는 단지 말을 타지 않고, 음악을 연주하지 않고, 조문하지 않는 것

만 말하였으니, 술을 마시지 않고, 냄새 짙은 채소를 먹지 않는 것은 곧『장자』의 글이다. 이를 제사할 때의 재계로 여겼기 때문에『서의』에서 이를 취하였고『가례』에서 이를 따랐다. 예에도 "술을 마시되 취하는데 이르지는 않는다" 하였다. ○한강(寒岡)은 "전염병은 불결하여 시속의 금기와는 다르니, 제사를 지내는 것은 편치 못한 듯하다"고 하였다. ○『유편』 "혹 노복이 얼핏 상가의 문 앞 골목을 지나는 일이 있어도 곧장 '더러움를 범했다'고 하는 것은 잘못이다. 이미 흉하고 더러운 일을 당한 것이 비록 불행이지만, 또한 하나의 사례로 봄이 옳지 그 때문에 제사를 폐하여서는 안 된다." ○손우(遜愚)는 "제사에는 말하지 말고, 웃지 말고, 돌아보지 말고, 용모를 더디고 굼뜨게 하지 말며, 기르는 개를 때리거나 쫓아 미친 듯이 짖게 하지 말라" 하였다.

○축문을 적고 홀기(笏記)를 쓴다.

재계하는 날 종이를 재단하여 축문을 정밀하게 써서 축판에 붙인다. 두꺼운 종이에다 제사 의식의 절차 순서를 적은 것을 '홀기'라고 한다.

主人率衆丈夫 致齊于外 主婦率衆婦女 致齊于內. 沐浴更衣 飮酒不得至亂 食肉不得茹葷 不弔喪 不聽樂. 凡凶穢之事 皆不得預.

【論語】齊必變食 居必遷坐. 朱子曰 不飮酒 不茹薰 易常居. ○【按】麗朝 私家祭祀齊戒 不許出入接賓客, 違者 科罪. ○又【按】禮 但言不御不樂不弔 而不飮酒不茹葷 卽莊子文也. 以爲祭祀之齊 故書儀取之 家禮因之也. 禮 亦言飮酒不至醉也. ○寒岡曰 痘疫不潔 與俗忌異 行祭似未安. ○【類編】曰 或有奴僕 乍涉喪家門巷 則便謂犯染者 謬矣. 已之遇凶穢 雖是不幸 亦一例看 可也 不可以遂廢祭. ○遜愚曰 當祭 勿言 勿笑 勿顧視 勿遲重容止 毆出畜犬勿令狂吠.

○寫祝文 書笏記.

齊之日 裁紙 精書祝文 粘于祝版. 用厚紙 書祭祀儀節次予 名曰笏記.

1-3. 하루 전에 위(位)를 설치하고 기물을 진설한다.『가례』

주인은 여러 장부를 거느리고 심의(深衣)를 입고 집사와 함께 정침을 청소한다.◉혹 청사이다. ○집과 섬돌 마당을 모두 청소한다. 교의와 탁자를 씻고 닦아 깨끗하게 하는 데 힘쓴다. 고조고비(高祖考妣) 이하 정위(正位)를 당의 북쪽 벽에 설치하되 서쪽을 상석으로 한다. 대(代)마다 각기 교의와 탁자를 하나씩 마련한다.

> 【「제통」】 같은 궤(几)에 함께 설치하는데, 신을 의지하게 하기 위함이다. <소> 각기 설치할까 염려되어 특별히 "동궤(同几)"라고 하였다. ○『이굴』 한 신위에 궤(几)를 같이하는 것은 그 정신이 합하기 때문이다. ○『서의』 교의와 탁자는 고(考)와 비(妣)의 신위를 함께 한다. ○주자는 "아버지에게 세 부인이 있으면 네 신위를 한 탁자에 함께 한다. 잔반(盞盤), 반(飯), 갱(羹), 적간(炙肝) 따위는 각기 진설해도 무방하다" 하였다. ○【구준『가례의절』】 고(考)와 비(妣)의 매 신위마다 각기 찬을 진설한다면 4대에는 모두 8개의 탁자를 갖추어야 하니, 사람들의 집 청사는 대부분이 협소하여 용납할 수 없을 듯하다. 이제 고비를 공히 한 탁자에 찬을 진설한다. ○진상도(陳祥道)는 "「소뢰궤식례」에 '세사(歲事)를 황조(皇祖)에게 올릴 때에 반드시 모비를 모씨의 배위로 한다'고 하였다. 그러므로 궤(几)를 같이 하고, 뢰(牢)를 함께 하며, 시(尸)를 하나로 하고, 조두(俎豆)를 둘로 진설하지 않으니, 부부가 일체이기 때문이다" 하였다. ○『오례의』 대부와 사·서인이 고비(考妣)에게 시향(時享)할 적에, 탁자 하나를 함께 하고 찬을 합하여 진설하되, 오직 잔반과 반갱만 각기 진설한다.

前一日 設位陳器. 家禮

　　主人率衆丈夫 深衣 及執事 灑掃正寢.或廳事. ○室堂階庭 皆掃. 洗拭椅卓 務令蠲潔. 設高祖考妣以下正位於堂北壁 以西爲上. 代各一椅一卓.

　　【祭統】 設同几 爲依神也. 疏 恐其各設 故特云同几. ○【理窟】 同几一

位 以其精神合也. ○【書儀】椅卓考妣幷位. ○朱子曰 父有三室 四位
共一卓, 盞盤飯羹炙肝之類 各設無妨. ○【丘儀】考妣每位 各設饌 則
四代該八卓矣, 人家廳事多狹 恐不能容. 今考妣共一卓設饌. ○陳氏[祥
道]曰 少牢饋食禮 薦歲事于皇祖 必以某妃配某氏 故同几共牢一尸 而
俎豆不兩陳 以其夫婦一體故也. ○【五禮儀】大夫士庶人 時享考妣 共
一卓 饌皆合設 惟盞盤飯羹各設.

세대별로 각기 자리를 만들되, 붙이지는 않는다.●양편 사이로 사람이
출입할 수 있도록 한다. 부위(祔位)는 모두 동서(東序)에 서향으로 설치
하되 북쪽을 상석으로 한다. 혹은 동서(東序)와 서서(西序)에 서
로 마주보도록 하되, 존자가 서쪽을 차지한다. 처 이하는 계단 아
래로 한다.

> 주자는 "후손이 없는 부위는 당의 양쪽 가에 마련한다"고 하였다. ○『대
> 전』여정보(呂正甫)에게 답한 편지】 "신좌(神座)는 오른쪽을 숭상하니
> 동향 신위의 배위는 정위(正位)의 북쪽에 있다." ○『집설』 사당 안에
> 서와 같이 본디 감실에 부(祔)해야 편안하나, 청사가 좁으면 동서(東序)
> 에 서향으로 부(祔)하는 것도 좋다. ○【성재안설】 정침의 계단도 반드시
> 사당의 계단과 같이 앞쪽 처마 첫째 도리의 안쪽에 있어야지, 신위를
> 노출된 곳에 두는 이치는 없다. ○나머지는 사당장(祠堂章)에 보인다.

而世各爲位 不屬.兩間 容人出入. 祔位 皆於東序西向 北上. 或兩序
相向 尊者居西. 妻以下 則於階下.

> 朱子曰 無後祔位 設於堂之兩邊. ○【大全 答呂正甫書】曰 神座尙右
> 東向之位配位 在正位之北. ○【集說】依祠堂內 祔本龕 方安, 廳事陝
> 隘 只祔東序西向 爲善. ○【按】正寢之階 亦必如祠堂之階 在前簷一架
> 之內也, 不應有設神位於露處之理. ○餘見祠堂章.

향안을 당 가운데 설치하고, 향로와 향합을 그 위에 놓는다. 향안

앞과 각 신위 앞의 바닥 위에 띠풀을 묶고 모래를 모아 놓는다. ◉부위는 설치하지 않는다. 탁자 위에는 기름종이◉자면지를 깔고 그 위에 촛대를 놓는다. 동쪽 층계 위에 주탁(酒卓)을 설치하고, 별도로 탁자 하나를 그 동쪽에 놓아, 술주전자 하나, 뇌주(酹酒) 잔반 하나, 수조반(受胙盤) 하나, 숟가락 하나와 수건 하나, 찻잔 받침과 초병(醋瓶) 하나를 그 위에 놓는다. 화로◉부젓가락을 갖춘다.를 서쪽 층계 위에 놓고, 별도로 탁자 하나를 그 서쪽에 놓아, 축판과 홀기를 그 위에 놓는다. 관분(盥盆)과 세건(帨巾) 각 두 개를 조계의 동쪽에 놓고, 그 서편에는 대가(臺架)가 있다. 또 찬을 진설할 큰 상을 그 동쪽에 설치한다.

> 【성재안설】『가례』'초조제(初祖祭)'조에는 "시저 각 하나를 밥상 북쪽 끝에 동서로 2자 5치 거리를 두고 놓는다" 하였다. 대개 밥상의 길이가 5자이니, 고비의 시저가 각각 2자 5치의 가운데 있어서 두 신위가 상 하나를 함께 한 것이다. 그러나 반·갱·잔반 등은 각각의 그릇이니, 시저와 함께 같은 줄에 용납될 수 없을 듯하다. 초접을 어느 곳에 놓아야 할지 모르겠고, 모두 불편함이 있다. 대개 찬도 그릇을 함께 한다면, 시저를 하나의 시접에 함께 하여 가운데에 놓는 것이 예에 어긋나지 않을 듯하다.

設香案於堂中 置香爐香盒於其上. 束茅聚沙 於香案前及逐位前地上.^{祔位不設} 鋪油紙^{藉面紙}於卓上 置燭檠於其上. 設酒卓於東階上 別置一卓於其東 設酒注一 酹酒盞盤一 受胙盤一 匙一巾一 茶盞托醋瓶一 於其上. 置火爐^{具火箸}於西階上 別置一卓于其西 設祝版及笏記於其上. 設盥盆帨巾各二於阼階之東 其西者有臺架. 又設陳饌大床於其東.

> 【按】家禮 初祖祭條 匙箸各一於食床北端之東西 相去二尺五寸, 盖床長五尺 則考妣匙箸 各在二尺五寸之中 而兩位共一床也. 然飯羹盞盤

等 則各器也, 幷匙筯 恐不可容於一列也. 未知醋楪何處奠之 俱有不便.
盖饌亦有同器 則匙筯共一楪 當中設之 似非違禮也.

1-4. 희생을 살피고, 그릇을 씻고, 찬을 마련한다.『가례』

【「특생궤식례」】주인이 희생을 죽이는 것을 본다. <주> 측살(側殺)은
하나의 희생을 죽이는 것이다. ○【「소뢰궤식례」】종인(宗人)이 씻기를
명한다. <주> 척(滌)은 제기를 씻고, 종묘를 청소하는 것이다.

주인은 여러 장부를 거느리고 심의(深衣)를 입고 희생을 살피고
죽이는 일에 임하며, 주부는 여러 부녀를 거느리고 배자(背子)를
입고 제기와 솥을 깨끗하게 씻으며, 무릇 제찬(祭饌)에 사용되는
크고 작은 그릇은 정결하도록 힘쓴다. 제사지내기 전에 사람들이
먼저 먹거나, 고양이와 개, 벌레와 쥐들에게 더럽혀지지 않도록
한다.

省牲 滌器 具饌. 家禮

【特牲禮】主人視側殺. 註 側殺 殺一牲. ○【少牢禮】宗人命滌. 註 滌
漑濯祭器 掃除宗廟.

主人率衆丈夫 深衣省牲莅殺, 主婦率衆婦女 背子滌祭器潔釜
鼎. 凡大小器用祭饌 務令精潔. 未祭之前 勿令人先食及爲猫犬
蟲鼠所汚.

2. 제찬(祭饌)

[희생]

새와 물고기를 덧붙인다. ○【「곡례」】대부는 특별히 구한 소[索牛], 사

는 양과 돼지. <소> 천자의 대부와 사이다. 제후의 대부라면 소뢰(小牢)이고, 제후의 사는 돼지 한 마리[特豕]이다. ○무릇 제사에 소는 '일원대무(一元大武)'라 하고, 큰 돼지는 '강렵(剛鬣)'이라 하고, 작은 돼지는 '돌비(腯肥)'라 하며, 양은 '유모(柔毛)'라 하고, 닭은 '한음(翰音)'이라 하며, 꿩은 '소지(疏趾)'라 하고, 개는 '갱헌(羹獻)'이라 한다. 【성재안설】『주례』에 "호인(犒人)이 제사에 쓰는 개 기르는 일을 관장한다" 하였고, 「예운」에 "그 개와 돼지를 희생으로 한다" 하였으니, 옛날에는 개도 희생에 사용하였다. 요즘은 사용하지 않는데, 이는 바로 풍속에서 금하기 때문이다. ○『의례』「소뢰특생례」는 제후의 경·대부·사의 예이다. ○「잡기」 흉년에는 제사에 살지지 않은 희생[下牲]으로 한다. <소> 제후의 대부는 소뢰(小牢)인데 특시(特豕)로 줄여 쓰고, 사는 평소 특시를 쓰는데 줄여서 작은 돼지를 쓴다. ○「왕제」 서인은 봄에는 부추를 천신(薦新)하고 알[卵]을 곁들이며, 여름에는 보리를 천신하고 물고기를 곁들이며, 가을에는 기장을 천신하고 작은 돼지를 곁들이며, 겨울에는 벼를 천신하고 기러기를 곁들인다. <주> 서인은 항상 쓰는 희생이 없고, 새로운 물건을 취한다. ○『주례』 제사에는 물에서 나는 것을 함께 쓰니, 생선 말린 것[鱻薧]을 올린다. <주> 변두(籩豆)에 채우는 것은 물고기 포[魚鱐]와 조개[蜃蛤] 따위이다. ○「곡례」 생선을 정제(脡祭)라 한다. <소> 정(脡)은 곧음이다. 물고기를 익히면 곧게 된다. ○『국어』 굴건(屈建)이 "사(士)는 작은 돼지와 개의 전(奠)이 있고, 서인은 물고기구이의 천(薦)이 있다" 하였다. ○퇴계는 "소를 죽여서 제사를 지내는 것은 사의 예가 아니다. 그러나 고기를 사서 제사지내는 것을 비난하기는 어려울 듯하다" 하였다. ○성호는 "『가례』는 대부의 사례이다. 그러므로 축문에 '강렵(剛鬣)', '유모(柔毛)'의 글이 있으니, 모두 서인의 희생이 아니다" 하였다. ○「소뢰궤식례」 물고기는 붕어를 사용하는데, 머리를 오른쪽으로 하여 기름진 것을 드린다. ○성호는 "물고기는 꼭 붕어가 아니라도 물에서 나는 어족이라면 모두 예에 사용할 수 있다" 하였다. ○【성재안설】 예에 이른바 "소뢰(小牢)와 특생(特牲)은 모두 죽여서 전체를 사용함을 말함이니, 서인의 예가 아니나, 우리나라에는 이른바 '푸주간'이 없는 데가 없는데, 바로 관청에서 설치한 것이니, 사나 서인이 쇠고기를 사서 제사지내는 것은 아마도 분에 넘치는 일이 되지는 않을 듯하다. 그러나 가난한 사람이 또한 굳이 쇠고기를 구하여야 하는 것은 아니다. 대체로 털과 깃과 비늘이 달린 종류는 모두 예에서 허락하는 바이니, 그 있고 없음에 따라 함이 옳다. 게다가 우리나라에는 해산물이 온 나라에 널려 있으니, 더욱 예에 합당하다. 혹 잉어를 쓰지 않는 것은 이상한 일이다. 이씨(李氏)의 당나라에서는 '리(鯉)'가 '리(李)'와 음이 같다고 하여 먹는 것을 금하고, 호칭을 '적선공(赤鯶公)'이라 하였으니, 황씨(黃氏)의 설은 잘못이다. 우리나라에서는 금하지 않으니 사용해도 좋다.

[牲]

羽鱗附. ○【曲禮】大夫索牛 士羊豕. 疏 天子之大夫士也. 若諸侯大夫 少牢 士特豕. ○凡祭牛曰一元大武 豕曰剛鬣 豚曰腯肥 羊曰柔毛 雞曰翰音, 雉曰疏趾 犬曰羹獻. 【按】周禮 犒人掌斂祭祀之犬, 禮運 體其犬豕. 古者 犬亦爲牲. 今之不用 乃俗忌也. ○【儀禮】少牢特牲禮 是諸侯之卿大夫士也. ○【雜記】凶年 祀以下牲. 疏 諸侯大夫 少牢 降用特豕, 士常用特豕 降用豚. ○【王制】庶人 春薦韭以卵 夏薦麥以魚 秋薦黍以豚 冬薦稻以鴈. 註 庶人 無常牲 取其新物. ○【周禮】祭祀共川 奠鱐蔞. 註 邊豆之實魚鱐蜃蛤之類. ○【曲禮】鮮魚曰 脡祭. 疏 脡 直也. 魚煮熟 則脡直. ○【國語】屈建曰 士有豚犬之奠 庶人有魚炙之薦. ○退溪曰 殺牛以祭 非士之禮. 然買肉以祭 恐難非之. ○星湖曰 家禮 是大夫之例 故祝有剛鬣柔毛之文, 皆非庶人之牲. ○【少牢】魚用鮒, 右首進腴. ○星湖曰 魚未必鮒 川禽之族 皆可以爲禮. ○【按】禮所云 少牢特牲 皆全殺之 謂非庶人之禮. 而我東 則所謂庖廚 無處無之 乃官之所設也, 士庶人之買牛肉以祭 恐不爲僭. 然貧者 亦未必固求牛肉. 凡毛羽鱗之族 皆禮之所許 則隨其有無 可也. 且我東 海錯遍於一國 尤合於禮矣. 或不用鯉魚 則可異也. 李唐 以鯉李音同 禁食 號爲赤鯶公, 黃說謬矣. 我國 則無禁 用之 可也.

[현주 1병]

【「교특생」】현주(玄酒)로는 명수(明水)를 숭상하니 오미(五味)의 근본을 귀하게 여김이다. ○【「곡례」】물을 '청척(淸滌)'이라 한다. <소> 현주는 맑고 깨끗하다. ○【「예운」】현주는 실(室)에 둔다. <주> 매번 제사마다 반드시 현주를 진설하는데, 실제로 따라 쓰지는 않는다. 진

호(陳澔)는 "아주 먼 옛날에는 술이 없었고, 물을 사용하였다. 후세의 왕이 고례를 존중하여 이름을 '현주'라고 했다" 하였다. ○「특생궤식례」 현주는 서쪽에 있다. ○「소뢰궤식례」 술단지[甒]에 현주가 있다. <주> 고문(古文)에는 '술단지[甒]'가 '무(廡)'로 되어 있다. ○【성재안설】 요즘에는 정화수(井華水)를 사용하는데, 의서(醫書)에 이른바 '새벽에 제일 먼저 긷는 물'이다.

[玄酒一甁]

【郊特牲】 玄酒 明水之尙 貴五味之本. ○【曲禮】 水曰淸滌. 疏 玄酒淸潔. ○【禮運】 玄酒在室. 註 每祭 必設玄酒 其實不用之以酌. 陳澔曰 太古 無酒用水 後王重古 名爲玄酒. ○【特牲禮】 玄酒在西. ○【小牢禮】 甒有玄酒. 註 古文甒作廡. ○【按】 今用井華水, 醫書所云 晨朝第一汲水也.

[청주 3작]

【「곡례」】 술을 '청작(淸酌)'이라 한다. ○『주례』 주정(酒正)이 5제(五齊)와 3주(三酒)를 바치는데, 5제는 범제(泛齊), 예제(醴齊), 앙제(盎齊), 제제(緹齊), 침제(沈齊)이고, 3주는 세 번째가 청주(淸酒)이다. ○【성재안설】 「예운」에 "예잔(醴醆)은 호(戶)에 있고, 자제(粢醍)는 당(堂)에 있고, 징주(澄酒)는 아래에 있다" 하였고, 「교특생」에 "예(醴)는 주(酒)의 아름다운 것"이라 하였다. 대개 예(醴)는 술의 근본이고, 청주(淸酒)는 바로 후세에 와서 맛을 낸 것이다. 만약 청주를 장만하지 못하면 예주(醴酒)를 굳이 써도 된다. 성호(星湖)의 『제식(祭式)』에는 술을 쓰지 않고 예(醴)를 사용하였다. ○소주(燒酒)는 원나라 때 나왔다. 폭군이 간하는 신하를 죽이려 하면서 그 명분을 싫어하여 소주를 만들어 억지로 먹여 죽게 만들었으니, 당시 사람들이 '흉주(凶酒)'라고 하였다. 요즘 사람들이 혹 이것을 제사에 사용하는 것은 매우 미안하다. 구태여 술이 없다면 차라리 현주를 쓸지언정 이것을 사용해서는 안 된다. 혹자가 "산 사람이 늘 마신다면, 상중에 사용하는 데는 생시와 다름없다"고 하는데, 어떨지 모르겠다. ○『오례의』 잔반(盞盤)은 매 신위마다 각기 셋이다.

[淸酒三爵]

【曲禮】酒曰淸酌. ○【周禮】酒正供五齊三酒, 五齊者 泛齊 醴齊 盎齊 緹齊 沈齊, 三酒者 三曰 淸酒. ○【按】禮運云 醴酸在戶 粢醍在堂 澄酒在下, 郊特牲云 醴 酒之美. 盖醴 是酒之本也 而淸酒 乃後世之致味者也. 若淸酒未辦 則醴酒固可用也. 星湖祭式 不用酒而用醴. ○燒酒出於胡元. 暴君欲殺諫臣 而惡其名 作燒酒 强飮之 致其死 時人名曰 凶酒. 今人 或用之祭祀 甚未安. 苟爲無酒 則寧用玄酒 而此不可用也. 或曰 生人恆飮 則喪內用之 無異生時, 未知何如. ○【五禮儀】盞盤 每位各三.

[혜장 1그릇]

초장(醋醬)이다. ○【『주례』】혜인(醯人)이 5제(五齊)와 7저(七菹)와 무릇 혜장(醯醬)의 물건을 공급한다. <주> '제(齊)'는 '제(齏:양념)'가 되어야 한다. 제(齊)와 저(菹)는 장(醬)의 종류이다. 혜인(醯人)이란 모두 반드시 혜(醯)로 맛을 맞춤이다. ○「곡례」에 "혜장(醯醬)은 그 안쪽에 놓는다" 하였다. 또 『예기』<소>에 혜장은 공히 한 물건이다.【성재안설】혜(醯)는 초물[醋水]로서 장에 타서 시고 짠 맛을 적당히 맞춰 찬(饌)의 주가 된다. 그러므로 가까운 곳에 둔다. 『가례』에 초(醋)는 말하고 장(醬)을 말하지 않은 것은, 이 장이 본디 초를 위해 사용하는 것이기에 무게가 초에 있기 때문이다. 혹자는 청장(淸醬)은 빠뜨릴 수 없다고 하여 저(菹)와 해(醢)의 줄에 보태 넣고 소채 한 가지를 빼는데, 무슨 근거인지 모르겠다. 대개 삶고 익히는 여러 찬에는 장이 넣지 않으면 제 맛을 낼 수가 없다. 그러므로 모두 먼저 장으로 조리하니, 삶고 익힌 뒤에는 다시 쓸 필요가 없다. 옛날에 이른바 '제(齊)'라든지 '저(菹)'라든지 '이(臡)'라든지 하는 것이나, 요즘 이른바 '회(膾)'라든지 '만두(饅頭)'라든지 '어육전(魚肉煎)'이라든지, 무릇 여러가지 음식은 초가 아니면 제 맛을 낼 수가 없다. 그래서 반드시 사용하는 것이다. ○혹자는 "회를 사용하면 또 겨자장[芥醬]을 쓴다"고 한다. 그러나 이미 혜장이 있으니 뒤섞어 진설함은 합당치 않다. 「내칙」과 「공사대부례(公食大夫禮)」에 비록 '회에는 파나 겨자를 쓴다'는 글이 있지만, 이는 모두 제례를 가리키는 것이 아니다. ○구씨(丘氏)는 초(醋)를 시저

(匙筯)의 다음 줄에 진설하였다.

[醢醬一器]
醋醬也. ○【周禮】醢人 供五齊七菹凡醢醬之物. 註 齊當爲䪡. 齊菹 醬屬. 醢人者 皆須醢成味. ○【曲禮】醢醬處其內. 又禮疏 醢醬共爲一物. 【按】醢是醋水 而和於醬 酸醎得宜 爲饌之主 故置在近處也. 家禮之言醋而不言醬者, 此醬本爲醋而用 則重在於醋故也. 或以爲淸醬不可闕 添入於菹醢之列 而去蔬菜一品, 未知何據也. 盖烹飪諸饌 不得醬則不成味. 故皆先調醬 不必更用於烹飪之後也. 至於古所云齊也菹也䪡也 今所云鱠也饅頭也魚肉煎也 凡庶羞 非醋無以成味 所以必用也. ○或云 用鱠 則又用芥醬. 然旣有醢醬 不當雜陳也. 內則及公食大夫禮 雖有鱠用蔥芥之文, 此皆非指祭禮也. ○丘氏 設醋於匙筯之次行.

[대갱 1그릇]
요즘 밥국[食羹]이다. ○「특생궤식례」 대갱. <주> 육즙(肉汁)이다. <소> 「공사대부례」와 「혼례」에는 대갱(大羹)과 읍(湆)이 모두 천(薦)의 오른쪽에 있다. 여기서 왼쪽에 있는 것은 신(神)에 대한 예를 살아 있는 사람과는 다르게 변경해서이다. 「사우례」에 대갱과 읍이 오른쪽에 있는 것은 살아 있는 사람과 같다. ○【예기(禮器)】 대갱은 간을 하지 않는다. <주> 먼 옛날의 국이다. 육즙(肉汁)에다 염매(鹽梅)로 간을 하지 않는다.

[大羹一器]
今食羹也. ○【特牲禮】大羹. 註 肉汁也. 疏 公食大夫昏禮 大羹湆 皆在薦右. 此在左者 神禮變於生人. 士虞禮 大羹湆在右 與生人同. ○【禮器】大羹不和. 註 太古之羹也. 肉汁無鹽梅之和.

[화갱 2그릇]
【「사우례」】 형(鉶). <주> 나물국이다. ○【「특생궤식례」】 두 형(鉶)의 건더기[芼]. <주> 육미(肉味)에 채소를 섞은 것이다. <소> 다섯 가지 맛으로 간을 맞춰 형기(鉶器)에 담았기에, 그 국의 이름을 '형(鉶)'이라 한다. ○【『시경』 상송】 화갱(和羹). 주자는 "맛을 조절함이다" 하였고,

조거정(曹居貞)은 "형갱(鉶羹)이다" 하였다. ○『사설』 형갱(鉶羹)은 형(鉶)에 채우는 것이다. 쇠고기는 '향(膷)'이라 하고, 양고기는 '훈(臐)'이라 하며, 돼지고기는 '효(膮)'라 한다. 「공사대부례」에 "형(鉶)의 모(芼)로는 쇠고기에는 콩잎[藿], 양고기에는 씀바귀[苦], 돼지고기에는 물풀[薇]인데, 모두 활(滑)이 있다"고 하였다. 곽(藿)은 콩잎이고, 고(苦)는 씀바귀[苦茶]이며, 미(薇)는 물풀이다. 활(滑)이란 겨울에는 아욱, 여름에는 원추리[萱]니, 원추리는 생강 종류인데, 마르면 매끄러워 여름과 가을에는 생것을 쓰고 겨울과 봄에는 마른 것을 쓴다. 합하여 삶아 국을 만든다. 「궤식례」에 물고기포[魚腊]로는 붕어를 사용한다는 글이 있다. 지금은 어육(魚肉)을 채소와 섞어서 국을 만들어 '탕국[湯羹]'이라 하니, 그 채소는 옛 법에 구애될 것 없이 순무나 두부 따위라도 불가할 것 없다. ○【성재안설】 「교특생」에 '삶고 익힌다[爛脦]'는 글이 있는데, <소>에서 섬(爛)을 '탕침(湯沈)'이라 하였다. 탕침(湯沈)이란 삶는 것[瀹]이니, 대개 익히되 문드러지지 않게 함이다. 요즘 시속에서 대갱(大羹)을 '밥국'이라 하고, 화갱(和羹)을 '어탕(魚湯)·육탕(肉湯)'이라 하는 것은 필시 여기에서 비롯됐을 것이다. 그러나 「궤식례」에서 두 형(鉶)의 모(芼)를 사용했으니, 사(士)가 채갱(菜羹) 2그릇을 사용하는 것도 가능하다. 『상위록』에는 '털 있는 것과 깃 달린 것과 비늘 있는 것 세 가지'라는 설이 있으니, 아마도 사의 예는 아닌 듯하다. 털 있는 것과 깃 달린 것과 비늘 있는 것 중 두 가지를 사용하는 것은 맞을 듯하다. 『가례』의 '시제'에는 반갱(飯羹)의 갱만 말하고 다른 갱에 대해서는 말하지 않았다. 그러므로 지금 사람들은 또 어육에 채소를 섞어 국을 만들고는 '어육탕(魚肉湯)'이라 하여 『가례』의 어육(魚肉)에 해당시킨다. 그러나 『가례』의 '초조(初祖)' 제사에 대갱(大羹)과 형갱(鉶羹)의 구별이 있고, 또 생고기 소반[腥盤]과 삶은 고기[熟肉]의 다름이 있으니, 이는 분명 다른 물품이다. 또한 예에 이미 "형모(鉶芼)"라 하고 또 "채갱(菜羹)"이라 했으니, 나물로 밑바탕을 삼고 고기 맛으로 조절하는 것이다. 그러므로 그다지 재물이 허비되지 않아 사(士)도 사용한다.

[和羹二器]

【士虞禮】鉶. 註 菜羹也. ○【特牲禮】兩鉶芼. 註 肉味之有和菜者. 疏

五味調和 盛之鉶器 因號羹爲鉶. ○【詩 商頌】和羹. 朱子曰 味之調節
也, 曹居貞曰 鉶羹也. ○【僎說】鉶羹 鉶實也. 牛曰膷 羊曰臐 豚曰膮.
公食大夫禮云 鉶芼 牛藿羊苦豕薇 皆有滑. 藿豆葉 苦苦茶 薇水草也.
滑者 冬葵 夏,萱, 萱 薑類 乾則滑 夏秋用生 冬春用乾. 合烹爲羹也.
【饋食禮】有魚腊用鮒之文. 今以魚肉和菜爲羹 謂之湯羹, 其菜不必泥
古, 蔓菁豆腐之類 無不可者. ○【按】郊特牲 有爛胾之文, 疏 謂爛爲湯
沈. 湯沈者 淪, 蓋熟而未爛之稱也. 今俗之以大羹爲食湯 和羹, 爲魚湯
肉湯者 必本於此. 然饋食禮用兩鉶芼 則士用菜羹二器 亦可也, 而喪威
錄有毛羽鱗三品之說 恐非士禮也. 於毛羽鱗中 用二品 似得之 家禮時
祭, 但言飯羹之羹 不言他羹. 故今人 又以魚肉和菜爲羹 謂之魚湯肉湯
以當家禮之魚肉. 然家禮初祖祭 有大羹鉶羹之別, 又有腥盤熟肉之異
則明是殊品. 且禮旣云 鉶芼, 又云菜羹, 則用菜爲質 而調以肉味者. 故
不甚費財 士亦用之.

[적 1그릇]

「내칙」에 우적(牛炙)·양적(羊炙)·시적(豕炙)이 있고, 「특생궤식례」
에 간종(肝從)·번종(燔從)이 있으며, 「소뢰궤식례」에 양조(羊俎)·시
조(豕俎)·어석부조(魚腊膚俎)가 있다. 이는 『가례』의 초헌(初獻)에
적간(炙肝)을 올리고, 아헌에 적육(炙肉)을 올리며, 종헌에 적육(炙肉)
을 올리는 이유인 것이니, 각기 소반 하나씩으로 하여 세 번 올린다.
그러므로 '초헌'조의 <주>에 '다른 그릇으로써 간(肝)을 거둔다'는 글
이 있으니, 예전 것을 바꾸어 새 것을 드리는 것이 분명하다. 요즘 사람
들은 반드시 한 그릇으로 세 번 올리면서 "가적(加炙)"이라 일컫는데,
손에 묻혀서 더럽힘을 면하지 못하니 괴이하다. 또한 '선조(先祖)' 제사
에 적간을 두 소반, 적육을 각각 두 소반을 하는데, 여기서 고(考)와 비
(妣)는 각기 탁자를 사용하므로 여섯 소반이다. ○우리 집은 꼬지 세
개를 조(俎)에 아울러 올려 초헌에 한 번 올리는데, 대개 간편함을 따
름이다. 선대부터 행하였기 때문에 감히 고치지 않는다. ○『서의』 적
(炙)은 건육(乾肉)이다. 여기서 적간(炙乾)은 포수(脯脩)와 같이 굽지
않고 말린 것과는 같지 않다.

[炙一器]

【內則】有牛炙羊炙豕炙, 特牲有肝從燔從, 小牢有羊俎豕俎魚腊膚俎. 此家禮 所以初獻炙肝 亞獻炙肉 終獻炙肉者, 而各爲一盤獻之以三也. 故初獻條註 有他器徹肝之文 則易舊進新明矣. 今人 則必一器而三奠 謂之加炙 不免澤手而藝之 可怪. 又先祖祭 炙肝兩小盤 炙肉各二小盤 則此爲考妣各卓 故六小盤也. ○吾家 則三串並載於俎 初獻一奠, 盖從簡也. 自先世行之 故不敢改. ○【書儀】炙 乾肉, 此謂炙乾 非如脯脩不炙而乾也.

[어육 각 1그릇]

혹은 날것이고 혹은 익힌 것이다. ○『가례』의 '시제'에는 어육(魚肉) 각기 한 쟁반이라고만 하였고, 무슨 찬인지 분명하게 다시 말하지는 않았다. 그러므로 요즘은 이른바 '간남(肝南)'을 여기에 해당시키는데, 간남(肝南)은 어육전(魚肉煎)과 어육회(魚肉膾)의 통칭으로, 적간과 함께 한 줄로 하여 남쪽에 있고, '간종(肝從)'의 뜻을 본뜬 것이기에 그렇게 이름하였다. 또 혹자는 요즘의 이른바 '어육탕(魚肉湯)'을 여기에 해당시키는데, 어육탕은 옛날의 형갱(鉶羹)이다. 그러나 『가례』 '초조(初祖)' 제사의 진찬(進饌)에 '날고기[腥肉]'와 '익힌 고기[熟肉]'라고 분명히 말하면서도, 다시 어육(魚肉)에 대한 글은 없으니, 시제(時祭)의 어육(魚肉) 또한 탕갱(湯羹)을 말한 것이 아니다. ○「내칙」 삼(糝)은 소나 양, 돼지고기를 가져다가 잘게 잘라 맵쌀과 합하여 단자를 만들어 지진 것이다. 【성재안설】 지금 세속에서 어육의 살점을 쌀가루에다 계란에 섞은 데 담궜다가 향유(香油)에 지지는 것은 과연 근본한 바가 있다. 그렇다면 육전(肉煎)을 '삼육(糝肉)'이라 일컫는 것이 매우 아름답고, 어전(魚煎) 또한 '삼어(糝魚)'라고 할 수 있다. 정다산(丁茶山)은 어전(魚煎)을 '이어(酏魚)'라고 칭하였는데, 대개 「주관(周官)」의 '이식(酏食)'이란 글과, 「내칙」의 '위이(爲酏)' 주석에서 취한 것이다. 하지만 거기서는 단지 '쌀과 주이(酒酏)로 떡을 만든다'고만 했으니, 옳고 그름을 모르겠다. ○『어류』 큰 제사에는 매 신위마다 4미(四味)를 사용하고, 시속 명절의 작은 제사에는 2미(二味)만 사용한다. ○「내칙」에 "날것을 가늘게 자른 것이 회(鱠)이고, 크게 자른 것이 헌(軒)이다" 하였다. 「소의」에 "소와 양과 물고기의 날것을 저미고 썰어서 회를 만든다"

고 하였는데, 그 <주>에 "섭(囁)은 얇게 저미는 것이다" 하였고, <소>에는 "먼저 저미고 나서 잘게 자른다"고 하였다. ○『서의』 회(鱠)는 붉은 빛의 날 것이고, 헌(軒)은 흰 살점이다. ○『운서』 헌육(軒肉)에는 콩잎을 끊어 넣는다. 혹은 콩잎으로 일으킨다고 하였다. ○【성재안설】 소뢰(小牢)나 특생(特牲)이나 무릇 생체(牲體)는 모두 정(鼎)에 담는다는데, 유독 간(肝)에 대하여는 "뇌간(牢肝)을 올리면서 소금을 오른편에 둔다"고 하였으며, 또 "간종(肝從)은 소금에 적신다"고 하였으니, 이는 간을 반드시 날것으로 사용함이다. 그러므로 '번종(膰從)' <주>에 특별히 '적간(炙肝)'을 말하였으니, 간은 날것과 익힌 것을 쓰는 것이 분명하다. 요즘 시속에는 혹 살아 있는 생선을 가늘게 잘라 쌀가루에다 국화잎이나 콩잎 따위를 함께 넣어 잠시 데쳐 익혀서는 '어채(魚菜)'라고 이름한다. 이는 대개 회인데 비린내를 제거한 것이다. ○『교특생』 "성(腥)·척(剔)·염(爓)·임(脀)[188]으로 제사하는 것이 어찌 신이 흠향할 것이라고 알아서 함이겠는가?" <주> 혹은 날것으로 드리고, 혹은 분해하여 드리고, 혹은 탕침(湯沈)으로 드리고, 혹은 달이고 익혀서 드린다. 【성재안설】 이는 신이 어떤 것을 흠향하는지 모르기에 날것과 익힌 것을 아울러 쓴다는 것이다. 『요결』에는 "날것의 어육을 쓴다" 하였고, 『문해』에는 "날것의 어육이 아니다" 했으며, 『유편』에는 "분명히 익힌 것을 올린다" 하였는데, 아마도 모두 『가례』의 성반(腥盤), 숙반(熟盤)이란 말과 합치되지 않는 듯하다. ○방씨(方氏)는 "그 조(俎)에 날것으로 함은 신도(神道)로써 섬김이며, 그 효(殽)를 익히는 것은 인도(人道)로써 섬김이니, 고례에 따라 날것과 익힌 것을 참작하여 사용한다"고 하였다. ○한강(寒岡)이 어육 4미(味)를 쓰고자 하자, 퇴계는 "좋다. 그러나 『가례』에는 어육이 각기 한 쟁반이다" 하였다. 【성재안설】 '어육 각기 한 쟁반'이니, 이는 적간(炙肝)과 더불어 3조(俎)가 되는 듯하지만, 그 '초조(初祖)' 제사에 또 형갱(鉶羹)을 말하였으니 아마 2미(味)에만 그치는 것은 아닌 듯하다. 그러므로 여헌(旅軒)은 "물고기를 혹은 탕으로 혹은 구이로 하니, 육고기도 혹은 탕으로 혹은 구이로 함이 있을 것이므로, 각기 한 그릇으로만 그치지는 않을 것이다" 하였다. 그런즉 3조(俎) 2형(鉶)으로 하여 공히 5그릇이

---

188) 성척염임(腥剔爓脀): 성은 생육, 척은 뼈를 발라낸 고기, 염은 찐 고기, 임은 익힌 고기.

면 정조(鼎俎)의 기수(奇數)에 부합되고, 또 사(士)의 예도 될 수 있다.
○【특생궤식례」】 시조(豕俎)와 어조(魚俎)는 함께 두(豆)의 동쪽에
둔다. 소뢰(小牢)의 예에 양(羊)과 시(豕)와 어석(魚腊)이 또한 모두
두(豆)의 동쪽에 있고, 남북으로 서로 곧게 되어 있으니, 어와 육을 반
드시 동과 서로 구분하는 것은 아니다. 세간에 '어동육서(魚東肉西)'라
는 설이 있지만 어디에 근거했는지 모르겠는데, "동남쪽에는 물이 많
아 물고기가 나고, 서북쪽은 산이 많아 짐승이 살기 때문"이라고까지
한다. 만약 그 말대로라면, 어(魚)는 또한 남쪽으로도 하고 육(肉)은 또
한 북쪽으로도 할 수 있는 것이지, 어찌 꼭 동서로만 해야 하겠는가?
이는 억지로 끌어 붙인 것이다. 혹은 또 『가례』의 "미식(米食)은 육
(肉)의 서쪽에 올리고, 면식(麵食)은 어(魚)의 동쪽에 올린다"는 주석
으로 증거를 삼기도 한다. 그러나 『가례』의 어육은 우연히 동서에 두
고 다만 미식(米食)과 면식(麵食)을 올리는 곳만 말했을 뿐이니, 그 어
육은 아마 호문(互文)일 것이다. 어떻게 알 수 있는가? 『가례』에는 포
(脯)와 해(醢) 세 가지를 서로 사이에다 진설하니, 어육은 정해진 곳이
없다. 게다가 구씨(丘氏)의 「설찬도(設饌圖)」에는 어(魚)가 동쪽에도
있고 서쪽에도 있으며, 육(肉)도 동쪽에도 있고 서쪽에도 있어서, 일정
함이 없다. 그러나 지금은 속례(俗禮)가 되어 세상에서 모두 이를 행하
니, 속례를 따라도 해는 없다. ○【궤식례」】 <주>에 "제사는 익힌 것
으로부터 시작하니 '궤식'이라 한다. 궤식이란 음식의 도리이다" 하였
고, '양을 문 밖의 동쪽에서 삶는다'는 구절의 <주>에는 "돼지와 물고
기 포[魚腊]로 먹이되 각기 한 번씩 불을 땐다"고 하였다.

[魚肉各一器]
或腥或熟. ○【家禮】 時祭 則只言肉魚各一盤 而不復明言其爲何饌. 故
或以今所謂肝南當之, 肝南者 魚肉煎魚肉鱠之通稱, 而並與炙肝一列
在南, 倣肝從之義 故名之也. 又或以今所謂魚肉湯 當之, 魚肉湯者 古
之鉶羹也. 然家禮 初祖祭進饌 分明言腥肉熟肉 而更無魚肉之文 則時
祭 魚肉亦非湯羹之謂也. ○【內則】 糁取牛羊豕之肉 小切之 與稻米 合
以爲餌 煎之. 【按】 今俗用魚肉爕 以米粉和於鷄卵 而浸之 煎於香油
者 果有所本, 然則肉煎稱以糁肉者 甚佳 而魚煎 亦可稱糁魚也. 丁茶
山 以魚煎 稱爲酏魚, 盖取周官酏食之文 內則爲酏之註, 然彼但以稻米

酒醴爲餅云 則未知是否也. ○【語類】大祭每位 用四味, 俗節小祭 止二味. ○【內則】腥 細切爲膾, 大切爲軒. 少儀 牛與羊魚之腥 聶而切之 爲膾. 註 聶牒. 疏 先牒而後細切. ○【書儀】膾紅生, 軒白肉. ○【韻書】軒肉藿葉切. 或云藿葉起之. ○【按】少牢特牲 凡牲體 皆云實于鼎 而獨於肝曰 羞牢肝塩在右, 又曰 肝從擩于鹽 則此肝必用生也. 故其膰從註 特言炙肝, 肝用生熟明矣. ○今俗 又或以生魚細切 糝米屑 並與菊葉藿葉之類 暫瀹而熟之 名爲魚菜, 此盖膾而去腥者也.

○【郊特牲】曰 腥肆[189]爓腍祭 豈知神之所饗也. 註云 或進腥體 或薦解剔 或進湯沈 或薦煮熟.【按】此未度神之何所享 而並用生熟也. 要訣云 用生魚肉, 問解云 非生魚肉, 類編云 明是薦熟, 恐皆未合於家禮腥盤熟盤之語也. ○方氏曰 腥其俎 事之以神道, 熟其殽 事之以人道, 從古參用腥熟也. ○寒岡欲用魚肉四味, 退溪曰 善. 然家禮魚肉各一盤.【按】魚肉各一盤 似是與炙肝 共爲三俎者 而初祖祭 又言鉶羹 則恐不止二味而已. 故旅軒曰 魚有或湯或燔 肉亦有或湯或燔 不當各止一器. 然則三俎二鉶 共爲五器 合於鼎俎之奇數 而又可爲士之禮也. ○【特牲饋食禮】豕俎魚俎 並在豆東. 少牢禮 羊豕魚腊 亦皆在豆東 而南北相直, 則魚肉未必分東西也. 世有魚東肉西之說 未知何據 而至以爲東南多水魚生之 西北多山獸居之故也. 若如其言 則魚亦可南 肉亦可北 而何特東西哉. 此師傅曾之者也. 或又以家禮 米食奠于肉西 麵食奠于魚東之註 爲證. 然家禮之魚肉 偶在東西 而但言米麵食所奠之處而已, 其魚肉 則恐是互文也. 何以知之. 家禮 脯醢三品 相間設之 則魚肉無定所也. 且丘氏設饌圖 魚亦居東居西 肉亦居東居西 則又無定也. 然今成俗禮 世皆行之, 從俗 無害矣. ○【饋食禮】註 祭祀自熟始 曰饋食, 饋食者 食道也. 烹羊門外東方 註 豕魚腊以饋 各一爨.

[포숙 각 1그릇]
포(脯)는 건육(乾肉)이고, 숙(鱐)은 건어(乾魚)이다. ○「곡례」 포를 '윤제(尹祭)'라 하고, 말린고기[槀魚]를 '상제(商祭)'라 한다. <주> 윤(尹)은 바름[正]이다. 포는 펼치고자 반듯하고 바르게 잘라낸 것이다. 고(槀)는 마름[乾]이다. 상(商)은 그 건조하고 습한 정도를 적당하게

---

189) '사(肆)'는 '척(剔)'의 오기이므로 이제 바로잡아 해석하였다.

헤아림이다. ○또 '포수(脯脩)' <소>에 "얇게 자른 것을 '포'라 하며, 두드려서 생강과 계피를 얹은 것을 '단수(腶脩)'라 한다" 하였다. ○『주례』 변(邊)에 채우는 것은 무포(膴鮑)와 어수(魚鱐)이다. <주> 무(膴)는 날 생선을 얇게 저며 큰 살점으로 만든 것이고, 포(鮑)는 절여서 말린 것이며, 숙(鱐)은 잘라서 말린 것이다. ○「내칙」 여름에는 거(腒)와 숙(鱐)이 적합하다. <주> 거(腒)는 말린 꿩고기이고, 숙(鱐)은 말린 물고기다. ○당나라 이화(李華)의 글에 '거숙좌반(腒鱐佐飯)'이란 말이 있으니, 요즘 소금에 절인 마른 물고기로 좌반(佐飯)을 하는 것에 유래가 있음이다. 대개 지금 사람들은 어육(魚肉)의 말린 것을 통틀어 포(脯)라고 하지만, 그 맛이 짠 것을 좌반(佐飯)이라 한다. ○『유편』 염숙(鹽鱐)의 종류는 단수(腶脩)와는 품질이나 맛이 현격히 다르니 각기 다른 그릇으로 함이 마땅한 듯하고, 그 중 소금을 가미한 것 이외의 포(脯)는 모두 한 그릇으로 합한들 무슨 방해가 되겠는가? 또 "포(脯)는 변(邊)에 넣는 것이니, 과일의 줄에 놓는다" 하였다. ○【성재안설】 『주례』에 "변(籩)에 올리는 물품은 말밤[菱], 거리련밤[芡], 밤[栗], 포(脯)라 했으니, 포와 과일을 같은 줄에 놓아도 괜찮다.

[脯鱐各一器]
脯 乾肉, 鱐 乾魚. ○【曲禮】 脯曰尹祭 薨魚曰商祭. 註 尹 正也. 脯 欲敷割方正. 薨 乾也. 商 度其燥濕之宜. ○又脯脩 疏 薄析 曰脯, 捶而施之薑桂 曰腶脩. ○【周禮】 籩實膴鮑魚鱐. 註 膴 朕生魚爲大臠, 鮑者 糗乾之, 鱐者 析乾之. ○【內則】 夏宜腒鱐. 註 腒 乾雉, 鱐 乾魚. ○唐李華文 有腒鱐佐飯之語, 今之以鹽乾魚爲佐飯者 有由矣. 蓋今人以魚肉乾者 通謂之脯 而其味醎者 則曰佐飯. ○【類編】 鹽鱐之類 與腶脩 品味懸別 似當各器, 其加鹽者外脯 皆合成一器 何妨. 又曰 脯是籩實 設於果品之列. ○【按】 周禮 加籩之實 菱芡栗脯 則脯果並列 亦可也.

[김치와 젓갈과 채소를 합쳐 여섯 그릇]
【『주례』】 해인(醢人)은 두(豆)에 채우는 구저(韭菹), 탐해(醓醢), 창본(昌本), 미니(麋臡), 청저(菁菹), 녹니(鹿臡), 묘저(茆菹), 균니(麇臡), 규저(葵菹), 라해(蠃醢), 비석(脾析), 비해(蜃醢), 신지해(蚳醢), 돈박(豚拍), 어해(魚醢), 근저(芹菹), 토해(兔醢), 심포(深蒲), 탐해(醓醢),

지저(菭菹), 안해(鴈醢), 순저(筍菹), 어해(魚醢)를 관장한다. 무릇 제
사에는 5제(齊), 7해(醢), 7저(菹), 3니(臡)를 바친다. <주> 탐(醓)은 육
즙(肉汁)이다. 창본(昌本)은 창포 뿌리이니 잘라서 김치[菹]를 만든다.
3니(臡) 역시 해(醢:젓갈)이다. 해(醢)와 이(臡)는 반드시 먼저 그 고기
를 포로 떠내어 말린 다음에 저며서 기장누룩[粱麴] 및 소금을 섞고 좋
은 술에 담궈서 항아리 속에 넣고 흙을 발라 백일 동안 두면 숙성된다.
묘(茆)는 물풀이고, 청(菁)은 만청(蔓菁)이다. 라(蠃)는 달팽이다. 신
(蜃)은 큰 조개며, 지(蚔)는 개미알이다. 비석(脾析)은 소의 백엽(百葉)
이다. 비(蠯)는 조개다. 돈박(豚拍)은 세 살 먹은 짐승[肩]이다. 심포(深
蒲)는 부들[蒲蒻]로서 물 속 깊이 들어간 것인데, 혹 '상이(桑耳)'라고
도 한다. 지(菭)는 전죽(箭竹)의 싹이며, 순(筍)도 대나무 싹이다. ○
【주】 또 제(齊)는 제(齏)라 함이 마땅하다. 무릇 혜장(醯醬)으로 양념
하여 가늘게 썬 것은 제(齏)이고, 온전한 물건을 얇게 저민 것은 저(菹)
이니, 제(齏)와 저(菹)는 채소와 육류를 통틀어 칭한다. ○「내칙」 큰
사슴과 사슴과 물고기를 소금에 절이고[菹] 파를 잘라 해(薤)로 만들어
혜(醢)에 넣어 부드럽게 한다. ○『소학집설』 채소를 소금에 절인 것
을 '저(菹)'라 하고 육장(肉醬)을 '해(醢)'라 한다. ○「제통」 수초(水
草)의 김치[菹]와 육지에서 생산되는 젓갈[醢]로 조그만 물건이 갖추어
진다. 방각(方慤)은 말하기를 "저(菹)는 해(醢)의 일종이다. 그러므로
「주관」의 해인(醢人)에 속하였다. 하지만 식물로 만들면 저(菹)이고 동
물로 만들면 해(醢)이다. 그런데 저(菹)에도 규저(葵菹)가 있으니 꼭
모두 수초(水草)인 것은 아니고, 해(醢)에도 물고기가 있으니 꼭 모두
육산(陸産)인 것은 아니다" 하였다. ○【성호 제찬】 저(菹)와 해(醢)와
소채(蔬菜)가 6품(品)이다. ○『유편』 해(醢)는 두(豆)에 담는 것이니,
소채(蔬菜)의 줄에 놓는다. ○【성재안설】 저(菹)는 지금의 이른바 젓갈
에 담근 김치[醢沈菜], 장에 담근 김치[醬沈菜], 섞어 담근 김치[交沈
菜]이다. 물고기, 고기, 달팽이, 조개 등속을 섞어, 채소이면서 젓갈을
겸하고, 젓갈이면서 채소를 겸하였으니, 진미(珍味)이다. 통틀어 '엄채
(淹菜)'라고 칭한다.

[菹醢蔬菜共六器]
【周禮】醢人 掌豆實 韭菹 醓醢 昌本 麋臡 菁菹 鹿臡 茆菹 麋臡 葵菹

蠃醢 脾析 蠯醢 蜃蚳醢 豚拍 魚醢, 芹菹 兎醢 深蒲 醓醢 箔菹 鴈醢 筍菹 魚醢. 凡祭祀 供五齊七醢七菹三臡. 註 醢 肉汁, 昌本 昌蒲根 切之爲菹, 三臡 亦醢也. 作醢及臡者 必先膊乾其肉 乃後莝之 雜以粱麴及鹽 漬以美酒 塗置甄中百日 則成矣. 茆 水草, 菁 蔓菁, 蠃 蝓蜬, 蜃 大蛤, 蚳 蛾子, 脾析 牛百葉, 蠯 蛤也. 豚拍 肩也. 深蒲 蒲蒻入水深者 或曰 桑耳. 箔 箭萌, 筍 竹萌. ○又 【註】 齊當爲齏. 凡醢醬所和細切爲齏, 全物若䐑 爲菹, 齏菹之稱 菜肉通. ○【內則】 麋鹿魚爲菹 切蔥爲薤 實諸醢 以柔之. ○【小學集說】 淹菜曰 菹, 肉醬曰 醢. ○【祭統】 水草之菹 陸産之醢 小物備矣. 方慤曰 菹 醢類 故周官屬醢人. 然以植物爲之 則曰菹, 以動物爲之 則曰醢. 然菹有葵 則不必皆水草, 醢有魚 則不必皆陸産. ○【星湖 祭饌】 菹醢蔬菜 六品. ○【類編】 醢是豆實 設於蔬菜之列. ○【按】 菹 若今所云 醢沈菜 醬沈菜 交沈菜也. 雜以魚肉蠃蛤之屬 卽菜而兼醢 醢而兼菜 味之珍也. 通稱淹菜.

[과일 4가지]

혹은 6가지, 혹은 2가지. ○『주례』 궤식(饋食)의 변(籩)은 대추, 밤, 복숭아, 말린 매실, 개암 열매, 마름[菱芡]이다. <주> 대부와 사의 제사이다. 건로(乾橑)는 말린 매실이다. ○『주례』 또 제사에는 야생의 과일 등속을 바친다. <주> 복숭아나 오얏 등속이다. ○【기】 대추는 찌고, 밤은 고른다. <주> 증(烝)과 택(擇)은 호문(互文)이다. 【성재안설】 요즘 밤을 찌는 데에 또한 유래가 있음이다. ○『가어』 과일의 품목으로 여섯 가지가 있는데, 복숭아는 하품이 되어 제사에 쓰지 않는다. 【성재안설】 변인(籩人)이 복숭아를 바쳤으니 옛날에는 필시 사용했을 것이나, 그 품격이 하품이기에 그를 천하게 여겼다. 요즘 시속에서 꺼려서 쓰지 않는 것과는 다르다. ○『가례』 과일은 6품이다. 변(籩)에는 짝수를 쓴다. 그러므로 주자는 『서의』의 5품을 6품으로 고쳤다. 『비요』에 "6품은 마련하기 어렵기 때문에, 4품이나 혹 2품이 또한 예에 합당한 듯하다" 하였다. ○『유편』 「내칙」에는 도저(桃諸)와 매저(梅諸)로 각각 마르고 젖은 것 두 가지가 있다. 요즘 풍속에는 감은 마르고 젖은 것으로 구별하고, 밤도 날것과 익힌 것으로 구별하여 수를 갖추는데, 역시 근거한 바가 있음이다. 자전[字書]에는 '저(諸)'는 '저(儲)'

와 통한다고 하면서 '주저(酒儲)'를 인용하여 바로잡았고, <주>에 '저(諸)는 오래 말린 것의 호칭이다' 라고 하였다. 감이나 밤을 말린 것도 모두 시저(柿諸), 율저(栗諸)라 칭할 수 있다." ○【성재안설】 우리나라에는 온갖 과일이 생산된다. 대추, 밤, 배, 감, 오얏, 은행 따위는 거의 나라 안에 두루 있고, 앵도, 포도, 수박[西苽], 잣[海松子] 따위는 곳곳에 있다. 남방의 귤, 유자, 석류 같은 등속을 굳이 구차하게 구하여 쓸 필요가 없다. 「제통」에 "초목의 열매와 음양의 물건을 갖춘다" 했는데, 이는 제 힘으로 갖출 수 있는 것을 말한 것일 따름이다.

[果四品]
或六品 或二品. ○【周禮】 饋食之籩 棗栗桃乾橑榛實蓤芡. 註 大夫士祭也. 乾橑 乾梅也. ○又【周禮】祭祀 共野果之屬, 註 桃李之屬. ○【記】棗烝栗擇. 註 烝擇互文.【按】今之烹栗 亦有由也. ○【家語】果品有六, 桃爲下 祭祀不用.【按】籩人供桃, 則古必用之 而以其品下 故賤之也. 非如今俗忌之不用也. ○【家禮】果六品.【按】籩用偶數 故朱子 改書儀之五品 爲六品也. 備要曰 六品難備 四品或兩品 似亦合禮. ○【類編】曰 內則 桃諸梅諸 各有乾濕二品. 今俗 柿別乾濕, 栗別生熟 以備數 亦有所本也. 字書 諸與儲通, 引酒儲爲訂. 註 以諸爲乾久之稱. 柿栗之乾者 皆可稱柿諸栗諸. ○【按】我東 則百果無不産焉. 如棗栗梨柿李杏之類 幾遍國中, 櫻桃葡萄西苽海松子之類 處處有之. 若南方之橘柚石柚等屬 不必苟求而用之. 祭統曰 草木之實 陰陽之物 備矣, 此爲力可以備者言耳.

[미식 1그릇]
【성재안설】 미식(米食)은 총괄하여 말하면, 떡[餅], 경단[餌], 인절미[餈], 고물 묻힌 떡[糕]이다. 『주례』에 "변(籩)에 채우는 제수는 구이(糗餌)와 분자(粉餈)이다" 하였고, 『의례』에 "네 개의 변(籩)은 대추, 구(糗), 밤, 포(脯)이다"라고 하였는데, <주>에는 "구(糗)는 콩가루를 경단에 입힌 것이다" 하였다. <소>에는 "구이(糗餌)와 분자(粉餈) 두 물건은 모두 맵쌀과 기장쌀로 만든 것이다. 합하여 찐 것을 '이(餌)'라 하고, 떡으로 만든 것을 '자(餈)'라 한다. 고물 묻힌 떡[糕]은 볶은 콩을 가루로 빻아서 경단이나 인절미에 들어붙도록 칠한 것이다. 경단[餌]에

는 가루[粉]라 하고, 인절미[餈]에는 고물[糗]이라고 서로 바꾸어 말해도 되는데, 본디 같은 물건이기 때문이다. 이(餌)에 구(糗)를 말한 것은 볶고 또 가루를 내었음이다. 자(餈)에 분(粉)이라 한 것은 찧고 또 고물을 내었음이다” 하였다. 한(漢)나라 허신(許愼)의 『설문』에 “인절미[餈]는 쌀로 만든 떡이다. 불을 때어 쌀이 짓무르면 찧는데, 고물을 입히지 않는다. 고물을 입힌 인절미[粉餈]는 분삼(粉糝)이니, 자(餈)의 최고이다. 이(餌)는 먼저 쌀을 갈아 가루로 만든 뒤에 반죽을 한다” 하였다. 대개 찹쌀을 쪄서 이를 찧어 찰지게 하여 고물을 묻히는 것은 지금의 이른바 단자(團餈) 및 인절미 같은 것이다. 그중 쌀가루를 낸 뒤 쪄서 찧고 고물을 입히지 않는 것은 지금의 가래떡[白餅]이나 절편[切餅] 같은 것이다. 그 먼저 가루를 내어 반죽한 것은 지금의 찐떡[蒸餅]이나 상화떡[霜花餅]과 같은 것이다. 정사농(鄭司農)의 이른바 ‘주이(酒酏)로 떡을 만든다’는 것이 이에 근사하다.

우리나라 풍속에는 또한 시루떡[甑餅], 화전[花糕], 송편[松餅], 쑥떡[艾餌] 따위가 있다. 시루떡이란 쌀가루와 콩가루를 층층이 사이 사이 하여 찌는 것이니, 바로 면자(麵餈)이다. 화전이란 것은 아름답고 향기 나는 꽃을 쌀가루에 섞어 둥글게 뭉쳐서 향유(香油)에 지진 것이다. 송편이란 먼저 떡을 만들어 소를 채우고 사이 사이에 솔잎을 깔아 찐 것이다. 쑥떡이란 푸른 쑥을 쌀가루에 섞어 찧어서 떡을 만들어 찌거나 지진 것이다. 이것은 송도(松都)의 옛 풍속으로 상사일(上巳日)에 숭상하는 것이니, 밥상 음식[盤羞]의 으뜸으로 친다.『문헌비고』와『여지승람』에 보인다. 요즘에는 진기한 명색을 이루 다 헤아릴 수 없으나, 모두 고례(古禮)가 아니니 결단코 제사에 쓸 수 없다.『서의』에서 말한 기장[黍]과 피[稷]와 맵쌀[稻]과 찰기장[粱]과 조[粟]로 만든 밥, 자고(餈糕), 단종(團粽), 당(餳)은 아마 당시에 사용하던 것인 듯하다. ○『설문』] 병(餅)은 면자(麵餈)이다. <주> 병(餅)은 탁(飥)이라 하는데, 혹 장(餦)이라 하고, 혹 혼(餛)이라 하고, 혹 고(餻)라 하고, 혹 자(粢)라 하고, 혹 령(鈴)이라 하고, 혹 엄(餃)이라 하고, 혹 원(䭇)이라 하고, 혹 미병(米餅)이라 하기도 한다.

[米食一器]

【按】米食 摠言之 則餅也餌也餈也糕也. 周禮 羞籩之實 糗餌粉餈. 儀

禮 四邊 棗糗栗脯. 註 糗 以豆糗粉餌. 疏 糗餌粉餈二物 皆稻米黍米所
爲也. 合烝曰餌 餅之曰餈. 糗者 擣粉熬大豆 爲餌餈之粘著 以粉之耳.
餌言粉 餈言糗, 互相足者 本一物. 餌言糗 謂熬之亦粉之 餈言粉 擣之
亦糗之. 漢許愼說文云 餈 稻餅也. 炊米爛 乃擣之, 不爲粉也. 粉餈爲粉
糝 餈上也. 餌 則先屑米爲粉 然後溲之也. 盖蒸稬米擣之 而粘糗 則若
今所云 團餈及引切味也. 其屑米後 蒸而擣之 不爲粉 則若今白餅及切
餅也. 其先屑米溲之者 若今蒸餅及霜花餅也. 鄭司農 所謂酒酏爲餅者
近之.
東俗 又有甑餅花糕松餅艾餌之類. 甑餅者 以米粉及豆粉 層層相間 而
蒸之, 此乃麳餈也. 花糕者 以芬芳馨香之花 和於米粉 作團 煎之香油
者也. 松餅者 先作餅 充之以餡 鋪松葉相間而蒸者也. 艾餌者 以靑艾
和米粉擣之 作餅 或蒸或煎, 此松京古俗 上巳所尙 以爲盤羞之冠者也.
見於文獻備攷及輿之勝覽. 今時 則珍異奇怪之名色 不可勝數, 俱非古
禮 決不可用之祀享也. 書儀 所稱黍稷稻梁粟所爲飯及餈糕團粽餳 似
是當時所用. ○【說文】餅 麪餈也. 註 餅謂之飥 或謂之餦 或謂之餛 或
謂之餦 或謂之粢 或謂之餣 或謂之餕 或謂之飪 或謂米餅.

[면식 1그릇]
【『서의』】 "박병(薄餅), 유병(油餅), 호병(胡餅), 증병(烝餅), 조고(棗
糕), 환병(環餅), 염두(捻頭), 박탁(餺飥) 등속이다." ○【『청상잡기』】
면(麵)으로 음식을 만들어 대나무통[籠]에다 쪄서 먹는 것을 만두(饅
頭)라고 부른다. ○【『상위록』】 시속에서 소맥(小麥)가루로 습면(濕麵)
을 만드는데, 이른바 '수제비[水引餅]'이다. 이것으로써 면식(麵食)의
조문에 해당시킨다. 또는 혹 메밀[蕎麥]가루나 녹두가루로 적당하게
만든다. ○【성재안설】 『가례』에서 말한 '면식'은 필시 『서의』에서 말했
던 것이리라. 고례에는 단지 쌀을 우선하느냐 가루를 우선하느냐의 차
이 뿐이었는데, 후세에는 면식과 미식의 구별이 있게 되었다. 우리나라
풍속은 쌀을 우선하느냐 가루를 우선하느냐는 따지지 않는 채, 찌고 지
지고 찧고 고물을 한 것을 통틀어 '떡'이라 일컫고, 삶고 젖게 하는 것
을 '면'이라고 한다. 면에는 습면(濕麵)·시면(時麵) 등이 있고, 떡을 만
들어 소를 채워서 삶는 것은 '만두'라고 하여 어만두(魚饅頭)·육만두

(肉饅頭) 등이 있는데, 모두 소의 내용으로 이름을 붙인 것이다. 좋은 나물을 섞은 것은 정씨가 말한 '채속(茱餗)'일까? 『사설』에서는 "먼저 밥을 짓는 것은 '미식(米食)'이라 하고, 먼저 가루를 만드는 것은 '면식(麵食)'이라 한다" 하였다.

○유밀과·유밀병. 【성재안설】 「기석례」 <기>에 "무릇 구(糗)는 지지지 않는다" 하였고, 그 <주>에 "기름으로 지지면 더러워지니 공경하지 않음이다" 했으며, <소>에 "무릇 구(糗)는 빈 고물일 뿐이다. 기름을 써서 지지지 않는다" 하였다. 대개 구는 콩가루이다. 뿔이 있는 것은 지(脂)이고, 뿔이 없는 것은 고(膏)인데, 콩가루를 기름[脂膏]에만 지지는 것은 적합치 않다. 비록 경단이나 인절미처럼 콩가루가 착 달라붙은 것도 지지면 고물이 흩어지고 단내가 나기 때문에 지지지 않는다. 만약 떡을 만들면서 소[餡]가 안에 있으면 지지는 것도 있을 수 있다. 콩을 채우는 것 중에 이식(酏食)과 삼식(糝食)이 있는데, 맵쌀가루를 반죽하여 낭촉고(狼臅膏)로 지지는 것으로 이것에 해당한다. 『문해』에 이른 바 "기름으로 지진 물건은 쓰지 않는다. 『의례』에 나온다"고 한 것은 아마 자세히 연구하지 못한 듯하다. 우리나라 풍속에 사용하는 약과(藥果), 박계(朴桂), 산자, 강정(剛飣) 따위는 지지지 않은 게 없으나, 국가에서는 사전(祀典)에 사용한다. 이것이 이른바 유밀과(油蜜果)이다. 요즘에는 또 전병(煎餠), 전어육(煎魚肉) 등속이 있는데, 모두 혹은 떡 혹은 소를 넣어 호마유(胡麻油)에 지진 것으로 맛이 향기롭고 물건이 진기하니, 옛적에 '구(糗)는 기름에 지지지 않는다'는 것과는 다르다. 그러나 유밀과는 고례에 없는 것이며 너무 사치스러우니, 선유들은 쓰지 않는 것을 옳다고 여긴 이가 많았다.

[麵食一器]
【書儀】云 薄餅 油餅 胡餅 烝餅 棗糕 環餅 捻頭 餺飥之類. ○【靑箱雜記】 以麵爲食籠烝食者 呼爲饅頭. ○【喪威錄】俗以小麥屑爲濕麵, 所謂水引餅也. 以當麵食之文. 又或蕎麥菉豆之粉 隨宜爲之. ○【按】家禮 所言麵食 必是書儀所云者也. 古禮 則但有先米先屑之異 而後世 則有麵米食之別. 東俗 則無論先米先屑, 其烝之煎之擣之糗之者 通稱餅也, 其烹之濕之者 則曰麵也. 麵有濕麵時麵等名. 其作餅而充餡以烹者 曰饅頭, 有魚饅頭肉饅頭等名 皆以餡名者. 雜以美菜 此鄭氏所謂菜餗

者耶. 僬說云 先炊飯曰米食 先作粉曰麵食.
○油蜜果 油蜜餅.【按】旣夕記 凡糗不煎. 註 以膏煎之 則褻非敬. 疏
凡糗 直空糗而已 不用脂膏煎和之. 蓋糗者 豆粉也. 有角者 爲脂, 無角
者 爲膏, 則豆粉之 但煎於脂膏 不宜也. 雖餌餈之粘着豆粉者 煎之 則
粉散而味羶 故不煎也. 若餠之而餡在內 則容有煎者 豆實之有酏食糝
食 而以脩溲稻米之粉與狼臅膏煎之者 是也. 問解所云 膏煎之物不用
出於儀禮者, 恐未細究也. 東俗 所用藥果朴桂糤子剛飣之類 無不煎之,
國家用爲祀典. 此所謂油蜜果也. 今又有煎餠煎魚肉之屬 皆或餌或餡
而煎於胡麻油 則味香而品珍, 與古之糗不煎膏者 異矣. 然油蜜果 旣非
古禮所有 而徒涉侈奢 則先儒多以不用爲是.

[밥 1그릇]
맵쌀의 흰 밥. ○옛날에는 서직(黍稷)이 으뜸이었다. 그러므로 우(虞)
때의 대(敦)와 주(周)나라의 궤(簋)는 모두 서직을 담는 그릇 이름이었
다. 그러나 2대, 4대, 2궤, 4궤라는 것이 모두가 반드시 밥은 아니었다.
구이(糗餌)와 분자(粉餈) 따위는 무릇 서직(黍稷)으로 구비한 것을 거
론한 것이다. 한편, 『시경』에 이른바 "8궤의 먹일 음식을 진설한다" 한
것은 서직 이외에 다른 찬이 그 속에 포함되어 있음을 함의한다. 우리
나라에는 윤기가 흐르는 쌀이 온 나라에서 생산되어 사람들이 항상 먹
기 때문에 제사에서 소중히 여긴다.

[飯一器]
稻米白飯. ○古者 黍稷爲首. 故虞之敦 周之簋 皆名黍稷之器. 然其曰
兩敦四敦二簋四簋者 未必皆飯也. 如糗餌粉餈之類 凡以黍稷具者 擧
之矣. 且如詩所云 陳饋八簋 則黍稷之外 容有他饌在其中也. 我東 則
流脂之米 産於一國 生人恒食 故祭祀重之.

[숙수]
『가례』에는 계문(啓門) 뒤에 차를 드리지만, 우리나라 풍속에는 평상
시 차를 사용하지 않기 때문에 제사에 숭늉[熟水]을 드리고, 밥을 세
번 떠서 만다. ○【『유편』】 "『예기』에 공자가 '나는 소시씨(少施氏)에게

서 밥을 먹을 때 물에 말았다' 했는데, 그 <주>에 '손(飱)은 물에 만 밥을 마심이다. 예에 식사를 마치면 다시 세 번 밥을 달아서 배부름을 돕는다'고 하였다. 요즘 풍속에 매 식사마다 반드시 밥을 마니, 탕수(湯水)를 들여서 밥을 떠 물에 마는 것은 예는 적합함을 따른다는 의리에 합치된다." ○【성재안설】『가례』에는 고(考)와 비(妣)의 앞에 차를 드리는 것만 말했지, 뚜렷하게 그 장소를 지적하지는 않았다. 요즘 사람들은 생시에 반드시 국을 물리고 물을 드린다. 그러므로 제사에도 또한 그렇게 하여 풍속이 된 것이다.

[熟水]
【家禮】啓門後 進茶. 而東俗 常時不用茶 故祭祀代進熟水 三抄飯爲飱. ○【類編】曰 禮記 孔子曰 吾食於少施氏而飽. 註 飱 以飮澆飯也. 禮 食竟 更作三飱以助飽也. 今俗 每食必飱 則進湯水 抄飯爲飱 合於禮從宜之義矣. ○【按】家禮 但言進茶於考妣之前 而未有的指其處. 今人 生時必退羹而進水 故祭亦爲然 而成俗也.

[소금접시 하나]
【「소뢰궤식례」】간(肝)은 조(俎)에 딸려[縮] 끝에 드리며, 소금은 오른쪽에 있다. <주> 축(縮)은 종(從)이다. 소금은 간의 오른쪽에 있다. ○【『주례』】염인(鹽人)은 제사에 소금을 바친다. 소금은 산염(散鹽)이다. ○【『가례』】'시제(時祭) 진기(陳器)'조에 염접(鹽楪)이 있고, '초조(初祖) 초헌(初獻)'조에 '소금을 올려 소반에 담는다'는 글이 있다. ○【성재안설】제사에는 반드시 소금을 사용하는데, 5미(味)의 근본을 귀하게 여김이다. 한강(寒岡)은 "진설하나 현주(玄酒)와 같이 사용하지 않는다" 하였고, 성호(星湖)는 "앞서 진설할 때 각기 접시를 두었다가, 찬(饌)을 올리면 적간(炙肝)에만 소금을 친다" 했는데, 모두 편치 못한 듯하다. 『가례』에 이미 "염접"이라 했고, 또 "소금을 소반에 올린다"고 했으니, 이는 필시 염접을 소반에 올리는 것이다. 어찌 먼저 각기 접시가 있었는데, 뒤에 간(肝)에다 소금을 칠 이치가 있겠는가? 만약 간에 소금을 치면 곧장 녹아서 물이 된다. 「사우례」의 '우염(右鹽)' <주>에 "오른쪽의 소금을 조(俎)에서 북쪽 가까이 둠은 시(尸)가 취하기에 편하게 함이다" 하였다. <소>에서는 "간(肝)과 소금은 모두 서로 멀어서

는 안 된다” 하였다. 대개 이미 ‘오른쪽’이라 하고 또 ‘북쪽’이라 했으니, 간(肝)과 그릇을 달리하여 간의 오른쪽에서 북쪽 가까이에 진설함이다. 그러니 맑은 물[明水:玄酒]을 진설하는 것과는 다르다. ○【구씨 제찬】 염접을 시저(匙筯)의 남쪽에 진설하는데, 초접(醋楪)과 더불어 별도로 한 줄이 된다. ○퇴계는 “단지 예문대로 소금과 초를 함께 진설한다” 하였다. ○우암은 “염접은 오로지 진설한다” 하였다.

[鹽楪一]

【少牢】肝用俎縮進末 鹽在右. 註 縮 從也. 鹽在肝右. ○【周禮】鹽人 祭祀共鹽. 鹽 散鹽. ○【家禮】時祭陳器條 有鹽楪, 初祖初獻條 有加鹽 實于小盤. ○【按】祭必用鹽 貴五味之本也. 寒岡則云 設而不用 與玄 酒同. 星湖則云 先設 則用各楪 進饌 則只加於炙肝, 恐皆未穩. 家禮 旣曰 鹽楪 又曰 加鹽于盤 則此必以楪加于盤也. 豈有先各楪 而後加肝 之理乎. 若加之於肝 則便消而爲水矣. 士虞禮 右鹽 註 右塩於俎近北 便尸取之. 疏 肝鹽倂不容相遠. 蓋旣曰右 而又曰北 則與肝別器 而設 於肝右近北也. 然則與明水之設 有異矣. ○【丘氏 祭饌】有鹽楪設於匙 筯之南 與醋楪別爲一列. ○退溪曰 只依禮文 鹽醋俱設. ○尤庵曰 鹽楪 專設.

찬품의 수[饌品之數]

【「왕제」】 제사에는 10분의 1을 쓴다. <주> 금년의 경상비용의 수를 계산하여 그 10분의 1을 사용한다. <소> 백성의 세금은 10분의 1이다. 국제(國制)의 비용도 10분의 1이다. ○제사는 풍년이라 하더라도 사치 하지 않으며, 흉년이라 하더라도 검박하게 하지 않는다. <주> 항상 10 분의 1을 쓴다. 【성재안설】 풍년에는 풍년의 10분의 1을 쓰고, 흉년에 는 흉년의 10분의 1을 쓴다. 왕자(王者)도 오히려 이와 같은데, 하물며 그 아래의 사람에서랴? ○【「제의」】 증자(曾子)는 “반드시 어진 사람의 곡식을 구하여 제사한다” 하였다. <주> 빈곤하더라도 악한 사람의 물 건을 취하여 돌아가신 어버이를 섬기지는 않는다. ○【「예기」】 하늘이 낳지 않고 땅이 기르지 않은 것은 군자가 예에 쓰지 않으며 귀신도 흠

향하지 않는다. 산에 살면서 물고기나 자라를 예에 쓰고, 늪지대에 살면서 사슴이나 산돼지를 예에 쓰는 것을 군자는 예를 모른다고 여긴다. ○『대대례』 녹이 없는 자는 직(稷)으로 궤식한다. <주> 서인은 평소 희생이 없기에 직(稷)을 위주로 한다. ○【온공 제찬】 15품(品)을 넘지 않으니, 제철의 채소와 제철의 과일이 각기 5품이고, 회(鱠), 적(炙), 갱(羹), 효(殽), 헌(軒), 포(脯), 해(醢), 서수(庶羞), 면식(麵食), 미식(米食)이다. ○『오례의』 서인의 제사에는 과(果), 채(菜), 포(脯), 해(醢), 적간(炙肝), 반갱(飯羹), 주잔(酒盞), 시저(匙箸)의 8그릇뿐이다. 9품 이상에는 어육(魚肉)이 있고, 6품 이상에는 병(餠)과 면(麵)이 모두 13품이다.

【王制】祭用數之仂. 註 算今年經用之數 用其什一. 疏 民稅什一, 國制所用 亦什一也. ○祭 豊年不奢 凶年不儉. 註 常用數之仂. 【按】豊年用豊年之仂 凶年用凶年之仂. 王者 猶如此 況其下者乎. ○【祭儀】曾子曰 必求仁者之粟 以祀之. 註 貧困 猶不取惡人物 以事亡親. ○【禮器】天不生 地不養 君子不以爲禮 鬼神不饗. 居山 以魚鼈爲禮 居澤 以鹿豕爲禮, 君子以爲不知禮. ○【大戴禮】無祿者 稷饋. 註 庶人無常牲 以稷爲主. ○【溫公 祭饌】不過十五品, 時蔬時果 各五品, 鱠炙羹殽軒脯醢庶羞麵米食. ○【五禮儀】庶人之祭 果菜脯醢炙肝飯羹酒盞匙箸 只八器. 九品以上 有魚肉, 六品以上 有餠麵 共十三品.

【성재안설】 대부는 5정(鼎), 사는 3정(鼎),◉『맹자』 요씨 주】 5정은 양(羊)·시(豕)·어(魚)·석(腊)·부(膚)이며, 3정은 특시(特豕)·어(魚)·석(腊)이다. 서인은 직(稷)으로 궤식(饋食)하니, 모두 품절(品節)이 있어서 조금만 넘으면 참람하게 된다. 주자(朱子)는 온공(溫公)의 제찬 15품이 지나치다 여기면서 "이제 모름지기 간략하게 생략하는 방법 하나를 얻어야만 되겠다"고 하였으니, 대개 단지 분에 넘쳐서도 안 될 뿐 아니라, 또한 마땅히 집안의 형편에 걸맞게 하여 효도와 공경을 다하는 데 힘써야 하고 사치를 귀하게 여기지 않았음이다.

【『서의』】 만약 집이 가난하거나, 혹 경(卿)과 사(士)의 신분이 다르면, 각각 그 있는 대로 따른다. 채소[蔬], 육고기[肉], 미식(米食), 면식(麵食) 각 몇 가지라도 된다. ○주자는 "집안의 풍족함과 빈약함을 따라 한다. 밥 한 그릇, 국 한 그릇이라도 모두 제 정성을 다할 수 있다" 하였다. ○남계(南溪)는 "신독재(愼獨齋)는 시제(時祭)에 단지 말린 조기[石魚] 한 마리만 사용했으니, 정성에 있는 것이지 물건에 있는 것이 아니다" 하였다. ○【『유편』】 건포(乾脯), 염포(鹽脯), 식해(食醢), 어해(魚醢), 적간(炙肝), 어육탕(魚肉湯), 어육회(魚肉膾), 미·면식(米麵食) 및 시속에 이른바 간남(肝南) 따위의 여러 반찬 등 모두 10여 가지를 넘지 않는다. 집안의 풍족함과 빈약함에 따라 하고 또 굳이 모두 이 수에 맞추지 않아도 된다면, 따르기가 쉬워서 행할 수 있을 것이다. ○송이암(宋頤庵) 집안의 법식에는 떡은 모두 한 접시에 담되, 기제(忌祭)에는 높이 2치, 묘제(墓祭)에도 1치를 넘지 않게 하였으며, 상중의 모든 제사도 다 동일하게 하였다. ○중봉조씨(重峰趙氏)는 단지 반갱(飯羹)과 속미병(粟米餅)과 과채(瓜菜) 각 한 그릇만 진설하였다.

『역경』에 "제사에는 2궤(簋)를 쓴다" 하였고, 정전(程傳)에는 "2궤의 간략함으로도 제향에 쓸 수 있나니, 제사는 정성에 달려 있을 따름이다" 하였다.

【『통전』】 당나라 태자빈객(太子賓客) 최면(崔沔)이 의논하기를 "진(晉)나라 중랑(中郎) 노담(盧湛)이 『가묘제례』를 저술했는데, 모두 진나라 때의 평상시 음식이고, 옛 조문을 다시 그대로 쓰지 않았다" 하였다.

按 大夫五鼎 士三鼎【孟子 饒氏 註】五鼎 羊豕魚腊膚. 三鼎 特豕腊醢. 庶人稷饋, 皆有品節 少踰則僭也. 朱子 以溫公祭饌十五品爲過 而曰 今須得一簡省之法方可, 蓋非但不可僭也 亦當稱家有無 務盡孝敬, 而不貴奢汰也.

【書儀】曰 若家貧 或卿士異宜 各隨其所有. 蔬肉米麵食 各數品 可也. ○朱子曰 隨家豐約, 如一飯一羹 皆可自盡其誠. ○南溪曰 愼獨齋 時祭 只用乾石魚一尾, 在誠不在物. ○【類編】乾脯 鹽脯 食醢 魚醢 炙肝 魚

肉湯　魚肉鱠　米麵食　及庶羞如俗所云肝南之類　共不過十餘品, 而隨家
豊約　又不必皆準此數　則易從　而可行也.　○宋頤庵家令　餠都盛一楪,
忌祭不過二寸　墓祭一寸, 喪中凡祭　皆同.　○重峯趙氏　只設飯羹及粟米
餠瓜蔬　各一器.

易曰　享用二簋.　程傳　二簋之約　可用享　祭在乎誠而已.

【通典】唐　太子賓客　崔沔議曰　晉中郎　盧湛　著家廟祭禮, 皆晉時常食
不復純用舊文.

정조변두의 수[鼎俎邊豆之數]

【「교특생」】"정(鼎)과 조(俎)가 홀수이고 변(邊)과 두(豆)가 짝수인 것
은 음양의 의리이다."【소】정조(鼎俎)에는 희생물의 몸체를 담는데,
동물이 양(陽)에 속하기 때문에 그 수가 홀수이다. 변두(邊豆)에는 그
내용물에 식물과 동물을 겸하는데, 식물은 음(陰)에 속하기 때문에 그
수가 짝수이다. 장락진씨(長樂陳氏)는 "정조에 담는 것은 천산(天産)
이 주가 되기 때문에 기수(奇數)이고, 변두에 담는 것은 지산(地産)이
주가 되기 때문에 우수(耦數)이다" 하였다.【성재안설】형모(鉶芼)와
속채(餗菜) 또한 정(鼎)에 담으니, 홀수는 유독 동물만이 아니다. 단수
(股脩)와 포숙(鮑鱐) 또한 변(邊)에 담으니, 짝수도 유독 식물만이 아
니다. 이는 음양이 서로 배합하는 의리인데, 다만 천산(天産)이 주가
되면 수는 양수인 홀수를 쓰고, 지산(地産)이 주가 되면 수는 음수인
짝수를 쓴다. 그러니 물건의 풍성함과 검소함을 비록 형편에 맞추더라
도 그 짝수와 홀수의 숫자는 어길 수 없다.

【郊特牲】曰　鼎俎奇而邊豆耦　陰陽之義也.　【疏】鼎俎　以盛牲體　動物
屬陽　故其數奇.　邊豆　其實兼有　植物屬陰　故其數耦.　長樂陳氏曰　鼎俎
之實　天産爲主　故數奇, 邊豆之實　地産爲主　故數耦.　【按】鉶芼餗菜　亦
充鼎實　則奇不獨動物也.　股脩鮑鱐　亦入邊實　則耦不獨植物也.　此陰陽
相配之義, 而但天産爲主　則數用陽奇　地産爲主　則數用陰耦, 然則物之
豊儉　雖稱有無　而其奇耦之數　不可違也.

2-1. 날이 밝으면 일찍 일어나 채과(菜果)와 주찬(酒饌)을 진설한다.『가례』

주인 이하는 심의를 입고, 집사자는 손을 씻고 신위 앞에 나아간다. 과품(果品)과 포숙(脯鱐) 공히 6변(籩)을 탁자 남쪽에 한 줄로 진설한다.● 포(脯)는 서쪽, 숙(鱐)은 동쪽. 과일은 그 사이에 놓는다. 소채(蔬菜)와 저해(菹醢) 공히 6두(豆)를 과일의 안쪽 다음 줄에 진설한다.●『가례』〈주〉 서로 사이를 두고 차례대로 한다. ○「사우례」 소】 왼편에는 저(菹), 오른편에는 해(醢). ○요즘에는 채(菜)를 양쪽 끝에 놓고, 저·해(菹醢)는 그 사이에 놓는다. 시저접(匙筯楪)을 탁자 북쪽 가운데에 놓고, 잔반(盞盤)은 그 북쪽에 놓는다.● 고비(考妣)가 탁자를 함께 하면, 시저와 갱반(羹飯)과 주잔(酒盞) 그릇의 수가 너무 많아 함께 한 줄에 나열할 수가 없다. 하물며 혹 비(妣)가 두 분 이상이면 그릇 숫자가 너무 많다. 그러므로 술은 시저의 북쪽 한 줄에다 드린다. 염접(鹽楪)과 초접(醋楪)은 그 남쪽에 놓는다.● 소금은 서쪽에 있으니 오른쪽이 되고, 초는 동쪽에 있으니 왼쪽이 된다. 그 가운데는 비워놓아 적(炙)을 올리도록 대비한다. 적간(炙肝) 및 여러 찬(饌)은 주부가 불을 때어 극히 따뜻하게 데워서, 강신을 한 뒤에 받들어 올린다. 또 현주(玄酒)와 청주(淸酒) 각 한 병을 주탁(酒卓) 위에 진설한다.● 현주가 서쪽에 있다. 청주도 주요(酒銚)에서 데운다.

厥明夙興 設蔬果酒饌. 家禮

主人以下 深衣, 及執事者 盥手詣位前. 設果品脯鱐共六籩於卓南一行.脯西鱐東 果居其間. 蔬菜菹醢共六豆於果內次行.【家禮】註 相間次之. ○【士虞 疏】左菹 右醢. ○今蔬居兩端 菹醢居其間. 置匙筯楪於卓北當中 盞盤居其北.考妣共卓 則匙筯羹飯酒盞器數甚多 不可並列於一行也. 況或有二妣以上 器數尤多 故進酒於匙筯之北一行. 鹽楪醋楪處其南.鹽在西爲右 醋在東爲左 空其中間 以俟奠炙. 炙肝及諸饌 主婦炊煖極熱 以俟降神後 奉奠. 又設玄酒及淸酒各一瓶於酒卓上.玄酒在西. 淸酒 亦煖酒銚.

2-2. 아침이 되면 신주를 받들고 자리로 나아간다. 『가례』

【『예기』】 날이 밝으면 비로소 일을 행한다. 【소】 질(質)은 바름이니, 정명(正明)의 때를 말한다. 소뢰(小牢)의 예는 아침이 밝으면 일을 행한다. 【주】 '아침이 밝음'은 날이 밝음이다. 이는 바로 주(周)나라의 예이다. ○장자(張子)는 "5경에 제사하는 것은 예가 아니다" 하였다. ○진씨(陳氏)는 "자로(子路)가 날이 밝으면 행사했는데, 공자가 이를 취하였다" 했고, 또 "늦어서 잘못하기보다는 차라리 빨라서 잘못하는 것이 낫다" 하였다. ○주자는 날이 밝아서 행사를 마쳤다.

주인 이하는 성복을 차려 입고,◉제복은 사당(祠堂)장에 브인다. 손을 씻고 닦고, 사당 앞에 나아가 차례대로 서는데, 삭일(朔日)의 의식처럼 한다.◉ 사당 문에 들어가서 먼저 재배하고, 그런 뒤에 순서대로 선다. 그러므로 "삭일의 의식과 같다"고 하였다. 주인은 조계로 올라가, 홀을 꽂고◉ 일이 있으면 신(紳)에 꽂는다. 뒤에도 이와 같다. 분향하고, 홀을 꺼낸다.◉ 일이 없으면 그것을 잡는다. 뒤에도 이와 같다. 고사를 마치면, 주인은 여러 신위를 받들어 한 상자에 두고, 자제는 여러 부위(祔位)를 받들어 한 상자에 두고, 각기 집사 한 사람이 받들게 하여, 주인이 앞에서 인도하고 주부가 뒤에서 따라 온다. 정침(正寢)에 이르러 서쪽계단 탁자 위에 놓고, 주인이 독(櫝)을 열고 여러 고위(考位)의 신주를 받들어 자리로 간다. 주부는 여러 비위(妣位)의 신주를 받들어 자리로 간다. 자제 한 사람이 부위(祔位)의 신주를 받들어 또 그와 같이 한다. 마치고 나면 주인 이하 모두 내려와 제자리로 돌아온다. ○신주를 받들고 자리로 나아간 이후에 집례(執禮)가 홀기(笏記)를 읽는다.

퇴계가 "정침에서 제사하는 것은 사당이 협소함을 우려해서이다. 사당이 예를 행할 만하면 어찌 불가함이 있겠는가?" 하였다. ○【성재안설】 사당이 대(代)마다 각기 1칸이면 그다지 좁지 않을 듯하니, 우선조(祖)와 네(禰)만 받드는 사람은 사당에서 행하여도 좋다.

質明 奉主就位. 家禮

【禮器】質明 而始行事.【疏】質 正也, 謂正明之時. 少牢禮 朝明行事.
【註】朝明 質明也, 此乃周禮也. ○張子曰 五更而祭 非禮也. ○陳氏曰
子路 質明 而行事, 孔子 取之. 又曰 與其失於晏 寧失於早. ○朱子 質
明 行事畢.

主人以下 盛服^{祭服 見祠堂章}. 盥手帨手 詣祠堂前 序立, 如朔日之
儀.^{入廟門 先再拜 然後序立, 故云 如朔日之儀.} 主人升自阼階 搢笏^{有事 則挿於紳.}
^{後倣此.} 焚香 出笏.^{無事 則執之. 後倣此.} 告詞訖, 主人 奉諸位 置一笥,
子弟 奉諸祔位 置一笥, 各以執事一人奉之, 主人前導 主婦從後.
至正寢 置西階卓子上, 主人啓櫝 奉諸考神主 就位, 主婦 奉諸
妣神主 就位, 子弟一人 奉祔主 亦如之. 旣畢 主人以下 皆降復
位. ○奉主就位 以後執禮讀笏記.

退溪曰 祭于正寢 患祠堂之狹也. 祠堂可容行禮 則安有不可. ○【按】
祠堂 代各一間 則似不甚狹, 且只奉祖禰者 可於祠堂行之.

고사(告詞).『가례』

효손[●]『유편』 4감(龕)을 받들면 "효현손"이라 한다. 모는 이제 중춘의 달[●]사시
(四時)에 따라 고친다.에 현고조고 모관부군과 현고조비 모봉모관모씨
[●]증조고비 이하를 열거하여 쓴다.에게 일이 있어 감히 신주를 정침[●]청사(廳
事)이면 "청사"라고 한다. 나머지도 이와 같다. ○만약 사당에서 제사를 행하면 '출취정침(出就
正寢)'을 '취거신위(就居神位)'로 고치는 것이 좋겠다.으로 내어가서 공경히 전헌
(奠獻)의 예를 펴고자 청하나이다.[●]부위(祔位)가 있으면 '전헌(奠獻)' 아래에
"모친모관부군 모친모봉모씨 부식"이라 첨서(添書)하고, 없으면 말하지 않는다.
○주인이 스스로 고사한다.

【성재안설】『가례』에는 무릇 제사에서 신주를 꺼낼 적에 고사를 주인이 스스로 고한다. '시제봉주'조에 "주인이 홀을 꺼낸다" 하였고, '초조취위'조에 "주인이 꿇어앉아 고한다" 했으며, '선조'조에 "시조의 의식과 같다"고 하였고, '네제'조에 "시제의 의식과 같다"고 했으며, '기제'조에 "네제의 의식과 같다"고 했으니, 이는 모두 스스르 고하는 것이다. 축문에 있어서는 축(祝)이 읽는다. 고(告)와 축(祝)은 같지 않다. 대개 축판(祝版)이라 말하는 것은 축이 읽는 것이다.

孝孫【類編】奉四龕 則云孝玄孫. 某 今以仲春之月四時隨改. 有事于 顯高祖考某官府君 顯高祖妣某封某貫某氏曾祖考妣以下 列書. 敢請神主出就正寢廳事 則曰廳事. 餘倣此. ○若行祭於祠堂 則改出就正寢爲就居神位 似可也. 恭伸奠獻.有祔位 則奠獻下添書云 以某親某官府君 某親某封某氏 祔食, 無則不言.

○主人 自告告詞.

【按】家禮 凡祭出主告詞 主人自告矣. 時祭奉主條曰 主人出笏, 初祖就位條曰 主人跪告, 先祖條曰 如始祖之儀, 禰祭條曰 如時祭之儀, 忌祭條曰 如禰祭之儀, 是皆自告也. 至於祝文 則祝讀之 告與祝 不同. 盖言祝版者 祝所讀也.

2-3. 참신(參神). 『가례』

북계진씨(北溪陳氏)가 말했다. "요자회(廖子晦)가 광주(廣州)에서 간행한 책에는 강신(降神)이 참신(參神) 앞에 있으니, 임장(臨漳)에서 간행한 책에 강신이 참신 뒤에 있는 것과는 같지 않다. 이미 신주를 그 자리에서 받들었다면 그 신주를 헛되이 보아서는 안 되니, 반드시 절을 하여 엄숙하게 한다. 그러므로 참신이 앞에 있어야 마땅하다. 관(灌)의 절차에 있어서는 또 장차 잔을 올리고 친히 그 신을 대접하는 시작이기 때문에 강신이 뒤에 있어야 마땅하다. 그러나 시조와 선조의 제사에는 허위(虛位)만 설치하고 신주(神主)가 없으니, 또한 강신을 먼저 하고 참신을 뒤에 함이 마땅하다. ○【성재안설】지방으로 제사를 지내면 또한 강신을 먼저 함이 마땅하다.

주인 이하가 차례대로 서는데, 사당의 의식처럼 한다. 자리를 정해 서면 재배한다.◉【『서의』】 시아버지가 돌아가셨다면 시어머니가 늙었을 경우 제사에 참여하지 않는다. 혹 제사에 참여하면 특별히 주부의 앞에 서고, 참신이 끝나면 올라가 술병의 북쪽에 선다. 존장이나 늙어서 병든 이는 다른 곳에서 쉰다.◉온공이 "수조(受胙)를 기다린다. 다시 와서 수조하고 사신할 뿐이다" 하였다.

北溪陳氏曰 廖子晦 廣州所刊本 降神在參神之前 不若臨漳本 降神在參神之後. 旣奉主於其位 不可虛視其主 必拜而肅之 故參神 宜居於前. 至灌 則又所以爲將獻 而親饗其神之始也 故降神 宜居於後. 然始祖先祖之祭 只設虛位 而無主 則又當先降後參. ○【按】紙牓行祭 則亦宜先降神.

主人以下 序立 如祠堂之儀. 立定 再拜.【書儀】舅沒 則姑老不與於祭. 或與祭 則特位於主婦之前, 參神畢升 立於酒壺之北. 若尊長老疾 休於他所.溫公曰 俟受胙. 復來受胙辭神而已.

2-4. 강신(降神).『가례』

주인이 올라가 분향하고 조금 물러나 선다. 집사 한 사람이 잔반을 가지고 주인의 왼쪽으로 가고, 한 사람은 술주전자를 가지고 주인의 오른쪽으로 간다. 주인이 꿇어앉고, 잔반을 받든 자도 꿇어앉아 드리면, 주인은 이를 받는다. 주전자를 잡은 자 또한 꿇어앉아 잔에 술을 따른다. 주인은 왼손으로 잔반을 잡고 오른손으로 잔을 잡아, 모사(茅沙) 위에 모두 붓고,◉세 차례 기울여서 다 없앤다. 잔반을 집사에게 주고 엎드렸다가 일어나서 재배하고, 제 자리로 돌아온다. ○강신의 관주(灌酒)에는 절이 있고, 분향에는 절이 없다.

【『유편』】 무릇 사당 안에서 먼저 분향한 자가 신주를 내어 자리로 나간 뒤에는, 다시 향 한 심지만으로 향기가 접속되게 할 따름이다. 절하지

않음은 대개 앞서 이미 혼령에게 알렸기 때문이다. 견전(遣奠) 뒤에 영거(靈車)에 올리고 다시 분향하는 것을 보면 알 수 있다. 구경산(丘瓊山)이 함부로 첨가한 것을 어찌 따를 수 있겠는가? ○【성재안설】『가례』에는 분향한다고만 하였고 재배한다는 글은 없다. 그러므로 성호(星湖)의 논의가 이러하였다. ○남계(南溪)는 "사당의 참례(參禮) 및 우제(虞祭) 이하는 모두 분향·재배가 있지만, 유독 시제(時祭)에는 없다. 그러므로 『비요』에서는 첨가해 넣었다. 그러나 『의절』 및 『요결』은 모두 『가례』를 따랐으니, 아마 의의가 있을 것이다. 그러므로 가벼이 첨가하고자 않는다" 하였다. ○【『서의』】 옛날 제사에서 관주(灌酒)에 울창(鬱鬯)을 사용한 것은 냄새가 음(陰)으로 연천(淵泉)에 이르고자 함이요, 쑥을 서직과 합하여 태운 것은 냄새가 양(陽)으로 담장과 지붕에 이르고자 함이니, 널리 그 귀신을 찾기 위한 것이다. 요즘은 이 예가 사민(士民)의 집에서 행해지기 어렵기 때문에, 분향과 뇌주(酹酒)로 대신한다. ○장자(張子)는 "제사에 향을 쓰는 것은 옛 일이 아니다. 향은 필시 섶을 태우는 뜻일 것이다" 하였다.

○주자는 "온공(溫公)의 강신하는 한 절차도 참례(僭禮)인 것 같다. 대부에게는 관헌(灌獻)이 없고, 또 쑥을 태우는 일[爇蕭]도 없다. 관헌과 쑥을 태우는 일은 바로 천자와 제후의 예이다. 혹자는 분향이 쑥을 태우는 데 해당한다고 견주기도 한다" 하였다. ○뇌주(酹酒)에는 두 가지 설이 있다. 하나는 울창(鬱鬯)이니, 땅에 부어 강신하는 것은 오직 천자와 제후에게만 있다. 다른 하나는 쇄주(祭酒)이니, 옛날에는 먹거나 마실 때 반드시 제(祭)했는데, 이제 귀신이 스스로 제할 수 없기 때문에 대신 제한다. ○【왕응린『곤학기문』】 '쑥을 가져다가 기름[脂]에 제사한다'거나 '그 향이 비로소 올라가 술이 되고 단술[醴]이 된다'거나 '구수한 그 향기'라 했으니, 옛날의 이른바 '향기'는 이와 같았다. 위조(韋彤)의 『오례정의』에 "제사에 향을 사용하는 것은 고금의 예에 모두 그 조문이 없다. 『수지(隋志)』에 양나라 천감(天監)[190] 초 하동(何佟)의 의논에 '울창과 쑥의 빚은 신(神)에게 전달하기 위함이니, 향을 사용하는 것과 그 의미가 한가지이다' 하였으나, 고찰해보면 전혀 근거가 없다. 그러므로 『개원례』는 쓰지 않았다.

---

190) 천감(天監): 남조(南朝) 양(梁)나라 무제(武帝)의 연호. 502~519년.

主人升 焚香 少退立. 執事一人 取盞盤 詣主人之左, 一人 取酒注
詣主人之右. 主人跪, 奉盞盤者 亦跪進之, 主人受之. 執注者 亦
跪斟酒于盞. 主人 左手執盤 右手執盞, 灌于茅上盡傾三傾而盡. 以
盤盞授執事者 俛伏興再拜 降復位. ○降神 灌酒有拜 焚香無拜.

【類編】凡廟中 先已焚香者 出主就位之後 只更一炷 以接續香氣而已.
不拜 蓋先已報魂故也. 觀遣奠後升車更焚香 則可知. 瓊山 妄意添入
何可從. ○【按】家禮 但言焚香 而無再拜之文 故星湖之論 如此. ○南
溪曰 祠堂參禮及虞祭以下 皆有焚香再拜 獨時祭無之 故備要添入. 然
儀節及要訣 皆從家禮, 恐有意義 故不欲輕添. ○【書儀】古之祭者 灌
用鬱鬯 臭陰達于淵泉, 蕭合黍稷 臭陽達于墻屋, 所以廣求其神也. 今此
禮 難行於士民之家 故焚香酹酒 以代之. ○張子曰 祭用香 非古也. 香
必燔柴之意.

○朱子曰 溫公降神一節 亦似僭禮. 大夫 無灌獻 亦無熱蕭. 灌獻熱蕭
乃天子諸侯禮. 或以爲焚香可當熱蕭之比. ○酹酒 有兩說. 一用鬱鬯 灌
地以降神 惟天子諸侯有之. 一是祭酒 古者 飲食必祭 今以鬼神不能自
祭 故代之祭也. ○【王應麟 困學記聞】曰取蕭祭脂 曰其香始升爲酒爲
禮 曰有飶其香, 古所謂香 如此. 韋彤 五禮精議曰 祭祀用香 今古之禮
並無其文. 隋志 梁天監初 何佟之議 鬱鬯蕭光 所以達神 與其用香 其
義一也. 攷之 殊無依据. 故開元禮 不用.

2-5. 진찬(進饌). 『가례』

주인과 주부가 올라가 가장 높은 신위에 앞에 나아간다. 내외 집
사는 각기 소반에다 찬을 받들고 따라 간다. 어육(魚肉) 2조(俎)
는 주인이 올리고,◉『사우례』 '번조(燔俎)'〈주〉간조(肝俎)는 번(燔)의 동쪽에 있
고, 염(鹽)은 간(肝)의 오른쪽에 있다. 화갱(和羹) 2형(鉶)은 주부가 올리되,
◉『사우례』〈주〉에 이른바 '채갱(菜羹)'이고, 요즈음의 이른바 '탕갱(湯羹)'이다. 조(俎)의 동
쪽과 서쪽에 놓는다. 한 줄로 한다.◉시저 줄의 남쪽 미식(米食)과 면식(麵
食)은 주부가 올리고,◉요즘에 말하는 "병면(餠麵)"이다. 병은 동쪽, 면은 서쪽으로,

시저 줄의 양 끝에 놓는다. **주인은 갱(羹)**◉대갱(大羹)이다. **을 올리고, 주부가 반(飯)을 올리되,**◉갱은 미식의 안쪽에 놓고, 반은 면식의 안쪽에 놓으니, 곧 갱이 신위의 왼쪽이 된다. ○진찬할 때 주부는 올리는 것이 많다. 주인은 채·과·도·해(菜果脯醢)를 모두 이미 앞서 진설하였고, 서·직·형·모(黍稷鉶芼)는 바로 주부의 예이기 때문이다. 『의례』에 보인다. **또 한 줄로 한다.**◉잔반의 남쪽 시저 줄 **그리고는 차례로 정위(正位)마다 진설하고, 여러 자제와 부녀로 하여금 각기 부위(祔位)에 진설하게 하며, 마치면 주인 이하 모두 내려와 제자리로 돌아온다. ○뚜껑**◉밥 뚜껑을 여는[啓會] **일은 진찬할 때 했다가, 거두는[徹] 절차에 이르러서 다시 덮지 않는다.**

【「궤식례」】 '진설'조에 "좌식(佐食)할 때 계회(啓會)하여 대(敦)의 남쪽에 물린다" 하였고, ＜주＞에 "소뢰(少牢)에는 계회하여 올린다"고 하였다. ○퇴계(退溪)는 "뚜껑을 여는 것은 찬(饌)의 기운이 위에 이르도록 함이다" 하였다. ○【성재안설】 「특생궤식례」에 "좌식(佐食)의 계회는 서직(黍稷)에 가까운 자리 위에다가 하고, 대갱(大羹)의 국물은 해(醢)의 북쪽에 진설한다" 하였고, ＜소＞에서 "「공사대부례」와 「사혼례」에는 대갱의 국물이 모두 오른쪽에 있는데, 여기서 왼쪽에 있는 것은 신(神)에 대한 예이기에 살아 있는 사람과 다르게 바꾼 것이다" 하였다. 이것은 『가례』의 '오른쪽에 밥, 왼쪽에 국을 놓는다[右飯左羹]'는 뜻이다. 사계(沙溪)는 『가례』의 설찬(設饌)이 당시의 속례라고 여겼는데, 아마 고증이 상세하지 않은 듯하다. 그러나 성호(星湖) 역시 '설찬에는 오른쪽을 숭상한다'는 변론이 있는데, 「곡례」의 '밥은 사람의 왼쪽에 놓고, 국은 사람의 오른쪽에 놓는다'는 구절을 인용하여, 살았을 때나 죽었을 때나 다름이 없다는 사례의 증거로 삼았다. 이병휴(李秉休)의 물음에 답한 글에 또 "우반좌갱(右飯左羹) 풍속은 불편할 뿐만이 아니니, 시속을 따라도 무방하다. 요즘 예를 행하는 자는 참작함이 좋겠다" 하였다.

主人主婦升 詣最尊位前. 外內執事 各以盤奉饌 而從之. 魚肉二組 主人奠之 【士虞禮】 燔俎 註 肝俎在燔東 鹽在肝右. 和羹兩鉶 主婦奠之 【士

虞 註】所云 菜羹也. 今所云 湯羹也. 在俎東西. **爲一列.**匙筯行之南 **米麵食 主婦奠之**今云 餠麵也. 餠東麵西 在匙筯行之兩端. **主人奠羹**大羹也. **主婦奠飯**羹居米食之內 飯居麵食之內 卽羹爲神位之左也. ○進饌時 主婦所奠 多者 主人則蔬果脯醢 皆已先設 而黍稷鉶芼 乃主婦之禮故也. 見儀禮. **又爲一列.**盞盤之南 匙楪之行 **乃以次設諸正位 使諸子弟婦女 各設祔位, 畢 主人以下 皆降復位.** ○啓會飯盖 **在進饌時 至徹 不復盖.**

【饋食禮】陳設條 佐食 啓會 卻于敦南. 註云 少牢 啓會 乃奠之. ○退溪曰 開盖 使饌氣上達. ○【按】特牲禮 佐會邇黍稷于席上, 設大羹涪于醢北. 疏 公食大夫昏禮 大羹涪 皆在右, 此在左者 神禮變於生人. 此家禮右飯左羹之義也. 沙溪 以家禮設饌爲當時俗禮者 恐考之不審. 然星湖 亦有設饌尙右辨, 引曲禮 食居人左羹居人右, 以爲生與死無異例之證. 其答秉休問 又云 右飯左羹 不啻不便 從俗無妨. 今之行禮者 可以參酌矣.

2-6. 초헌(初獻).『가례』

주인이 올라가 고조의 신위 앞에 나아가면, 집사 한 사람이 술주전자●주전자〔注〕는 술을 따뜻하게 하는 것이기 때문에 그대로 사용한다.를 잡고 그 오른쪽에 선다. 주인이 홀을 꽂고, 고조고(高祖考)의 잔과 잔반을 받들어 신위 앞에 동향으로 선다. 집사는 서향하여 잔에 술을 따르고, 주인은 받들어 본디 있던 곳에 올린다. 다음으로 고조비(高祖妣)의 잔과 잔반을 받들어 또한 그렇게 한다. 홀을 꺼내 신위 앞에 북향하여 서면, 집사 두 사람이 고조고비(高祖考妣)의 잔과 잔반을 받들어 주인의 왼쪽과 오른쪽에 선다. 주인이 홀을 꽂고 꿇어앉으면, 집사 또한 꿇어앉는다. 주인이 고조고의 잔과 잔반을 받아, 오른손으로 잔을 잡아 모사 위에 제하고,●곧 신을 대신하여 제한다. 잠깐이다. 잔과 잔반을 집사에게 주어 본래 있던 곳에 돌려놓는다. 고조비의 잔과 잔반을 받는 것도 또한 그렇게 한다. 홀을 꺼내고 엎드렸다가 일어나 조금 물러선다. 집사가 적간(炙肝)을 화로에 데워서 접시에 담고, 형제 중에 연장자 한 사람이 받들어 고조고비 앞의 시저 남쪽 중간에 올린다. 축이 축판을 가져다 주인의 왼쪽에 꿇어앉아서 읽기를 마치고 일어나면, 주인은 재배하고 물러난다. 여러 정위(正位)에 나아가 헌(獻)과 축(祝)을 처음과 같이 한다. 매 신위에 독축을 마치면, 형제와 여러 남자 중에서 아헌(亞獻)과 종헌(終獻)을 하지 않는 자가 차례로 나누어 본위(本位)에 부(祔)한 신위에 나아가 작헌(酌獻)을 의식과 같이 하되, 다만 독축은 하지 않는다. 헌(獻)을 마치면 모두 내려와 자리로 돌아온다. 집사는 다른 그릇에 술과 간(肝)을 걷고, 잔은 있던 곳에 놓아둔다.

【『오례의』】 3작(爵)에 전(奠)을 벌여놓되 철주(徹酒)한다는 글은 없다. ○양씨(楊氏)는 “술을 따르는 것[斟酒]이 우례(虞禮)와 다르다. 우례에는 신위가 오직 하나이나, 시제(時祭)에는 신위가 이렇게 많으니, 예가 엄중하고 뜻이 전일하다. 『서의』에는 우제와 동일하여 그 예가 엄중하지 않다. 이것은 『가례』에서 『서의』를 사용하지 않은 경우이다.

主人升 詣高祖位前 執事一人 執酒注^注 所以煖酒 故囙以用之. 立于其右. 主人搢笏 奉高祖考盞盤 位前東向立. 執事西向 斟酒于盞, 主人奉奠故處. 次奉高祖妣盤盞 亦如之. 出笏 位前北向立, 執事二人 奉高祖考妣盤盞 立于主人之左右. 主人搢笏跪 執事亦跪. 主人授¹⁹¹⁾高祖考盤盞 右手取盞 祭之茅上_{卽代神祭也. 少傾.} 以盤盞授執事 反之故處. 受高祖妣盤盞 亦如之. 出笏 俛伏興 少退立. 執事 炙肝于爐 盛于楪, 兄弟之長一人 奉奠于高祖考妣前 匙筯

---

191) ‘수(授)’는 ‘수(受)’의 오기이므로 이제 바로잡아 해석하였다.

之南當中. 祝取版 跪於主人之左 讀畢興, 主人再拜退. 詣諸正位
獻祝如初. 每位讀祝畢, 兄弟衆男之不爲亞終獻者 以次分詣本
位所祔之位 酌獻如儀, 但不讀祝. 獻畢 皆降復位. 執事 以他器
徹酒及肝 置盞故處.

【五禮儀】三爵列奠 而無徹酒之文. ○楊氏曰 斟酒與虞禮異. 虞禮 神
位惟一 時祭 則神位多如此 則禮嚴而意專. 書儀 則與虞祭同 其禮不
嚴. 此家禮不用書儀.

축문(祝文)

세대마다 각기 축판을 달리한다. 속칭은 따라서 고친다.

유년세차 간지 모월간지삭 모일간지 효현손 모는 감히 현고조고
모관부군과 현고조비 모봉모관모씨에게 밝게 고하나이다. 절기가
바뀌어 계절이 중춘◉ 사계절 중(仲)은 때에 따른다. 인데 세시를 생각함에
◉『대전(大全)』에는 '추원감시(追遠感時)'로 되어 있다. 영원히 추모하는 마음을
견디지 못하옵고◉ 고비는 '불승영모(不勝永慕)'를 고쳐서 '호천망극(昊天罔極)'이라고
한다. 삼가 맑은 술과 음식들로 세사를 경건히 거행하오니 ◉『특생궤
식례」 주】서(庶)는 여럿이다. 【『주례』】〈주〉 수(羞)는 드림이다. 「소뢰궤식례」〈주〉천(薦)
은 드림이다. 세시의 제사(祭事)를 올림을 말한다. 부디 흠향하옵소서.

부위(祔位)가 있으면 세사(歲事) 아래에 "모친모관부군 모친모봉모씨
부식"을 첨가하여 쓰고, 만약에 낮고 어린 신위이면 '부군' 두 글자를
뺀다. ○섭주(攝主)의 축문은, 퇴계는 "'섭사사(攝祀事) 자(子) 모(某)'
라고 한다. 또 아버지가 제사에 참여하지 않고 자제에게 시킨다면 '효
자 모가 자모를 시켜'라고 한다" 하였다. ○【성재안설】만약 종자(宗
子)에게 연고가 있어 존항(尊行)으로 대신하게 하면 "삼가 모친 모를
대신하여"라고 해야 마땅하지, '사(使)'자를 사용하는 것은 적합하지 않
다. ○남계(南溪)는 "존항(尊行)은 '속(屬)'자를 씀이 마땅하나, '대(代)

자만 못한 듯하다" 하였다.

代各異版. 屬稱隨改.

維年歲次 干支 某月干支朔 某日干支 孝玄孫 某 敢昭告于 顯高祖考某官府君 顯高祖妣某封某貫某氏. 氣序流易 時維仲春^{四仲隨時}. 追感歲時【大全】作追遠感時. 不勝永慕^{考妣 則改不勝永慕 爲昊天罔極}. 謹以淸酌庶羞 祗薦歲事【特牲 註】庶衆也.【周禮 註】羞進也. 少牢 註 薦進也. 言進歲時之祭事. 尙饗.

有祔位 則歲事下添書 某親某官府君 某親某封某氏 祔食, 若卑幼 則去府君二字. ○攝主祝 退溪曰 攝祀事子某, 又父不與祭而使子弟 則曰 孝子某使子某云云. ○【按】若宗子有故 使尊行代之 則似當云謹代某親某 而不宜用使字. ○南溪云 尊行當用屬字 而恐不如代字.

2-7. 아헌(亞獻). 『가례』

주부가 한다. 여러 부녀가 적육(炙肉)을 받드는 것과 분헌(分獻)은 초헌의 의식과 같이 한다. 다만 독축은 하지 않는다.

주자는 "주부가 없으면, 아우가 아헌을 하고, 제부(弟婦)가 종헌을 한다. ○【한위공 『제식』】 아헌과 종헌에 모두 사람이 부족하면, 제사를 주관하는 사람이 스스로 3헌을 행한다.

主婦爲之. 諸婦女 奉炙肉及分獻 如初獻儀. 但不讀祝.

朱子曰 未有主婦 則弟爲亞獻 弟婦爲終獻. ○【韓魏公 祭式】亞終獻 皆不足 則主祭者 自行三獻.

2-8. 종헌(終獻). 『가례』

형제 중에 연장자나 혹은 장남, 혹은 가까운 빈(賓)이 한다. 여러

자제가 적육(炙肉)을 받드는 것과 분헌(分獻)은 아헌의 의식과
같이 한다.

> 【『개원례』】 부위(祔位)에는 1헌만 하고, 축도 없고, 절도 하지 않는다.
> ○【『어류』】 부식(祔食)의 신위에는 정위(正位)의 3헌을 마친 뒤에, 사
> 람을 시켜 나누어서 한 잔만 올리고 만다.

> 兄弟之長 或長男 或親賓爲之. 衆子弟 奉炙肉及分獻 如亞獻儀.
>
> 【開元禮】 祔位 一獻而已 不祝不拜. ○【語類】 祔食之位 正位三獻畢後
> 使人分獻一酌而已.

2-9. 유식(侑食). 『가례』

주인이 올라가 주전자를 잡고 여러 신위의 술잔에 술을 따르되,
모두 가득 채우고는◉【성재안설】 3헌은 모두 신을 대신하여 좨주(祭酒)했다. 그러므
로 잔이 차 있지 않아 첨주(添酒)하는 것이다. 향안의 동남쪽에 선다. 주부가 올
라가 숟가락을 밥 가운데 꽂되 자루가 서쪽으로 가도록 하며, 젓
가락을 고르고,◉ 시접 위에서 젓가락을 고른다. 향안의 서남쪽에 선다. 모
두 북향하여 재배◉【『서의』】 주부(主婦)는 4배한 다음 내려와 제자리로
돌아간다.◉ 부위(祔位)의 삽시정저(扱匙正筯)는 마땅히 여러 남자의 부인에게 시킨다.

> 主人升 執注 就斟諸位之酒 皆滿 【按】 三獻 皆代神祭 故盞未滿 所以添之也.
> 立於香案之東南. 主婦升 扱匙飯中 西柄 正筯正筯於楪上. 立於香案
> 之西南. 皆北向再拜 【書儀】 主婦四拜 降復位祔位 扱匙正筯 當使衆男婦.

2-10. 합문(闔門). 『가례』

> 【「사우례」】 한 식경 동안 문을 닫는다. ＜주＞ 한 식경은 밥을 아홉 술

뜨는 시간이다. ○「소뢰궤식례」 <주> ‘식(食)’은 큰 이름이고, 작은 숫자는 ‘반(飯)’이라 한다. <소> 한 입을 ‘반’이라 한다. ○【성재안설】 아홉 술[九飯]은 사(士)의 예이다. 소뢰(小牢)에는 11반, 제후는 12반, 천자는 15반이다.

축이 문을 닫되, 문이 없으면 발● 혹은 병풍[屛], 혹은 휘장[幝]을 내린다. 주인 이하는 모두 밖에 있고, 존장은 다른 곳에서 조금 쉰다.

【성재안설】 이것이 예에 이른바 ‘염[厭]’이다. 공자(孔子)는 “섭주(攝主)에는 염제(厭祭)를 아니한다” 하였다. ‘염[厭]’이란 신을 실컷 배부르게 함이다. 시(尸)가 아직 들어오기 전에는 음염(陰厭)을 하고, 시가 일어난 뒤에는 양염(陽厭)을 하는데, 여기서는 양염이다.

【士虞禮】闔牖戶 如食頃. 註 一食 九飯之頃. ○【少牢禮 註】食 大名, 小數曰 飯. 疏 一口 謂之飯. ○【按】九飯 士禮也. 少牢 十一飯, 諸侯 十三飯, 天子 十五飯.

祝闔門 無門降簾.或屛 或幝 主人以下 皆在外, 尊長 少休於他所.

【按】此禮 所謂厭也. 孔子曰 攝主不厭祭. 厭者 厭飫神也. 尸未入之前 爲陰厭, 尸謖之後 爲陽厭, 此則陽厭也 .

2-11. 계문(啓門).『가례』

축이 세 번 기침을 하고●「기석례」 세 차례 소리내고 세 차례 아뢴다. 〈주〉 세 차례 소리를 내는 것은 신이 계시기 때문이고, 세 차례 아뢰는 것은 신에게 고하는 것이다. 구설(舊說)에는 “성(聲)은 기침소리[噫]를 일으킴이다” 하였다. 〈소〉에는 ‘기침소리를 일으킴이다’ 하였고, 정씨의 〈주〉에는 ‘「증자문」에서 성(聲)은 희흠(噫歆)이라 했다’고 하였다. 바로 문을 연다. 주인 이하 모두 들어가 자리로 간다. 주인과 주부는 차● 요즘은 끓인 물을 대신 사용한다.를 받들어 고비(考妣)의 앞에 나누어 드리고,● 먼저 갱(羹)과 전(奠)을 그곳에서 치운다. 물 대접에 세 번 밥을 떠 놓고,●【성호『제식』】 끓인 물로 차를 대신한다. 밥을 떠서 세 차례 만다. 숟가락을 옮기되 처음처럼 자루를 서쪽으로 한다. 부위(祔位)에는 자제와 부녀에게 행하게 한다.

祝聲三噫歆【旣夕禮】聲三 啓三. 註 三有聲 存神, 三言啓 告神也. 舊說聲噫興也. 疏 噫興者 鄭註 曾子問云 聲噫歆. 乃啓門. 主人以下皆入 就位. 主人主婦 奉茶今以湯水代用. 分進于考妣之前先徹羹奠于其處. 抄飯三匙於水盌【星湖 祭式】以湯飲代茶 抄飯三殞. 移匙西柄如初. 祔位 使子弟婦女行之.

2-12. 수조(受胙).『가례』

주자가 "옛날에는 조(胙)와 작(酢)을 통용하였다. 수조(受胙)는 신이 자신에게 술을 따르는 것[酢]과 마찬가지이다" 하였다.

주인은 향안 앞에 나아가 자리 위에 북면하여 꿇어앉는다. 축이 고조의 신위 앞에 나아가 잔과 잔반을 들고 주인의 오른쪽으로 가서 꿇어앉아 드리면, 주인은 받아서 술을 제하고●앞서 작은 대접을 두어 조금씩 세 번 기울인다. 맛을 본다. 축이 숟가락과 쟁반을 가져다가 여러 신위의 밥을 각기 조금씩 떠서 받들고 주인의 왼쪽에 가서는, 주인에게 하사(嘏辭:축사)를 한다. 주인은 술을 자리에 두고 엎드렸다가 일어나 재배하고 꿇어앉아, 밥을 받아 맛보고 왼쪽 소매에 넣고, 소매를 오른쪽 새끼손가락에 걸고는, 술잔을 가져다가 다 마신다. 집사는 오른편에서 잔을 받아 주전자 곁에 두고, 밥을 왼편에서 받아 또한 그렇게 한다. 주인은 엎드렸다가 일어나 동쪽계단 위에서 서향으로 선다. 축은 서쪽계단 위에서 동향으로 서서 '잘 이루어졌습니다[利成]'하고 고하고, 내려와 자리로 돌아와서 자리에 있는 사람들과 함께 모두 재배한다. 주인은 절하지 않고, 내려와서 자리로 돌아온다.

朱子曰 古者 胙與酢通. 受胙者 猶神之酢己也.

主人 就香案前 席上北面跪. 祝 詣高祖考前 擧盞盤 詣主人之右 跪進, 主人 受而祭酒^{先置小楪 三傾少許}. 啐酒. 祝 取匙並盤 抄取諸位 之飯各少許 奉以詣主人之左 嘏于主人. 主人 置酒于席 俛伏興 再拜跪, 受飯嘗之 實于左袂, 掛袂于右季指 取酒啐飮. 執事 受 盞自右 置注旁, 受飯自左 亦如之. 主人俛伏興 立於東階上西向. 祝 立於西階上東向 告利成, 降復位 與在位者 皆再拜. 主人不 拜 降復位.

수조하사(受胙嘏詞). 『가례』

공자가 "섭주에는 하사(嘏辭)를 하지 않고, 조육(胙肉)을 나주어 주지 않는다" 하였다.

조고(祖考)가 축관에게 명하여 너 효손(孝孫)이 복을 많이 받도 록 하였노라. 너 효손아, 너로 하여금 하늘에서 녹을 받아 전답에 농사가 잘되고 오래 살게 할 터이니, 변함없이 지켜가라.

孔子曰 攝主不假,^嘏 不歸肉.

祖考命工祝 承致多福于汝孝孫來.^{音釐} 汝孝孫 使汝受祿于天 宜 稼于田 眉壽永年 勿替引之.

2-13. 사신(辭神). 『가례』

주인 이하 모두 재배한다.

主人以下 皆再拜.

2-14. 납주(納主). 『가례』

주인과 주부는 모두 올라가 각기 예법대로 신주를 받들어 독에 넣고, 올 때의 절차처럼 받들어 사당에 되돌려 놓는다. ○예가 끝나면 축문을 태운다.

主人主婦 皆升 各奉主納于櫝 如禮, 奉還祠堂 如來儀. ○禮畢焚祝文.

2-15. 철(徹). 『가례』

【성재안설】「사상례」 <주>에 "삭전(朔奠)에는 먼저 예주(醴酒)를 잡고, 그 나머지는 먼저 진설한 것을 잡는다" 하였다.

주부가 돌아와 감독하여 술은 걸어서 병에 넣고, 과소(果蔬)와 육식(肉食)은 모두 평소의 그릇에 옮겨 놓고, 제기는 씻어서 보관한다.

【『서의』】 주부는 걷는 것을 감독하고, 집사는 제찬(祭饌)을 걷어낸다.

【按】 士喪禮 註 朔奠 先取醴酒, 其餘 取先設者.

主婦還監 徹酒入于瓶 果蔬肉食 皆寫于燕器 滌祭器而藏之.

【書儀】 主婦 監徹, 執事者 徹祭饌.

2-16. 준(餕). 『가례』

【「제통」】 "대저 제사에는 준(餕)이 있는데, 준은 제사의 끝이다. 옛사람이 '좋은 마침은 시작함과 같다' 했으니, 준이 바로 이것이다." ○【「방기」】 그 주식(酒食)으로 말미암아 그 종족을 모음으로써 백성에게 화목을 가르친다.

이날 주인은 제사지낸 음식을 나누는 것을 감독하여, 품목마다 조금씩 취해 찬합에 넣고 술과 함께 봉하여◉『서의』 신이 남긴 것을 귀하게 여기지, 풍성함을 귀하게 여기지 않는다. 종에게 서찰을 쥐어 보내 친우◉『서의』 친우 가운데 예를 좋아하는 사람에게 돌린다. 그런 다음 자리를 설치하되, 남녀는 장소를 달리하며, 존장의 항렬은 별도로 한 줄로 해서 남향하고, 당 가운데서 동서로 나눈다. 우두머리가 만약 한 사람뿐이면 당 가운데 앉고, 그 나머지는 차례대로 동향과 서향으로 나누어 서로 마주본다.◉『서의』 주인과 여러 장부는 당(堂)에 앉는다. 주부와 여러 부녀는 실(室)에 앉는다. 존장 한 사람이 먼저 자리에 앉으면, 여러 남자들이 차례로 서되 한 세대를 한 줄로 하며 동쪽을 상석으로 하여 모두 재배한다. 자제 중에 연장자 한 사람이 조금 나아가 서면, 집사 한 사람이 주전자를 잡고 그 오른편에 서고, 또 한 사람이 잔반과 잔을 잡고 그 왼편에 선다. 헌자(獻者)가 꿇어앉아◉『서의』 여러 장부 중에 연장자이다. 주전자를 받아 술을 따르고 주전자를 돌려준 다음, 잔을 받아 송축하고 잔을 주면, 잔을 잡은 집사는 존장 앞에 놓는다. 존장이 술을 들고, 마치면 연장자는 엎드렸다 일어나서 물러나 제자리로 돌아와 여러 남자와 함께 모두 재배한다. 존장은 주전자와 연장자의 잔을 가져오도록 명하여 앞에 두고 스스로 술을 따라 송축하고, 집사에게 명하여 차례로 자리에 가서 술을 따르게 한다. 두루 다 마치면 연장자는 나아가 꿇어앉아 술잔을 받아 마시고는 엎드렸다 일어나 물러서고, 여러 남자들도 나아가 읍을 하고 물러서서 마신 다음, 연장자와 여러 남자들이 모두 재배한다. 여러 부녀자들은 안에서 여존장(女尊長)에게 남자들의 의식과 같이 술을 올리되, 다만 꿇어앉지 않는다. 마치고 나면 자리에 앉고◉동서에서 서로 마주본다. 아래도 같다. 육식을 올린다.

부녀들은 당 앞에 가서 남자 존장에게 헌수(獻壽)하고, 남자 존장은 의식대로 수작한다. 남자들은 중당(中堂)에 가서 여존장(女尊長)에게 헌수하고, 여존장도 의식대로 수작한다.●『방기』〈주〉남녀가 동성(同姓)이면 친히 올리고, 이성(異姓)이면 사람을 시켜 대신 행하게 한다. 그런 다음 자리에 앉아 면식(麵食)을 올린다. 내외 집사들은 각기 내외 존장에게 의식대로 헌수하되 수작하지는 않는다. 그런 다음 자리에 앉은 사람들에게 가서 모두 술을 따르고, 모두 들고 난 뒤에 재배하고 물러난다. 그런 다음 미식(米食)을 올린다. 그런 다음 두루 술을 돌리고 제찬을 곁들이되, 부족하면 다른 술과 다른 찬을 더한다. 파할 무렵에 주인은 바깥 종들에게 음식을 나누어주고 주부는 내집사에게 음식을 나누어주어 두루 미천한 사람에 미치되, 그 날 중에 모두 다 나누어준다. 받은 자는 모두 재배한다. 그런 다음 자리를 거둔다.

> 공자(孔子)가 공소(公所)에서 제사할 적에 조육(胙肉)을 묵혀두지 않았으니, 신(神)의 은혜를 감히 머물러 두지 않음이다. ○유장(劉璋)은 "한위공(韓魏公)의 집안 제사에 '무릇 제사의 음복과 수조의 예는 이미 오랫동안 시행되지 않았다. 이제 다만 제사하고 남은 술과 음식은 친속의 어른과 아이에게 나누어 마시고 먹도록 함이 옳다'고 했다" 하였다. ○『서의』 "예에 제사를 마치면 형제와 손님이 서로 번갈아 술을 주고받는데, 술잔 수를 헤아리지 않음은 그 모임으로 말미암아 은정을 교류하고 우호를 다지는 까닭이니, 넉넉하게 권한다."

【祭統】曰 夫祭有餕, 餕者 祭之末也. 古人有言曰 善終如始, 餕其是已. ○【坊記】因其酒食 聚其宗族 以敎民睦也.

是日 主人 監分祭胙, 品取少許置于盒 並酒皆封之【書儀】貴於神餘不貴豊腆.遣僕執書 歸胙於親友.【書儀】親友之好禮者 遂設席 男女異處

尊行自爲一列南向 自堂中東西分. 首若止一人 則當中而坐 其餘以次相對 分東西向.【書儀】主人與衆丈夫坐于堂 主婦與衆婦女坐于室. 尊者一人 先就坐, 衆男序立 世爲一行 以東爲上 皆再拜. 子弟之長者一人 少進立, 執事一人 執注立于其右, 一人 執盤盞立于其左. 獻者跪【書儀】衆丈夫之長也. 受注斟酒反注 受盞頌祝授, 執盞者 置于尊者之前. 尊者擧酒畢, 長者 俛伏興退復位 與衆男皆再拜. 尊者命取注及長者之盞 置于前自斟之 頌祝, 命執事以次就位斟酒. 皆遍 長者 進跪受飮畢 俛伏興退立, 衆男進揖退立飮, 長者 與衆男皆再拜. 諸婦女獻女尊丈於內 如衆男之儀 佢不跪. 旣畢 乃就坐東西相向. 下同. 薦肉食.

諸婦女詣堂前 獻男尊長壽 男尊長酢之如儀. 衆男詣中堂獻女尊長壽 女尊長酢之如儀.【坊記】註 男女同姓 則親獻, 異姓 則使人攝之. 乃就坐薦麪食. 內外執事 各獻內外尊長壽如儀 而不酢. 遂就斟在坐者徧, 俟皆擧 乃再拜退. 遂薦米食 然後泛行酒 間以祭饌, 酒饌不足 則以他酒他饌益之. 將罷 主人頒胙于外僕 主婦頒胙于內執事 徧及微賤, 其日皆盡. 受者 皆再拜. 乃徹席.

孔子祭於公 不宿肉, 不敢留神惠也. ○劉氏璋曰 韓魏公家祭云 凡祭飲福受胙之禮 久已不行. 今但以祭餘酒饌 命親屬長幼 分飮食之 可也. ○【書儀】曰 禮 祭事旣畢 兄弟及賓 迭相獻酬 有無算爵 所以因其接會 使之交恩定好 優勸之.

귀조서(歸胙書).『서의(書儀)』

모는 황공하여 사룁니다. 모는 금월 모일에 조고에게 일이 있었기에 삼가 분조(分胙)하여 집사에게 보내오니, 존장께서 자애롭게 받아들여 주시기를 엎드려 바랍니다. 모는 황공하여 재배드립니다. 모인 집사에게.

> 평교(平交) 이하에게는 '황공' 두 글자와, '집사에게[于執事]'라는 세 글 자와, '존장께서 자애롭게 굽어 살펴주시기를[尊慈俯賜]'이라는 네 글 자를 제거한다. ○등급이 내려가는 사람에게는 '근(謹)'을 '자(玆)'로 고 치고, '복유(伏惟)' 이하 17자를 '오직 받아들여 주시기를 바랍니다. 모 가 아룁니다' 한다.

봉피(封皮)◉서장을 올림[狀上], 모관 집사에게[某官執事] 성명(姓名) 근봉(謹 封).◉아래도 같다.

某惶恐白. 某以今月某日 有事于祖考 謹遣歸胙于執事, 伏惟 尊 慈俯賜容納. 某惶恐再拜. 某人執事.

> 平交以下 去惶恐二字 于執事三字 尊慈俯賜四字. ○降等 改謹爲玆, 改伏惟以下十七字 爲惟冀留納某白.

封皮狀上 某官執事 姓名謹封.下同.

복서(復書).『서의(書儀)』

모는 황공하여 사룁니다.◉평교(平交) 이하는 '황공'을 제거한다. 엎드려 받 자오니 집사께서는◉평교 이하는 이 네 글자를 제거하고, '오자(吾子)'라 한다. 조 고에게 효성스런 제향을 올리고는 그 복을 혼자 차지하지 않으 시고 미천한 자◉평교에는 '천교(賤交)'라 하고, 등급이 내려가면 '노부(老夫)'라 한다. 에게까지 베푸시니, 지나친 은사(恩賜)를 받아 감사한 마음 이기 지 못합니다.◉평교 이하는 이 여덟 글자를 고쳐 "감사하는 마음 참으로 깊습니다[感慰良 深]" 한다. 모는 황공하여 재배하나이다.◉평교에는 '황공'을 빼고, 등급이 내려 가면 '재배'까지 아울러 빼고 단지 '사룀다[白]'고만 한다. 모인 집사에게.◉평교는 '집사' 를 고쳐서 '좌우'라 하고, 등급이 내려가면 '집사'를 뺀다.

某惶恐白._{平交以下 去惶恐}. 伏承執事_{平交以下 去此四字 云吾子}. 孝享祖考 不專有其福 施及賤者_{平交云賤交 降等云老夫}. 過蒙恩賜 不勝感戴_{平交以下 改此八字 云感慰良深}. 某惶恐再拜_{平交去惶恐, 降等 並去再拜 只云白}. 某人執事._{平交 改執事爲左右, 降等 去執事}.

준시 헌자 축사(餕時獻者祝詞). 『가례』

제사를 이미 마치고 조고께서 잘 흠향하셨으니, 엎드려 바라건대 아무 어른께서는 오복을 갖추어 지니시고 일가 친척을 잘 보살펴 주십시오.

『서의』에는 '모친(某親)' 두 글자가 없다.

祀事旣成 祖考嘉享, 伏願 某親備膺五福 保族宜家.

【書儀】 無某親二字.

술을 따라 권할 때의 축사[酢祝詞]. 『가례』

제사를 다 마쳤으니 오복의 경사를 너희들과 함께 하리라.

『서의』는 '기성(旣成)'을 '극성(克成)'이라 하였다.

祀事旣成 五福之慶 與汝曹共之.

【書儀】 旣成作克成.

3. 제사변의〔祭辨疑〕

3-1. 무릇 제사는 슬픔과 공경을 다하는 정성을 위주로 할 따름이다. 가난하면 집안의 형편에 알맞게 하고, 병이 있으면 힘을 헤아려서 행하며, 재물과 힘이 미치는 자는 의식대로 함이 마땅하다.『가례』

> 凡祭　主於盡哀敬之誠而已.　貧則稱家之有無,　疾則量筋力而行之, 財力可及者　自當如儀. 家禮

3-2. 지자(支子)는 제사하지 못한다. 제사할 때는 반드시 종자에게 고한다.「곡례」

> <주> 감히 스스로 제멋대로 하지 못한다. 종자에게 연고가 있으면 섭행(攝行)하여 제사함이 마땅하다. 오종(五宗)[192]이 모두 그러하다. <소> 묘(廟)가 적자(適子)의 집에 있으니, 서자(庶子)는 감히 함부로 제사하지 못한다. 만약 종자에게 질병이 있으면, 서자가 대신 섭행해도 괜찮지만, 그래도 종자에게 고한 연후에 제사해야 마땅하다. ○【「상복소기」】 서자는 조(祖)에게 제사하지 못한다. <소> 종자와 서자가 모두 적사(適士)이면, 종자는 조묘(祖廟)를 세워서 제사할 수 있지만, 자신이 조(祖)의 서자(庶子)이면 스스로 녜묘(禰廟)는 세울 수 있으나 조묘(祖廟)를 세워 제사할 수는 없다. 그러므로 녜(禰)의 적자라도 조(祖)에게는 오히려 서(庶)가 된다. ○서자는 녜에 제사하지 않는다. <소> 종자와 서자가 모두 하사(下士)이면, 녜(禰)의 적자(適子)는 녜묘를 세워 녜를 제사지내지만, 녜의 서자는 녜묘를 세울 수 없으므로 그 녜의 제사를 지낼 수 없다. ○【「증자문」】 종자가 사(士)이고 서자가 대부(大夫)이면 상생(上牲)으로 종자의 집에서 제사지내되, 축문에는 "효자(孝

---

192) 오종(五宗): 대종(大宗)과 고조부소종 · 증조부소종 · 조부소종 · 녜소종 등 네 소종(小宗).

子) 모가 개자(介子) 모를 위하여 운운"이라 한다. ○종자가 다른 나라에 있으면 서자가 임시로 주관하는데, 염제(厭祭)를 하지 않고, 여수(旅酬)를 하지 않고, 하사(嘏辭)를 하지 않고, 수제(綏祭)를 하지 않고, 배위(配位)까지 제사지내지는 않는다. ○「내칙」서자가 만일 부유하다면, 희생 두 마리를 갖추어, 그 중 좋은[賢] 것은 종자에게 바쳐서 일을 마친 뒤에 감히 사제(私祭)를 지낸다. <주> 현(賢)은 '좋다[善]'는 말이다. '사제(私祭)'는 자신의 조(祖)와 녜(禰)에 제사지내는 것이다. ○장자(張子)는 "지자(支子)가 제사를 지내지 않는 것은 오직 종자(宗子)로 하여금 사당을 세워 주관하게 할 뿐이어서이다" 하였다. ○정자(程子)는 "지자가 비록 제사를 지내지는 못하지만, 재계하여 성의를 다하는 것은 제사를 주관하는 자와 다를 게 없다. 몸소 일을 집행하고 물자로 제사를 돕는다. 만약에 종자를 세우지 아니하고 한갓 제사를 폐하고자 하면, 오만한 뜻만 길러주기에 알맞으니, 차라리 제사하게 하는 것만 못하다. ○『서의』 형제가 벼슬하여 사방에 흩어지면, 비록 지자(支子)라도 네 계절마다 어버이를 생각할 것이니 어찌 제사하지 않겠는가? ○주자는 "형이 제사하면, 아우는 집사로 참여하거나 혹 물건으로 돕는다. 서로 거리가 멀면 신위(神位)를 설치하여 지방(紙牓)으로 각 신위를 표시하고, 제사를 마치면 태우는 것이 예의 변통에 맞을 듯하다" 하였다. ○퇴계는 "기일(忌日)·시속 명절 등의 제사는 지자도 지낼 수 있다" 하였다. ○나머지는 사당장(祠堂章) 끝에 보인다.

支子不祭. 祭必告于宗子. 【曲禮】

註 不敢自專. 宗子有故 當攝而祭. 五宗皆然. 疏 廟在適子之家 庶子不敢輒祭. 若宗子 有疾 庶子代攝 可也, 猶宜告宗子 然後祭. ○【小記】庶子不祭祖. 疏 宗子庶子俱爲適士, 宗子得立祖廟祭之, 己是祖庶 得自立禰廟 而不得立祖廟祭之. 故禰適於祖 猶爲庶. ○庶子不祭禰. 疏宗子庶子俱爲下士, 禰適得立禰廟 故祭禰, 禰庶不得立禰廟 故不得祭其禰. ○【曾子問】宗子爲士 庶子爲大夫 以上牲祭於宗子之家, 祝曰孝子某 爲介子某云云. ○宗子居他國 庶子攝主, 不厭祭 不旅 不嘏 不綏祭 不配. ○【內則】庶子若富 則具二牲 獻其賢於宗子 終事而後 敢私祭. 註 賢猶善, 私祭 祭其祖禰. ○張子曰 支子不祭者 惟使宗子立廟主之而已. ○程子曰 支子 雖不得祭, 至於齊戒致誠意 則與主祭者不異 以身執事 以物助祭. 若不立宗子 徒欲廢祭 適長傲慢之志 不若使之祭. ○【書儀】兄弟仕宦 散之四方 雖支子 亦四時念親 安得不祭也. ○朱子曰 兄祭而弟與執事 或以物助之. 相去遠 則設位 以紙牓標記逐位 祭畢焚之 似得禮之變也. ○退溪曰 忌日俗節等祭 支子亦可. ○餘見祠堂章末.

3-3. 궁중에 죽은 자가 있으면 석 달 동안 제사를 거행하지 않는다. 「상복」<전>

【소】 비록 신복(臣僕)이 궁중에서 죽었더라도, 또한 석 달 동안 제사하지 않는다. ○성호(星湖)는 "상구(喪柩)가 즉시 떠나면 제사는 석 달을 기다리지 않는다. 석 달 동안 거행하지 않는다는 것은 '3개월 장사 기간[葬期]'을 범범하게 가리켜 그렇게 말한 것이다" 하였다.

有死於宮中者 則三月不擧祭.【喪服 傳】

【疏】縱是臣僕死於宮中 亦三月不祭. ○星湖曰 喪柩卽去 則祭不待三月也. 三月不擧者 泛指三月葬期而云然

3-4. 대부의 제사에 정조(鼎俎)를 이미 진설하고 변두(籩豆)를 이미 설치했는데, 천자가 붕어하거나, 황후의 상을 당하거나, 군주가 훙하거나, 군주 부인의 상을 당하거나, 군주의 태묘(太廟)에 불이 났거나, 일식(日食)이 있거나, 3년상을 당하거나, 재최(齊衰)나 대공(大功)의 상을 당하면 모두 폐한다. 외상(外喪)이면 재최 이하로는 그대로 행한다.◉【주】재최라도 대문을 달리하면 제사를 지낸다. 그 재최의 상을 당한 제사에는 시(尸)가 들어와서 세 번 밥을 뜰 뿐 유식(侑食)하지 않고, 술을 입에 대되 수작(酬酌)하지 않고 마친다. 대공에는 수작

하고 마친다. 소공과 시마에는 실(室) 안의 일만으로 그친다.◉실(室) 안의 일이란 빈장(賓長)이 헌(獻)하는 것을 말함이다. 사(士)의 경우에 다른 것은, 시마복에도 제사를 지내지 않지만 제사받는 자가 죽은 자에게 복이 없으면 제사지낸다는 점이다.◉【증자문】〈주〉구(舅)와 구(舅)의 자식과 종모(從母) 곤재(昆弟)이다. 〈소〉 시마와 소공의 상을 만나면 내외를 구분하지 않고 모두 제사를 폐한다.

【성재안설】 이는 진설한 이후를 말한다. 만약 진설하지 않았다면 폐하고 만다. 그러나 사는 비록 시마복의 가벼운 상이라도 또한 제사하지 않는데, 하물며 소공 이상의 초상에서랴? 대문 밖의 초상에 이와 같다면, 같은 집안의 상에는 비록 대부라도 행할 수 없고, 반드시 장사를 치르고서 행한다. 대문 밖의 초상에는 성복을 한 뒤에 제사를 거행하는데, 오복의 상에 모두 그러하다.

【하순『제의』】 상을 당한 자는 조묘(祖廟)에게 제사하지 않지만, 심정이 아주 슬프기 때문에 제사받는 자에게 복이 없으면 제사를 지낸다.

大夫之祭 鼎俎旣陳, 籩豆旣設, 天子崩 后之喪, 君薨 夫人之喪, 君之太廟火 日食 三年之喪 齊衰 大功 皆廢. 外喪 自齊衰以下 行也. 【註】齊衰異門 則祭. 其齊衰之祭也 尺入 三飯 不侑 酳 不酢而已矣. 大功 酢而已矣. 小功緦 室中之事而已矣.室中之事 謂賓長獻. 士之所以異者 緦不祭 所祭於死者 無服 則祭. 【曾子問】 C【註】舅若舅之子 從母昆弟. ○【疏】值緦小功 不辨內外 皆廢祭.

按 此謂陳設以後也. 若未陳設 則廢之而已. 然士則雖緦服之輕 亦不祭, 況小功以上乎. 門外之喪 如此 則同宮之喪 雖大夫不得行, 必葬而行之. 門外之喪 則待成服後 行之, 王服 皆然也.

【賀循 祭儀】 在喪者 不祭祖廟 情甚哀戚 故於祭者 無服 祭也.

3-5. 상(喪)을 당한 3년 동안 제사하지 않는다. 「왕제」

【소】졸곡(卒哭)을 하고 부제(祔祭)를 지내고 연제(練祭)를 지내고 사당에서 길체(吉禘)를 지내는 것은 새로 죽은 사람을 위해서이지, 평상시의 제사가 아니다. 그 평상시의 제사는 반드시 3년상이 끝나기를 기다려서 한다. 춘추시대에 3년이 되지 않았는데 길제(吉祭)를 지낸 것은 예가 아니다. ○하순(賀循)은 "예에 상(喪)이 있는 사람은 제사하지 않는다. 제사는 길사(吉事)이기 때문이다. 길흉이 서로 범하는 것은 예가 아니다" 하였다. ○주자는 "요즘 사람들은 졸곡 뒤에 그대로 그 최복을 검게 하고, 무릇 출입과 거처와 언어와 음식과 평일의 행위를 모두 폐하지 않는다. 그러면서 유독 이 한 가지 일만 폐하는 것은 미안한 듯하다. 다만 마땅히 스스로 반성하여 거상(居喪)하는 예가 과연 한결같이 고례에 합치한다면 제사를 폐할 것이고, 만약 다른 때에 합치되지 못하는 바가 있다면 졸곡 이전에는 부득이 예에 준하여 잠시 폐하였다가 졸곡 이후에 대략 『좌전』의 두주(杜註)대로 제사함이 좋겠다" 하였다. ○정선생(程先生)이 "요즘 사람들은 거상(居喪)은 전혀 고례대로 하지 못하면서, 선조에게 제사하는 데는 유독 고례라고 하여 행하지 않으니, 안 될 것 같다" 하였다. 횡거(橫渠)는 "이렇게 하면 이는 예로써 어버이를 섬기는 도리가 아니다" 하였다. 두 선생이 논한 바가 같지 않지만, 정례(正禮)로 논한다면 횡거를 따름이 마땅하고, 인정으로 논한다면 이천(伊川)의 설 역시 적절하게 재량하여 그만두지 못할 일이다. 다만 우리 집에서 지난해에 거상하면서 네 계절의 정제(正祭)를 감히 거행하지 않았다. 대개 정제(正祭)의 삼헌(三獻)과 수조(受胙)는 거상하면서 행할 수 있는 것이 아니기 때문이다. ○네 계절의 큰 제사는 장사를 치렀더라도 행할 수 없다. ○【『문해』】주자가 두문경(竇文卿)에게 답한 편지를 보면 "비록 처상(妻喪)이라도 가묘의 네 계절 정제(正祭)를 폐한다" 하였고, 범숭백(范崇伯)에게 답한 편지를 보면 "비록 부모상이라도 또한 폐하지 않아야 할 듯하다" 했으니, 다시 상세히 살펴보아야 하겠다. ○동춘(同春)은 "시제(時祭)를 선묘(先廟)와 궤연(几筵)에서 행하는 데 대해 주자의 가르침이 전후로 다른 듯하나, 양씨(楊氏)가 이미 '선생께서 스스로 행하신 것'이라 단정하였으니, 그 말이 매우 분명하다. 하물며 상중의 성대한 제사도 의심스러운데, 궤연(几筵)에서 병

행하는 것은 더욱 의심스럽다. 하필 명백한 가르침을 버리고 의심스러우며 뚜렷하지도 않는 예를 따라야 하겠는가?” 하였다.

○명재(明齋)가 말했다. “주자의 설에는 두 조목이 있다. ‘우리 집에서는 행하지 않는다는 설을 따른다’고 하였고, 또 ‘이미 사당에서 제사하지 않으면 궤연에서도 특별히 제사하지 않는다’고 하였다.” ○【성호 상내제식】 “주자가 엄시형(嚴時亨), 증선지(曾先之), 호백량(胡伯量), 두문경(竇文卿)에게 답한 편지에서는 ‘네 계절의 정제(正祭)는 폐하고 단지 절사(節祀)만 남긴다’ 하였고, 오직 범백숭(范伯崇)에게 답한 편지에서만 ‘대략『좌전』두주(杜註)의 설에 의거하여 네 계절의 제사를 만나면 스스로 최복으로 궤연에 특별히 제사하고, 묵최(墨衰)를 사용하여 가묘에서 평상시의 예를 하는 것이 가하다’ 하였다. 즉 여러 서찰들과 합치되지 않으며, 두주(杜註)에는 ‘이는 천자와 제후의 예’라 했으니 경대부에게는 통하지 않기에, 아마도 인용하여 증거로 삼음은 합당치 않을 듯하다. 게다가 뒷날에 논한 바가 거듭 분명할 뿐만이 아니니, 사시의 정제(正祭)를 폐해야 마땅함에는 의심이 없다. 오직 기제사는 주자도 ‘상(喪)의 나머지라 혐의가 없을 듯하니, 졸곡 뒤에 예를 줄여서 행하는 것이 가하다’ 하였다. 주자는 또 ‘천(薦)과 삭참(朔參)은 이미 장사를 치렀으면 복이 가벼운 사람이나 또는 복을 벗은 사람을 시켜 사당에 들어가 예를 행하게 한다’ 하였고, 또 ‘전헌(奠獻)의 예는 또한 행하지 못하고, 단지 주식(酒食)과 의물(儀物) 등속을 배치하여 편 다음 제사를 주관하는 사람이 가서 절을 한다’ 하였다. 이에 근거하면 주인은 단지 참배만 가능하고 전헌의 예는 없다. 또 ‘음식을 대략 갖추어 묵최(墨衰)를 입고 사당에 들어가 술을 따르고 뵙고 절을 한다’ 하였다. 이에 근거하면 주인은 반드시 몸소 스스로 전헌을 해야 하니, 앞의 설과는 다르다. 무릇 사람의 집에서 혹 자식이 적어 달리 집사가 없으면 몸소 진설하고 관주(灌酒)하고 천(薦)하지 않을 수 없으니, 오직 행하는 자가 적합한 대로 조처하는 데 달려 있을 따름이다. 주인은 포직령(布直領), 포대대(布大帶), 포망건(布網巾), 방립(方笠)으로 사당에 나아간다. 운운.” ○【성재안설】 주자는 장자(長子)의 상중에 사당에 나갔으나 천(薦)만 하였는데, 정제(正祭)를 거행하지 않기 때문에 천(薦)만 한 것인가?

喪三年不祭.【王制】

【疏】卒哭而祔 練而禘於廟 爲新死者 而非常祭也. 其常祭 必待三年喪畢也. 其春秋之時 未至三年 而爲吉祭者 皆非禮也. ○賀循曰 禮 喪者不祭, 祭吉事故也. 吉凶相干 非禮也. ○朱子曰 今人 卒哭之後 遂墨其衰, 凡出入居處 言語飮食 與平日之所爲 皆不廢也, 而獨廢此一事 恐有未安. 但當自省 所以居喪之禮 果能一合於古禮 卽廢祭, 若他時不免有所不合者 卽卒哭之前 不得已準禮且廢 卒哭之後 可略倣左傳杜註祭祀 可也. ○程先生 謂今人居喪 都不能如古禮 却於祭祀祖先 獨以古禮不行 恐不得. 橫渠曰 如此 則是不以禮事其親也. 二先生所論不同, 論正禮 則當從橫渠 論人情 則伊川之說 亦權宜之不能已者. 但家間頃年居喪 於四時正祭 不敢擧. 盖正祭 三獻受胙 非居喪所可行也. ○四時大祭 旣葬 亦不可行. ○【問解】以朱子答竇文卿書 觀之 雖妻喪 廢家廟四時正祭, 以答范崇伯書 觀之 雖父母喪 亦似不廢, 當更詳之. ○同春曰 行時祭於先廟與几筵 朱子之敎 前後似異 而楊氏旣斷之以夫子之所自行 其言甚明. 況喪中盛祭 可疑 並行於几筵 尤可疑, 何必捨明白之敎 從疑晦之禮乎.

○明齋曰 朱子說有二款, 鄙家從不行之說, 又曰 旣不祭於廟 几筵亦不特祀. ○【星湖 喪內祭式】曰 朱子答嚴時亨 曾先之 胡伯量 竇文卿書 廢四時正祭 只存節祀. 惟答范伯崇書云 略倣左傳杜註之說 遇四時祭 自以衰服特祀於几筵 用黑衰 常禮於家廟 可也, 卽與諸書不合 而杜註謂此天子諸侯之禮 不通於卿大夫 則恐不當引而爲證. 且他日所論不啻申明 則四時正祭 當廢無疑. 惟忌祀 則朱子亦謂 喪之餘 似無嫌 則卒哭後殺禮行之 可也. 朱子又曰 薦朔 旣葬 則使輕服或已除者 入廟行禮, 又曰 奠獻之禮 亦行不得 只是排鋪酒食儀物之類後 主祭者去拜. 據此 主人 只可參拜 而無奠獻之禮. 又曰 略具飯食 黑衰入廟 酌酒瞻拜. 据此 主人 必須躬自奠獻 而與前說 不同也. 凡人家 或子姓鮮少 無他執事 則不得不躬自陳設灌薦也, 惟在行之者 隨宜處之. 主人 以布直領 布大帶 布網巾 方笠 詣詞堂云云. ○【按】朱子 長子喪中 就祠堂 只致薦 則正祭不擧 故只致薦耶.

상중의 선조(先祖) 제사에는 방립(方笠), 포망건(布網巾), 심의
(深衣), 포대(布帶)를 착용한다.

> 나머지는 '성복알묘복(成服謁廟服)'조에 보인다. ○주자는 "졸곡 뒤에
> 사시의 정제를 당하면, 최복으로 궤연에 특별히 제사하고, 묵최(墨衰)
> 로 가묘에 일상의 제사를 지냄이 옳다" 하였다. ○율곡은 "요즘 사람들
> 의 시속 상복제도는 묵최를 입고 출입해야 하는데, 만약 가벼운 복을
> 입는 자가 없다면, 상인(喪人)은 시속 제도의 상복을 입고 제사를 행한
> 다" 하였다. ○【성재안설】주자는 아들의 상중에 사당에 나아가 심의
> 와 복건을 착용하였다.

喪中祭先 服用方笠 布網巾 深衣 布帶.

> 餘見成服謁廟服條. ○朱子曰 卒哭之後 遇四時正祭 以衰服特祀於几
> 筵 用黑衰常祀於家廟 可也. ○栗谷云 今人俗制 喪服 當黑衰而出入,
> 若無服輕者 喪人 以俗制喪服 行祀. ○【按】朱子 子喪中 就祠堂 用深
> 衣幅巾.

3-6. 졸곡 뒤의 기제(忌祭)·묘제(墓祭)·절사(節祀)는 예를 줄여
행하되, 1헌을 하고, 독축하지 않으며, 문을 닫지 않고, 이성(利成)
을 고하지 않는다.

> 주자는 "정제(正祭)의 삼헌(三獻)은 거상하면서 행할 수 있는 것이 아
> 니다. 시속 명절과 같이 일헌(一獻)하며 축문을 읽지 않는다" 하였다.

아울러 위에 상세히 보인다.

> 율곡은 "졸곡 뒤에 기제·묘제·절사를 당하면 몸소 행하고, 만약에 복
> 이 가벼운 사람이 있으면 대신 행하게 해도 좋다" 하였다. ○성호는
> "일헌(一獻)은 질(質)이고, 삼헌(三獻)은 문(文)이다. 문을 버리고 질을
> 행하는 것은 불가하지 않다" 하였다. 또 "본생(本生)을 장례하기 전에
> 는 소후가(所後家)의 기제(忌祭)는 임시로 멈춘다. 사시의 길사(吉事)

도 아마 정지함이 맞을 듯하다. ○【성재안설】 일헌이면 유식(侑食)의
절차가 없다.

卒哭後 忌祭墓祭節祀 殺禮行之, 一獻 不讀祝 不闔門 不告利成.

朱子曰 正祭三獻 非居喪所可行 而俗節普同 一獻 不讀祝.

並詳見上.

栗谷曰 卒哭後 遇忌祭墓祭節祀 躬自行之, 若有服輕者 代行 亦可. ○
星湖曰 一獻質 三獻文, 舍文行質 未爲不可. ○又曰 本生葬前 所後家
忌祭權停. 四時吉事 亦恐停之爲得. ○【按】 一獻 則無侑食之節.

3-7. 무릇 출산이나 질병 등 꺼리는 일은, 예에서 말한 것은 따르고 예에서 말하지 않은 것은 따르지 않는다.

【「내칙」】 "처가 측실에서 아이를 낳아도, 남편이 재계할 때는 측실 문
에 들어가지 않는다." ○한(漢)나라 영제(靈帝) 때 채옹(蔡邕)이 봉사
(封事)를 올려 "청묘(淸廟)의 제사를 궁 안의 출산이나 병졸들이 조금
만 더럽혀도 자주 폐하여 시행하지 않으니, 예경(禮敬)의 큰 도리를 망
각하고 금기(禁忌)의 서적을 믿어 조그마한 사고로 큰 법도를 어그러
뜨리고 있습니다" 하였다. ○『유편』 집안의 출산 때문에 제사를 모
두 폐하지는 않는다. 그러나 사람 사는 집의 당과 실이 반드시 제도와
같지는 않아서, 혹 정실(正室)에서 출산하여 제사하는 곳과 아주 가까
우면, '들어가지 않는다'는 의리에 의거하여 폐함이 마땅할 듯하다. ○
남계(南溪)는 "집안이 돌림병에 전염되면 형편상 제사를 행할 수 없다"
고 하였다. ○갈암(葛庵)은 "돌림병에 제사를 폐하는 것은 시속을 따라
도 무방하다" 하였다. ○【성재안설】 집안에 돌림병이 있으면 사망의
우려가 매우 급박하기 때문에 부득이 권도(權道)를 사용하지만, 이웃
마을에 돌림병이 있으면 결단코 폐해서는 안 된다. ○『설문』에 "반(姅)
은 부인의 불결함이다" 하였고, 한률(漢律)에는 "반변(姅變)[193]을 보면

---

193) 반변(姅變): 부인의 월사(月事).

제사를 모실 수 없다" 하였고, 그 <주>에 "월사(月事)와 출산과 유산"
이라 하였다. 지금 풍속에는 산부(産婦)의 방에 들어가기를 꺼리니 제
사를 모실 수가 없다. 「내칙」에 '남편이 재계하면 측실의 문에 들어가
지 않는다'는 것은 바로 이 뜻이다. ○나머지는 기제(忌祭)에 보인다.

凡産生疫癘等 拘忌 禮所言者 從之 禮所不言者 不可從.

【內則】曰 妻生子側室, 夫齊 則不入側室門. ○漢靈帝時 蔡邕上封事
云 淸廟祭祀 數 以宮內産生及走卒小汚 廢闕不行, 忘禮敬之大 任禁忌
之書 徇信小故 以虧大典. ○【類編】不以家內産生 而都廢祭矣. 然人
家堂室 未必如制 或産在正室 逼近祭所 則據不入之義 廢之似當. ○南
溪曰 家染癘疫 勢不得行祀. ○葛庵曰 癘疫廢祭 從俗無妨. ○【按】家
內有癘疫 則死亡之憂甚急 不得已用權 而若隣里有病 則決不可廢也.
○【說文】姅 婦人汚也. 漢律曰 見姅變 不得侍祠, 註 刖事及免身及傷
孕也. 如今俗 忌入産婦房也 不可以侍祭祀. 內則 夫齊則不入側室之門
正此意. ○餘見忌祭.

3-8. 새로 상(喪)이 나서 궤연(几筵)을 했다면, 사시의 정제(正祭)는 행할 수 없다.

길제(吉祭)이다. 그러므로 3년상 안에는 행할 수 없다. 대개 사시의 정
제는 사당 안에서의 예이다. ○주자는 "시제(時祭)는 예가 번거로워서
거상(居喪)하는 자가 행할 바 아니다" 하였다. ○『좌전』부(祔)하고
신주를 만들어 침(寢)에서 특별히 제사한다. 두씨 <주> 궤연은 특별히
상례(喪禮)에 사용한다. 【성재안설】상례에 사용하면, 길제에는 사용
하지 않음을 알 수 있다. ○'상삼년부제(喪三年不祭)'조에 보인다.

新喪几筵 四時正祭 不可行.

吉祭也. 故三年內 不可行也. 蓋四時正祭 廟中之禮也. ○朱子曰 時祭
禮繁 非居喪者 所可行. ○【左傳】祔而作主 特祀於寢. 杜氏註 几筵 特
用喪禮. 【按】用喪禮 則不用吉祭 可知. ○見喪三年不祭條.

3-9. 제사에는 지전(紙錢)을 사용하지 않는다.

【『어류』】 선생의 집안 제사에는 지전을 사용하지 않았다. ○【성재안설】 주자는 또 "제향에 저전(楮錢)은 폐백을 대신한다" 했으니, 두 설이 같지 않다. '사용하지 않는다'는 것을 정례(正禮)로 함이 마땅하다. ○【구준『가례의절』】 조씨(晁氏)는 "지전은 은나라의 장사(長史)에서 시작되었고, 한(漢)나라 이래로 민간 풍속에서 점차 무덤에 묻는 돈의 의미를 붙였는데, 당나라 왕전(王璵)에 이르러서 사당의 제사에 사용하였다. 요즘의 유가(儒家)에서는 불가(佛家)의 법이라 하여 상례와 제례에 모두 물리친다" 하였다.

祭不用紙錢.

【語類】先生家祭享 不用紙錢. ○【按】朱子又云 祭享 楮錢代幣帛, 兩說不同. 當以不用爲正禮. ○【丘儀】晁氏曰 紙錢 始於殷長史, 漢以來 里俗稍以寓瘞錢, 至唐王璵 用於祠祭. 今儒家 以爲釋氏法 喪祭皆屛去.

4. 초조(初祖)

오직 시조(始祖)를 계승한 종(宗)만 제사할 수 있다. ○주자는 "옛날에는 이것이 없었는데, 이천(伊川)선생이 의리로 일으켰다. 나는 당초에 제사지내다가, 뒤에 와서는 분에 넘치는 것 같아 감히 제사하지 않는다" 하였다.

惟繼始祖之宗 得祭. ○朱子曰 古無此 伊川先生 以義起. 某當初也祭 後來覺得似僭 不敢祭.

4-1. 동지(冬至)에 시조(始祖)에게 제사한다. 『가례』

정자는 "이는 그 처음에 인간을 낳은 조상이다. 동지는 일양(一陽)의 시작이다. 그러므로 그 동류를 형상하여 제사한다" 하였다.

주자는 "옛사람이 이른바 '시조'는 단지 처음 벼슬한 자와 별자(別子)를 말함이었다. 『이정전서』의 축사(祝詞)에는 '효원손(孝遠孫)'이라 칭했다" 하였다. ○【성재안설】『가례』에는 초조(初祖)의 제사에 초접(醋楪) 및 생선은 말하지 않았으며, 진찬(進饌)은 모두 주인이 진설하고 주부가 드리는 것은 없으니, 무슨 까닭인지 모르겠다.

冬至祭始祖. 家禮

程子曰 此厥初生民之祖也. 冬至 一陽之始 故象其類 而祭之.

朱子曰 古人所謂始祖 但謂始爵及別子. 二程全書 祝詞 稱孝遠孫. ○【按】家禮 初祖祭 不言醋楪及魚 而進饌皆主人設之 無主婦所進 未知何故.

5. 선조(先祖)

시조를 계승한 고조(高祖)의 종가(宗家)에서 제사할 수 있다. 시조를 계승한 종가에서는 초조(初祖) 이하를 제사하고, 고조를 계승한 종가에서는 선조(先祖) 이하를 제사한다. ○주자는 "시조의 제사는 체(禘)와 같고, 선조의 제사는 협(祫)과 같아서, 이제 모두 감히 제사하지 못한다" 하였다.

繼始祖高祖之宗得祭. 繼始祖之宗 則自初祖而下, 繼高祖之宗 則自先祖而下. ○朱子曰 始祖之祭 似禘, 先祖之祭 似祫, 今皆不敢祭.

5-1. 입춘(立春)에 선조(先祖)에게 제사한다. 『가례』

정자는 "초조(初祖) 이하 고조 이상의 조상이다. 입춘은 사물을 생성하는 시초이다. 그러므로 그 동류를 형상하여 제사한다" 하였다.

> 【성재안설】 시조(始祖)와 선조(先祖) 두 제사는 주자가 이미 참람하다고 여겨 제사하지 않았다. 그 명칭만 기록하고, 예의 절차는 기록하지 않는다.

立春 祭先祖. 家禮

程子曰 初祖以下高祖以上之祖也. 入春 生物之始 故象其類 而祭也.

> 【按】 始祖先祖二祭 朱子 旣以爲僭而不祭. 但記其名 不錄禮節.

6. 녜(禰)

녜(禰)를 이은 종가 이상에서 모두 제사할 수 있으나, 오직 지자(支子)는 제사하지 못한다.

繼禰之宗以上 皆得祭 惟支子不祭.

6-1. 늦가을에 녜(禰)에게 제사한다. 『가례』

정자는 "늦가을은 사물이 완성되는 시초이다. 또한 그 동류를 형상하여 제사한다" 하였다.

> 주자는 "나의 집에서는 옛날에 시제(時祭) 이외에 동지·입춘·계추(季秋)의 세 제사가 있었다. 뒤에 동지와 입춘 두 제사는 참람한 듯하여 마침내 그만두었다. 늦가을에는 내 생일날을 사용하여 제사했으니,

마침 내 생일이 9월 15일이었다” 하였다.

○모두 시제의 의식과 같다.

다만 고사(告詞)에 “효자 모는 이제 사물이 완성되는 시초인 늦가을에 고(考) 모관부군, 비(妣) 모봉모씨에게 일이 있어 운운”이라 하고, 축사(祝詞)에 ‘고비’ 아래에 “이제 늦가을은 사물이 완성되는 시초인데, 계절에 느낌이 있어서 추모하는 마음 하늘까지 다함이 없습니다. 운운” 한다.

季秋 祭禰. 家禮

程子曰 季秋 成物之始 亦象其類 而祭之.

朱子曰 某家 舊時 時祭外 有冬至立春季秋三祭. 後冬至立春二祭 似僭 遂已之. 季秋 用某生日 祭之, 適値某生日 在九月十五日也.

○並如時祭之儀.

但告詞云 孝子某 今以季秋成物之始 有事于 考某官府君 妣某封某氏 云云, 祝詞 考妣下云 今以季秋成物之始 感時追慕 昊天罔極云云.

7. 기일(忌日)

【「제의」】 “군자는 종신토록 상(喪)이 있으니 기일(忌日)을 일컬음이다.” 또 “문왕(文王)이 제사를 지냄에는 죽은 이 섬기기를 산사람 섬기듯 하였고, 죽은 이 생각하기를 살고 싶지 않은 듯이 하였으며, 기일에는 반드시 슬퍼했다” 하였다. 【주】 기일은 어버이가 죽은 날이다. ○【「단궁」】 기일에는 음악을 하지 않는다. <주> 길사(吉事)를 거행하지 않음이다. ○장자(張子)는 “옛사람은 기일에 천전(薦奠)의 예를 하지 않고, 특별히 슬픔을 다하여 변고를 보일 뿐이다” 하였다. ○『통전』 기일(忌日)은 있지만 기월(忌月)은 없다. ○주자는 “옛날에는 기일이 없었

다. 여러 선생들이 여기까지 상고하였다” 했다. ○【성재안설】 기일의 제사는 고례에는 나타나지 않고, 이천(伊川)과 횡거(橫渠)로부터 창시되었다.

【祭義】 君子有終身之喪 忌日之謂也. 又曰 文王之祭也 事死者 如事生 思死者 如不欲生, 忌日必哀.【註】忌日 親之死日. ○【檀弓】忌日不樂. 註 不擧吉事. ○張子曰 古人於忌日 不爲薦奠之禮 特致哀示變而已. ○【通典】有忌日 無忌月. ○朱子曰 古無忌日, 諸先生 方考及此. ○【按】忌日之祭 古禮不著 而自伊川橫渠刱始.

7-1. 기일 하루 전에 재계한다. 『가례』

네(禰)에 제사하는 의식과 같다.

동한(東漢)의 신도반(申屠蟠)은 친기(親忌)를 위해 사흘 동안 소식(素食)했다. ○『개원례』 작은 제사에는 산재(散齊) 2일, 치재(致齊) 1일을 행한다. ○퇴계는 친기(親忌)에 2일 재계하였다. 또 “기제(忌祭)는 예의 작은 것이라, 단지 하루만 재계한다” 하였다. ○【성호『제식』】하루 전날 재계하고, 제사 지내는 날에는 술을 마시거나 고기를 먹지 않는다. ○【『요의』】친기(親忌)에는 사흘 동안 소식을, 조부모 기일에는 2일, 증조 이상은 1일 소식을 한다. 다만 늙고 병든 사람은 반드시 구애되지는 않는다. ○『요결』 기제의 재계는 1일이다. ○유장(劉璋)은 “온공의 『서의』에 ‘기일(忌日)에는 객을 보지 않고 조문을 받지 않는다는데, 예에는 없어 이제 취하지 않는다’고 했다” 하였다. ○【성재안설】『안씨가훈』에는 “기일(忌日)에는 객을 보지 않는다” 하였고, 주자는 제사를 지내기 전에 손님을 보지 않았다. 퇴계(退溪)와 한강(寒岡) 또한 그러하였다. 그러나 온공은 “예에 없다”고 하였다. 우리 집안에서는 하루 치재하고, 당일에는 소식한다. ○【성재안설】 또 백담(栢潭)이 “방방(放榜)[194]한 당일에는 군주가 하사하는 것이 있고 명하는 것이 있는데, 기일이라 핑계하여 명을 받지 않아서야 되겠는가?” 하였는데, 이는 아

---

194) 방방(放榜): 과거(科擧) 시험에서 합격한 자의 명단을 방에 적어 내거는 일.

마 편치 않은 듯하다. 방방이 비록 군주의 명이지만, 만약 혹 불행히도 상을 당한 자가 있다면, 또한 임금이 하사한다고 하여 명을 받을 것인가? 기일은 하루 동안의 상(喪)이다. 이날에는 음악을 하지 않는 것이 예이다. 사람을 시켜 패(牌)[195]를 받게 하고, 제 집에서 절을 하는 것이 어떨지 모르겠다.

忌日前一日 齊戒. 家禮

如禰祭儀.

東漢 申屠蟠 爲親忌 行素三日. ○【開元禮】小祀 散齊二日 致齊一日. ○退溪 親忌二日齊戒. 又云 忌祭 禮之小者 只當一日齊. ○【星湖 祭式】前一日 齊戒, 至祭日 不飮酒食肉. ○【要儀】親忌 三日食素, 祖父母忌 二日, 曾祖以上 一日食素, 但老疾者 不必拘. ○【要訣】忌祭 齊一日. ○劉氏[璋]曰 溫公儀 忌日 不見客受弔, 於禮無之 今不取. ○【按】顔氏家訓 忌日不見客, 朱子 未祭之前 不見客. 退溪寒岡 亦皆然. 然溫公曰 於禮無之. 吾家 一日致齊 當日食素. ○又【按】栢潭曰 放榜當日 則君有所賜有所命 其可諉以忌日 而不拜命乎. 此恐未安. 放榜 雖則君命 若或不幸而有曹喪者 則亦將以君賜 而拜命乎. 忌日 一日之喪也. 是日 則不樂 禮也. 使人受牌 拜於其家 未知如何.

7-2. 신위를 설치한다. 『가례』

한 분의 신위만 설치한다.

정자는 "기일에는 한 분의 신위에만 제사한다" 하였다. ○주자는 "기일에는 한 분의 신위에만 제사한다" 하였다. ○퇴계는 "기일에 고비(考妣)를 함께 제사하는 것은 심히 예가 아니다" 하였다. ○【성재안설】 회재(晦齋)와 우복(愚伏)은 "기제에 고비를 배위로 하여 제사지내는 것은 정자(程子)에게서 나왔다"고 했으나, 이는 도리어 살피지 못한 것이

---

195) 패(牌): 조선시대 과거 시험의 합격 증서. 생원이나 진사 등의 소과(小科)에는 흰 종이에 합격 내용을 써서 '백패(白牌)'라 하였고, 대과(大科)에는 합격 내용을 붉은 종이에 써 주었기에 '홍패(紅牌)'라고 하였다.

다. ○성호(星湖)는 "하루의 상(喪)에 슬퍼하고 사모함이 망극하니, 신위를 한 궤에 합침은 인정과 예에 무방하다" 하였다. 【성재안설】 이는 지금 풍속의 합향(合享)을 가리켜 말함이지, 이를 바른 예라고 여긴 것은 아니다. 선조(先祖)이신 초당(草堂:許曄)의 제례에는 해당하는 신위에만 제사하였다.

設位. 家禮

止設一位.

程子曰 忌日 只祭一位. ○朱子曰 忌日 只祭一位. ○退溪曰 忌日 並祭考妣 甚非禮也. ○【按】 晦齋愚伏有云 忌祭 考妣配祭 出於程子, 此却未審也. ○星湖云 一日之喪 哀慕罔極, 胖合同几 情禮無妨. 【按】 此指今俗合享者言 非以是爲正禮也. 先祖草堂祭禮 祭當位而已.

7-3. 그릇을 진설하고, 음식을 갖춘다. 『가례』

모두 녜(禰)에 제사하는 것과 같되, 다만 음식은 한 분의 신위에 사용할 것만 갖춘다.

【『유편』】 아주 가난한 자는 4변(籩) 4두(豆) 1형(鉶)만 사용하고, 또 서수(庶羞)의 두(豆)를 제거하면 온공(溫公)의 예와 합치된다. ○【성호 『제식』】 고비를 함께 제사하는 자는 두 신위를 합설(合設)하고, 단지 잔(盞)과 잔반(盞盤)과 갱(羹)과 반(飯)은 각설(各設)하고, 미면(米麵)이외는 모두 합설한다.

陳器具饌. 家禮

並如祭禰, 但饌具一位之用.

【類編】 貧甚者 只用四籩四豆一鉶, 又去羞豆 則與溫公禮合. ○【星湖祭式】 考妣並祭者 兩位合設 只盞盤羹飯各設, 米麵以外皆合設.

7-4. 날이 밝으면 채소와 과일과 주찬(酒饌)을 진설한다.『가례』
네에 제사하는 의식과 같다.

厥明 設蔬果酒饌. 家禮
　　如祭禰儀.

7-5. 아침이 되면 주인 이하는 복을 바꿔 입는다.『가례』
흑립(黑笠)과 포심의(布深衣), 혹은 백도포(白道袍)와 백포대(白
布帶), 혹은 백사대(白絲帶)를 하고, 나머지 사람은 모두 화려하
고 성대한 복장은 버린다.

　　부조(父祖) 이상의 기일에도 동일하다. ○부인은 시속에 옥색의 의상
　　과 검은 뿔비녀를 사용한다. ○주자는 "나는 단지 백견삼(白絹衫)에 대
　　(帶)와 참건(黲巾)을 착용한다" 했다. ○양씨(楊氏)는 "선생은 모부인
　　의 기일에 참흑포삼(黲黑布衫)을 입고, 그 건(巾) 또한 그러했다" 하였
　　다. ○【구준『가례의절』】 소복(素服)을 사용한다.

質明 主人以下 變服. 家禮
　黑笠布深衣 或白道袍白布帶 或白絲帶, 餘人 皆去華盛之服.

　　父祖以上 忌同. ○婦人 俗用玉色衣裳 黑角釵. ○朱子曰 某只着白絹衫
　　帶黲巾. ○楊氏曰 先生 母夫人忌日 着黲黑布衫 其巾亦然. ○【丘儀】
　　用素服.

7-6. 사당에 가서 신주를 받들고 나와 정침으로 간다.『가례』
네에 제사하는 의식과 같다. 다만 제사 모실 신주만 받든다.

　　정자는 "기일에 신주를 옮겨서 정침에서 제사한다" 하였다. ○장자(張
　　子)는 "사당에 여러 신위가 설치되어 있어서 홀로 제사할 수 없기 때문

에 맞이하여 나와서 다른 곳에 설치한다" 하였다. ○【성호『제식』】사
당에 가서 먼저 신알례(晨謁禮)를 행한다. 【성재안설】신주를 내는 고
사가 있으면 당 가운데에 분향해도 된다.

詣祠堂 奉神主 出就正寢. 家禮

　如祭禰之儀. 但奉當祭之主.

　　程子曰 忌日 遷主 祭於正寢. ○張子曰 廟設諸位 不可獨享 故迎出設
　　於他次. ○【星湖 祭式】詣祠堂 先行晨謁禮. 【按】有出主告詞 則焚香
　　於堂中 可也.

출주고사(出主告詞).『가례』

속칭(屬稱)은 따라서 고친다.

효자 모는 이제 현모친모관부군의 먼 휘일(諱日)을 맞이하여 감
히● 처(妻)와 동생 이하에게는 '감(敢)'자를 쓰지 않는다. 신주를● 고비(考妣)를 합하여
제사하는 경우는 나란히 쓴다. 정침● 혹은 청사(廳事)으로 모셔가 공경히 추모
의 정성을 펴려고● 처와 동생 이하에게는 "추신정례(追伸情禮)"라고 한다. 감히 청
하나이다.

　　【성재안설】부위(祔位)에게도 출주고사가 있어야 마땅하다. 기제는 시
　　제(時祭)의 부식(祔食)과 달리 대개 해당하는 신위에만 제사하기 때문
　　이다. ○【성재안설】또 혹자는 "상기(喪期) 안에는 선조 사당에서 기제
　　의 출주고사나 축문이 없다. 무릇 다른 제사도 모두 그러하다. 부제(祔
　　祭)와 담제(禫祭)에서 볼 수 있다"고 하나, 이 또한 고찰이 미흡하다.
　　대개 부제(祔祭)는 사당 안에서 행하기 때문에 본래 신주를 내지 않는
　　다. 담제(禫祭)는 신주를 내지만, 이는 새로운 신주이므로 영좌(靈座)
　　의 예전 자리에서 제사를 행하기에 아울러 고사가 없다. 사당의 신주가
　　됨에 있어서는 고례에 따라 제사하지 않으면 그만이나, 제사를 한다면
　　아마도 출주고사가 있어야 마땅할 듯하다. ○【『비요』】기제의 출주고

사에는 '처와 동생 이하에게 운운'하는 구절이 있는데, 브위(祔位)만 제사하면서 고사가 없을 수 없으니, 따름이 마땅하다. ○우암(尤庵)은 "3년상 안의 기제에서 출주(出主)할 때는 모른 체함이 합당하지 않다. 고사를 그만둘 수 없으니, 고비의 호칭을 쓰지 않을 수 없다" 했다.

屬稱隨改.

孝子某 今以顯某親某官府君 遠諱之辰 敢請^{妻弟以下 不用敢字}. 神主^{考妣合祭者 列書}. 出就正寢^{或廳事} 恭伸追慕.^{妻弟以下云 追伸情禮}.

【按】祔位 亦宜有出主告詞. 忌祭 異於時祭之祔食 蓋止祭當位故也. ○又【按】或曰 喪內先廟忌祭 無出主告祝. 凡他祭 皆然. 於祔禫 可見. 此亦欠考. 蓋祔則行於廟中 故本不出主. 禫則雖出主 是新主 而行祭於靈座故處 故並無告詞. 至於廟主 從古禮 不祭則已, 祭則恐當有出主告詞. ○【備要】忌祭 出主告詞 有妻弟以下云云, 則只祭祔位 不可無告 當從之. ○尤庵曰 三年內忌祭 出主時 不宜昧然, 告詞不可已 考妣之號 不可不書.

7-7. 참신, 강신, 진찬, 초헌.『가례』

네에 제사하는 의식과 같다. 고비(考妣)라면 주인 이하가 슬픔을 다하여 곡을 한다.

한강(寒岡)은 "'주인 이하 슬픔을 다하여 곡을 한다'는 글은 자리에 있는 자가 곡을 해야 한다는 증거이다" 하였다. 또 "우리 집안은 선조의 기일에 자리의 여러 자손들이 모두 곡을 한다" 하였다. ○『비요』 조고비(祖考妣)가 살아 계실 적에 섬겼으면 곡을 동일하게 한다. ○【구준 『가례의절』】 조고(祖考)가 근래에 죽었으면, 거애(擧哀)[196]하고 먼 옛날에 죽었으면 아니한다. ○『유편』 기일은 종신의 상이다. 곡은 슬퍼하는 절도이다. 기고(忌故)가 있이면 슬프고, 슬프면 곡하는 것은 당연한 의리이다. 그러므로 선유(先儒)들은 "슬퍼하는 마음이 상을 당했을

---

196) 거애(擧哀): 곡을 하여 슬픔을 나타냄.

때와 같다. 그래서 제사하는 것이니, 슬픔을 잊지 못하기 때문이다. 슬프지 않으면 과연 무엇 때문에 제사하겠는가?" 하였다. 또 섬겼던 여부로 슬퍼하고 슬퍼하지 않는 절도로 삼는 데는 더욱 막힘이 있다. 만약 그렇다면 혹 아버지는 곡하는데 자식은 곡하지 않거나, 형은 곡하는데 아우는 곡하지 않거나, 조카는 곡하는데 손자는 곡하지 아니하여, 한 집안 안에서도 슬픔의 절도가 각기 다를 것이다. 인정으로 따지더라도 결단코 이런 이치는 없다. 또 혹 자제가 부형과 절도를 달리할 수 없어서, 아버지가 곡하고 자식이 따라 하다가도 뒷날 아버지가 죽게 되면 마침내 곡하지 아니하고, 형이 곡하여 아우가 따라 하다가도 뒷날 형이 죽어 마침내 곡하지 아니하면, 또한 참으로 합당하지 않다. 전날의 곡이 산 자를 위한 것이 아닐진대, 오늘 곡하지 않는 것은 또한 어디에 근거하여 바꿀 것인가? 나는 그러므로 "기일이면 비록 증손·현손이라도 모두 곡을 해도 좋다. 또 만약 현손이 제사를 주관하고 현손의 아들과 손자가 참여한다면 또한 따라서 곡할 것이다" 하고, 또 "비록 깊고 얕음이 같지 않지만, 슬퍼하고 슬퍼하지 않는 구별은 없어야 한다"고 말한다. ○【성재안설】 기제(忌祭)의 곡은 진실로 절차를 달리할 수 없다. 그러나 깊고 얕은 구별은 있어야 한다. 선군자(先君子)[197]께서 고조와 증조의 제사에도 슬픔을 다하여 곡을 하였고, 불초(不肖)는 모시고 따라서 곡을 하였다. 대개 앞의 설을 따른 것이다. 지금 감히 고치지 않는다.

參神 降神 進饌 初獻. 家禮

　如祭禰之儀. 若考妣 則主人以下 哭盡哀.

寒岡曰 主人以下哭盡哀之文 爲在位者 當哭之證. 又曰 吾家先諱 在位諸子孫 無不哭. ○【備要】 逮事祖考妣 哭同. ○【丘儀】 祖考 近死則擧哀 遠死則否. ○【類編】 忌日 終身之喪也. 哭者 哀之節也. 有忌則哀 哀則哭 其義當然. 故先儒謂 哀心如喪時也. 於是而祭 所以不忘哀也. 不哀 則果何爲而祭哉. 又以逮事與否 爲哀不哀之節 尤有妨礙. 若然 或父哭而子不哭 兄哭而弟不哭 姪哭而孫不哭, 一堂之中 哀節各異, 求

---

197) 선군자(先君子): 돌아가신 아버지를 가리키는 말.

之人情 斷無是理. 又或子弟之於父兄 不可以異節 則父哭而子隨 至他
日父死 遂不哭, 兄哭而弟隨 至他日兄死 遂不哭 亦不允愜. 前日之哭
非爲生者也 則今日之不哭 又何居而遂變哉. 愚故曰 以忌則雖曾玄 皆
可哭也. 又若玄孫主祭 而玄孫之子若孫預焉 則亦且隨哭. 又曰 雖有淺
深之不同 宜無哀不哀之別. ○【按】忌祭之哭 固不可以異節 然宜有淺
深之別矣. 先君子 祭高曾 亦哭盡哀 不肯陪與 隨而哭之, 蓋從先也. 至
今 不敢改焉.

축문(祝文).『가례』

유년세차 간지 모월간지삭 모일간지에 효자 모◉손자와 증손, 현손 및
여러 속칭은 따라서 고친다.는 현고모관부군◉어머니에게는 "현비 모봉 모관 모씨"라
하고, 조(祖) 이상 및 여러 친속들은 모두 따라 고친다.에게 감히 고하나이다.◉처에
게는 "근고(謹告)"라 하고, 자제 이하에게는 단지 "고우(告于)"라 한다. 해의 순서가 바
뀌어 휘일이 다시 다가오니◉『제의』 기일에는 반드시 슬퍼하여 부모를 뵙듯이
휘를 칭한다. ○처와 아우 이하에게는 "기일부지(忌日復至)"라고 한다. 먼 옛날 생각과
계절의 변화에 대한 느낌이 하늘 끝까지 가이 없습니다.◉조(祖) 이
상에게는 "불승영모(不勝永慕)"라 하고, 방친(旁親)에게는 '추원(追遠)' 이하를 없애 다만 "불승
감창(不勝感愴)"이라 하고, 처와 아우 이하에게는 같다. 삼가 맑은 술◉『오례의』 맑은
술과 여러 제수로 공경히 상사(常事)를 올립니다.로 운운.◉처와 아우 이하에게는 "신차전
의(伸此奠儀)"라 한다.

【『집설』】미산유씨(眉山劉氏)는 "기일에는 고비를 겸설(兼設)해야 마
땅하다. 만약 고(考)의 기일이면 축문 끝 '상향(尚饗)' 위에 한 구절을
더하여 '근봉비모씨배(謹奉妣某氏配)'라 하고, 비(妣)의 기일이면 '근
봉이배고모관(謹奉以配考某官)'이라 한다" 하였다.

維年歲次干支 某月干支朔 某日干支 孝子 某孫曾孫玄孫及諸屬稱 隨改.
敢昭告于妻云 謹告, 子弟以下 但云告于. 顯考某官府君毋云 顯妣某封某貫某氏, 祖

以上及諸親 並隨改. 歲序遷易 諱日復臨【祭儀】忌日必哀 稱諱如見親. ○妻弟以下云 忌日復至. 追遠感時 昊天罔極祖以上云 不勝永慕, 旁親 去追遠以下 但云不勝感愴, 妻弟以下同. 謹以淸酌【五禮儀】淸酌庶羞 祗薦常事. 云云.妻弟以下云 伸此奠儀.

【集說】眉山劉氏曰 忌當兼設考妣. 若考忌 祝文之後 尙饗之上 增一句
曰 謹奉妣某氏配, 妣忌 則謹奉以配考某官.

7-8. 아헌, 종헌, 유식, 합문, 계문, 사신, 납주, 철거. 『가례』
모두 녜제의 의식과 같다. 다만 수조(受胙)는 하지 않고 준(餕)도
하지 않는다.

'잘 이루어졌습니다[利成]'를 고하는 절차도 없다.

亞獻 終獻 侑食 闔門 啓門 辭神 納主 徹. 家禮
並如禰祭儀. 但不受胙不餕.

無告利成.

7-9. 이날은 술을 마시지 않고, 고기를 먹지 않고, 음악을 듣지 않
고, 참건(黲巾)에 소복(素服)과 소대(素帶)로 거처하고, 저녁에는
밖에서 잔다. 『가례』

是日 不飮酒 不食肉 不聽樂 黲巾素服素帶以居 夕寢于外. 家禮

8. 기일변의(忌日辨疑)

나머지는 사당, 시제, 묘제, 부제장에 보인다.

餘見祠堂 時祭 墓祭 祔祭章.

8-1. 윤달에 죽은 자는, 상제(祥祭)와 기일(忌日)은 모두 윤달이 붙은 바의 달을 바른 달로 한다.『개원례』

> 퇴계는 "윤(閏)은 바른 달[正月]이 아니니, 제사는 평상시의 달에 의거해 행한다. 윤달의 죽은 날에는 재계하고 소식(素食)하되 제사는 지내지 않는 것이 마땅한 듯하다" 하였다. ○이숙발(李叔發)이 묻기를 "선기(先忌)[198]가 윤달인데, 이제 윤달을 당하여 윤달에 제사하고자 합니다" 하자, 한강(寒岡)이 "내 생각도 그렇지마는, 사람들이 모두 본월(本月)에 제사지내고 윤달 그 날에는 소식(素食)를 행할 따름이라 하니, 내 감히 그렇지 않다고 여기지 못하겠다" 하였다.

閏月亡者 祥及忌日 皆以閏所附之月 爲正. 開元禮

> 退溪曰 閏 非正月. 祭則依常月 行之. 閏月亡日 則齊素而不祭 似當. ○李叔發問 先忌閏月也, 今値閏 欲於閏月行祭. 寒岡曰 吾意亦然 而人皆以爲本月行祭 閏月其日行素而已, 吾不敢以爲不然.

8-2. 큰 달 30일에 죽은 자는 뒤에 작은 달을 당하면 29일을 기일로 한다.

> 【『문해』】 큰 달 30일에 죽은 자는 뒤에 작은 달을 당하면 29일로 하고, 큰 달을 당하면 30일을 기일로 한다. 작은 달 그믐날 죽은 자는 뒤에 큰 달을 당하여도 29일을 기일로 하지, 30일까지 연기하여 기다려서는 안 된다.

大月三十日亡者 後値小月 以二十九日 爲忌.

---

198) 선기(先忌): 부모 이상의 기일.

【問解】大月三十日死者 後值小月 以二十九日 爲忌, 値大月 則以三十日 爲忌, 小月晦日死者 後値大月 二十九日 爲忌, 不可延待三十日.

8-3. 한밤중에 죽은 자는 고복(皐復)한 날을 기일로 한다.

【성재안설】예에 고복을 한 뒤에 죽음의 일[死事]을 행한다. 고복하기 이전은 살아나기를 구하는 때이다. 만약 사람의 기운이 오늘 해시(亥時)에 끊어지고 다음날 자시(子時)에 초혼을 했다면, 다음날이 기일이 된다. ○명재(明齋)는 "촉광(屬纊)이 이날 술시(戌時)나 해시(亥時)라면 곧장 이미 죽었다고 생각할 수 없고, 초혼한 날을 기일로 한다"고 하였다.

夜半死者 以皐復日 爲忌日.

【按】禮 復而後行死事. 復以前 求生之時也. 如人氣絶於今日亥時 而招魂於明日子時 則明日爲忌日. ○明齋曰 屬纊在此日戌亥 不可便以爲已死 以招魂日爲忌日.

8-4. 두 분의 기일이 같은 날이면 아울러 행하되, 시제의 의식과 같이 한다.『요의』

명재는 "일시에 행하되, 각기 축문으로 고한다" 하였다.

兩忌同日 並行 如時祭之儀. 要儀

明齋曰 一時行之 各祝以告.

8-5. 기제(忌祭)와 삭참(朔參)이 서로 만나면 먼저 기제를 행하고 뒤에 삭참례를 행한다.

기제와 부제가 상치하는 것은 부(祔)장에 보인다.

忌祭與朔參相値 先行忌祭 後行朔參禮.

忌祭與祔祭相値見祔章.

8-6. 상을 당하여 아직 장사를 치르지 않았다면 선기(先忌)는 잠시 정지한다.

어머니 상의 재기(再期) 제사가 아버지 상의 장사를 치르기 전이라면 행할 수 없다. 대상(大祥)장의 '변의(辨疑)'조에 보인다. ○주자는 "기일은 상의 나머지이니, 제사를 지내도 혐의가 없을 듯하다. 그러나 정침에 이미 궤연을 설치했다면 또한 잠시 정지한다" 하였다. ○『요결』 오복(五服)의 성복(成服)을 하기 전에는 기제(忌祭)라도 행할 수 없다. ○【성재안설】 외조부모의 성복 전에 부모의 기제를 행할 수 없다. ○여헌(旅軒)은 "외조부모 초상날에 부모의 기제사를 행하는 것은 미안하다. 행하지 않은들 무슨 손상이 있겠는가?" 하였다.

遭喪未葬 先忌暫停.

母喪再期之祭 父喪葬前 不可行. 見大祥章辨疑條. ○朱子曰 忌者 喪之餘 祭似無嫌. 然正寢已設几筵 亦可暫停. ○【要訣】五服 未成服前 雖忌祭不可行. ○【按】外祖父母成服前 父母之忌祭 不可行. ○旅軒曰 外祖父母初喪之日 設行父母忌事 未安. 不行 何傷乎.

8-7. 부모가 살아 계실 때 이별하여 길흉을 분간하지 못하는 자는 아버지의 수명 한계에 이르러서 당초 집을 떠난 날을 기일로 한다.

나머지는 '출외사(出外死)'조에 보인다.

父母生離 吉凶未分者 至父年壽限 以當初離家之日 爲忌日.

餘見出外死條.

8-8. 생일에 기제(忌祭)를 지내는 것은 예가 아니다.[199]

【성재안설】주원양(周元陽)의『제록』에 생일날 제사의 축문이 있으니, 당나라 때 이미 있었던 것이라, 풍선(馮善)이 처음 만든 것은 아니다. 하지만 고례가 아니다. 그러므로 퇴계는 "예가 아닌 예[非禮之禮]"라 하였고, 사계(沙溪) 또한 "퇴계가 그르다고 말한 것이 옳다"고 하였다. ○성호(星湖)는 "나는 평소 생일잔치를 금했거니와, 하물며 생일날의 기제[生忌]는 비례라고 옛부터 정설이 있다. 그러나 불초는 거상 기간 안에는 은전(殷奠)처럼 찬을 진설하고 축문 없이 행사하였다. 선현(先賢)은 완곡하게 처신하였지, 그 잘못을 드러내어 말한 적은 없다. 그러므로 오직 상기(喪期) 안에만 이를 행하였다" 했다. ○『의절』생기(生忌)의 축문에는 "살아서 이미 경사가 있었으니, 돌아가신들 어찌 감히 잊으리까?" 한다. 나머지는 사기(死忌)와 같다. ○나의 선조 초당(草堂)의 가훈에는 생기(生忌)의 제사를 허락하지 않았다.

生日之爲忌祭 非禮也.

【按】周元陽祭錄 有生日祭祝文 則唐時已有之 而非憑善刱之也. 然非古禮. 故退溪 以爲非禮之禮, 沙溪亦曰 退溪非之 是矣. ○星湖曰 吾平日 禁生日宴飲, 況生忌非禮 古有定說. 然不肖居喪之內 則設饌如殷奠 無祝而行事. 先賢 有委曲處之 未曾顯言其非 故惟喪內行之. ○【儀節】生忌祝云 生旣有慶 沒寧敢忘, 餘同死忌. ○我先祖草堂家訓 不許生忌之祭.

---

199) 「사의목록」에는 '기일변의'항목 밑에 '생일날의 기제[生忌]'가 부기되어 있는데, 바로 이 부분이다.

9. 묘제(墓祭)

『주례』에 “총인(冢人)은 묘소에 제사할 때 시(尸)가 된다” 하였고, <주>에 “묘소에 제사할 때 시(尸)가 된다는 것은 혹 기도하는 일일 것이다” 했으며, 가씨(柯氏)는 “묘소에 제사하고 기도하는 따위는 바른 제사가 아니다” 하였다. 혹자는 “묘소의 제사는 백(魄)에게 알림이다” 하였다. ○【『통전』】 삼대(三代) 이전에는 묘소의 제사가 없었다. 진(秦)나라에 이르러 처음으로 묘소 곁에 침전(寢殿)을 일으켰고, 한(漢)나라 때는 진나라 제도를 이어서 능에 오르면 모두 원침(原寢)이 있었다. 당나라 태종은 헌릉(獻陵)에 조알(朝謁)하여 절하고 곡하고 찬을 올렸다. 개원(開元)의 제도에 “한식(寒食)에 묘소에 올라가는 것은 예경(禮經)에 조문이 없지만, 근대에 풍속이 되었으니, 사·서인이 묘소에 올라가 함께 배소(拜掃)의 예를 행하고 제찬을 올리는 것을 의당 허락한다” 하였다. ○왕숙(王肅)은 “예에는 묘제(墓祭)를 하지 않는다. 한(漢)나라는 정월에 능에 올랐다” 하였다. ○정자는 ‘묘소를 바라보고 단을 만들거나 묘인(墓人)이 묘제의 시(尸)가 되는 것은 불변의 떳떳한 예가 아니다. 후세에는 풍속을 따라 묘제를 지내는 것을 면치 못한다” 하였다. 또 “배소(拜掃)의 예는 네 계절의 제사보다 간략하다” 하였다. ○무덤에 절하는 것은 10월 1일이며, 한식에는 곧 평상시의 예에 따라서 제사한다. 음식은 집안의 형편에 맞게 한다. ○예경(禮經) 가운데 묘제에 대해 말한 적이 없으니, 이는 곧 묘제에 대한 글이 없음이다. ○장자(張子)는 “한식이란, 『주례』에 네 계절마다 불을 바꾸는데, 계춘(季春)이 가장 엄하여 심성(心星)의 대화(大火)[200]가 그 때에 가장 높은지라, 불을 금하기에 앞서 며칠 지낼 양식을 만들어 놓는 것이다. 이미 음식이 있는지라 그 조상을 생각하여 제사한다. 한식과 10월 초하루에 묘소를 살피는 것도 초목이 생기기 시작하고 죽기 시작하는 시기이다” 하였다. ○주자는 “묘제에 대해 분명한 글은 없지만, 비록 친분이 끝나더라도 제사하는 것은 해로움이 없을 듯하다” 하였다. ○한위공(韓魏公)은 한식과 10월 1일에 묘소에 올라갔다. ○사마공(司馬公)과 여동래(呂東萊)는 모두 10월 초하루를 사용하였다.

---

200) 대화(大火): 28수 중 심수(心宿)의 대적성(大赤星).

○서건학(徐乾學)은 "무왕(武王)이 동쪽으로 군대를 사열할 적에 필(畢)에서 제사를 지냈으니, 주나라 초기에 이를 행한 자가 있었음이다. 증자는 "소를 잡아 묘소에 제사지내는 것이 어버이 계실 때 닭과 돼지를 잡는 것만 못하다" 했으니, 춘추시대 말에 이를 행한 자가 있었음이다. 맹자는 "동쪽 교외 무덤 사이의 제사"라고 하였으니, 전국시대에 이를 행한 자가 있었음이다. 장량(張良)의 자손이 선조의 무덤에 올라가 황석공(黃石公)에게도 함께 제사를 지냈으니, 한(漢)나라 초기에도 행한 자가 있었음이다. 무릇 어찌 명제(明帝)에게서 시작된 것이겠는가? 특별히 천자(天子)가 한 해의 정월에 능에 올라간 것이 명제로부터 시작되었을 따름이다. 또한 자로(子路)가 안연(顔淵)에게 "나라를 떠날 적엔 묘소에서 곡을 하고, 나라로 돌아왔을 때는 묘소를 살피고 들어온다" 하였으니, 곧 후세의 배소(拜掃)이다. ○한강(寒岡)은 "우리나라는 가묘(家廟)를 미처 세우지 않았던 시대에는 묘소에서 네 계절의 제사를 통행하였다. 이제는 이미 사당을 세우니 사당과 묘소에는 절로 정해진 규범이 있다" 하였다. ○우복(愚伏)은 절기마다 묘소에 올라가는 것을 폐하는 고사(告辭)에서 "절기마다 묘소에 올라가는 것은 고례에 근거가 없어, 이제『주자가례』와「동래종법(東萊宗法)」을 상고하여, 한식과 10월 상정(上丁)에 무덤을 둘러보고 청소하고, 그 나머지 명절에는 모두 사당에서 시절 음식으로 올리겠나이다" 하였다.

○성호(星湖)는 "요즘 사람들은 장사(葬師)[201]에게 현혹되어 소목(昭穆)을 맞추어 대대로 장사[世葬]하는 자가 거의 드물어서, 간혹 드문드문 지역을 달리하기도 하니, 두루 다닐 수가 없고, 혹 자손이 드물어 성묘할 겨를이 없으면 부득이 노복을 시켜 전(奠)을 받들게도 한다. 이렇게 하고서도 오히려 신이 흠향하시기를 바라겠는가? 「손씨의(孫氏儀)」를 보니 '혹 백·숙형제가 각기 한 지방에 있으면서 몸이 관직에 매여 감히 자리를 떠날 수 없어, 한식이 되어 묘소가 있는 곳마다 각자 자제와 가까운 노복[親僕]을 보내어 전헌(奠獻)하게 한다'고 하였다. 이로 인해 다시 생각하니, 혹 부득이하여 성묘하지 못한 지가 십 수 년

---

201) 장사(葬師): 풍수지리(風水地理), 음양오행(陰陽五行), 택일선시(擇日選時) 등의 술수로 장지(葬地)와 장일(葬日)과 장법(葬法)의 길흉화복을 논하여 매장의 장소와 방법을 지도하는 술사(術士).

이나 되어 전연히 폐하게 되는 것 역시 차마 못할 일이다. 「손씨의」에 근거하여 가까운 노복을 시켜 단지 포과(脯果) 따위만 가져가서 술을 따르게 하되, 의식은 갖추지 않음이 마땅하다. 이와 같이 행한다면 도리어 혹 무방할 것이다" 하였다. ○『유편』 10월 1일은 삭참(朔參)과 상치하기 때문에 정우복(鄭愚伏)을 따라 상정일(上丁日)을 사용한다. 중원절(中元節) 역시 사당에 일이 있으니, 상정일을 따르는 편리함만 못하다. 또 "네 계절마다 무덤에 올라가는 것은 예가 아니다. 내 본래의 소견이 이러한데, 우리 집안에서는 정자(程子)와 장자(張子)의 훈계에 의거하여 한식과 10월에 한다" 하였다. ○추석은 '수뢰(愁牢)'의 종류인데, 수로왕릉(首露王陵)에서 나왔다. 신라에서는 단오를 "수뢰"라고 하였다. ○【성재안설】 한식은 당나라 초기에 시작되었고, 10월은 송나라 때에 시작되었다. 맹춘(孟春)의 3일과 7일, 중하(仲夏)의 중오(重五), 중추(仲秋)의 초5일과 15일은 가락(駕洛)에서 시작되었고, 정조(正朝)와 동지는 『오례의』에서 시작되었다. 그러나 다섯 명일(名日)은 국가에서 행하는 것이니, 사대부에게는 참람할까 염려된다. 더구나 네 계절의 묘제를 행하는 것은 더욱더 불가하다. 그러므로 『가례』에서는 오직 3월 상순만 말하였다. ○혹자는 "10월 1일은 진(秦)나라의 능에서 시작되었는데, 진나라는 10월을 한 해의 첫머리로 삼았기 때문이다" 하였다. ○남헌(南軒)은 묘제가 예가 아니라고 하여 주자(朱子)와 논변했는데, 주자가 인정으로 그만둘 수 없는 것이라고 하자, 남헌이 이를 따랐다.

【周禮】冢人 祭墓爲尸. 註 祭墓爲尸 或禱祀焉. 柯氏曰 祭墓祈禱之屬 非正祭矣. 或曰 墓祭 以報魄也. ○【通典】三代以前 無墓祭. 至秦 始起寢於墓側, 漢因秦 上陵 皆有原寢. 唐太宗 朝于獻陵 拜哭奠饌. 開元制曰 寒食上墓 禮經無文 近代成俗 士庶 宜許上墓同拜掃禮奠祭饌. ○王肅曰 禮 不墓祭. 漢氏 正月上陵. ○程子曰 望墓爲壇 墓人爲墓祭之尸 非經禮也. 後世未免隨俗墓祭. 又曰 拜掃之禮 簡於四時之祭. ○拜墳 則十月一日, 寒食 則又從常禮祭之. 飮食 稱家有無. ○禮經中 旣不說墓祭 卽是無墓祭之文. ○張子曰 寒食者 周禮 四時變火 季春最嚴 以其大火心星 其時太高 故先禁火爲數日糧. 旣有食 思其祖先 祭祀. 寒食與十月朔 展墓 亦可爲草木初生初死. ○朱子曰 墓祭無明文 雖親

盡而祭 恐無害. ○韓魏公 寒食 十月一日 上墓. ○司馬公 呂東萊 皆用
十月朔.

○徐乾學曰 武王東觀兵 祭于畢 周初有行之者. 曾子云 椎牛而祭墓 不
如鷄豚之逮親存也 則春秋末有行之者. 孟子云 東郭墦間之祭 則戰國
有行之者. 張良子孫 上先冢 並祀黃石 則漢初有行之者. 夫豈始於明帝
哉. 特天子上陵以歲正月 自明帝始耳. 又子路謂顔淵曰 去國 哭於墓,
反國 展墓而入, 即後世拜掃也. ○寒岡曰 我東未遑家廟之時 通行四時
祭於墓. 今旣立廟 則廟與墓 自有定規. ○愚伏 廢逐節上墓告辭云 逐
節上墓 古禮無據, 今考朱子家禮 東萊宗法 寒食及十月上丁 展掃封塋,
其餘節日 並就祠堂 薦以時食云云.

○星湖曰 今人惑於葬師 昭穆世葬者 幾希矣. 或落落異境 不能遍及.
或子孫鮮少 汎掃未遑 則不得已 使奴僕奉奠. 此而猶望於神庶享之耶.
及見孫氏儀云 或伯叔兄弟 各在一方 身拘官守 不敢離位, 至寒食 須逐
處各自遣子弟親僕 歸奠獻. 遂因此更思 或不得已而曠不省掃 至十數
年之久 則全然頓廢 亦有所不忍. 宜据孫儀 使親僕 只齋脯果之類 酹而
不備儀. 如此行之 抑或無妨. ○【類編】十月一日與朔參 相値 故從鄭
愚伏 用上丁. 中元 亦有事於廟 則不若從上丁之爲便. 又曰 四節上隴
之非禮. 吾本來所見 如此, 吾家依程張之訓 用寒食及十月. ○秋夕 愁
牢之類 出於首露王陵. 新羅 端午稱愁牢. ○【按】寒食 始於唐初, 十月
始於宋時. 孟春之三日七日 仲夏之重午 仲秋之初五十五 始於駕洛, 正
朝冬至 始於五禮儀. 然五名日 國家所行 士大夫恐涉僭. 且行四時廟祭
者 尤不可. 故家禮 惟言三月上旬. ○或曰 十月一日 起於秦陵 秦以十
月爲歲首故也. ○南軒 以墓祭爲非禮 與朱子論辨, 朱子 以爲人情之不
容已者, 南軒從之.

9-1. 묘제는 3월 상순에 날을 가리고, 기일 하루 전날에 재계한다. 『가례』

【성재안설】『가례』에 묘제는 3월에 한 번 행할 뿐이다.

가제(家祭)의 의식과 같이 한다.

【『유편』】 상순에 거행하지 않으면, 그 달 중에 행사해도 되나, 때를 넘기면 미안하다.

墓祭 三月上旬 擇日, 前期一日 齊戒. 家禮

【按】家禮 墓祭 三月一行而已.

如家祭儀.

【類編】不擧上旬 則可以月中行事, 過時 則未安.

9-2. 그릇을 씻고, 찬을 마련한다. 『가례』

묘소에는 매양 춘분과 추분에 오르고 시제의 품과 같이 한다.

묘소가 가까워 집에서 찬을 마련하면 주인과 주부가 직접 임하고, 만약 묘가 멀면 주인이 또한 스스로 살펴서 총인(家人)에게 거듭 경계하여 청결하게 하도록 힘쓰는 것이 옳다. ○다시 어육(魚肉)과 미면식(米麵食)을 큰 하나의 쟁반에 진설하여 후토(后土)에게 제사한다.

滌器 具饌. 家禮

墓上每分 如時祭之品.

墓近 而在家具饌 則主人主婦親蒞之, 若墓遠 則主人亦自省察 申戒家人 務令淸潔 可也. ○更設魚肉米麵食一大盤 以祭后土.

9-3. 날이 밝으면 물 뿌리고 쓴다. 『가례』

주인은 심의(深衣)를 입고, 집사를 거느리고 묘소에 가서 재배하고는, 무덤 영역 내외를 빙 둘러 받들어 다니면서 슬픈 마음으로 세 번을 둘러본다.◉【『개원례』】슬프게 세 번을 둘러본다. 〈주〉 눈물은 흘려도 곡은 없다. 풀뿌리가 있으면 곧장 칼이나 도끼나 호미로 베어내고 청소한 다음, 다시 자리로 돌아와서 재배한다. 그런 다음 묘소 왼편에 땅을 치워 후토에 제사한다.

> 만약 묘소가 멀면 그 거리에 따라 기일 전에 달려가 묘사(墓舍)에서 재계하고 제기를 점검하며 제물을 살피고는, 그대로 묘소에 올라가서 온 산을 둘러보고, 무릇 투장(偸葬)하거나 나무를 베었는지 등의 환난을 일일이 자세히 살펴본다. 풀을 베고 가시를 자르는 일 등은 또한 모두 전날에 한다. ○『제식』빙 둘러 돌면서 슬퍼하며 살피는 것은 곧 기거(起居)가 차가운지 따뜻한지를 문안하는 절차이니, 그래서 두 번의 재배가 있다.

厥明灑掃. 家禮

主人深衣, 率執事者 行墓所 再拜, 奉行塋域內外環繞 哀省三周. 【開元禮】哀聲三周. 註 有泣無哭. 其有草根 卽用刀斧鉏斬刈夷灑掃 訖復位再拜. 又除地於墓左 以祭后土.

> 若墓遠 則隨其程道 前期赴往, 齊於墓舍 點檢祭器 省視祭物, 遂上墓所 周覽一山, 凡偸埋犯斫之患 一一詳察. 芟草斬棘等事 亦皆於前日 爲之. ○【祭式】環繞哀省 卽當寒暄起居節次 所以有兩再拜.

9-4. 자리를 펴고 찬을 진설한다.『가례』

새로 만든 깨끗한 자리를 사용하여 묘소 앞에 펴고 찬을 진설하는데, 가제(家祭)의 의식과 같이 한다.

> 『제식』 제찬(祭饌)은 동시에 함께 드린다. ○【성재안설】『가례』'치장'조에는 단지 "작은 돌비석을 세운다"고만 하였고, 석상(石床)의 제도는 없다. '묘제'조에 또 "자리를 펴고 찬을 진설한다" 했으니, 석상 없이 자리를 사용하여 제사함이 바로 묘소의 예이다. 그러나 후세에 석상을 두는 것이 이미 풍속을 이루었으니, 석상이 있다면 그 위에 찬을 진설한다. 혹 다리가 높지 않은 목상(木牀)을 사용하는 것도 무방할 듯하

다. ○남계(南溪)는 "목상(木床)은 다리를 높게 하지 않는다" 하였다.
○성호(星湖)는 "『가례』에 의거하여 자리를 펴거나, 혹 나무 탁자에 다
리를 제거하고 사용한다" 하였다.

布席 陳饌. 家禮

　用新潔席 陳於墓前 設饌 如家祭儀.

　【祭式】祭饌 同時俱進. ○【按】家禮治葬條 但言立小石碑 而無石床
　之制. 墓祭條 又言布席陳饌 則其無石床 而用席以祭 乃墓禮也. 然後
　世有石床 已成風俗, 若有石床 則陳饌於其上. 或以木牀不高其足 而用
　之 亦似不妨. ○南溪曰 木床不爲高足. ○星湖曰 依家禮布席 或用木
　卓去足.

9-5. 참신, 강신, 초헌.『가례』

　가제(家祭)의 의식과 같다.

　【『예식』】분향(焚香)과 축주(縮酒)에 각각 재배한다. 삼헌(三獻)은 띠
　풀에 제하지 않고 곧장 드린다. ○【『유편』】묘제는 체백(體魄)이 있는
　곳이므로, 아마도 먼저 참신하고 뒤에 강신함이 마땅할 듯하니, 신주에
　강신하지 않는 것과는 같지 않다. 지극히 조리가 있으니, 어찌 어기겠
　는가?

參神 降神 初獻. 家禮

　如家祭儀.

　【禮式】焚香縮酒 各再拜. 三獻 不祭於茅 而直獻. ○【類編】墓祭 體魄
　所在 恐宜先參後降 與神主未降神者 不同. 極有條理 何可違也.

축문(祝文)

고비(考妣)를 합장했으면 나란히 쓴다. ○속칭은 따라서 고친다.

모두 가제(家祭)의 축문과 같지만, 단지 "모친모관부군의 묘소에 절기가 바뀌어 비와 이슬이 적셨으니,◉ 시월에는 '상로기강(霜露旣降)'이라 한다. 묘소를 뵈옵고◉ 처와 아우 이하에게는 '첨(瞻)'을 '림(臨)'이라고 고친다. 청소함에 추모의 감회를◉ 처와 아우 이하에게는 '감념(感念)'이라고 한다. 이기지 못하여, 삼가 맑은 술과 음식◉『예식』에는 '시수(時羞)'라고 하였다.들로 경건히 세사(歲事)를 올리오니◉ 처와 아우 이하에게는 '천차(薦此)'라고 한다. 흠향하옵소서" 한다.

【『대전』】 묘제문에는 "묘소를 뵈옵고 청소함에 슬퍼하고 사모하는 마음을 이기지 못하여 삼가 맑은 술과 시절 음식으로써"라고 하였다. ○주자가 영인(令人) 유씨(劉氏)를 당석(唐石)에서 장사지낼 때 '첨소(瞻掃)'를 '재첨(載瞻)'으로 고쳤고, '애모(哀慕)'를 '감념(感念)'이라 고쳤고, '세사(歲事)'를 '상사(常事)'라고 고쳤다. ○『유편』에는 "묘제에는 '호천망극(昊天罔極)'이라고 쓰지 않는다" 하였다. 또『예식(禮式)』에는 "'우로(雨露)'라는 글자는 낮고 어린 사람에게도 통용할 수 있다" 하였다.

考妣合葬 則列書. ○屬稱隨改.

並同家祭祝, 但云 某親某官府君之墓 氣序流易 雨露旣濡十月 則云 霜露旣降. 瞻掃封塋妻弟以下 改瞻爲臨. 不勝感慕妻弟以下 云感念. 謹以淸酌庶羞 【禮式】 云時羞. 祗薦妻弟以下 云薦此.歲事 尙饗.

【大全】墓祭文 瞻掃封塋 不勝哀慕 謹用淸酌時羞. ○朱子 葬劉令人於 唐石 改瞻掃爲載瞻 改哀慕爲感念 改歲事爲常事. ○【類編】墓祭 不用 昊天罔極. 又禮式 雨露字 亦可通用於卑幼.

9-6. 아헌, 종헌. 『가례』

모두 자제와 친붕(親朋)에게 올리게 한다.

【성호 묘제식】 "『가례』의 '친붕(親朋)'은 복이 없는 친족과 빈객을 말한다. 그 사례는 발인(發引)할 때 반드시 친붕으로 하는 데에 있는데, 『예기』<소>의 '공경을 넓히기 위한 것'에 근거함이다.

亞獻 終獻. 家禮

並以子弟親朋 薦之.

【星湖 墓祭式】曰 家禮親朋 謂無服之親與賓客也. 其例在發引 必以親朋 据禮疏所以廣敬也.

9-7. 사신하고 철(徹)한다. 『가례』

묘제에는 유식(侑食)이 없다. 퇴계는 "산야에서의 예는 정제(正祭)보다 줄인다" 하였다. 【『문해』】 동일하다. ○【성호 묘제식】 비록 유식을 빠뜨리지만, 우리나라 풍속에 대략 의거하여 국을 물리고 탕수를 올려 물에 밥을 떠서 만다. 이미 유식을 빠뜨린다면 초헌(初獻)에 수저를 밥 가운데 꽂음이 마땅하다. 그러나 우제(虞祭)에는 유식을 하더라도 숟가락을 꽂지 않는다. 이제 이미 유식을 하지 않는다면 숟가락만 유독 꽂아야 할 필요가 있을까?

辭神 乃徹. 家禮

墓祭 無侑食. 退溪曰 原野之禮 殺於正祭. 【問解】同. ○【星湖 墓祭式】雖闕侑食, 略依東俗 退羹而進湯水 抄飯爲飧. 旣闕侑食 則宜於初獻 扱匙飯中. 然虞祭 雖侑而不扱匙. 今旣不侑 則匙可必獨扱.

9-8. 그대로 후토(后土)에 제사한다. 『가례』

묘소 왼쪽의 땅을 치워서 후토에게 제사한다. ○【성재안설】『가례』에 이미 "사신하고 바로 철하며, 그대로 후토에게 제사한다" 하였다. 대개 묘소가 있으므로 인하여 토신(土神)이 있는 것이다. ○『유편』] 한 산에 나란히 장사를 지냈다면, 혹 기슭이 다르더라도 굳이 각기 토신에게 제사할 것은 없다. ○『요의』] 여러 대에 걸친 무덤이 있으면, 가장 높은 위(位)의 묘소 왼쪽에 가서 제사한다. ○【성재안설】 후토에 제사하는 예는 묘제보다 뒤에 함이 마땅하나, 만약 한 산에 여러 세대의 묘소가 있다면 여러 자리의 제사를 다 행한 다음 시행하는 것은 불가한 듯하니, 가장 높은 묘에 제사를 행한 뒤 토신에게 제사함이 마땅하다.

遂祭后土. 家禮

除地於墓左 以祭后土. ○【按】家禮 旣曰 辭神乃徹 遂祭后土. 盖因墓而後有土神也. ○【類編】列葬一山 則雖或異麓 不必各祭土神. ○【要儀】有累世封塋 則就尤尊位墓左 祭之. ○【按】后土祭禮 當後於墓祭而若一山有累世之墓 則恐不可盡行諸位 而後行之 宜於最尊墓行祀之後 祭土神.

9-9. 자리를 깔고 찬을 진설한다. 『가례』

찬품은 마땅히 묘제와 다름이 없다.

鋪席陳饌. 家禮

饌品 當與墓祭無異.

9-10. 강신과 참신을 하고, 3헌을 한다. 『가례』. ○후토제에는 분향이 없다.

'치장사후토'조에 상세히 보인다.

降神參神 三獻. 家禮. ○后土祭 無焚香.

詳見治葬祠后土條.

축문(祝文)

앞은 같다. 감히 후토씨의 신에게 밝게 고하나이다. 모는 삼가 모친모관부군의 묘소에 세사를 거행하는데,◉고비를 합장했다면 나란히 쓴다. 누대를 이어 장사지냈다면 또한 나란히 쓴다. 여러 자손들을 같이 장사지냈다면 '누세선영(累世先塋)'이라 한다. 때때로 보우하심은 실로 신의 은덕인지라, 감히 주찬을 경건히 펼쳐 올리오니 흠향하옵소서.

同前. 敢昭告于 后土氏之神. 某恭修歲事于某親某官府君之墓考妣合葬 則列書. 累代繼葬 亦列書. 諸子孫同葬 則云累世先塋. 維時保佑 實賴神休 敢以酒饌 敬伸奠獻 尙饗.

9-11. 사신하고, 철하고 물러난다. 『가례』

辭神 乃徹而退. 家禮

9-12. 제사를 마치면, 제기와 모든 용구는 수습하여 씻고 닦아서 저장한다.

祭畢, 祭器及凡具 收拾 滌濯拂拭 而藏之.

9-13. 친분이 끝난 묘소에는 1년에 한 번 제사한다.
사당장 '역세체천'조에 보인다.

정자(程子)는 "조상이 많은 것을 어찌 꺼리겠는가? 원근과 다소에 상관없이 모두 지냄이 마땅하다" 하였다.

親盡之墓　歲一祭.

見祠堂章易世遞遷條.

程子曰　祖豈可厭多. 無遠近多少　當盡祭之.

9-14. 같은 언덕에 있는 여러 묘소에는 단을 설치하고 합하여 제사하거나, 혹 묘사(墓舍)에서 행한다.

【『개원례』】 공자(孔子)는 묘소를 향하여 단을 만들고 때마다 제사지내는 것을 허락했으니, 곧 오늘날 묘소에 올라가는 의리도 혹 근거가 있을 듯하다. 그러나 신의 도리는 그윽함을 숭상하니, 묘소의 영역을 핍박하여 더럽혀서는 안 된다. 묘소의 남쪽 산문(山門)의 바깥에 설치함이 마땅하다. 만약 한 묘소 구역에 여러 무덤이 있으면 각기 신위를 설치하는데, 소목(昭穆)대로 줄을 달리하되, 서쪽을 상석으로 한다. ○유장(劉璋)이 "옛날에 종자(宗子)가 나라를 떠나고 서자(庶子)에게 사당이 없으면, 공자는 묘소를 바라보고 단을 만들어 철마다 제사하는 것을 허락하였다"고 했다. ○퇴계는 "같은 언덕에 있는 허다한 묘소에 각기 제사하는 폐단이 세상에 많으니, 지방(紙牓)으로 재사(齋舍)에서 합제(合祭)하는 것만 못하다" 하였다. ○깨끗한 곳에 단을 설치하여 합제하는 것이 더욱 옳다. ○선비(先妣)는 장지가 다른 곳에 있고, 선고(先考)를 집 뒷산에 장사지냈기에, 매양 다음날에 제사한다. ○【성재안설】 요즘 국가 능침(陵寢)의 제사는 정자각(丁字閣)[202]에서 행하니, 사·서인이 묘사(墓舍)에서 제사하는 것도 아마 실례가 아닌 듯하다. 그러나 만약 묘사(墓舍)가 묘소에서 멀면, 묘소의 문에 단을 설치하는 것만 못할 듯하다. ○【『유편』】 무덤 중에 두 번째 위(位)가 먼 곳에 있고, 첫 번째 위와 세 번째 위가 같은 언덕에 있으면, 두 위의 제사를 함께 진

---

202) 정자각(丁字閣): 건물의 평면이나 지붕의 용마루가 '정(丁)'자 형으로 지어진 집인데, 능침에서의 제사를 위해 능침 정면에 주로 짓는다.

설하여 베풀고, 다음날 비로소 두 번째 위에 제사하더라도 무방하다. 이는 손자를 할아버지에게 부식(祔食)하는 것이니 자식이 아버지보다 먼저 먹는 것이 아니다. 또 "퇴계는 전비(前妣)와 후비(後妣)를 각기 장사지내고 아주 먼 곳이 아니었지만 반드시 다음날로 미루어 행하였는데, 하물며 백 리 밖에 있어서랴?" 하였다. ○안순암(安順庵)이 묻기를 "하루 내에 만약 비를 만나면 날을 미루어 행하더라도 무방할 듯합니다" 하자, 성호가 답하기를 "그대가 한 말이 옳다" 하였다. ○또 만약 하루 안에 종자가 다 몸소 올릴 수 없으면 여러 자손들이 대신 올린다.

同原諸墓 設壇合祭 或行於墓舍.

【開元禮】孔子許向墓爲壇以時祭 卽今之上墓義 或有憑. 然神道尙幽 不可逼瀆塋域 宜設於塋南山門之外. 若一塋數墓 各設位 昭穆異列 以西爲上. ○劉氏[璋]曰 古者 宗子去國 庶子無廟, 孔子許望墓爲壇以時祭祀. ○退溪曰 同原許多墓 各祭之弊 世多有此 不如以紙牓合祭於齋舍. ○設壇於淨地 而合祭 尤是. ○先妣 葬在別處 先考 葬於家後山 每祭次日. ○【按】今國家陵寢之祭 行於丁字閣 則士庶人之祭於墓舍 恐非失禮. 然墓舍 若遠墓 則似不若設壇於墓門之爲得. ○【類編】塋墓第二位在遠 第一第三位同原 則同設兩位之享 次日始享於第二位 無妨. 此孫祔祖食 而非子先父食也. 又曰 退溪 前後妣各葬地 非絶遠 必次日追行 況百里之外耶. ○安順庵問 一日之內 如遇雨 則雖追日而行之 似爲無妨. 星湖答 來說是. ○又若一日內 宗子不可悉躬奠 則諸子孫代薦.

9-15. 묘제의 복색(服色)은 시제(時祭)와 같다.

상중복색 부록. ○나머지는 사당장 '상중제선복'에 보인다.

【성재안설】한강(寒岡)은 "차마 길복(吉服)을 할 수 없다" 하였고, 율곡(栗谷)은 "소복(素服)에 흑대(黑帶)를 한다" 했으며, 사계(沙溪)는 "홍의(紅衣)에 품대(品帶)를 한다" 하였다. 여러 설이 같지 않지만, 『가례』에 별달리 복색의 의식이 있지 않다. 그러나 묘제장(墓祭章)의 여러 조목에는 꼭 "가제와 시제의 의식과 같다" 했으니, 아마도 시제의 복색을 사용해야 마땅할 듯하다. ○【성재안설】또 남헌(南軒)은 "비록 평상

시라도 묘제에는 곡읍(哭泣)을 행하는데, 하물며 3년상 내에 있어서랴? 그러나 묘제는 궤연(几筵)보다 가볍고, 옛적에는 그런 예가 없으니, 이제 시속에서 사용하는 방립·포심의로 행하여도 불가한 것은 아니다” 하였다. ○『유설』 3년 내의 묘제는 이미 합폄(合窆)을 했다면 신구(新舊)의 다름이 있으니, 직령(直領)과 방립(方笠)으로써 제사에 참여한다.

墓祭服色 同時祭.

喪中服色附. ○餘見祠堂章喪中祭先服.

【按】寒岡云 不忍吉服, 栗谷云 素服黑帶, 沙溪云 紅衣品帶. 諸說不同 而家禮 別未有服色之儀. 然墓祭章諸條 必曰如家祭時祭之儀 則恐當用時祭之服色耳. ○又 【按】南軒曰 雖常時 墓祭 猶行哭泣 況三年之內乎. 然墓祭輕於几筵 而古無其禮 則今以俗所用方笠布深衣 行之未爲不可. ○【類說】三年內墓祭 旣合窆 有新舊之異 則以直領方笠參祭.

9-16. 3년 안에 묘소에 제사한다.

【성재안설】 한강(寒岡)이 “비록 3년 뒤라도 오히려 서리와 이슬을 보고 느끼는 감회를 견디지 못하는데, 하물며 3년 안에 무덤의 흙이 아직 마르지도 않은 때에 있어서랴?” 하였다. 이것이 적확한 논의이나, 단지 조금 그 예를 간략하게 하여 삭전(朔奠)의 의식과 같이 하는 것은 근거가 없지 않은 듯하다.

三年內 祭墓.

【按】寒岡云 雖三年之後 尙不堪霜露之感, 況三年之內 墳土未乾之時乎. 此爲的論 而但稍簡其禮 如朔奠之儀 似不爲無据.

9-17. 상중의 선묘(先墓) 제사는 졸곡 뒤에 행할 수 있다. 지자(支

子)의 초상이라도 같은 집이라면 장사지낸 뒤에 제사한다.

> 【성재안설】 묘제가 비록 사시의 정제(正祭)와는 다르지만, 그러나 반드시 절일(節日)에 산 사람의 잔치로 말미암아 조상에게 제사를 한다면, 이 또한 길제(吉祭)이다. 길흉은 의당 서로 간여해서는 안 되기 때문에 국제(國制)에는 국상[國恤]의 졸곡 뒤에 묘제 거행을 허락하였다. 고례에는 같은 집의 초상에는 비록 신첩(臣妾)이라도 장사한 뒤에 제사하였다.

喪中先墓祭 卒哭後可行. 雖支子之喪 同宮 則葬而後祭.

> 【按】 墓祭 雖異於四時之正祭 然必於節日 因生人之宴樂 而祭先 則亦是吉祭也. 吉凶 不宜相干, 國制 國恤卒哭後 許行墓祭. 古禮 同宮之喪 雖臣妾 葬而後祭.

9-18. 새로 초상이 나서 예전 무덤에 합장하면, 같이 제사하고 곡한다.

> 【성재안설】 새로 초상이 나서 예전 무덤에 합장하는데, 묘소에 이미 합장했다면 체백(體魄)이 있는 곳이니, 합독(合櫝)하지 않았거나 사당에 들이지 않은 신주와는 이미 저절로 같지 않다. 상복을 입고 곡하면서 행사하고, 제찬은 일시에 함께 진설하되, 축문만은 축판을 달리하여 각기 읽음으로써 아직 배합하지 않았다는 의미를 조금 남겨둠이 인정과 예에 합당할 듯하다. ○『문해속』 어머니 상을 합장한 자는 압존(壓尊)이 되더라도 곡하고 절함이 마땅하다. ○명재(明齋)는 "뒤에 난 상을 합장하면, 묘제는 합제함이 마땅할 듯하다. 한 초상이 비록 오래 되었더라도 곡하고 울면서 제사를 행하는 것에 무슨 해로움이 있겠는가?" 하였다.

新喪合葬於舊墓 同祭而哭.

> 【按】 新喪合葬於舊墓, 墓旣合葬 則體魄所在 與神主之未合櫝未入廟

者 已自不同. 以喪服 哭而行事, 祭饌 則一時並設, 而但祝文異版各讀
稍存猶未配之義 恐合情禮. ○【問解續】 母喪合葬者 雖壓尊 哭拜爲當.
○明齋曰 後喪合葬 墓祭 恐當合祭. 一喪 雖舊 哭泣行祭 有何妨也.

9-19. 묘소를 살피고 청소한다.

【『한서』】 누호(樓護)가 간대부(諫大夫)가 되어 군국(郡國)에 사신 가
면서 제나라를 지나다가 글을 올려 선인의 묘소에 올라가 보기를 요구
하였다. 【「반고서전」】 반백(班伯)이 정양태수(定陽太守)가 된 지 1년
남짓만에 임금이 반백을 부르자, 반백은 글을 올려 고향 고을을 지나면
서 부조(父祖)의 무덤에 올라가 보기를 원한다고 하였더니, 태수(太守)
와 도위(都尉) 이하가 모이도록 조칙을 내려, 북주(北州)에서는 이를
영광으로 여겼다. 【당 시어사 정정칙『사향의』】 한(漢)나라 광무제(光
武帝)가 처음 대업(大業)을 계승하자, 유사에게 조칙을 내려 향리(鄕
里)로 출정하는 여러 장수들에게 소뢰(小牢)를 지급하여 성묘[拜掃]하
고 향사하게 하였다. 조공(曹公)이 교현(喬玄)의 묘소를 지나다가 치제
(致祭)했는데, 그 제문이 처량하였다. 한식의 묘제는 대개 여기에서 나
왔다. ○【『개원례』】 배소(拜掃)의 예는 소제(掃除)하고 재배하는 절차
는 있으나, 전헌(奠獻)은 없다. 상묘(上墓)의 의식에는 시찬(時饌)으로
제사한다.

省掃.

【漢書】樓護爲諫大夫 使郡國 過齊 上書 求上先人墓. ○【班固叙傳】
班伯爲定陽太守 歲餘 上徵伯, 伯上書 願過故郡上父祖塚, 有詔太守都
尉以下會 北州以爲榮. ○【唐 侍御史 鄭正則 祠享儀】漢光武初 纘大
業, 諸將出征鄕里者 詔有司 給少牢 令拜掃以爲享. 曹公 過喬玄 墓致
祭, 其文悽愴. 寒食墓祭 盖出於此. ○【開元禮】拜掃禮 有掃除再拜 而
無奠獻. 上墓儀 則祭以時饌.

❖ 사의 국역단 ❖

국역 총괄	鄭景柱(문학박사, 경성대학교 교수)
초역 및 주석	趙柄悟(문학박사, 신라대학교 강사)
	俞英玉(문학박사, 부산대학교 인문학연구소 전임연구원)
	申承勳(문학박사, 경성대학교 교수)
	趙昌奎(경성대학교 초빙교수)
	鄭秀美(경성대학교 강사)
	金永碩(남성여자고등학교 교사)
	朴燾均(충렬고등학교 교사)
	朴永鎭(동래여자중학교 교사)
교열	孫八洲(문학박사, 前 신라대학교 교수)
	金喆凡(문학박사, 경성대학교 교수)
윤문	嚴元大(문학박사, 양산대학 교수)
	安末淑(문학박사, 동명대학교 교수)
	鄭永萬(청학서당 원장)
책임편집	俞英玉(문학박사, 부산대학교 인문학연구소 전임연구원)

❖ 국역 사의 집필분담 ❖

사의서	정경주	권10	조병오
범례	정경주	권11	조병오
서목	김철범	권12	김영석
사의도	정경주	권13	김영석
권1	정경주	권14	박도균
권2	정수미	권15	박도균
권3	조병오	권16	신승훈
권4	정수미	권17	신승훈
권5	정수미	권18	신승훈
권6	박영진	권19	조창규
권7	유영옥	권20	조창규
권8	유영옥	권21	조창규
권9	박영진		

국역 사의 士儀 — ❸

초판 1쇄 발행 _ 2006년 3월 30일

원　저 _ 허전許傳
역　주 _ 한국고전의례연구회(회장 정경주)
발행인 _ 김홍국
편집디자인 _ 이경민, 황효은
표지디자인 _ 안현숙
발행처 _ 도서출판 보고사
등　록 _ 1990년 12월(제6-0429)
주　소 _ 서울시 성북구 보문동 7가 11번지 2층
전　화 _ 922-5120/1(편집) 922-2246(영업)
팩　스 _ 922-6990
메　일 _ kanapub3@chol.com
홈페이지 _ www.bogosabooks.co.kr

ⓒ 한국고전의례연구회, 2006
ISBN _ 89-8433-394-8(세트)
　　　　89-8433-397-2(94140)
정　가 _ 23,000원

＊잘못된 책은 바꾸어 드립니다.
＊저자와의 협의에 의하여 인지는 생략합니다.